趙制陽 著

詩經名著評介

第二集

黃序

黃錦鋐

孔子曰：「不學詩，無以言，不學禮，無以立。」學詩學禮爲聖學入門之階梯。古者八歲入小學，教之以灑掃應對進退之節。所謂應對，即是語言，進退則爲禮儀規範，灑掃應對進退，實即教人學詩學禮之基本言動。蓋學詩小則在童子之應對，大則國家大事、外交辭令，以至於邇之事父、遠之事君，莫不由於詩，詩之功用大矣哉！

春秋時代，大臣出使外國，皆賦詩以言志，故論語曰：「誦詩三百，授之以政，不達，使於四方，不能專對，雖多，亦奚以爲。」學詩爲使臣之必修課程。左傳昭公二年，韓宣子報聘於衞，北宮父子賦「淇澳」之詩，宣子賦「木瓜」之篇，兩國因之以和。又襄公三十一年，叔向讚子產之才華，引大雅「板」篇以爲辭，此爲詩之用於外交辭令之具體表現。

雖然，賦詩亦有技術藝巧寄寓其中，所謂賦詩斷章，取其所求。斷章之言，在取其隱義，言者在此，聽者在彼，各會其意，了然於心，然後賦詩之意，始能曲盡其妙。昔晉趙孟使楚，楚令尹即席賦「大明」之首章，趙孟因知其欲自立爲王，於是賦「小宛」之第二章，戒其不可，然皆於詩之本義無關。此在因人而自得，而詩之作用亦在於是也。故明鍾惺詩論曰：

夫詩，取斷章者也。斷之于彼，而無損於此。說詩者盈天下，屢變屢遷而詩不知，而詩固已行矣。然詩之爲詩自如也，此詩之所以爲經也。

學長趙制陽兄與其在校共學時，凡同學聚首或會議討論，每有發言，引說古今，舉證況譬，言皆有援，睥睨會場，衆爲慴服，昔賈誼奏事論政言爲世法，實齋稱其文章出於詩教，蓋制陽兄深於詩者也。

結業後，與制陽兄各自謀生，雖有書疏往返，終鮮聚談，然制陽兄在校發揮議論之情況，未嘗或忘也。後聞其在東海大學設帳，講授詩經，先後有詩經名著評介及詩經考證等論文發表，余以同窗之雅，承其惠贈，每先讀爲快，其題雖爲考證，然條分縷析，文理通暢，非以考證見長也。孔子曰：「不學詩，無以言」，誰曰不然。近以論文集出版在即，忝爲讀者，不敢無言，因發數語，即以爲序，制陽兄其以爲然乎？

黃錦鋐謹序於台北市國立師範大學

朱　序

朱守亮

制陽兄，精於葩經者也，相識近四十年，知其從事於詩經之研究，已逾三十載。專書方面，計有：「詩經虛字通辨」、「詩經賦比興綜論」二書，傳世已久。其他有關研究論文，多達四十餘篇。除對讀詩方法及問題討論外，多在史事之考辨覈實，優劣之鑑賞品評，以其筆鋒犀利，斷制謹嚴，致卓然有成。尤以自民國七十三至七十七年間，其研究成果，皆榮獲國科會教授級研究成果獎。若非有特殊專精及貢獻，何尅致此？制陽兄於某一問題探討，必廣徵他說，逐一覈實。所得結論，於前人說詩，多有糾正補充，甚而完全相反者。制陽兄乃一醇厚君子。非標新立異苛刻之士，其所以如此者，事實如此，不得不如此也。余以授詩經二十餘年，爲方便授課計，十年前草成「詩經評釋」近千頁。稿成，即先影印呈制陽兄，得其糾正、增删、修飾、潤色者至夥，心深感焉。此後爲文，亦多請其過目後而安，以此可知余之感佩欽羨也。制陽兄之論文，除附刊於「詩經虛字通辨」外，另二十篇，以「詩經名著評介」專集傳世。今又收論文十三篇，以「詩經名著評介」第二集刊行。囑余序之，詳讀後，除奮然道其對葩經研究之成果及貢獻外，至其所謂「斧正」云云，則余豈敢，自當退避三舍焉！丁壯之年相識，今皆垂垂老矣，深嘆時光之無情流逝也。來函云：「相識四十年，同嗜一經之好。」噫！今後雖仍同嗜一經，但不復再有四十年矣，然否?!夫子有云：「盡心焉而已」，以此互勉可也。

民國八十一年七月二十四日朱守亮謹序於台北木柵國立政治大學

自　序

詩經之所以受到古人的重視，是將它經典化了的緣故。詩經之所以成爲諸說紛紜最有問題的一部書，也是由於經典化了的緣故。甚麼叫做經典化？是將一些原極淺白的民間歌謠，賦予教育功能，說成與歷史人物有關，與倫理道德有關，與齊家治國平天下的大道理有關。所以古人說詩，惟恐將詩文往淺處說，寧願絞盡腦汁向深處求。這樣一來，詩經即成爲附會最多的一部書。自漢以後，詩經學者的見解雖有階段性的演進，但都呈現一些基本問題。我們的努力，即是想找出這些問題，還其本來面目。

本書所彙集的十三篇論文，都是將前人的論著或序說加以討論的；包括近世學者的文章，屬於評介性質。由於筆者前有「詩經名著評介」一書刊行於台北市學生書局，故此書遂定名爲「詩經名著評介第二集」。

前人雖已懷疑詩大序，如朱熹說：「詩大序亦只是後人作，其間有病句。」（語類卷八。頁七）又說：「詩大序只有六義之說是。」（語類卷八。頁八）但是他還只是籠統地說；而且他所說的「只有六義之說是」，這「六義之說」，也不是作序的人首倡的，它是從周禮太師職中引來的。可是自古以來的詩經學者，大都反序只反小序，不敢反大序。總以爲大序是冒犯不得的。其實大序是非反不可的。因爲它不僅教人將國風的詩説成政論諫書，形成詩義的誤導；而且文多抄襲，義多不全，所言於史無據，行文理路不清；是漢儒拼湊而成的，絕非先秦聖賢經典之作。

左傳所載季札觀樂這篇文章，前人未曾表示過懷疑，説詩論道者常引以爲據。我們從其評贊之文與詩篇內容對照來看，發現説的全是空話。可見曹丕所謂「向聲背實」之弊，人人在犯；要想避免，談何容易！

大序與小序互爲表裡，小序是將大序的觀點落實到每首詩的文句中去的。其落實的手法即是人事的編敘。這些人事的編敘絕大部份出於後人的附會。我們爲了消除其附會，所以要做翻案的文章。比如「詩經二南有關問題的討論」、「詩經衞莊姜史詩考」、「詩經鄭風昭公史詩考」等，即是針對古文詩説提出相反的意見。凡是這類考證的文字，都是以史料對史料。漢儒將某些詩篇編給某些歷史人物，我們不表同意，即須找出與其相反的史料，説明其編配的不當。當然，某詩是否作於某人或爲某人作，除了史料的考證以外，還得顧及詩文風貌與詞章涵義。前人主張「從詩本文求取詩義」，就是這個道理。

在詩經論著方面，「王柏詩疑」、「魏源詩古微」、「王引之經義述聞」三書都是傳世名作。王氏有疑古精神，不信漢儒序説，這是好的；但是由於信守朱熹「淫奔」之説，遂主張刪詩，要刪去國風中三十二首富有民歌風趣的詩，並主張調整詩篇，重新編次；自立義法，要將詩篇大搬家。然細按其觀點，重視詩教，忽略民謠；以致名爲反序，實則信序，爲宋儒衞道思想下最激進的表現；也成爲不容於漢、宋各派的異端。

魏源是今文學派的傳人。凡是有宗派思想的人，他的思想已受所信學派的束縛，不可能有大開大合的創造。但魏氏可取之處，能列舉古文詩說之陋，反對毛序美刺之說。以爲美刺之說是以采詩編詩者的觀點來說的，不是詩人的本意。他說三家特主作者之意，不說美刺，故較毛詩爲優。可是輪到他說詩時，仍然信從正變美刺之說，而且常予强化，這即形成他理念上的混淆。我們之所以評介詩疑與詩古微，旨在說明他們雖各有所宗，基本觀點卻是一致的，即彼此都重視詩文教義。國風的詩不從民俗歌謠上說，其結果只是牽强附會，與詩人的作意背道而馳。

王引之的經義述聞，不談詩旨，訓詁多取三家，然態度尚稱務實。他取詩經中較有爭議性的詞語一八三則，以毛傳、鄭箋、孔氏正義爲對象，引述今文相反資料，予以指正。究其所用方法，雖未見明示；讀其文可得而知者，概以類比、反證、相對爲文、一聲之轉、名物考證、傳寫致誤等爲主。引證詳實，足資採信。惟尚有若干解說並不妥當者，究其原因，或欠缺文法知識，以致釋詞流於含混；或多用同音通段、一聲之轉的方法，以致釋詞流於主觀。如學者相習成風，將有負面影響。

「今古文詩說比較研究」一文，旨在探討聚訟二千年四家詩說的來歷、傳承、興替以及主要內容的異同與得失。其間有兩說相異均無可取者，有毛義較優者，有三家較優者。如從全詩訓釋的總量觀之，相同者多，相異者少。其所以造成彼此對立而互不相容者，實爲宗派利益者多，爲學術是非者少。今日吾輩讀詩，自不宜再存門戶之見。

民國以來，學術思想隨著新時代的來臨而全面更新；詩經研究亦然。彙集論文作有系統介紹者，當推古史辨這一部劃時代的鉅著。在古史辨第三册下編裡，收集了五十篇論文，全是討論詩經的。筆者作「古史辨詩經論文評介」一文，加以分類，概分爲一般問題、詩序問題、詩經與歌謠問題、六義與起興問題以及詩篇討論、論著評介等項。大體來說，舉凡詩經所令人關切的問題，都有人討論到了。他們的基本態度是用科學方法來整理國故；不尚舊說，重視新證，使詩經的內容呈現新的面貌。尤其他們主張學術自由，各抒所見，暢所欲言，即使彼此的意見是對立的，互相辯駁，亦不影響到彼此的情誼。舉例來說，一首僅五十個字的「靜女」，原是淺白易解誰也不在意的，一經顧頡剛以「瞎子斷扁」爲題作爲引火線，隨即引發學者們的熱烈討論。劉大白、董作賓、郭沫若、劉半農、魏建功等計有九人十三篇文章，一時呈現極爲熱鬧的場面。終於將這首民歌小詩，發掘出很多問題，甚至於到了無法收場的地步。筆者贊賞之餘，曾從詩旨、名物考證、詞章訓釋、全篇布局四方面作深入的分析；以爲他們雖各有所見，言之成理，但是如能作整體的瞭解與細心的比較，其中自有詩人的情趣所在與行文的理路可求。亦即在諸說紛紜之下，我們還是可以選擇其中較爲適切的一種解說來的。

讀古史辨可以令人廣開求學門徑，增加讀文能力。但古史辨裡的見解不一定都是對的。爲此筆者曾據漢樂府詩都是一章的形式，反駁顧先生風雅中數章複沓的詩篇不是民歌原有的形式，而是經過樂工改編的主張。據孔雀東南飛起首的兩句詩反駁鄭樵與顧先生「起興」無義之說。進而指出屈萬里先生所引兩首魯西歌謠與何定生先生所引的「月兒光光」來說「興」，都只是受鄭氏影響下的一種片面之見。許多興體詩的神功妙用，在於情景的配合，絕非與下文全不相干的。又據詩篇內容與楚國的史地資料，反駁胡適先生「二南爲楚風」之說。據「雞鳴」篇的文旨章義，反駁王伯祥的「雞鳴新解」。由此即可得一結論：求新雖是潮流之所趨，但新的不一定是好的。詩說的價值，不以新舊論是非，要以確當與否定高下。

傅斯年先生的詩部類說與詩經講義稿，其作成年代與古史辨相仿，觀點也相似。他以深厚的學力與卓越的才性，闡述詩經的若干問題，均頗允當。他並將十五國風的詩旨，逐篇自訂其義，予人以平易適切之感。惟其中尚有可議之處，如甘棠之召伯，他推定爲宣王時的召穆公虎。筆者據史記周本紀、毛詩鄭箋、三家詩說、竹書紀年等資料，認爲仍以召公奭爲宜。又如詩經六義的賦比興，舊說以爲是詩的作法，章太炎說是與風雅頌並立的三種詩體。說賦「即屈、荀之所作體」，「比即辯」，「興即輓歌」。傅先生贊同其前二說。此即與其孔子未曾刪詩，三百篇是孔子以前的原本之說自致矛盾。何況章氏之說，實無佚詩與史料可證，難以置信。

孫作雲著「周先祖以熊爲圖騰考」與「我國歷史上第一次農奴大起義」二文，雖獨標新義，但其考證過程極爲草率，有再加考證的必要。比如孫氏說姬姓的圖騰是「熊」，就算此言非假，姜嫄姓姜，孫氏說姜姓的圖騰是「羊」，姜嫄無夫生子，即使踏到熊的足迹，這與姜嫄何干？又說「姬」字從「女」從「臣」，女指姜嫄，「臣」像熊迹。以證「姬」字的來歷，實始於姜嫄的履熊迹。亦即表示在姜嫄沒有履熊迹前，根本沒有這個「姬」字。可是同篇又引史記等資料爲證，說黃帝以姬水成，所以黃帝姓姬。黃帝既姓姬，黃帝之前既早有一條江名叫姬水，生於數百年後的后稷有資格稱爲姬姓的始祖嗎？「姬」字始於姜嫄履熊迹的故事編敘還能採信嗎？

至於周厲王放逐於彘的故事，國語、史記、竹書紀年均有記載，惟甚簡略。當時不滿厲王者或稱「國人」，或稱「民」，是泛指一般的臣民。孫氏將「民」說成即是「農奴」，以爲這次大起義，全是農奴包辦的，城裡人不曾參與。

孫氏此說的直接證據，即是大雅桑柔「好是稼穡，力民代食」等句。孫氏說：「力民，就是田畯。」「力民代食」，就是「田畯替周厲王搜括糧食」。農奴們被搜括得無以爲生，才逼得發動大起義的。但如按文求義，詩經裡出現「田畯」一詞有三首，「田畯」是農官，相當於農業指導員，勸民耕作，形象良好。孫氏則將他們說成是窮兇極惡的人，是促使農奴大起義的關鍵性人物。孫氏這樣說，其實已不顧詩經內容在自編故事了。

我們如細究孫氏新說，發現處處都是問題。其主要論據，實源於外來學說，非中國歷史所當有。即以農奴來說，我們西周時已行井田制度，（這是孫氏已在採信的）井田制度下的農民各有私田，過著獨立自主的家庭生活。故井田制度下的農民不是農奴。而且中國歷史上改朝換代的大起義，領導者與其成員，都不是農奴。即如美國的解放黑奴戰爭，也不是黑奴在大起義；領導分子與其成員都是白人。孫氏熱衷於創新，想要將外來學說作橫的移植，卻對本國歷史疏於考證，以致硬套公式，張冠李戴。

要使考證工作做得好，令人心悅誠服，一定要原始要終，思慮縝密，竭力避免曲解與附會。孫氏所論不能服人者，即說史缺乏充分史料，佐證不足；說詩不按詩文本義，任意改訓；說理未能關顧全局，處處矛盾。如此新解，對詩經的學術研究，恐怕不會有正面的意義的。

本書承國立師範大學黃錦鋐教授、國立政治大學朱守亮教授賜序。二兄學植深厚，著述甚富；講學上庠，爲國內知名學者。撥冗賜序，藉增光彩。惟文中對筆者多溢美之詞，實受之有愧。自知淺拙，心存畏友。怱怱付梓，不感言謝。

趙制陽

民國八十二年五月二日

目錄

詩大序評介

壹　前　言

漢世傳詩，初有魯申培、齊轅固、燕韓嬰三家，屬今文；後有毛亨、毛萇，屬古文。三家傳本自東漢末年鄭玄爲毛詩作箋後，相繼亡佚。後雖輯其遺說，亦只一鱗半爪。以至三家有無詩序，亦無定說。今之所見，如王先謙詩三家義集疏，僅有一些詩旨的擧述，是否如毛詩的篇篇有序，列於篇首，已不可知。如關雎篇，魯說曰：

周道缺，詩人本之衽席，關雎作。

又曰：

周衰而詩作，蓋康王時也。康王德缺於房，大臣刺晏，故詩作。

齊說曰：

孔子論詩，以關雎爲始。言太上者民之父母，后夫人之行，不侔乎天地，則無以奉神靈之統，而理萬物之宜。故詩曰：「窈窕淑女，君子好仇。」言能致其貞淑，不貳其操；情欲之感，無介乎容儀；宴私之意，不形乎動靜；夫然後可以配至尊而爲宗廟主。此綱常之首。王教之端也。

韓敍曰：

關雎，刺時也。

韓說曰：

詩人言雎鳩貞潔慎匹，以聲相求，隱蔽於無人之處。故人君退朝，入於私宮，后妃御見有度，應門擊柝，鼓人上堂，退反宴處，體安志明。今時大人內傾於色，賢人見其萌，故詠關雎，說淑女正儀容以刺時。

像這些詩旨的敍述，有繁有簡，或美或刺，似非古本所傳。至於如毛詩序文在關雎篇那樣，總論詩的義理，更是三家所無。所以如果要討論詩序，一定要從毛詩序著手。

毛詩序大別之有大序與小序。大序即是關雎前面的這篇文章；小序即是其他詩篇的序。沈重曰：「案鄭詩譜意，大序是子夏作，小序是子夏、毛公合作。卜商意有未盡，毛更足成之。」子夏是孔子的大弟子，又是跟孔子學詩最有心得的人。以此推斷，所謂子夏作大序，追本溯源，當出於孔子的旨意。既是孔子的旨意，其中該涵有微言大義，只許讀它、信它；卻不許有所懷疑的。

本文為此，特作專題討論，旨在瞭解序文涵義，進而探討其淵源，評議其得失，以供讀者的參考。

貳　詩大序文義闡析

詩大序全文如下：

關雎，后妃之德也，風之始也；所以風天下而正夫婦也，故用之鄉人焉，用之邦國焉。風，風也，教也。風以動之，教以化之。

詩者，志之所之也。在心為志，發言為詩。情動於中，而形於言。言之不足，故嗟歎之；嗟歎之不足，故永歌之；永歌之不足，不知手之舞之足之蹈之也。情發於聲，聲成文謂之音。治世之音安以樂，其政和；亂世之音怨以怒，其政乖；亡國之音哀以思，其民困。故正得失，動天地，感鬼神，莫近於詩。先王以是經夫婦，成孝敬，厚人倫，美教化，移風俗。

故詩有六義焉：一曰風，二曰賦，三曰比，四曰興，五曰雅，六曰頌。

上以風化下，下以風刺上，主文而譎諫，言之者無罪，聞之者足以戒，故曰風。至于王道衰，禮義廢，政教失，國異政，家殊俗，而變風變雅作矣。國史明乎得失之迹，傷人倫之廢，哀刑政之苛，吟詠情性，以風其上，達於事變，而懷其舊俗者也。故變風發乎情，止乎禮義。發乎情，民之性也；止乎禮義，先王之澤也。

是以一國之事，繫一人之本，謂之風；言天下之事，形四方之風，謂之雅。雅者，正也；言王政之所由廢興也。政有小大，故有小雅焉，有大雅焉。頌者，美盛德之形容，以其成功告於神明也。是謂四始，詩之至也。

然則關雎、麟趾之化，王者之風，故繫之周公。南，言化自北而南也。鵲巢，騶虞之德，諸侯之風也，先王之所以教，故繫之召公。周南、召南，正始之道，王化之基。是以關雎樂得淑女，以配君子，憂在進賢，不淫其色。哀窈窕，思賢才，而無傷善之心焉，是關雎之義也。

這是詩大序的全文。茲按行文先後次序，分別闡析於后：

關雎，后妃之德也，風之始也。所以風天下而正夫婦也。故用之鄉人焉，用之邦國焉。

這段話是專指關雎說的，前人有稱之爲小序的；與末段的「是以關雎，樂得淑女，以配君子」以下的文句相呼應，是眞正的關雎序。孔穎達毛詩正義曰：「作關雎詩者言后妃之德也。曲禮曰：『天子之妃曰后。』此篇言后妃性行和諧，貞專化下，寤寐求賢，供奉職事，是后妃之德也。二南之風，實文王之化；而美后妃之德者，以夫婦之性，人倫之重。故夫婦正，則父子親；父子親，則君臣敬。」又曰：「言后妃之有美德，文王風化之始也。言文王行化始於其妻，故用此爲風教之始，所以風化天下之民，而使之皆正夫婦焉。周公制禮作樂，用之鄉人焉，令鄉大夫以之教其民也。又用之邦國焉，令天下諸侯以之教其臣也。」由孔氏的闡述，可見他推衍序義，以爲關雎的涵義有四：

㈠關雎的詩旨，是涵有后妃之德的。

㈡二南的詩，實際上都已蒙受文王之化。所以關雎的序文雖然說的是「后妃之德」，這原是文王「行化始於其妻」的結果。所以「后妃之德」與「文王之化」是同時存在於關雎以及二南其他詩篇之中的。

㈢這是國風第一首詩，其用意在於教化天下的人民，得以端正夫婦之道的。

㈣這首詩經周公制禮作樂之後，用之於鄉人，用之於邦國，在教化上產生了實際的功用。

孔氏之所以有此闡述，實得之於毛公、鄭玄的示意。在關雎首章之下，毛傳曰：「言后妃有關雎之德，是幽閒貞專之善女，宜爲君子之好匹。」鄭箋曰：「言后妃之德和諧，則幽閒處深宮貞專之善女，能爲君子和好衆妾之怨者，言皆化后妃之德不嫉妒，謂三夫人以下。」可見毛、鄭已說后妃、淑女爲二人，以爲后妃有和諧與不嫉妒之德，寤寐反側以求淑女，作爲君子（其夫）的妾婦。這樣說來，后妃不是詩中的淑女；求淑女也不是君子，而是后妃。后妃是誰？雖然詩序、傳、箋均未明示，孔氏則斷君子爲文王，后妃自非太姒莫屬矣！這一說法傳之宋朝，遭到一些學者的局部修正。歐陽修詩本義曰：「言淑女以配君子，以述文王、太姒爲好匹，如雎鳩雌雄之和諧爾。」朱子詩集傳曰：「淑，善也。女者，未嫁之稱。蓋指文王之妃太姒爲處子時而言也。君子，則指文王也。君子文王生有聖德，又得聖女姒氏以爲之配。宮中之人於其始至，見其有幽閒貞靜之德，故作是詩。」他們不贊成后妃求淑女，而主張君子求淑女。這自然是較爲平實的說法。只是他們取孔氏的「君子」即「文王」的意見，說君子求淑女，即是文王求太姒，仍然脫離不了史事的附會。

風、風也，教也；風以動之，教以化之。

正義曰：「風訓諷也，敎也；諷謂微加曉告，敎謂殷勤誨示。諷之與敎，始末之異名耳。言王者施化，先依違諷諭以動之，民漸開悟，乃後明敎命以化之。風之所吹，無物不扇；化之所被，無往不霑，故取名焉。」由此說來，風有勸告與敎化的涵義。以爲王者藉國風的詩來施化人民，就像風吹萬物一樣，無往而不被其澤的。這即是儒家的詩敎觀點，亦即是王化思想。在這一理念下，以爲所有國風的詩都有著嚴肅的課題，不是在贊美有道君后，即是在譏刺無道王侯。漢儒視三百篇如諫書，或如政治敎本，就是這一理念所形成的。但如從國風的篇章上看去，詩文的風貌與序說的理念，是有著極大的差距的。

詩者，志之所之也；在心爲志，發言爲詩。情動於中而形於言；言之不足，故嗟歎之；嗟歎之不足，故永歌之；永歌之不足，不知手之舞之，足之蹈之也。

正義曰：「此是解作詩之由。詩者，人志意之所適也。雖有所適，猶未發口，蘊藏在心，謂之爲志。發現之於言，乃名爲詩。言作詩者所以舒心志憤懣而卒成於歌詠。故虞書謂之詩言志也。」又曰：「情謂哀樂之情，中謂中心。言哀樂之情動於心志之中，出口而形見於言。初言之時，直平言之耳。平言之而意不足，故長引聲而歌之。長歌之猶嫌不足，忽然不知手之舞之；足之蹈之，言身爲心使，不自覺知，舉手而舞身，動足而蹈地，如是而後得舒心腹之憤，故爲詩必長歌也。」這是說詩本詩人發抒自己的情感而作。存於心爲志，出於口爲詩，長詠之爲歌；一旦情緒激動，還會不自禁地手舞足蹈起來。這是深得詩人作詩動機的一番話，孔氏說：「此是解作詩之由。」作詩之由既是如此，又何以在前段說風詩都只是爲敎化而作的？

情發於聲，聲成文謂之音。治世之音安以樂，其政和。亂世之音怨以怒，其政乖。亡國之音哀以思，其民困。

正義曰：「序既云情見於聲，又言聲隨世變。治世之音既安又以懽樂者，由其政教和睦故也。亂世之音既怨又以恚怒者，由其政教乖戾故也。亡國之音既哀又以愁思者，由其民之困苦故也。」這是說詩樂與一國的政治現象是互爲表裡的：政治淸平祥和，所呈現的詩樂必然是安寧歡樂的；政治混亂乖戾，所呈現的詩樂必然是怨恨忿怒的；如果一旦國家喪亡，民生疾苦，所呈現的詩樂必然是哀傷而多愁思的。據此而談作詩之由，與前段文義有相同處，亦有不同處；同的是彼此都重視詩人的感情；不同的是本段特別强調政治的影響力，以爲詩樂的表現，直接受著政治安危、國家興亡的影響。這些意見，仍然偏重於詩教方面；因爲政治影響詩樂，只是一部份；不是全部。許多民間歌謠，純粹以發抒男女之情爲主意，不管治世、亂世，强國、弱國，不會影響到靑年男女私情的傾訴。這只要看看許多列於變風的詩，以及今世的民謠，就可知道了。

故正得失，動天地，感鬼神，莫近於詩。先王以是經夫婦，成孝敬，厚人倫，美教化，移風俗。

正義曰：「此言詩之功德也。由詩爲樂章之故，正人得失之行，變動天地之靈感，致鬼神之意，無有近於詩者。」又曰：「經夫婦者，經，常也，夫婦之道有常，男正位於外，女正位於內，德音莫違，是夫婦之常；室家離散，夫妻反目，是不常也。成孝敬者，孝以事親，可移於君；敬以事長，可移於貴；若得罪於君親，失意於長貴，則是孝敬不成，故教民使成此孝敬也。厚人倫者，倫理也。君臣父子之義，朋友之交，男女之別，皆是人之常理。父子不親，君臣不敬，朋友道絕，男女多違，是人理薄也。故教民使厚此人倫也。美教化者，美謂使人服之而無厭也。若設言而民未盡從，是教化未美，故教民使美此教化也。移風俗者，地理志云：民有剛柔緩急音聲不同，繫水土之風氣，故謂之風。好惡取舍動靜，隨君上之情俗，故謂之俗。則風爲本，俗爲末；皆爲民情好惡也。緩急繫水土之氣，急則失於躁；緩則失於慢。王者爲政當移之，使緩急調和，剛柔得中也。」這是將詩的功用說得極爲詳備。分別言之，則能糾正人們行爲的得失，感動天地鬼神，促進人倫關係，轉變社會風氣。古人之所以尊崇詩經，重視詩教，就是由於詩樂有著無遠弗屆、無微不至的功能。

這眞是詩教方面的一篇重要文獻。詩之所以有這樣大的功能，這已不從詩人的作意上說，而是從詩樂的應用上說。應用的場合不同，詩樂的功能亦隨之而異。譬如關雎，原是賀人結婚的詩，教詩者選爲教材，列於卷首，說是涵有后妃之德，文王之化的。只這一說，這首詩就可以說成「先王以是經夫婦，厚人倫，美教化，移風俗」的了。也有人說關雎的詩旨在於「平天下」，筆者則以爲，如從這個方向談詩旨，你可以從誠意、正心一直說下去，處處都可以說做關雎的詩旨；而且既是詠人結婚的詩，說詩人爲齊家的教義而作，不是更好嗎？

狡童是「女子斥男子相愛不終」的詩，（見屈著詩經釋義）詩序說是「刺忽也。不能與賢人圖事，權臣擅命也。」用作教材，自然涵有「正得失」的教義了。凱風是孝子思親的詩，詩序說是「美孝子也」，用作教材，自然涵有「成孝敬、厚人倫、美教化、移風俗」等教義了。三頌的詩，原以歌功頌德爲目的；用於宗廟祭祀，或尊先王之德，或頌時君之功。典禮隆重，氣氛莊嚴。一時詩樂奏獻，彷彿靈爽式憑，人神交感；這時自然涵有「動天地，感鬼神」等教義了。但是教義有別於詩人的作意，這是必須講明的。

故詩有六義焉：一曰風，二曰賦，三曰比，四曰興，五曰雅，六曰頌。

正義曰：「風雅頌者，詩篇之異體；賦比興者，詩文之異辭耳。大小不同，而得並爲六義者，賦比興是詩之所用，風雅頌是詩之成形。用彼三事，成此三事，是故同稱爲義。」這是從詩文分類上說，以爲風雅頌是從詩篇的體裁、格式上分；賦比興是從章句的表達方法上分。前者從詩篇上說，故較大；後者從章句上說，故較小。同爲詩文的表達方式，故總稱之爲六義。

在序文中，前述「詩者，志之所之也」段，「治世之音安以樂」段，以及本段，這三段文字得自其他典籍，非其原作。

上以風化下，下以風刺上，主文而譎諫，言之者無罪，聞之者足以戒，故曰風。

正義曰：「臣下作詩所以諫君，君又用以教化，故又言上下皆用此。」又曰：「詩皆人臣作之以諫君，然後人君用之以化下。此先云上以風化下者，以其教從君來，上下俱用，故先尊後卑。」又曰：「其作詩也，本心主意使合於宮商相應之文。播之於樂，而依違譎諫，不直言君之過失。故言之者無罪，聞之者足以戒。」這是解釋風詩的由來及其用意。以爲國風的詩，都是臣下爲了勸諫國君而作的。國君看了，認爲有益於治道，又用來教化其人民。至於作法方面，要使用宮商樂調，以譎諫方法促使國君自悟其過失，不至於使諫者獲罪；像這一類的詩才叫做風。

詩序與正義將國風的詩說成這等涵義，按之國風篇籍，殊少實例可舉。其惟一作法，即是將風謠中所有敍男女之情的，都要說成君臣之義。例如鄭風風雨篇云：

風雨淒淒，雞鳴喈喈。既見君子，云胡不夷。
風雨瀟瀟，雞鳴膠膠。既見君子，云胡不瘳。
風雨如晦，雞鳴不已。既見君子，云胡不喜。

這首詩如從風謠的一端來看，是敍朋友相逢的喜悅。尤其在風雨交加的晚上，突然來了一位知心好友，自然會喜不自勝。詩序則曰：「風雨，思君子也。亂世則思君子不改其度焉。」即此一說，原是一首抒情的詩，即變成了勵志的詩。顧炎武於廉恥一文中有云：「松柏後凋於歲寒，雞鳴不已於風雨。彼衆昏之日，固未嘗無獨醒之人也。」即是根據序義予以引伸而得的。

至於王道衰，禮義廢，政教失，國異政，家殊俗。而變風變雅作矣。

正義曰：「詩之風雅有正變，故又言變之意。至於王道衰，禮義廢而不行，政教施之失所，遂使諸侯國國異政，下民家家殊俗。詩人見善則美，見惡則刺之，而變風變雅作矣！」又曰：「變風變雅必王道衰乃作者，夫天下有道，則庶人不議，治平累世，則美刺不興。何則？未識不善，則不知善爲善；未見其惡，則不知惡爲惡。太平則無所更美，道絕則無所復識；人情之常理也。」這是解釋變風變雅的涵義。變風變雅既然以「王道衰，禮義廢，政教失」等現象爲定義，孔氏遂從反面推求，說正風正雅乃天下有道，太平盛世所作的詩文。由於所見皆善而無惡，所以沒有美刺，到了衰世，天下無道，政教廢弛，社會混亂，詩人見善則美，見惡則刺，就成了變風變雅的詩。

至於甚麼朝代可稱得上太平盛世的正風正雅時期呢？鄭玄詩譜曾云：

文武之德，光照前緒，以集大命於厥身，遂爲天下父母，使民有政有居。其時詩風有周南召南，雅有鹿鳴文王之屬。及成王、周公致太平，制禮作樂，而有頌聲興焉，盛之至也。本之由此風雅而來，故皆錄之，謂之詩之正經。後王稍更陵遲，懿王始受譖亨齊哀公，夷身失禮之後，邶不尊賢。自是以下，厲也，幽也，政教尤衰。故孔子錄懿王、夷王時詩，訖於陳靈公淫亂之事，謂之變風變雅。

依據鄭氏的意見，文王、武王、成王、周公時期，致太平，制禮樂，是爲太平盛世，所作的詩如周南、召南屬正風；小雅鹿鳴，大雅文王等篇屬正雅。下及懿王、夷王、厲王、幽王，訖於陳靈公淫亂的事蹟記敍，屬於變風變雅時期。以詩篇來分，二南二十五首屬正風，其他十三國的詩屬變風。小雅自鹿鳴至菁菁者莪十六首；大雅自文王至卷阿十八首屬正雅，其他的詩屬變雅。

國史明乎得失之迹，傷人倫之廢，哀刑政之苛，吟詠情性以風其上，達於事變而懷其舊俗者也。

正義曰：「國史傷此人倫之廢棄，哀此刑政之苛虐；哀傷之志鬱結於內，乃吟詠己之情性，以諷其上，覬其改惡為善，所以作變詩也。」這是以為變風變雅的詩都是國史作的。其目的是要諷勸其上，希望他能改惡為善。

說變風一百三十五首詩，變雅七十一首詩都是由國史作的，這更是抹殺詩文本意的說法，可信不可信，毋須向史籍求證，只要讀幾篇變風變雅的詩就可知道了。

故變風發乎情，止乎禮義。發乎情，民之性也；止乎禮義，先王之澤也。

正義曰：「故變風之詩皆發於民情，止於禮義，言各出民之情性而合於禮義也。又重說發情至禮之意，發乎情者民之性，言其民性不同，故各言其志也。止乎禮義者，先王之澤，言俱被先王遺澤，故得皆止禮義也。」又曰：「詩人既見時世之事，變改舊時之俗，故依準舊法而作詩戒之。雖俱準舊法而詩體不同，或陳古政治，或指世淫荒，雖復屬意不同，俱懷匡救之意，故各發情性而皆止禮義也。」這是說變風的詩都是發於眞情，合於禮義的。如果要問何以會發於眞情？這是由於人性的自然流露。何以會合於禮義？這是由於受到先王遺澤的影響。

如果依照這一觀點來看變風的詩，應該都是合情合理，立意純正的作品，爲甚麼前面又說變風變雅作於「王道衰、禮義廢、政教失」的時候呢？惟有詩文內容有違王道，不合禮義，反映政教的缺失，才知道這些詩不是作於太平盛世，應該屬於衰世的變風變雅。如果詩文的內容都是發於眞情，止於禮義的，盛世的作品亦不過如此，何以又要貶之爲變風變雅？

孔氏於此自有一套說法，以爲變風時期禮義雖已廢棄，詩人可依準先王舊法作詩戒之。其作詩之法，「或陳古政治，或指世荒淫」。基於這個觀點，即將原敍男女之情的民俗歌謠，或說是刺淫的，或說是陳古刺今的，於是說詩人作這些詩的時候，原是「發乎情，止乎禮義」的，詩序這段話也就不成問題了。

這即是詩序與其信從者的辯證模式：說變風時期禮義廢是一個歷史事實，說詩人見此事實作詩風戒，使能合乎禮義，是其目的。爲了達成此一目的，說國風的詩敍兒女私情不是詩人的本意，都只是藉以刺淫或陳古刺今的一種假託。這個觀念形成以後，美刺之說與史事的編敍，即成爲理所當然的事了。

是以一國之事繫一人之本，謂之風；言天下之事，形四方之風，謂之雅。

正義曰：「是以者，承上生下之辭，言詩人作詩其用心如此，一國之政事善惡，皆繫屬於一人之本意，如此而作詩者，謂之風，言道天下之政事，發見四方之風俗，如是而作詩者，謂之雅。言風雅之別，其大意如此也。一人者，作詩之人。」這是說詩人作詩的用心，如在於一國的政事，所作的詩，謂之風；如在於天下的政事，或發現四方的風俗，謂之雅。風雅的不同，在於詩人的用心有所不同而已。

這一說法不僅有違詩文本義，即以詩序所定的詩旨來看，也是自相矛盾的。如前述關雎序曰：「后妃之德也，風之始也，所以風天下而正夫婦也。」正義還引曲禮「天下之妃曰后」以證此后妃，其夫必具天子身分。關雎既是天子的后妃用來風化天下的，即合於「言天下之事，形四方之風」的條件，爲何這首詩置於風不列於雅？二南其他的詩，序、箋、正義常以后妃以及文王之化爲說，如葛覃，詩序曰：「后妃之本也。……化天下之婦道也。」麟之趾，詩序曰：「關雎之化行，則天下無犯非禮。」騶虞，詩序曰：「天下純被文王之化，則庶類蕃殖……王道成也。」其著眼點都在天下，不在一國，而且所行的都是文王及其后妃之化，也都合於「言天下之事，形四方之風」的條件，爲何這些詩置於風不列於雅？反之，如小雅常棣，詩序曰：「燕兄弟也。」伐木，詩序曰：「燕朋友故舊也。」小明，詩序曰：「大夫悔仕於亂世也。」無將大車，詩序曰：「大夫悔將小人也。」這些與兄弟、朋友宴飲，或自悔仕於亂世，與小人共事的詩，與「天下之事，四方之風」何干？爲何得列於雅？再說，國風中多的是與國事毫無關係的詩，詩序牽附史事，强以刺某君爲說，已爲識者所不取。即使如此，亦有漏網之魚；如凱風，詩序曰：「美孝子也。」采葛，詩序曰：「懼讒也。」女曰雞鳴，詩序曰：「刺不說德也。」月出，詩序曰：「刺好色也。」這些無關於「一國之事」的詩，又何以編列於國風？足證作序者以詩人用心於一國所作的詩謂之風，用心於天下所作的詩謂之雅，不論從詩文本義上說，或從詩序實例上說，都是說不通的。

> 雅者，正也；言王政之所由廢興也。政有小大，故有小雅焉，有大雅焉。

正義曰：「雅者訓爲正也，由天子以政教齊正天下，故民述天子之政，還以齊正爲名。」又曰：「小雅所陳有飲食賓客、賞勞羣臣、燕賜以懷諸侯，征伐以强中國，樂得賢者，養育人材，於天子之政皆小事也。大雅所陳，受命作周，代殷繼伐，荷先王之福祿，尊祖考以配天，醉酒飽德，能官用士，澤被昆蟲，仁及草木，於天子之政皆大事也。詩人歌其大事，制爲大體，述其小事，制爲小體。體有大小，故分爲二焉。」這是將雅的立名旨意與二雅大小的區分作一說明。以爲雅即是正，作「齊正」解，是天子以政教齊正天下之民，天下之民亦還之以齊正。所陳的政事有大小，所以分大雅和小雅。

雅訓爲「正」，自無問題；惟說「正」爲「齊正」，即天子以政教「齊正天下」之意，這就有待商榷了。前人訓雅爲正，有從樂聲說的，如荀子王制篇：「使夷俗邪音，不敢亂雅。」注者曰：「夷俗，謂蠻夷之樂。雅，正聲也。」有從言語方面說的，如論語述而篇：「子所雅言，詩書執禮皆雅言也。」鄭玄注曰：「讀先王典法，必正言其音，然後義全。禮不誦，故言執。」可見此所謂雅言，即以正音發言；此所謂正音，即周室西京之音。孔子平常說的是魯國方言，誦詩、讀書、贊禮時，爲求莊重，爲求義全，故以故都所流行的官話發音。由此可見，所謂雅樂，實即京都之樂，與各地的方言土調有所不同。還有一種說法，以爲「雅」有「夏」義。夏有「大」義。方言曰：「自關而西，秦晉之間，凡物之壯大者而愛偉之，謂之夏」。以「夏」訓「雅」，則知關中係華夏地區，爲民族文化的發祥地，有自許文物典制光華偉大的意思。此一解說，或較符合雅詩的立名本意。

頌者，美盛德之形容，以其成功告於神明者也。

正義曰：「頌者，美盛德之形容，明訓頌爲容，解頌名也，以其成功告於神明，解頌體也。」又曰：「形容者，謂形狀容貌者。作頌者美盛德之形容，則天子政教有形容也。可美之形容，正謂道教周備也。」這是說頌詩之作，旨在形容天子的盛德大功，並將其成功祭告於神明。

然考頌之爲義，可有下列三端：

㈠頌訓「容」，「容」即「形容」　其所形容的對象有二：一是宗廟裡的祖先；二是身爲主祭者的時君。以周、魯、商三頌的內容觀之，周頌多頌先王的功德；魯頌則偏於頌時君僖公；商頌五首，四首頌先王，一首頌時君襄公。

㈡頌訓「容」，指祭祀時表演活動而言　阮元釋頌（見揅經室一集）以爲頌訓爲容，是歌而兼舞之義。宗廟祭祀，常配以音樂與舞蹈。魯頌有駜曰：「振振鷺，鷺于下。鼓咽咽，醉言舞，于胥樂兮。」魯頌閟宮曰：「萬舞洋洋，孝孫有慶。」這都表示在祭祀之際，配上鼓樂與舞蹈，或執鷺羽，醉飲以起舞；或舉行洋洋萬舞，場面頗爲熱鬧，這亦即是阮元所說頌的活動情形。

㈢頌訓「容」，亦有指為尸者扮作所祀先人的形容狀貌而言　儀禮士虞禮曰：「祝迎尸。尸者，表所祀之神。祝者，通人神之意而傳達祝禱之辭者。」鄭玄注曰：「尸，主也。孝子之祭，不見親之形象，心無所繫，立尸而主意焉。一人，主人兄弟。」按主人爲孝子，即主祭的人。爲尸者，孝子兄弟。後世稍變其制，即尸者可由他人充任，或以畫像代之。漢書儒林傳云：「徐生以頌爲禮官大夫。」即指其代替王族爲尸有功，而被封爲禮官大夫。尸者飾所祀者，升堂正位而坐，祭祀者視如神明，向之禮拜，祭祀典禮得以進行。故頌有「容」意。

由上所述，頌有三義。以詩文言，第一義足以解之。以頌用於宗廟祭祀而言，三者兼具，頌贊之禮，始臻完備。

是謂四始，詩之至也。

正義曰：「四始者，鄭答張逸云：『風也，小雅也，大雅也，頌也。此四者，人君行之則爲興，廢之則爲衰。』又箋云：『始者，王道興衰之所由。』然則此四者，是人君興廢之始，故謂之四始也。詩之至者，詩理至極，盡於此也。」按鄭氏之意，四始即是風、小雅、大雅、頌四類的詩，換言之，亦即是詩經全部的詩。如此解釋，實不見「始」字的涵義。

再說「詩之至也」，如承上求義，該翻作「是全詩經中最好的」，但如「四始」指全部詩經而，言三百篇爲先秦詩歌總集，實無他集可作比較，則「詩中最好的」這句話，要跟誰去比？鄭氏訓「詩之至」爲「人君行之則興，廢之則衰」，已是不顧原文句式的講法。即依這一講法，說這四類詩（實即全部詩）的功用大到極點，當政者肯用它，就能使國家興盛；不肯用它，國家就會招致衰敗，這也是不顧事實的說法。試問：自三代以下，何代因用詩而興？何代因不用詩而亡？國家興亡，經緯萬端，豈僅以用詩與否以爲斷？

史記孔子世家云：「古有詩三千餘篇，及至孔子，去其重，取可施於禮義，上采契、后稷，中述殷周之盛，至幽厲之缺，始於衽席，故曰：關雎之亂以爲風始，鹿鳴爲小雅始，文王爲大雅始，淸廟爲頌始。」太史公取四類詩的第一首稱爲「始」，但未用「四始」這個名稱，也沒有提到「始」字的特別涵義。

孔氏正義又云：「案詩緯汎歷樞云：『大明在亥，水始也；四牡在寅，木始也；嘉魚在巳，火始也；鴻鴈在申，金始也。』與此不同者，緯文因金木水火有四始之義。」這是陰陽家的附會。其實既以五行說詩，說了金木水火，豈可缺土？

由上所述，可知詩序「是謂四始，詩之至也」這兩句話，讀來誠有不知所云之感。鄭玄的解釋，不免牽强；太史公的說法，殊無意義；詩緯以五行爲說，尤其無聊。詩序這兩句話，實可略而不論。

然則關雎，麟趾之化，王者之風；故繫之周公，南，言化自北而南也。鵲巢，騶虞之德，諸侯之風也，先王之所以教；故繫之召公。周南、召南，正始之道，王化之基。

正義曰：「序因關雎是風化之始，遂因而申之，廣論詩義；詩理既盡，然後乃說周南、召南。……王者之風，文王之所以教民也。王者必聖，周公聖人也，故繫之周公。不直名爲周，而連言南者，言此文王之化自北土而行於南方故也。鵲巢、騶虞之德，是諸侯之風。先王、太王、王季，所以教化民也。諸侯必賢，召公賢人，故繫之召公。」又曰：「文王正其家而後及其國，是正其始也。化南土以成王業，是王化之基也。」又曰：「此實文王之詩，而繫之二公者，志張逸問：『王者之風，王者當在雅，在風何？』答曰：『文王以諸侯而有王者之化。述其本，宜爲風。』逸以文王稱王，則詩當在雅，故問之。鄭以此詩所述。述文王爲諸侯時事，以有王者之化，故稱王者之風。」又曰：「化霑一國，謂之爲風；道被四方，乃名爲雅。文王才得六州，未能統一；雖則大於諸侯，正是諸侯之大者耳。此二南之人，猶以諸侯待之，爲作風詩，不作雅體。體實是風，不得謂之爲雅。文王末年，身實稱王，又不可以國風之詩繫之王身，名無所繫，詩不可棄，因二公爲王行化，是故繫之二公。天子嫁女於諸侯，使諸侯爲之主，亦此義也。」

詩序這段話與首段相呼應，又回到關雎的詩旨來談。以爲關雎、麟趾所涵的教化意義，屬於王者之風；鵲巢、騶虞所涵的教化意義，屬於諸侯之風。南的意思，是文王的教化自北方推行到南方的緣故；周，召的意思，是由於所繫的人一屬周公，一屬召公的緣故。孔氏正義還作了補充，說「王者之風」的「王者」，即是文王。是文王用這詩來教化人民的。說王者必聖，周公是聖人，所以將周南的詩繫之周公；諸侯必賢，召公是賢人，所以將召南的詩繫之召公。孔氏又爲了文王的詩該不該置於二南，列於國風的問題，引鄭氏的話，以爲文王當時還只是一位諸侯，論身分不得稱爲王者；可是他已行王者之化，所以稱關雎、麟趾之化，爲王者之風。但至文王末年，身實稱王，他的詩又不好置於國風中，其時既由周、召二公代行王化，所以將詩名總稱之爲周南、召南。

周南、召南的詩要與太王、王季、文王、太姒、周公、召公等人拉在一起說，並以周南的詩爲王者之風，可是王者的詩該不該編在國風裡，亦是問題。張逸之問，以見序說的矛盾；鄭氏之答，表面上能自圓其說；實際上則是於史無據而又不符詩文內容的片面設想。

是以關雎，樂得淑女，以配君子，愛在進賢，不淫其色。哀窈窕，思賢才，而無傷善之心焉；是關雎之義也。

正義曰：「是以關雎之篇，說后妃心之所樂，樂得此賢善之女，以配己之君子。心之所憂，憂在進舉賢女，不自淫恣其色。又哀傷處窈窕幽閒之女，未得升進，思得賢才之人與之共事君子。勞神苦思，而無傷害善道之心，此是關雎篇之義也。」又曰：「婦人謂夫爲君子，上下之通名。樂得淑女以配君子，言求美德善女，使爲夫嬪御，與之共事文王。」這是從關雎篇的內容上說，「窈窕淑女，君子好逑」以爲是后妃爲文王求淑女，所樂所憂，都只是爲了文王。后妃是誰？既說是文王的后妃，自然非太姒莫屬；表現了太姒無私的愛！所以贊之爲聖后。但如按之關雎文義，淑女與君子對文，求淑女的必然是那位君子，不可能另有其人。詩序的編敍與正義的疏解，都只是不顧詩文本義的說法。

叁 詩大序有關問題的探討

由上所述，可知詩大序這篇文章，值得討論的地方甚多。茲回顧前文，追溯本源，歸納成六類問題，分別討論如下：

一、作者問題

尊序者總以爲大序是孔子之意、子夏之筆。既是出於大聖大賢的主意，自無討論的餘地。但如考之史籍，素無孔子、子夏作序之說，故有識之士不以爲可信。茲列舉數位著名學者之說如左：

㈠韓愈詩之序議曰：

子夏不序詩有三焉：知不及，一也；暴揚中冓之私，春秋所不道，二也；諸侯猶世，不敢以言，三也。察夫詩序，其漢之學者欲自顯立其詩，因藉之子夏，故其序大國詳，小國略，斯可見矣！

韓文公以爲詩序非子夏作，是漢儒想藉子夏之名自顯其說而作的，他倡言反序，自有開風氣的意義。

㈡歐陽修詩本義序問曰：

或謂詩之序卜商作乎？衞宏作乎？非二人之作，則作者誰乎？應之曰：書、春秋皆有序而著其名氏，故可知其作者。詩之序不著其名氏，安得而知乎？雖然，非子夏之作，則可以知也，曰：何以知之？應之曰：子夏親受學於孔子，宜其得詩之大旨。其言風雅有正變，而論關雎、鵲巢，繫之周公、召公。使子夏而序詩，不爲此言。

歐陽公以爲詩序非子夏作，理由是：⑴書經、春秋之序，寫明作者姓氏，故知作者是誰。詩序如果是子夏作，也一定會寫明；今不寫明，可見就不是子夏作。⑵從序文內容看，其風雅正變之說，以及關雎繫之周公、鵲巢繫之召公的話，都未得詩的本意。如果是子夏作，絕不會有這種說法。

㈢鄭樵詩辨妄曰：

或者曰：大序作於子夏，小序作於毛公。此說非也，序有鄭注而非鄭箋，其不作於子夏明矣。毛公於詩，第爲之傳，其不作序又明矣。……謂大序作於聖人，非也。……或者曰：序之辭委曲明白，非宏所能爲。曰：使宏鑿空爲之，雖孔子亦不能。使宏誦詩說爲之，則雖宏有餘。……今觀序有專取諸書之文至數句者；有雜取諸家之說而辭不堅決者；有委曲宛轉，附經以成其義者。

鄭漁仲以爲詩序不是子夏作，理由有二：⑴序有鄭注而非鄭箋，可見鄭康成不以爲序是子夏作。⑵今之毛詩序雜取諸家之說，附會經義而成。如果子夏承孔子之意而作序，絕不至於如此。

㈣朱熹語類曰：

> 詩序，東漢儒林傳分明說是衞宏作，後來經意不明，都是被他壞了。某又見得，亦不是衞宏一手作，多是兩三手合成一序，愈說愈疏。
>
> 詩大序亦只是後人作，其間有病句。
>
> 周禮、禮記中，史並不掌詩，左傳說得分曉。以此見大序亦未必是聖人做。
>
> 詩大序只是六義之說是。

朱子不信詩序的理由是：⑴後漢書儒林傳明言詩序是衞宏作。但在他看來，還不是衞宏一人作，多數是經兩三手拼湊而成的；詩義全被他們說壞了。⑵詩大序也只是後人作。例如大序說國史掌詩，然而考之周禮、禮記、左傳等典籍，國史並不掌詩。由此可證大序不會出於孔子、子夏之意。⑶大序中只有六義之說可取，其他都有問題。

詩大序之所以受一般學者的重視，是基於子夏作序之說。如果證明不是孔子之意，子夏之筆，確係漢儒所撰，它的權威性自然會即行消失。要證明大序是子夏作，或後儒作，不出二個途徑：一是從史籍上求證；另一是從大序的文義上探討。前述四人的意見，亦不出這兩方面；只是所見零星，未及大序全文，故仍有待作進一步的探討。

二、詩旨導向問題

詩文的旨趣何在？是讀詩者最須知道的一件事。詩旨導向是否適當，關係全部詩義的解釋能否合於詩人的本意。例如大序曰：「關雎，后妃之德也，風之始也，所以風天下而正夫婦也。」又曰：「是以關雎，樂得淑女，以配君子，憂在進賢，不淫其色。……是關雎之義也。」這即是詩序作者對關雎篇所作的詩旨導向。他指導讀者說關雎的詩旨是表現后妃之德的，是要由它來教化天下人民的。再說，這位有賢德的后妃，以能得淑女作爲其夫的妾婦爲樂，以不能引進賢才之女爲憂，從無不合善道的存心；這就是關雎詩旨的所在。讀者如同意這一說法，在章句解釋之際，必須循此以求。於是，就在這一詩旨導向下，說后妃，必然是太姒，說后妃之德，必然配以文王之化。「窈窕淑女，君子好逑」，要說成大姒爲文王求嬪御。「寤寐求之」、「輾轉反側」，要說成太姒「樂得淑女，以配君子；憂在進賢，不淫其色」的聖后表現。

至於今文家說關雎，其詩旨導向又大不相同。筆者在本文前言中已有舉例，在此不再贅述。然而與毛序比較，毛序以爲是美文王后妃之德的；三家則以爲是刺康王晏起，夫人失德的。毛序以爲是周初盛世之作；三家則以爲是康王以下衰世的詩。同爲漢世經生之說，即有盛、衰、美、刺兩種對立的說法，後世學者如有尚古精神，篤信漢儒之訓，見到如此矛盾的詩旨導向，確乎不知將何以自處了！

我們如從史籍上考證，知道國風的詩多數採自民間。禮記王制篇云：「天子五年一巡守，……命太師陳詩以觀民風。」漢書藝文志云：「古有採詩之官，王者所以觀風俗，知得失，自考正也。」可見這些國風的詩，經採詩之官到民間採集而得，然後由樂官在宮庭陳奏，讓國君知道民風的厚薄，進而作爲施政的參考。朱熹詩集傳曰：「風者，民俗歌謠之詩也。」準此以觀國風的詩，漢儒附會史事的說法，無論毛序抑或三家，恐怕都得視爲詩旨的誤導了。

凱風，詩序曰：「美孝子也。衞之淫風流行，雖有七子之母，猶不能安其室，故美七子能盡其孝道，以慰母心，而盡其志爾。」這一序說，以爲詩人作凱風，旨在讚美七子。但是身爲七子之母，因淫風流行，做出不安於室的事，豈非成了淫蕩無恥之人？按之詩文，絕無此義。魏源詩古微曰：「如毛序所說，宜爲千古母儀所羞道。乃漢明帝賜東平王書曰：『今送光烈皇后衣巾一篋，可時奉瞻，以慰凱風寒泉之思。』」由此可見序義的不當。

齊說曰：「凱風無母，何恃何怙？幼孤弱子，爲人所苦。」如此說詩，已較毛序爲平實。然此說作爲讀凱風的評贊則可；作爲詩文的本意則不可。因爲詩文本意乃是七子自訴念母之情。試讀「母氏聖善，我無令人」、「有子七人，莫慰母心」等句，七子思親之情，躍然紙上，人人可感；何須扭曲詩旨，另作別解？

又如黍離篇，毛序曰：「閔宗周也。周大夫行役至于宗周，過故宗廟宮室，盡爲禾黍。閔周室之顛覆，彷徨不忍去，而作是詩也。」韓說曰：「昔尹吉甫信後妻之讒，而殺孝子伯奇。其弟伯封，求而不得，作黍離之詩。」兩家詩旨導向：一說周大夫憫鎬京顛覆而作；一說尹伯封憫其兄伯奇行孝而致冤死，悼念而作。然而按之詩文，每章末六句：「知我者，謂我心憂；不知我者，謂我何求。悠悠蒼天，此何人哉？」實爲行役者不諒於人的感歎。如是周大夫過故宗廟宮室，見一片荒墟，盡爲禾黍；應有京國覆亡之憾，王室凋零之痛；怎會只興知我與不知我之歎？可見閔宗周之說出於虛構。又如是伯封悼兄，就該說些悼念乃兄的話，怎會只向自己身上說？又明知其兄受後母讒言，以至被乃父殺害，可否說「悠悠蒼天，此何人哉」這樣的話？責父以如此口吻，恐非情理所當有。故毛序、韓說，兩無可取。由此可見，詩旨導向如不適當，全篇詩義隨之曲解。這是讀詩第一要事，是必須首先講明的。

古人談詩旨，有一個共通點，即是詩教的講求。所謂萬變不離其宗，正好說明此一現象。詩大序的詩旨導向是如此，三家詩說的詩旨導向亦是如此。所以說美說刺，人事編敘，莫不涵有詩教的意義。到了宋朝，歐陽修、朱熹等大儒，雖對舊說表示不滿，亦曾提出了一些清新的見解，但是仍然不離此一宗旨。比如國風中許多兒女情歌，從詩教的一端來看，均無意義；且多浪漫的言行，爲一般經學家所不便啓齒的。於是他們遂將抒情的，轉爲說理的；平民的，轉爲政治人物的；甚或說成是刺淫的。朱子則不然，他把民歌還是當民歌看，但認爲這些私情的表露，過於浪漫，有礙風化；所以斥之爲淫奔。這是在同一詩教的要求下，常可見到之兩極化的說詩現象，也成爲詩經學上的兩個死角。

我們如從詩旨導向的問題來看詩大序，即可發現詩大序全篇文章，都只是在强調詩的政治影響與教化功能。所以舉凡關雎之義，六義之訓，二南、四始之辨，正變、美刺之說，莫不以規諫時君、敎誨世人爲目的。但詩教愈受重視，詩人的作意愈遭貶抑。亦即在詩大序的詩旨導向下，已不復見到詩人作詩的本意。所以，以筆者看來，詩旨的誤導，可視爲詩大序的中心問題。

三、國風正變問題

正變之說，先秦典籍所無，按之詩文內容，亦多不合。詩序倡議於前，鄭孔附和於後，遂成爲詩說的一大規律。他們以爲二南爲正風，作於文、武、成之太平盛世；十三國的詩，都作於「王道衰、禮義廢、政教失」的時期。正風時期由於所見皆善，治平累世，所以美刺不興；變風時期由於有善有惡，詩人見善則美，見惡則刺，所以有美有刺。這一套正變美刺之說，有助於詩教意義的發揚，然如細察其所論，顯然有其自相矛盾與不符事實的地方。茲聊舉五端以證之：

㈠**文王居商紂之世，為西伯，專事征伐**　以商朝而言，正是朝綱解紐，禍亂頻仍的末世。即使在其所轄之區，發政施仁，成其偏安之局，能否稱得上太平盛世？

㈡**周公制禮作樂，雅有聖德**　居文、武、成三朝，功業無出其右。豳風七首，詩序定七月、鴟鴞二首爲周公所自作，其他五首爲詠周公的詩。無論時世、人事、詩義，均與詩序、正義所定的正風標準相符合，何以這些詩反置於變風之末？

㈢**孔氏說變風有美刺，是由於「王道衰，禮義廢、政教失」的緣故**　正風無美刺，是由於治平累世，只有善沒有惡的緣故。然而二南中如芣苢，詩序云：「后妃之美也。和平，則婦人樂有子矣！」

江有汜，詩序云：「美媵也，勤而無怨，嫡能悔過也。」野有死麕，詩序云：「惡無禮也。天下大亂，彊暴相陵，遂成淫風。被文王之化，雖當亂世，猶惡無禮也。」何彼襛矣，詩序云：「美王姬也。」像這些序說，雖與詩人作意多所齟齬，然而既說正風無美刺，而二南的序文中說美說刺的卻有四首之多，豈不自相矛盾？又，野有死麕序文明言「天下大亂」，豈可視之爲太平盛世？

㈣**孔氏說文、武、成王之世，治平累世，有善而無惡，以至美刺不興**　然考諸史籍所載，堯居盛世，而有四凶；紂居末世，而有三仁。周公居盛世，輔成王，武庚與三叔相率爲叛；成王惑於流言，對周公亦曾有所懷疑。歷史上何代可稱之爲「有善無惡」的？

㈤**正變之說，本屬無據**　吾人如移易二南的詩如漢廣、行露、摽有梅、江有汜、野有死麕諸首，分置於其他國風中，再從其他國風的詩如定之方中、干旄、緇衣、雞鳴、無衣等篇分置於二南，如不知其出處，有誰能憑正變之說，一一糾舉，視爲不宜？

崔述讀風偶識於通論十三國風一文中曰：

> 說毛詩者，以二南爲正風，十三國爲變風。余按：七月一篇，乃周王業之所自基。東山、破斧、敵王所愾，勞而不怨，非盛德之世，安能有此？此固不得謂之變也。淇奧以睿聖得民，緇衣以好賢開國，雞鳴之勤昧爽，蟋蟀之戒逸游，皆足以見君德民風之美，何以見其當爲變風也哉？……且即衰世，亦未嘗無頌美之詩。若定之方中紀衛文之新政，鳲鳩美淑人之正國，以及干旄之下賢，羔裘之直節，無衣之勤王，較之行露，死麕之詩，果孰優而孰劣？即君子于役之苟無飢渴，亦何異於卷耳之寘彼周行？出其東

門之匪我思存，豈不勝於漢廣之言秣其馬？何所見彼當爲正，而此當爲變乎？鄭漁仲云：「風有正變，仲尼不曾言，而他經不載焉，獨出於詩序。緇衣之美武公，駟鐵、小戎之美襄公，亦可謂之變風乎？」其說是矣！

崔氏反對詩序正變之說，列舉若干詩篇作爲比較，以證詩序分類之不當。崔氏曾說：

今欲讀詩，必取三百篇之次紊亂之，了無成見，然後可以得詩人之旨。故余之論詩，惟其詩，不惟其正與變。」

這確是很有見地的一番話；由此亦可推知詩序正變之說應否予以重視了。

四、二南來歷問題

詩大序開端云：「關雎，后妃之德也。」信序者遂以爲「后妃」即太姒，后妃之德，亦即文王之化；遂將二南的詩說成是文王德化而成的。以時代言，亦即成於文王之世。關於這個問題，崔述讀風偶識曰：

周南、召南二十五篇，自鄭、孔以來，說詩者皆以爲在文王之世，朱子集傳因之。既皆爲文王時詩，勢不得不以爲有正而無邪。於是漢廣之游女，行露之速訟，摽梅之迨吉，野有死麕之懷春，皆訓以爲文王德化所被，風俗之美。余反覆熟玩之，殊不甚然。且二十五篇中，文王太姒與凡文王同時之人未嘗一見，所見者獨甘棠之召伯，何彼襛矣之平王；而此二人皆在武王之後。又按齊魯韓詩說關雎者，皆謂在康王之世。……成康正當周道之隆，豈無君子？豈無淑女？而必以爲文王之世乃有之乎？關雎苟在康王之世，則葛覃以下亦必在康王以後矣！

這是說，如果認爲二南的詩作於文王之世，有正而無邪，這就會出現如下三個問題：⑴從詩篇上看，漢廣、行露、摽梅、野麕等詩，都說是受文王德化之所被，爲風俗美好的表現，實難以令人置信。⑵與文王同時代的人未曾一見，卻已敍及召伯、平王之孫的事。⑶三家詩定關雎爲康王時詩，由此以推，葛覃以下的詩一定作於康王之後。崔氏又曰：

今按江漢汝墳皆非周地，何以獨爲王者之風？殷其雷稱南山之下，何彼襛矣周人之詩，又何以反得之南國乎？此無他，皆由誤以二南爲文王時詩，苦於其說難通，故不得不輾轉而曲爲之解耳！

詩序將周南的詩，說成是王者之風；召南的詩說成是諸侯之風；按之詩文內容，周南所敍的地區，及於江漢汝水一帶，已非陝中周地；何以反說是王者之風？召南所敍的「殷其雷，在南山之陽」，卻在陝境；何彼禯矣的王姬，敍的正是王家的事，何以反說是諸侯之風？這顯然是自相矛盾的。究其原因，崔氏以爲實由於誤以二南爲文王之詩所造成的。

且南者，乃詩一體，序以爲化自北而南，亦非是。江沱汝漢，皆在岐州之東，當云自西而東，豈得云自北而南乎？蓋其體本起於南方，北人效之，……故名以南。故小雅云：「以雅以南。」自武王之世，下及東周，其詩而雅也，則列之於雅；風也，則列之於風；南也，則列之於南；如是而已。不以天子諸侯分也。由是言之，二南固不必在文王也。

崔氏以爲「南」是詩樂的一體，和風、雅並立。如說「文王之化自北而南」才叫「南」，則江沱汝漢在岐山之東，不在其南，方位上根本不合。

章如愚曰：

二南的詩謂之周南、召南，此蓋古人採詩於周之南得之，則爲周南；採詩於召之南得之，則爲召南。……彼序者乃以關雎、麟趾之化，王者之風，繫之周公；鵲巢、騶虞之德，諸侯之風，繫之召公；謬之甚也。既以二南繫之二公，則遂以其詩皆文王之詩。見關雎、葛覃婦人之詩，則遂以他詩亦皆出之婦人。文王一人，在周南則以爲王者；在召南則以爲諸侯。大姒一人，在周南則以爲后妃；在召南則以爲夫人。豈夫子正名之意乎？

章氏以爲二南詩篇的來歷，原只是所採地區在周之南或召之南而得名，與王者、諸侯、周公、召公原無關係。作序者以后妃之德、文王之化說之，以至於說文王在周南稱王者，在召南稱諸侯；太姒在周南稱后妃。在召南稱夫人，將他們說成了雙重身分的人，這是不合情理的編敍。所以如取比較平實的態度來讀詩，這些加於二南的人事附會，都該一一擺脫，向詩文直接求義，或更容易見到詩人的本意。

五、序文詞章問題

前人視大序爲經典之作，引據者多，甚少作詞章方面的分析。筆者則以爲，如將大序當作文學作品來鑑賞，亦有下列幾點值得留意：

甲、文多抄襲

大序有三段文章，顯係抄襲而得，茲分別抄錄於后，以供對照：

書經虞書曰：

詩言志，歌永言，聲依永，律和聲。

禮記樂記曰：

歌之爲言也，長言之也。説之故言之，言之不足，故長言之；長言之不足，故嗟歎之；嗟歎之不足，故不知手之舞之，足之蹈之。

詩大序曰：

詩者，志之所之也。在心爲志，發言爲詩。情動於中而形於言，言之不足故嗟歎之；嗟歎之不足，故永歌之；永歌之不足，不知手之舞之，足之蹈之也。

這段序文與前述樂記之文有一部份文句相同。至於涵義方面，與前列二文近似，故不難看出作序者襲取其文，融化而成自己的作品。

又，樂記曰：

凡音者，生人心者也。情動於中，故形於聲。聲成文，謂之音。故治世之音安以樂，其政和；亂世之音怨以怒，其政乖；亡國之音哀以思，其民困。聲音之道，與政通矣！

詩大序曰：

情發於聲，聲成文謂之音。治世之音安以樂，其政和。亂世之音怨以怒，其政乖。亡國之音哀以思，其民困。

大序這段文章，幾乎全部錄自樂記；只是將樂記的「情動於中，故形於聲」改爲「情發於聲」一句話而已。

周禮太師職曰：

教六詩：曰風、曰賦、曰比、曰興、曰雅、曰頌。

詩大序曰：

故詩有六義焉：一曰風，二曰賦，三曰比，四曰興，五曰雅，六曰頌。

兩者內容完全相同，只是名稱上周禮稱「六詩」，大序改稱爲「六義」。

由上可知，大序中最有價值的三段話，都只是承襲前人的文詞而得的。就憑這一點，即足以證明絕非孔子、子夏的作品。

乙、義多不全

大序作者行文之際，常有思慮不夠周密的現象。比如說了六義的名稱，接著是解釋六義的涵義，就在這段文章中，即出現三個問題：⑴只說風雅頌，不說賦比興；以至賦比興的涵義始終不明，等於六義之訓漏了三義。⑵解釋「風」義用詞最多，可是只談變風，不談正風。正風究屬何義?亦令人費解。⑶「風」的涵義，說是「上以風化下，下以風刺上，主文而譎諫，言之者無罪，聞之者足以戒」，明顯地將國風的詩，都說成是在下的臣民勸諫在上的君主而作的。以為君主接受了臣民的勸諫，再將這些詩傳佈到民間，成為教化用的素材，以期達成化民成俗的目的。但如拿國風的詩來看，詩人持「譎諫」態度來寫的詩實在不多，即使將詩序所定的「刺」詩都說成是譎諫的，也只佔國風中的一小部份。況且二南二十五首詩，說是被文王之化，太平累世，有善無惡，故不復有美刺的。可見這樣的解析風義，是很不得體的。它所導致的後果，即是將所有抒情的風謠，全部不照風謠講。附會人物，編造故事，賦予教義；使一首情趣盎然的民歌，轉變成具有嚴肅課題的政論諫書。你讀詩文，再讀序文，會使你感到這是完全不相干的兩回事。

丙、銜接不當

一篇好文章，必然是文理清晰，結構嚴密的。可是觀察大序全文，予人以條理不清，銜接不當的印象，茲分別舉述於下：

先從討論風義的文詞來看，開篇即云：「關雎，后妃之德也，風之始也，所以風天下而正夫婦也，故用之鄉人焉，用之邦國焉。風，風也，教也；風以動之，教以化之。」這原是說明關雎詩旨的一篇序文，應只說與關雎這首詩有關的話，不宜由「風之始」再說到「風，風也，教也」等問題上去，因爲下面還有專門討論風義的一段文章；放在那裡說比較適當。如以文理銜接上看。在「所以風天下而正夫婦也」以下，即接末段「是以關雎，樂得淑女，以配君子」直至「是關雎之義也」，成爲專門討論關雎詩義的一段文章，比較合於文理的敍述。如今將它話分兩頭來說，意思上似乎有以全篇序文包涵其內，一前一後，遙相呼應，予人以較完整的印象。其實，這兩段文句相銜接的部份，如首段的「詩者，志之所之也」；末段的「周南、召南，正始之道，王化之基」，都是在文理上沒有必要作如此安排的。

其次，在「至于王道衰，禮義廢，政教失，國異政，家殊俗，而變風變雅作矣」之下，應抽出「國史明乎得失之迹」這段話，直接與「故變風發乎情，止乎禮義。發乎情，民之性也，止乎禮義，先王之澤也」相銜接。因爲這段文章，上下都在討論「風」的涵義，「國史」這段話夾在其間，形成前後都有不銜接的毛病。至於「國史」這段話能否成立，還是一個問題。如果要調整它的位置，由於是通論性質，不能安置在討論風雅頌的範圍內，比較之下，或可勉强安置在「故詩有六義焉」之上，「美教化，移風俗」之下。因爲將它緊接在通論的文句之後，在銜接上較無排斥現象。

此外，一些連接用語用得極爲勉强。如「是以一國之事，繫一人之本，謂之風」的「是以」，等於白話的「因爲這個緣故」，用在句首，如孟子梁惠王篇云：「君子之於禽獸也，見其生不忍見其死，聞其聲不忍食其肉；是以君子遠庖廚也。」這句「是以君子遠庖廚」，可以翻成「因爲這個緣故（或「因此」）君子要遠離廚房。」（說見許世瑛常用虛字用法淺釋頁六六）以此來看「是以一國之事繫一人之本，謂之風」的「是以」，實無「因爲這個緣故」或「因此」的涵義，因爲它的上文談的是變風，它所談的是風與雅，上下沒有因果關係，所以不能發生連接作用，變成一個無實質意義的關係詞。另有「是謂四始」的「是謂」，等於白話的「這就叫做」。「是謂四始，詩之至也」，可以翻成「這就叫做四始，是詩經中最好的一部份」。由上文看下來，自「是以一國之事，繫一人之本，謂之風」起，至「頌者，美盛德之形容，以其成功告於神明者也」這段話，大概是指風、小雅、大雅、頌四者而說的，但是這四者可稱爲「四詩」，即詩經的四部份詩，卻不可稱爲「四始」，有始必有終，始的涵義即代表起頭的部份，絕不能把後頭的也稱做始。所以這個「是謂」，眞不知它是指甚麼而說的？其他如「然則關雎、麟趾之化，王者之風，故繫之周公」的「然則」，相當是白話的「倘若如此」或「既然如此」，這也是承接上文的關係詞。可是它的上文是「是謂四始，詩之至也」這個「既然如此」，上下如何銜接？有無推理上的必然關係？即其下句「故繫之周公」的「故」字，當「所以」解，也是與上句發生因果關係的用詞。但是按文理來說，周公不是王者，「王者之風」怎會

「繫之周公」呢？所以這個「故」字也用得很勉强。

我們就從這篇文章的銜接情形來看，它缺乏完整的結構與嚴密的組織；各段之間無必然的關係，多出於勉强的湊合，故可推知絕非出於老於文墨者之手。

丁、於史無據

大序云：「國史明乎得失之迹，傷人倫之廢，哀刑政之苛，吟詠情性，以風其上；達於事變，而懷其舊俗者也。」這顯然以爲國風的詩都是國史觀察政治的得失，人倫的敗壞，刑政的苛虐，出於眞情至性，發表詩歌，來諷諫其君上而作的。孔氏正義則以爲詩序此文是專指變風變雅而說的，但如考之史籍，筆者以爲此說難以成立的有下列三點：

第一、古藉記載，史不掌詩。國語邵公諫厲王止謗云：「故天子聽政，使公卿至於列士獻詩，瞽獻曲，史獻書，……瞽史教誨，耆艾修之，而後王斟酌焉。」其中史與瞽史的職掌，都與詩毫無關係。朱子曾說：「周禮、禮記中史並不掌詩，左傳說得分曉，以此見大序亦未必是聖人作。」（語錄卷八○，頁七）崔述讀風偶識云：「在春秋之世，當時王室微弱，太史何嘗有至列國而采風者？春秋經傳概可見也。以爲太史所題，誣矣！」他們都以爲古籍均無史官掌詩的記載。詩不僅非史官所作，也非史官所採所獻。

第二、變風變雅的詩，說是國史「吟詠情性，以風其上」之作，這是任誰都不會相信的。所以孔穎達也說：「明曉得失之迹，哀傷而詠情性者，詩人也，非史官也。民勞、常式，公卿之作也。黃鳥、碩人，國人之風。然則凡是臣民，皆得風刺，不必要其國史所爲。」這是很明達的話，與他前面疏解序文的意見，正好是相反的，可是他接著說：「此文特言國史者，鄭答張逸云：『國史采衆詩時，明其好惡，令瞽矇歌之。其無作主，皆國史主之，令可歌。』如此言是，由國史掌書，故託文史也。苟能制作文章，亦可謂之史，不必要作史官。」這是根據鄭玄的解說爲序文彌縫的話。鄭氏以爲國史並沒有作詩，只是將採來的詩命樂師歌詠。這些詩無人作主，名義上由國史代表而已。孔氏隨著幫腔說，因爲國史掌書，所以一切文字的制作，如不知原作者，皆可託之於史。亦即只要能制作文章的人，都可稱爲史，不一定指朝廷的史官。這是鄭、孔二人明知序文不通，有意蒙混讀者的說法。國史既不掌詩，怎會採詩獻奏的事要他來作主？自古以來佚名之作多矣，有誰主張都可說成是國史作的？國史掌書，周禮載大史掌建邦六典，小史掌邦國之志，內史掌王之八枋之法，外史掌書外令。由其所掌的事，可知國史與詩樂無關。如果說凡能制作詩文的人，都可稱爲國史，這等於說凡是拿刀槍的人，都可稱爲將軍；凡是穿太空裝的人，都可稱爲太空人；此說可通與否？何庸置辯！

第三、本文前已引述禮記王制篇以及漢書藝文志的話，說明古有采詩制度，國風的詩是由民間採集而來的。又漢書食貨志也說：「孟春之月，羣居者將散，行人振木鐸於路以采詩，獻之太師，比其音律，以聞於天子。」可見國風的詩，原屬民間歌謠，由樂官比其音律，然後奏給天子聽。國史有無掌詩，由此亦可知道了！

肆　結　論

㈠**從作者上看**　詩大序相傳是子夏承孔子之意而作的，故深受一般經學家的重視。然而考之先秦典籍，從無孔子、子夏作序之說；證之序文內容，或出於抄襲，或說理偏執，呈現多項缺失；故可推知非先秦文物，該是漢儒所撰，亦有可能非一人之作，經二人以上拼湊而成的。

㈡**從詩旨導向上看**　詩大序重視詩的教化功能，不相信國風多屬民俗歌謠，也不相信史籍所載古有采詩制度，以致小序以美刺說詩，以附會歷史人物說詩，以政教的意義說詩。漢儒以三百篇為諫書，實導源於此。

㈢**從風雅正變之說上看**　詩大序衹說變風變雅，不說正風正雅，釋義顯有偏頗。以二南為文王的詩，屬正風；十三國為康王以後詩，屬變風。然按之詩文，二南有召伯、平王以後詩；豳風七首，序以七月為周公陳王業之詩，鴟鴞為周公救亂之詩，破斧、伐柯、九罭為詩人歌頌周公的詩；推其作詩年代，當在武、成之世。以見十五國風的詩，如以時世作為正變的區分，與詩文內容多所齟齬，難以自成規律。

㈣**從國史採詩之說上看**　古有採詩的行人，亦有掌樂的太師。採獻詩樂，各有專職。國史所掌的是法、令、典、志，與詩樂全不相干。孔氏曾說：「明曉得失之迹，哀傷而詠情性者，詩人也，非史官也。」以見史不作詩，亦不掌詩。詩序此說，雖鄭、孔曲爲維護，然史證俱在，實難逃穿鑿之譏。

㈤從六義之說上看　論出處，大序的六義，即是周禮太師職所敍的教六詩；論內容，六義祇說了風雅頌三義，賦比興未見解說。說到風義，祇說變而不及正。大序說風義最多，卻始終偏離「民俗風謠」的主題。所以朱熹以爲大序僅六義之說可取；筆者則以爲，即使六義之說，亦是有問題的。

㈥從序文詞章上看　大序最有價值的三段文章，是從書經虞書、禮記樂記中節錄而來的。其他部份，有缺乏歷史依據而擅自編造的；有說理顧此失彼而不夠周密的；有用語交代不清，令人費解的；有銜接不當，迹近勉強湊合的；有使用連詞而不起連接作用的。由此可見，該文非老於文墨、智慮深遠者所爲。

總之，前人讀詩，尊信小序；小序的主意，得自大序。可見這篇文章影響詩經學說極爲深遠。朱熹曾感慨地說：「後來經義不明，都是被他壞了。」筆者深有同感，故作此文，以供學者研讀詩經時的參考。

詩經二南有關問題的討論

壹 前言

詩經的問題很多；國風中的二南，由於古人特別重視它，加上「文王之化」「后妃之德」等特殊涵義，以至問題更多。今日我們讀詩經，如不讀漢唐以來名家之作，會被視爲無根之學；讀了這些名家之作，又有如置身於五里霧中，不知所從。究其所以致此的原因，即後儒將孔孟一些說詩的言論，加以曲解，或過分强調的緣故。孔子以三百篇爲敎材，原是想藉它達成增進知識、陶冶情操、培養從政能力等目的的。如他在論語裡曾說：

興於詩，立於禮，成於樂。（泰伯）

詩三百，一言以蔽之，曰：思無邪。（爲政）

小子！何莫學夫詩？詩可以興、可以觀、可以羣，可以怨；邇之事父，遠之事君，多識於鳥獸草木之名。（陽貨）

誦詩三百，授之以政，不達；使於四方，不能專對；雖多，亦奚以爲！（子路）

他說「興於詩」，是以爲研讀詩篇可以使人興起高尙的心志。他說「思無邪」，是以爲詩人作這些詩時，都出於眞情至性，教讀者亦須以詩人的心意讀之。他說讀詩可得興、觀、羣、怨之效，事父、事君之道；是以爲詩文足以變化氣質、改善爲人處世的態度。他說讀詩如不能增加行政以及外交能力，讀了等於白讀。這在當時的社會環境來說，都是一個教師對學生應該說的話；因爲從修身到從政，原是從前知識分子求學的目的所在。他不談詩的內容是什麼，只談讀詩之後會得到什麼，這原是一個教師將詩篇當作教材向學生提示的教學目標；亦即從讀詩的效果上說，讓學生能得到實際的用途，學生才不至於把讀詩只當作一種文藝活動而已。

至於二南的詩，孔子特別提及的有兩段話：

> 關雎樂而不淫，哀而不傷。（八佾）
>
> 子謂伯魚曰：「女爲周南、召南矣乎？人而不爲周南、召南，其猶正牆面而立也與？」（陽貨）

前一段話專指關雎說的，以爲詩人作關雎所表達的感情雖有哀有樂，但能不傷不淫，適可而止，所以值得讚許。後一段話是告訴他的兒子伯魚，如不去研讀二南的詩，就像一個人面壁而立，會犯上見識淺陋的毛病。言下之意，研讀二南，足以增廣見聞，可見孔子對二南的詩是相當偏愛的。但如進一步問，孔子要伯魚重視二南，其實際意義是什麼？由於「正牆面而立」是一個隱喻，其涵蓋性很廣，到底要怎樣去重視這二十五首詩？就不免令人費解了。依筆者審察，二南的詩所敍的情事，的確比鄭、衞、齊、陳等詩要正常些，所包涵的內容也廣泛些，大致能符合前述論語中孔子所提詩教的要求。但詩教管詩教，詩人的本意不應在詩教的前提下予以抹殺。孔子當時教詩的情形已不可知，尤其對於篇旨章義的解說，除了與卜商等偶爾談及，偏於藉詩感發引申以外，從未見他從詩人本意上說過。這不是表示孔子不重視詩人本意，實在由於當時教詩時沒有人將他的章句解釋記錄下來。如果我們能見到這樣的本子，有關詩經的訟案，想必會減少了許多。

孟子在談論時，常引詩句爲證，或談及詩經的功用與讀詩的態度。他曾說：

王者之迹熄而詩亡，詩亡然後春秋作。（離婁）

說詩者不以文害辭，不以辭害志；以意逆志，是爲得之。（萬章）

前一段話暗示詩經與春秋有同樣的功用。春秋旨在褒貶歷史人物，詩經亦有諷諫之義。這話影響後人說詩態度，偏於人事的編敍與義理的講求。後一段話教人讀詩要能「以意逆志」，即以讀者之意去迎合詩人之志。由於孟子沒有說明讀者應具有怎樣的基本觀點以意逆志，以致後人各陳己意說是已逆得詩人之志，影響所及，詩說益見其分歧了！

本文討論二南的有關問題，由於古人說詩常以孔孟的話作依據，無論怎樣編敍，都自以爲得自聖人的心傳。你不贊成他們的說法，就有被斥爲聖教叛逆的危險，所以先作一番說明。

貳 有關史事問題的討論

前人說詩，認為二南是受文王之化的，又說也受周、召二公之化的。這個問題關係到上古的歷史與地理，牽涉甚廣，茲擇要討論於后。

一、文王受命稱王問題

毛詩序說「周南、召南，正始之道，王化之基」；「關雎、麟趾之化，王者之風，故繫之周公」；「鵲巢、騶虞之德，諸侯之風，先王之所以教，故繫之召公」；「葛覃，后妃之本也」；「樛木，后妃逮下也」；「汝墳，道化行也。文王之化，行乎汝墳之國」；「摽有梅，男女及時也。召南之國，被文王之化，男女得以及時也」。綜觀周南十一首詩，說后妃之德的有八首，說文王之化的有二首。召南十四首詩，說夫人之德的有三首，說文王之化的有五首。周南的「后妃」是誰？召南的「夫人」又是誰？古文家以為都是指太姒說的。因為既視周南為「王者之風」，召南為「諸侯之風」，所以太姒在周南稱后妃，在召南稱夫人。又太姒之德其實也是受文王之化而成的，所以總說二南的詩都只是受文王之化而有的。這不僅是古文家的說詩前提，連反對古文詩說的宋儒歐陽修、朱熹，清儒姚際恆、方玉潤等，都是導信著的。例如歐陽修詩本義時世論云：

關雎、鵲巢，所述一大姒爾，……二南之事，一文王爾，……。

朱子詩集傳關雎首章云：

淑者，善也。女者，未嫁之稱。蓋指文王之妃大姒爲處子時而言也。君子，則指文王也。……周之文王，生有聖德，又得聖女姒氏以爲配。宮中之人，於其始至，見其有幽閒貞靜之德，故作是詩。

於漢廣首章云：

文王之化，自近及遠，先及於江漢之間，而有以變其淫亂之俗。

於召南諸詩，則多以「南國被文王之化」爲說。可見以反序著稱的歐陽修、朱熹，在二南裡，更像是古文家的嫡系傳人。

姚際恆詩經通論關雎篇云：

大抵善說詩者，有可以意會，不可以言傳。如可以意會，文王、太姒是也；不可以言傳，文王、太姒未有實證，則安知非大王、大任、武王、邑姜乎？如此方可謂善說詩矣！

方玉潤詩經原始關雎篇云：

讀是詩，以爲咏文王、大姒也可；即以爲文王、大姒之德化及民，而因以成此翔洽之風也，亦無不可；又何必定考其爲誰氏作歟？

姚氏的詩經通論，方氏的詩經原始，均有不少創見，但說到二南時，仍然擺脫不了詩序的影響。詩序以文王之化說二南，是否可信，須下考證的功夫才能知道。史記周本紀載道：

西伯蓋即位五十年。其囚羑里，蓋益易之八卦爲六十四卦。詩人道西伯，蓋受命之年稱王而斷虞芮之訟，後十年而崩，謚爲文王。改法度，制正朔矣，追尊古公爲太王，公季爲王季；蓋王瑞自太王興。

由於這段文章裡有「蓋受命之年稱王，……後十年而崩」這些話，說者據以爲文王在世時確已稱王，而且已在位十年；可見二南王化之說不是沒有根據的。大雅文王有聲篇云：

文王受命，有此武功；既伐于崇，作邑于豐。

孔氏正義云：

言應天命者，天既命爲天子，當立天子之居；故言徙都於豐以應天命。

這是以爲「文王受命」受的是上天之命；主張文王在伐崇成功以後，自岐遷豐時，即自封爲王。

事實上文王不可能自封爲王，理由有三：

㈠從文王與紂王的生卒年次上看 竹書紀年載：

（紂王）二十三年，囚西伯于羑里。

二十九年，釋西伯，諸侯逆西伯歸于程。

三十年春三月，西伯率諸侯入貢。

三十三年，王錫命西伯得專征伐。（沈約按文王受命九年，大統未集，蓋得專征伐。受命自此年始。）

三十四年，周師取耆既邘，遂伐崇，崇人降。

三十五年，周大饑，西伯自程遷豐。

四十一年春三月，西伯昌薨。

四十四年，西伯發戡黎。

五十一年，王囚箕子，殺王子比干，微子出奔。

五十二年，周師伐殷。

又史書記載紂王即位於西元前一一七四年，卒於西元前一一一一年；文王即西伯之位於西元前一一七一年，卒於西元前一一二二年。文王卒後，紂王尚居天子之位十一年。而且竹書紀年裡沈約特加按語，以爲文王受命，是指紂王三十三年，授「西伯得專征伐」之命。這話可從文王受命以後續稱西伯，死時稱「西伯昌薨」，其太子發繼承父業仍稱「西伯發」等用詞可以推知。至於史記這段話，張守節史記正義云：

易緯云：「文王受命，改正朔，布王號於天下。」鄭玄信而用之，言文王稱王，已改正朔，布王號矣。按：天無二日，土無二王，豈殷紂尚存而周稱王哉？若文王自稱王，改正朔，則是功業成矣，武王何復得云大勳未集，欲卒父業也？禮記大傳云：「牧之野，武王成大事而退，追王太王亶父，王季歷、文王昌。」據此文乃知是追王爲王，何得文王自稱王改正朔也？

張氏直陳史記之謬，以爲紂尚在世，文王不可能擅自稱王。

㈡**從商紂的暴戾性格上看**　紂王是歷史上少有的暴君，史記殷本紀載道：

> 帝紂資辨捷疾，聞見甚敏；材力過人，手格猛獸；知足以拒諫，言足以飾非；矜人臣以能，高天下之聲，以爲皆出己之下。好酒淫樂，嬖於婦人。愛妲己，妲己之言是從。……以西伯昌、九侯、鄂侯爲三公。九侯有好女，入之紂。九侯女不喜淫，紂怒，殺之，而醢九侯。鄂侯爭之强，辨之疾，並脯鄂侯。西伯昌聞之，竊歎。崇侯虎知之，以告紂，紂囚西伯羑里。西伯之臣閎夭之徒，求美女奇物善馬以獻紂，紂乃赦西伯。

由這些話裡，可知商紂是一位才智極高的人。然而他恃才傲物，濫用君權，九侯、鄂侯無辜被殺，西伯昌僅發同情之歎，即遭囚禁。後經閎夭等營救，始得虎口餘生。商紂暴戾如此，西伯昌還敢自立爲王嗎？

㈢**從文王的道德涵義上看**　文王雅有聖德，素被儒者所推崇。史記周本紀云：

> 公季卒，子昌立，是爲西伯。西伯曰文王，遵后稷、公劉之業，則古公、公季之法；篤仁、敬老、慈少。禮下賢者，日中不暇食以待士，士以此多歸之。

又大雅思齊篇詩序云：

思齊，文王所以聖也。

又大雅皇矣篇詩序云：

皇矣，美周也。天監代殷莫若周；周世世修德，莫若文王。

文王的道德涵養既已臻於神聖的境界，怎會一面奉商紂之命，爲西伯，征伐不服從商紂的人；一面又擅自稱王，號令諸侯，親自做反叛商紂的事呢？他如果眞的擅自稱王，即成爲被征伐的對象，有何理由去征伐別人？故筆者以爲，說文王曾自封爲王，布王號，改正朔，這實在是冤枉了文王。

二、二南地理位置問題

周南、召南的立名，本該與周公、召公的采地有關，但從詩篇所敍的江、漢、汝水等地區來看，與二公采地岐山之陽相距太遠，無從銜接。說文王曾化行南國，難以置信；故就二南的地理位置作一番探討。

鄭玄周南、召南詩譜云：

周、召者，禹貢雍州岐山之陽地名。

綿之篇說大王遷於周原，閟宮言大王居岐之陽。是周地在岐山之陽也。孟子云：「文王以百里而王。」則周、召之地共方百里，而皆名曰周，其召是周內之別名也。

孔氏正義云：

可知周、召之地在岐山的南面，約百里見方，原是太王避狄難自豳遷居之所，文王由此而發迹。據此而查岐山之南的地理位置，偏促於陝西西部，其南爲四川省，有秦嶺橫亙，交通極爲不便。故二南如眞的指在岐山之南，不可能有河、漢、江、汝爲地理背景的詩。如關雎篇「在河之洲」的「河」，即古代黃河的專名。汝墳篇的汝水，爲淮河支流，處於河南東南隅，與安徽的西境相鄰。漢廣篇的「漢之廣矣，不可泳思。江之永矣，不可方思。」「漢」，即是漢水；「江」，即是長江。漢、江二水連文，可見詩人作於漢水入江的區域。從地圖上看，已遠在湖北省的東南隅，大概在今漢口附近。又如江有汜篇朱傳云：「水決復入爲汜，今江陵、漢陽、安復之間，蓋多有之。」則該詩當作於長江中游的江陵、漢陽之間。如將上述各地加以鉤畫，即可發現擁有如今河南、湖北二省的廣大地區。這一地區距離岐山一千數百里，中間隔山隔水，還隔著當時的都邑豐、鎬與洛邑。而且在方位上看，遠在岐山之東與東南，與周、召無從連接。故前人說二南的詩係採自二公采地與其南面地區的詩，這是不看地圖說的話。換言之，江、漢之間與岐山之陽絕無地緣關係，前人卻要將它連在一起說，故成為一個難以解決的問題。

三、周、召二公分陝而治問題

孔氏正義云：

> 豐在岐山東南三百餘里，文王既遷於豐，而岐邦地空，故分賜二公以為采邑也。二南，文王之詩，而分繫二公。若文王不賜采邑，不使行化，安得以詩繫之？故知此時賜之采邑也。既以此詩繫二公，明感二公之化，故知使施先公之教於己所職之國。

孔氏以為文王遷豐以後，即將岐邦分賜給周、召二公，這可由二南的詩繫於二公，表示已受二公之化，足以證之。但是文王在當時僅為商紂的一位伯爵，周、召二公年紀尚輕，資望淺，不可能賜爵稱公，也不可能賜予岐邦。史記燕召公世家云：

> 其在成王時，召公為三公，自陝以西，召公主之；自陝以東，周公主之。

由此可見，二公分陝而治的時間不在文王時，也不在武王時，而在成王時。旣在成王時，漢儒與孔穎達等人以文王爲中心的故事編敍，就難以成立了！

在前述孔氏正義裡，說「二南，文王之詩」；「以此詩繫二公，明感二公之化」；這與詩序說的二南之詩受文王、后妃之化又有不同。在前述燕召公世家裡，說「自陝以西，召公主之」；則召公所分的是陝西西部，與江、漢地區方向相反，召公如何由其采地行化於南國？

四、文王典治南國問題

文王有無典治南國？這也是有待澄淸的一個問題。所謂典治南國，意謂文王曾親自在南方廣大地區做過行政長官。由於他推行仁政，敎化大行，才造成這一地區祥和的社會，良好的風尚。關於這一點，自從古文家將二南定爲正風以後，說詩者大都作如此說。前述詩序王化之說以及歐陽修、朱熹、姚際恒等人均贊同以文王、太姒說關雎、卷耳等篇，即基於這一觀點。

但是，文王並沒有典治南國，理由是：

㈠從史記、竹書紀年的記載，得知西伯昌自紂王二十三年囚於羑里，二十九年獲釋以後，即奉命得專征伐，曾先後伐犬戎，密須、耆國、邘國以及崇侯虎。其用兵地方僅及陝西、山西一帶，未及黃河以南的南方地區。

㈡文王居西岐，爲西伯，相當於西北地區的行政長官，不大可能再派他去做南方廣大地區的行政長官。

㈢文王典治南國之說，於史無據，證之詩文內容，亦多不合。崔述豐鎬考信錄云：

自毛、鄭以來，說詩者皆以二南爲文王時詩；於是漢廣、汝墳、摽梅、小星、江有汜、野有死麕諸篇，皆訓以爲文王德化所被，風俗之美。余反覆玩之，殊不其然。……至於汝墳一篇，明明東遷時詩；「王室如燬」即宗周之隕，「父母孔邇」即其邑大夫之來，詞意顯然。若以文王與紂之事當之，則紂之暴原不行於畿外，而詩人亦不必代爲之憂。汝之距豐千數百里，亦無緣謂之「孔邇」也。且二十五篇中，文王與商、周間人，未曾一見；所見者二人：召公、平王，皆在武王以後。孔子曰：「舉一隅不以三隅反，則不復也。」然則其餘特不見其名，無可考耳；其必在成康以後無疑矣。

崔氏不信二南爲文王時詩，因爲漢廣等篇既無受文王之化的象徵，詩中亦從未提及文王以及與文王同時代的人。所敍的召伯、平王二人，卻是武、成以後的人物。汝墳的「王室如燬」，明明是東遷時詩；上距文王三百餘年，怎可拉在一起說？

五、「三分天下有其二」問題

論語泰伯篇云：

孔子曰：「才難，不其然乎？唐虞之際，於斯爲盛。有婦人焉，九人而已。三分天下有其二，以服事殷，周之德可謂至德也已矣！

包咸云：

殷紂淫亂，文王爲西伯而有聖德，天下歸周者三分有二，而猶以服事殷，故謂之至德。

書傳云：

文王率諸侯以事紂，是猶服事殷也。紂惡滿盈，文王不忍誅伐，猶服事之，故謂之至德也。

由上所載，可知孔子讚頌文王有至德，是由於他有能力誅伐商紂，卻不忍誅伐，始終以西伯的爵位服事他。由此亦可證明文王在世時並未稱王。如果擅自稱王，還有「至德」可言嗎？至於「三分天下有其二」的涵義，鄭玄云：

三分天下有其二，以服事殷，故雍、梁、荊、豫、徐、揚之人，咸被其德而從之。

這是據禹貢州名而言的。以爲九州已有其六，只剩冀、青、兗三州屬商紂。如果當時的政治情勢眞是這樣，所謂「文王之化」，就不該僅限於二南，中原地區黃河流域的諸侯各國都該受其聖德的感化，呈現出像二南那樣的風貌才對。因爲一位大聖人，澤被天下，怎會有厚此薄彼的現象呢？其次，以地緣關係來說，文王行化的地區，應由近及遠，先陝西、山西，然後推及河南、河北；怎會越過這些地區，空降到江、漢之間呢？再其次，商紂的京城朝歌在豫州，如果朝歌亦爲文王所有，商紂還能裝聾作啞做他的空頭天子嗎？

關於此點，歐陽修詩本義野有死麕篇云：

論曰：詩序失於二南者多矣，孔子曰：「三分天下有其二，以服事殷。」蓋言天下服周之盛德者過半爾。說者執文害意，遂云九州之內奄有六州。故毛鄭之說皆云文王自岐都豐，建號稱王，行化於六州之內。此皆欲尊文王而反累之爾！

歐陽公的意思，以爲孔子說「三分天下有其二」，僅表示文王的盛德，使大多數天下人民信服而已；如說成據有六州，建號稱王；雖說要尊敬他，其實是在破壞文王的形象。故崔述豐鎬考信錄卷之二云：

余按，三分有二，但大略言之，以見周盛商微，無庸服事殷耳，不必取九州而縷分之也。

崔氏的意思，以爲孔子說文王「三分天下有其二」，不可落實，只是象徵當時民心的向背而已。他還補充說：

文王既立紂之朝矣，諸侯叛紂而歸文王，文王當拒其歸而討其叛，安得儼然而受之？文王生死懸於紂手，紂親見其三分有二，其勢將移商祚，而漠然不復問，此在庸弱之主猶或不能，況紂之猜忌暴虐者哉？

這話說得更見緊切。文王自羑里釋放以後，即受商紂之命，專事征伐。所征伐者，皆是叛紂的人。文王的任務既是征伐叛紂的人，怎會容許諸侯明顯地叛離商紂來歸附自己？又怎會讓自己犯上叛逆之罪？紂王發現天下三分之二爲其臣子所佔領，他會漠然不問，不施報復嗎？這是庸弱之主所不能忍受的，何況暴戾成性的商紂？故筆者推斷，史書上旣無商紂譴責西伯昌反叛之文，即知文王在世時原無「三分天下有其二」與擅自稱王的事實。歐陽修、崔述的意見，是可以相信的。

叁 有關篇章問題的討論

篇旨章義的解說，與說者的基本觀念有著密切的關係。前文所討論的，就是想從基本觀念談起，通過歷史的考證，知道文王未曾稱王，也不曾典治過南國。以文王之化，后妃之德說二南，難以成立。我們有了這一主意，再讀二南的詩，自然會對前人詩說有著一分研判的能力。茲選取五首二南的詩討論於后：

一、關　雎

詩序云：

> 關雎，后妃之德也，風之始也；所以風天下而正夫婦也。

孔氏正義云：

言后妃之有美德，文王風化之始也。言文王行化始於其妻，故用此爲風教之始。

首章「窈窕淑女，君子好逑」，傳、箋與正義都說成后妃爲君子求淑女，所以淑女不是太姒，是太姒爲文王所求的妾婦。爲甚麼會這樣說？因爲惟有這樣才能表現聖后之德！

歐陽修詩本義云：

言淑女以配君子，以述文王、太姒爲好匹，如雎鳩雌雄之和諧爾。

朱熹詩集傳云：

淑，善也。女者，未嫁之稱。蓋指文王之妃太姒爲處子時而言也。君子，則指文王也。君子文王生有聖德，又得聖女姒氏以爲配。宮中之人於其始至，見其有幽閒貞靜之德，故作是詩。

歐陽公與朱子都同意詩中的「君子」即是文王，但不同意「淑女」爲太姒所求的妾婦；認爲即是太姒本人。這一說法從章句上看，自較前說要通順些。嚴粲詩緝云：

大姒有徽音，故以關關興之。此窈窕幽閒之善女，足以爲君子之良匹也。言大姒之賢，而文王齊家之道可見矣！

姚際恆詩經通論云：

此詩只是當時詩人美世子娶妃初昏之作，以見嘉耦之合初非偶然，爲周家發祥之兆，自此可以正邦國，風天下，不必實指出太姒、文王，非若大明、思齊等篇實有文王、太姒名也。世多遵序，即序中亦何嘗有之乎？大抵善說詩者，有可以意會，不可以言傳。如可以意會，文王、太姒是也；不可以言傳，文王、太姒未有實證，則安知非太王、太任；武王、邑姜乎？如此方可以善說詩矣！

方玉潤詩經原始云：

此詩蓋周邑之咏初昏者，故以爲房中樂，用之鄉人，用之邦國而無不宜焉。然非文王、大姒之德之盛，有以化民成俗，使之咸歸於正，則民間歌謠亦何從得此中正和平之音也耶？

以上自詩序以后妃之德風化之始發端，不論遵序、反序的人都以文王、太姒說詩。姚、方二人態度比較涵渾，不敢明說即是文王、太姒；但都視此詩爲周家發祥之兆。詩中的君子、淑女，姚氏說是文王、太姒，但只可以意會，不可以言傳。方氏說從該詩所呈現的中正和平之音來看，非文王、太姒莫屬；但亦可說成文王、太姒德化所及的民風。可見他們始終不敢違背「后妃之德」的主題。如果我們證明文王不曾稱王，太姒也不曾做過后妃；詩序成為誤導者，則各家這一類的解說，都只成為錯誤的編敍了！

二、漢　廣

詩序云：

漢廣，德廣所及也。文王之道，被于南國，美化行乎江漢之域，無思犯禮，求而不可得也。

鄭箋云：

紂時淫風徧於天下，維江漢之域先受文王之教化。

孔氏正義云：

作漢廣詩者，言德廣所及也。言文王之道，初致桃夭、芣苢之化；今被於南國，美化行於江漢之域，故男無思犯禮，女求而不可得，此由德廣所及然也。言先者，以其餘三州未被文王之化，故以江漢之域爲先被也。

歐陽修詩本義云：

紂時風俗，男女恣其情欲而相奔犯，今被文王之化，男子雖悅慕游女，而自顧禮法，不可得而止也。

朱熹詩集傳云：

文王之化，自近及遠，先及於江漢之間，而有以變其淫亂之俗。故其出游之女，人望見之，而知其端莊靜一，非復前日之可求矣。

以上自詩序說文王之道化行南國江漢之域後，鄭氏接著說「維江漢之域先受文王之教化」，孔氏進一步解釋，以爲鄭氏「先受」之意，是指六州以外其餘三州而說的。所謂其餘三州，是指居於東北部的冀、青、兗三州。可見江漢之間不在此三州之內。故「先被」之意當指在六州之先；朱子即持這一觀點。然而按情理說，如果眞有文王之化，就該由近及遠，先行於岐邦，次及於豐鎬，次及於中原地區，然後及於偏遠的江漢之域。怎會倒過來說，距離岐、豐最遠的地方反而最先受其敎化呢？朱子說詩，不看地圖，也跟著說：「文王之化，由近及遠，先及於江漢之間。」眞不知道江漢與岐邦之間的距離該說近還是遠了？

由此可見，漢廣的詩義，如考究其前提性的問題，即是文王未曾典治南國，也未自立爲王，王化之說根本不能成立。其次，即使序說可行，化行先後遠近的問題，各家未及細辨，以致不通，故仍不可從。

三、汝　墳

詩序云：

> 汝墳，道化行也。文王之化，行乎汝墳之國，婦人能閔其君子，猶勉之以正也。

鄭箋云：

> 言此婦人被文王之化，厚事其君子。

孔氏正義云：

> 作汝墳詩者，言道化行也。文王之化，行於汝墳之國，婦人能閔念其君子，猶復勸勉之以正義，不可逃亡，爲文王道德之化行也。

朱熹詩集傳云：

> 汝旁之國亦先被文王之化者，故婦人喜其君子行役而歸，因記其未歸之時，思望之情如此而追賦之也。

本篇末章「魴魚赬尾，王室如燬。雖則如燬，父母孔邇」下的「王室」，如遵詩序「文王之化」來說，必然是指商紂的王朝，所以鄭箋云：「君子化於亂世，……畏王室之酷烈，是時紂存。」孔氏正義云：

> 雖王者之風見，感文王之化，但時實紂存。文王率諸侯以事殷，故汝墳之國大夫猶爲殷紂所役。若稱王以後，則不復事紂；六州文王所統，不爲紂役也。

孔氏以爲此詩當作於文王稱王以前率諸侯事紂之際，如在稱王以後，就不再事紂了。可是史籍所載，文王先商紂十一年而亡。文王死時稱西伯昌，仍是商紂之臣，何時已經稱王？此詩朱子亦承「文王之化」之說，在該詩末章云：

是時文王三分天下有其二，而率商之叛國以事紂。故汝墳之人，猶以文王之命供紂之役，其家人見其勤苦而勞之曰：「汝之勞既如此，而王室之政方酷烈而未已。雖其酷烈而未已，然文王之德如父母然，望之甚近，亦可以忘其勞矣！」

他不僅信守序說，而且以爲「父母孔邇」的「父母」，指的就是文王。但如追究汝旁之國的地理位置，陳奐詩毛氏傳疏指出汝南郡，在新蔡、上蔡間。今之汝南即處於汝水之北。該地區位於河南省東南隅，距西伯昌的都城岐、豐二地一千數百里，隔山隔水，遙不可及，這還能說「甚邇」嗎？故崔述讀風偶識云：

桀紂之暴，原不行於畿外，詩人何必代爲之憂？而汝之距豐千餘里，亦無緣謂之孔邇也。且前兩章方言其夫，末章忽置其夫不言，而言文王與紂，前後語意毫不相貫，古人寧有此文法乎？細玩此詩詞意，與序傳所言了不相似。竊意此乃東遷後詩，王室如燬，即指驪山亂亡之事。父母孔邇，即承上章君子而言。

崔氏斷定「王室如燬」在幽王之世，詩文作於東遷之後，將時代一下子從商紂、文王之世拉到東周之初，置王化之說於不顧，確是有膽識的見解。

本篇方玉潤仍從詩序「文王之化」闡述文義，並說：「汝旁之國，去周尤近，故首先嚮化。」可見方氏之所以致誤，是由於地理知識太欠缺的緣故。

四、羔　羊

詩序云：

羔羊，鵲巢之功致也。召南之國，化文王之政，在位皆節儉正直、德如羔羊也。

鄭箋云：

鵲巢之君，積行累功，以致此羔羊之化，在位卿大夫競相切化，皆如此羔羊之人。

孔氏正義云：

作羔羊詩者，言鵲巢之功所致也。召南之國，化文王之政，故在位之卿大夫，皆居身節儉，爲行正直，德如羔羊然。大夫有德，由君之功，是鵲巢之功所致也。

朱熹詩集傳云：

南國化文王之政，在位皆節儉正直，故詩人美其衣服有常，而從容自得如此也。

此篇詩序除仍以文王之化爲說外，並加上「鵲巢之功致也」一句話。爲甚麼要這樣說？因爲在作序者的心目中，二南二十五首詩，每篇不是獨立的，而是前後呼應結爲一體的。所以詩序於麟趾篇云：「麟之趾，關雎之應也。」於兔罝篇云：「關雎之化行，則莫不好德，賢人衆多也。」於騶虞篇云：「騶虞，鵲巢之應也。……天下純被文王之化，則庶類蕃殖，蒐田以時，仁如騶虞，則王道成也。」這些前後相應的詩義編敍，不是從詩文章句中求得的，而是作序者藉「文王之化」的理論編織而成的。雖然許多詩篇的序文沒有提到「文王之化」；或說「后妃之化」、「夫人之德」，或說召伯，或說王姬或說大夫、大夫妻等，但是他們之所以有此美德懿行，都得歸功於「文王之化」，這即是詩序說詩的義法。一旦證明王化之說出於虛構，則此類相應之說以及人事的編敍，都只有棄置的分了！

五、野有死麕

詩序云：

野有死麕，惡無禮也。天下大亂，彊暴相陵，遂成淫風。被文王之化，雖當亂世，猶惡無禮也。

鄭箋云：

無禮者，爲不由媒妁，鴈幣不至，劫脅以成昏，謂紂之世。

孔氏正義云：

作野有死麕詩者，言惡無禮，謂當紂之世天下大亂，彊暴相陵，遂成淫風之俗。被文王之化，雖當亂世，其貞女猶惡其無禮。經三章皆惡無禮之辭也。

歐陽修詩本義云：

紂時男女淫奔，以成風俗，惟周人被文王之化者，能知廉恥而惡其無禮，故見其男女之相誘而淫亂者惡之。

朱熹詩集傳云：

南國被文王之化，女子有貞潔自守，不爲强暴所污者，故詩人因所見以興其事而美之。

以上詩序以惡無禮爲說，以爲時代雖在紂之亂世，然而已受文王之化，所以能惡無禮。鄭玄只說無禮，在紂的亂世，不以爲有「惡」的意思。孔穎達、歐陽修均承詩序「惡無禮」之義；惟前者以爲詩中的女子是貞女，惡無禮的人就是這位貞女；後者以爲詩中的男女相誘，都是淫亂者，惡無禮的是詩人。朱熹從孔氏之說，惟以爲詩人作詩的動機不在惡無禮，而在美貞女。但不論旨在惡無禮或美貞女，都得視爲在商紂之世受文王之化所得的結果。

古人談到商紂，即歸一切罪惡於一身；其治下的人民，必是暴惡無禮的；談到文王，則集一切美德於一身，其治下的人民，亦必是知恥而守禮的。可是文王生於商紂之世，爲商紂之臣。二南的人民原是商紂的子民，受商紂之化，故想必是暴惡無禮的；後經文王典治南國，受了文王之化，於是又成爲知恥守禮的人了。至於野麕詩中的男女，詩序說是「惡無禮」的，因爲從「彊暴相陵，遂成淫風」上說，是「無禮」的；從「被文王之化」上說，就得說成「惡無禮」了。然而詩中的一對男女究竟是

「無禮」抑是「惡無禮」的呢?鄭玄直斥爲「無禮」。既說「無禮」，所以認定在「紂之世」。他不提「文王之化」，深怕有損於文王的清譽。但是這樣說又牽引出另一個問題，即詩序定二南爲正風，正風的詩全受文王之化，有善而無惡的，野麕豈能例外?鄭氏斥爲「無禮」，等於指出了詩序正風之說的破綻，也呈現了鄭氏遵序說詩的矛盾。所以自孔氏以下，都著眼於「被文王之化」的主題上，或說貞女惡男子無禮，或說詩人惡男女無禮，或說詩人讚美這位女子貞潔守禮。這樣解說，就無妨說成在商紂之世卻已蒙受文王之化的了!

由此看來，古人維護序說眞是煞費苦心的了;但如告訴他們:文王行化於南國的話是靠不住的。則這些心力恐怕都要白費了。關於這一點，崔述讀風偶識於野麕篇云:「原不作於文王之世，其詩意亦不必如序傳之所云者。」這話是可以相信的。

肆　各家詩說矛盾現象舉述

一種學說要人信從，必須其自身具有健全的理論。如果在言論上常出現矛盾的現象，其可信度自然會降低。本節即以此一觀點，來談各家之說的是否可從。

一、詩序的矛盾問題

詩大序云：

關雎、麟趾之化，王者之風，故繫之周公。南，言化自北而南也。鵲巢、騶虞之德，諸侯之風也，故繫之召公。周南、召南，正始之道，王化之基。

這段話說明周南是王者之風，召南是諸侯之風。所謂「王者」，原是基於文王曾「受命稱王」而言的。即使這一說法能夠成立，周南既稱「王者之風」，召南有五首詩序文明言是受文王之化的，怎說是「諸侯之風」？此其一。南國之詩即使要繫於二公，二公的身分相同，或稱公，或稱伯，或稱諸侯，即使周公被後人尊為聖人，亦不能稱他為「王者」，怎說周南的詩，屬王者之風，所以要繫於周公？此其二。大序云：「南，言化自北而南也。」準此以求，自當北方諸侯各國先受文王之化才是，何以陝境以內以及中原地區其他國風中，從未出現「被文王之化」的詩？此其三。風、雅之分，大序云：

一國之事，繫一人之本，謂之風；言天下之事，形四方之風，謂之雅。

這是說詩人作詩的用心，如在於一國的政事，所作的詩即謂之風；如在於天下的政事，關係四方的風俗，即謂之雅。然而衡諸二南序文，如關雎序云：「后妃之德也，風之始也。所以風天下而正夫婦也。」麟趾序云：「關雎之化行，則天下無犯非禮。」騶虞序云：「天下被文王之化，……仁如騶虞，則王道成也。」都是以王化天下爲宗旨，豈僅以二南一地爲範圍？此其四。詩序定二南爲正風，其他十三國的詩爲變風。正風的周南十一首詩，文王、周公未曾一見，說是已受文王之化，應繫之周公；然而豳風七首詩，七月、鴟鴞、東山三首說是周公所作；破斧、伐柯、九罭、狼跋，說是詩人詠周公的詩。這些與周公直接有關的詩，有正而無邪，何以不列於正風，卻列於變風之末？此其五。此外，詩序在摽梅說「男女及時」，詩文內容正好敍其過時；詩序在小星說「惠及下」，詩文內容卻與「夙夜在公，寔命不同」之歎。詩序的矛盾與不得詩義，隨處可見，敎人如何信得？

二、鄭玄詩譜詩箋的矛盾問題

鄭玄周南、召南譜云：

周、召者，禹貢雍州岐山之陽地名。今屬古扶風美陽縣，地形險阻而原田肥美。周之先公曰太王者，避狄難自豳始遷焉，而修德建王業。商王帝乙之初命其子王季爲西伯，至紂又命文王典治南國江漢汝旁之

> 諸侯。於是三分天下有其二，以服事殷。故雍梁荊豫徐揚之人，咸被其德而從之。文王受命作邑於豐，乃分岐邦周、召之地爲周公旦、召公奭之采地，施先公之教於己所職之國。武王伐紂定天下，巡守述職，陳誦諸侯之詩，以觀民風俗。六州者得二公德化尤純，故獨錄之屬之大師，分而國之。其得聖人之化者，謂之周南，得賢人之化者，謂之召南；言二公之德教自岐而行於南國也。

鄭氏此文摘其要點，即：

㈠紂曾命文王典治南國，當時不僅二南之地，即雍梁荊豫徐揚之人，咸被其德化而從之。

㈡武王滅紂統一天下以後，巡守誦詩，以觀民風，六州中見二南的詩尤純，故特爲采錄。

㈢二南分屬周、召二公，其得聖人（周公）之化者，謂之周南；得賢人（召公）之化者，謂之召南。

㈣二南的立名是周、召二公的德教從岐之采地行於南國的意思。

然而稽考其史籍，鄭氏所述多所不符：史無文王典治南國的記載；即使有其事，與岐邦相距甚遠，兩者不可能發生連繫，此其一。二公分陝而治史記載明在成王時，如一定要將周、召采地與二南連在一起說，則只能說二南成詩不在文、武之世，當在成王之後，與文王已無關係，此其二。詩序以「被文王之化」說二南，鄭氏從之，何以又說二南的詩「得二公的德化尤純」？究竟二南的詩受的是文王之化抑是二公之化？此其三。按史書記載，在商紂之世，二公居岐、豐，任職於地方政府，文王僅是一位伯爵，不可能賜二位部屬以采地與爵位，也不可能命爲典治南國的封疆大吏。此其四。以周公的史事而言，武王登位，分封功臣，周公封於曲阜，是爲魯公。周公以長子受封，自己留佐武王。武王死，成王年幼，乃踐祚攝政，直至成王年長，能聽政，始還政於成王。如此重臣，一日不得離王左右，即曲阜魯政亦無暇兼顧，怎有可能典治南國？召公亦然，史記載：「在成王時，召公爲三公，自陝以西，召公主之。自陝以東，周公主之。」又曰：「召公治西方，甚得兆民和。」召公所治者既在陝西西部，與二南方向相反，怎有可能自其采地得以行化於南國？此其五。可見鄭氏詩譜所言，與歷史、地理均有疏略。

關雎序首言「后妃之德」，末言「樂得淑女，以配君子」。於是在「窈窕淑女，君子好逑」下，鄭箋云：

> 言后妃之德和諧，則幽閒處深宮貞專之善女，能爲君子和好衆妾之怨者，言皆化后妃之德，不嫉妒，謂三夫人以下。

鄭氏如此解說，即以爲后妃有和諧不嫉妒之德，寤寐反側以求淑女，作爲君子（其夫）的妾婦。這樣說來，后妃不是詩中的淑女，求淑女的也不是君子，而是后妃。后妃是誰？雖序、箋均無明示，孔氏正義推斷爲太姒。因爲二南的詩既說是「被文王之化」的，文王的后妃，自然就是太姒了。然如按文求義，詩中明言逑淑女的是君子，輾轉反側的也是這位君子。鄭氏則以爲逑淑女與輾轉反側的是后妃；亦即后妃（太姒）爲君子（文王）逑妾婦。如此說詩，大開附會之門：詩中無后妃，可以說成有后妃；詩中僅二人，可以說成有三人；詩中的淑女、君子原無可考，可以一一指名道姓，還加上堂皇的歷史故事。詩中僅敍一對男女的成婚經過，可以說成具有后妃之德、王化之基的大道理。這一扇門打開以後，詩文本義隨之而湮滅，所見到的全是儒師們徵聖宗經的教義了。

三、今古文詩說之間的矛盾問題

今文學派，自有承傳統系。他們無正變之說，二南的詩亦不以爲與文王太姒有關。例如關雎篇魯說曰：「周道缺，詩人本之衽席，關雎作。」又曰：「周衰而詩作，蓋康王時也。康王德缺於房，大臣刺晏，故詩作。」韓敍曰：「關雎，刺時也。」韓說曰：「今時大人內傾於色，賢人見其萌，故詠關雎，說淑女正儀容以刺時。」他們視關雎爲衰世的刺詩，與古文詩說正好是相反的。然以求證觀點而言，說太姒爲文王逑淑女是附會；說康王內傾於色，大臣刺晏之作，未有史籍爲證，同樣是附會。惟一可以知道的，即同屬漢儒之說，由盛世說到衰世，由文王說到康王，由美頌說到譏刺；這種兩極化的詩義編敍，正好證明都只是後人的虛構，絕無可能出於孔子、子夏的傳授。

四、歐陽修詩說的矛盾問題

歐陽修是宋朝提倡疑古風氣的一個人，他認爲詩說之所以多歧，是由於說詩者的取向不同：有詩人之意，有聖人之志，有太師（樂官）之職，有經師之業。學者要以詩人之意與聖人之志爲本，太師之職與經師之業爲末。如能本末兼顧，這是最好的；其次是執其本而捨其末。換句話說，要先求得詩人之意；求得了詩人之意，聖人之志也就隨之而得。至於太師之職、經師之業，即使不去談它也是無妨的。他在詩本義出車篇中說：

詩文雖簡易，然能曲盡人事。而古今人情一也；求詩義者以人情求之，則不遠矣！然學者常至於迂遠，遂失其本義。

這是怕人不知道要怎樣求詩人之意，告訴我們一個最有效的方法，即是「以人情求之」。如能準此以求。許多附會之說自可減免。例如文王受命稱王之說，歐陽公即認爲不合人情。崔述豐鎬考信錄有云：

歐陽永叔云：「書稱商始咎周以乘黎。其休黎而勝也，商人以疑其難制而惡之。使西伯赫然見其不臣之狀，與商並立而稱王，如此十年，商人反不以爲怪，其父師老臣如祖伊、微子之徒，亦默然相與熟視而無一言，此豈近於人情邪？由是觀之，謂西伯受命稱王十年者，妄說也。

這是多麼精闢的見解！據此討論二南，則詩序文王之化、后妃之德等詩旨編敍都得取消。而且歐陽公於駁斥毛、鄭時，常說：「此皆詩文所無，非其本義。」以爲一首詩的本義，要從該詩的詞章中求取；一些非詞章涵義所有的東西，應一概予以棄置。

可是歐陽公的見解往往未見落實。究其原因，他偏於對毛、鄭的反駁，至於最有問題的詩序，卻往往抱持遵信的態度；這就形成詩本義的矛盾。例如其時世論云：

今詩序曰：「關雎、麟趾之化，王者之風，故繫之周公；鵲巢、騶虞之德，諸侯之風，故繫之召公。」至於關雎、鵲巢，所述一大姒爾，何以爲王者？何以爲諸侯？則序皆不通也。

這原是批評詩序的話，以爲詩序將大姒、文王說成各具兩種身分的人：在周南稱后妃與王者，在召南稱夫人與諸侯。這是不合情理的編敍，故斥之爲不通。在他看來，二南的詩如都說成王者之風，歸於文王、太姒，這就對了！

周南十一首詩中，詩序以后妃爲說者有九首，以文王爲說者僅二首。歐陽公表示異議，他說：

大姒，賢妃，又有內助之功爾。而言詩者過爲稱述，遂以關雎爲王化之本，以謂文王之興自大姒始。故於衆篇所述德化之盛，皆云后妃之化所致，至於天下太平，麟與騶虞之瑞，亦以爲后妃德化之成功。故曰：「麟趾、關雎之應；騶虞、鵲巢之應也。」何其過論歟！夫王者之興，豈專由女德？

歐陽公認爲王者之興是由於王者本人，如作序者將詩旨的重心稍作移動，以「文王之化」爲主，以「大姒之德」爲輔，就不再有問題了。這即是歐陽公詩說問題之所在。文王未曾稱王，太姒亦未曾稱后；「謂西伯受命稱王十年者，妄說也。」這是歐陽公早已認定了的；何以一到自己說詩，又要篇篇以文王、大姒爲人事的編敍？歐陽公有心探求詩人之意，卻誤認詩序出於聖人之志，聖人之志又合於詩人之意，以致自我混淆，不自覺地繞了一個大圈子，回到原位，又將詩序當作他詩說的前提了！

歐陽公原不同意子夏作序之說，其詩本義序問中云：「非子夏之作，可以知也。」這是攸關詩序來歷的一句話。如認爲詩序是子夏作的，則子夏的詩旨之說傳自孔子，勢必承認詩序的見解源於孔子；這才可以說詩序是得乎「聖人之志」的。反之，如不認爲詩序是子夏作，乃出於漢儒衞宏等人所附益，自無理由將詩序當「聖人之志」來說了！既非之，又信之，豈不矛盾？詩本義的績效不彰，對詩序未作深入瞭解，以致大處信序，小處反序，這該是它的主要原因吧！

五、朱熹詩說的矛盾問題

詩經學說至朱熹爲一大轉變，爲其主張國風的詩多屬歌謠。他的詩集傳開卷即云：

> 國者，諸侯所封之域；而風者，民俗歌謠之詩也。
>
> 凡詩所謂風者，多出於里巷歌謠之作，所謂男女相與詠歌，各言其情者也。

他既然視國風的詩多屬民俗歌謠，自然要反對詩序的政教理論與人事編敘。所以他說：

小序全不可信，如何定知是美那人？（朱子語類）

大抵小序全出後人臆度，若不脫此窠臼，終無緣得正當也。（朱子文集）

看來詩序當時只是一個山東學究等人做，不是老師宿儒之言，故所言都無一事是當。（朱子語類）

大序亦不是子夏作，煞有礙義理誤人處。（詩傳遺説卷二）

可見朱子不僅不視詩序為孔子、子夏作，而且不以為是衞宏作，只是山東學究等人作。所說詩義，不論大序、小序，都無一事是當，直是誤人之說。如不擺脫它，詩義將永遠不得其解。

這些意見，對於說詩方向有導正作用，自然有他的睿智與魄力，對後世也有相當大的影響。但是他的主張一到二南裡，完全不起作用；不僅丟不開詩序，還會進一步推演，更像一位古文學派的傳人。例如他在「周南」之下云：

武王崩，子成王誦立。周公相之，制作禮樂，乃采文王之世風化所及民俗之詩，被之管弦，以為房中之樂；而又推之以及於鄉黨邦國，所以著明先王風俗之盛，而使天下後世之修身、齊家、治國、平天下者，皆得以取法焉。蓋其得之國中者，雜以南國之詩，而謂之周南；言自天子之國而被於諸侯，不但國中而已也。其得之南國者，則直謂之召南。言自方伯之國被於南方，而不敢以繫於天下也。……小序曰：「關雎、麟趾之化，王者之風，故繫之周公。南，言化自北而南也。鵲巢、騶虞之德，諸侯之風也，先王之所以教，故繫之召公。」斯言得之矣！

二南的詩說是「文王之世風化所及民俗之詩」，這與詩序王化之說何異？文王死於商紂之前，其時天子只有一人，就是商紂。說周南的詩「言自天子之國而被於諸侯」者，就得說成商紂之化及於周南之國了。因爲文王終其身只是一位方伯。又周南屬周公，王者之風；召南屬召公，諸侯之風。這全是詩序的話。但是二公同屬諸侯，周公怎可稱爲王者？詩序這些話，在在都是問題。朱子說：「斯言得之矣！」可見朱子對於二南，詩序說什麼，他就信什麼，毫無存疑的態度。相反的，他還推演其義，說這些詩都是周公採來作爲房中之樂，應用到鄉黨邦國，一方面藉以顯示先王風俗之盛；一方面要使天下後世的人作爲修、齊、治、平的法則。這豈不比詩序更附會了嗎？

詩集傳於召南之末云：

愚按：鵲巢至采蘋，言夫人、大夫妻，以見當時國君、大夫被文王之化，而能修身以正其家也。甘棠以下，又見由方伯能被文王之化，而國君能修之家以及其國也。其詞雖無及於文王者，然文王明德新民之功，至是而其所施者溥矣。抑所謂其民皞皞而不知爲之者與？唯何彼襛矣之詩爲不可曉，當闕所疑耳！

朱子以爲召南十四首詩，除了何彼襛矣不可曉以外，其餘都可循大學之道以求義：先有文王明德、新民之功，然後使方伯被其德化，見之於詩文，即鵲巢至采蘋四首詩的夫人、大夫妻能修身以正其家的表現；甘棠以下的詩，是國君能修身、齊家進而治其國的表現。朱子還加以說明：詩中雖無文王，然而文王明德、新民之功實已普徧存在著的。朱子對二南有這等見解，無疑已深受詩序的影響。如說關雎的君子即是文王，淑女即是太姒；其他各首幾乎都是以文王之化、后妃之德爲說。如漢廣篇「漢有游女，不可求思」之下，朱傳云：

> 文王之化，自近而遠，先及於江漢之間，而有以變其淫亂之俗。故其出游之女，人望見之，而知其端莊靜一，非復前日之可求矣！

野有死麕篇有「有女懷春，吉士誘之」句，朱傳云：

> 南國被文王之化，女子有貞潔自守，不爲强暴所污者。

如遵朱子依大學之道求其詩旨，則漢廣的游女已具有修身而至齊家之道了；如從「文王之化」一端來說，化行南國以及天下，又該說成已具有治國、平天下之道了！至於野有死麕的女子，既能「貞潔自守」，自屬修身之道；既歸功於「文王之化」，又說是「國君能修之家以及其國」的結果，則齊家、治國、平天下，何道不可說？何功不能歸？但是令人置疑的：

㈠何以見得江漢的游女是「端莊靜一」的？

㈡在「文王之化」下，何以女的已知「貞潔自守」，男的卻犯「强暴」之行？豈文王之德僅能化女而不化男？

㈢朱子原以爲國風的詩「多出於里巷歌謠」，「小序全不可信」；既有如此明達之見，何以在二南中全無「里巷歌謠」之想？又何以在一遵序說之餘，還自逞臆度，附會之以大學之道？如拿朱子詩集傳二南解說附錄於毛詩傳、箋、正義之後，不標示作者姓氏，有誰會相信這原是反漢大儒朱熹的見解？

六、崔述詩說的矛盾問題

崔氏讀風偶識通論二南中有云：

周南、召南二十五篇，自鄭、孔以來說詩者皆以爲在文王之世；朱子集傳同之。既皆爲文王時詩，勢不得不以爲有正而無邪。於是漢廣之游女，行露之速訟，摽梅之迨吉，野有死麕之懷春，皆訓以爲文王德化所被，風俗之美。余反覆熟玩之，殊不其然。且二十五篇中，文王、太姒與凡文王同時之人未嘗一見，所見者獨甘棠之召伯，何彼襛矣之平王，而此二人皆在武王以後。又按齊魯韓詩說關雎者，皆謂在康王之世，……成康正當周道之隆，豈無君子，豈無淑女，而必以爲文王之世乃有之乎？關雎苟在康王之世，則葛覃以下亦必在康王以後矣！

詩序定二南爲正風，詩義有正而無邪；於是要說成在文王之世。崔氏又反對序說，其理由是：

㈠漢廣、野麕等詩說是文王德化的表現，頗屬不類。
㈡二十五篇中文王、太姒以及同時代的人未曾一見。
㈢甘棠之召伯，何彼襛矣之平王之孫，時代均在武王以後。
㈣今文家說關雎爲康王時詩，二南其他的詩都在康王以後。

由此可見詩序說二南爲文王時詩，決不可從。崔氏又云：

周公、召公皆至武王之世始顯，至成王之世始分陝而治。於文王時，初未嘗有所表現也。

這是說二公分陝而治的時間在成王時，文王時尚無分封之擧，何來二南王化的事？崔氏又云：

今按江漢汝墳，皆非周地，何以獨爲王者之風？殷其雷稱南山之下，何彼襛矣周人之詩，又何以反得之南國乎？此無他，皆由誤以二南爲文王時詩，苦於其說難通，不得不展轉而曲爲之解耳！

這是從詩篇內容上看，將產於江漢汝水一帶的詩放在周南，說是王者之風；將殷其雷、何彼襛矣等屬於周邦本土的詩反而列於召南，說是諸侯之風，其矛盾現象顯然可見。於是他主張：

周南、召南原不以內外分，亦不在文王之世；蓋成王之世，周公與召公分治，各采風謠以入樂章。周公所采，則爲周南；召公所采，則爲召南耳。其後周公之子，世爲周公；召公之子，世爲召公。蓋亦各本舊職而采其風，是以昭穆以後，下逮東遷之初，詩皆有之。由是言之，二南不但非文王時詩，而亦不盡係成康時詩矣。

崔氏以爲二南之詩無內外之分；其詩作於成王之世二公分治以後，且累世相襲各采風謠而得。如此說來，詩序文王、后妃之說自不能成立。

可是崔氏於發表自己見解時，又爲舊說所牽，不作風謠之想，卻進而跟從朱子，循大學之道爲說。例如讀風偶識周南云：

周南十有一篇，關雎三篇，立夫婦之準。樛木兩篇，通上下之情；所謂家齊而後國治，上下交而其志同者也。非盛治之世，烏能若是？是以取之以冠全詩。

這是說關雎、葛覃、卷耳、樛木、螽斯五首詩，確是盛世之作，因爲其旨在立夫婦之準，通上下之情；亦即涵有家齊而後國治的意義，所以要將這些詩放在最前頭。又於采蘋之下云：

周南、召南，何爲皆先婦人之事也？曰：「此先王慮天下之遠也。蓋天下之平，必由於國治。國之治，必由於家齊。故太任思齊，太姒嗣音，而周以興。牝雞司晨，而商以亡。褒姒寵，申后廢，而周亦以東遷。毋以婦人爲輕；婦人之所關於興亡者，正不小也。故二南之始，即教之以此，所以正其本而柔其心，使不至於敗國而亡家也。」

周南關雎、召南鵲巢，都是詠男女婚配嫁娶事，詩人之意，決非專詠婦人；亦不會有家齊、國治、天下平的一番大道理存於其胸。崔氏於關雎篇曾云：

細玩此篇，乃君子自求良配，而他人代寫其哀樂之情耳！

這是深得該詩旨趣的話。準此以求，怎會拿大學之道來說？豈二南的君子求良配時，其目的在於治國、平天下？

崔氏反對詩序以文王之化、后妃之德說二南，然於葛覃篇云：「蓋緣先王以此等詩爲教，耳濡目染，是以其時婦人習爲當然。……此二南所以爲王化之基。惜乎先儒之論，皆未及乎此也。故余略其小者弗論，而取其大有關於名教者論之。」螽斯篇詩序以爲后妃有不妒忌之德，以致子孫衆多。崔氏云：「余按螽斯之旨，當如序傳所云。」又云：

文王、太姒之德，固當如是。即被文王、太姒之化及沐其遺澤者，亦當有之。……況周三分有二，文王、太姒之化，如風行草偃者哉？

於麟趾篇云：

麟趾、騶虞附於二南之後，亦取其與關雎、鵲巢相爲首尾之意。彼王化之基，此王道之成，所謂金聲而玉振之也。

讀文至此，眞不知崔氏是在信序抑是反序了！

七、方玉潤詩說的矛盾問題

方氏在其詩經原始自序中云：

迨秦火既烈，而僞序始出，託名子夏，又曰孔子。唐以前尚無異議，宋以後始有疑者，歐陽氏、鄭氏駁之於前，朱晦翁辯之於後，而其學遂微。然而朱雖駁序，朱亦未能出序範圍也。……及不揣固陋，反覆涵泳，參論其間，務求得古人作詩本意而止。不顧序，不顧傳，亦不顧論，唯其是者從，而非者正，名之曰原始，蓋欲原詩人始意也。雖不知其於詩人本意何如，而循文按義，則古人作詩大旨要亦不外乎此矣！

方氏稱毛詩序爲「僞序」，不信詩序與孔子、子夏有何關係，贊同宋儒反序之舉，指出朱子反序仍未脫詩序窠臼，並以爲讀詩應不顧序傳，以求得詩人作詩的本意爲主旨，所以定其所著爲詩經原始。方氏這些見解都很明達，故說詩常有新義；如云：

關雎　樂得淑女以配君子也。
卷耳　念行役以見婦情之篤也。
螽斯　美多男也。
桃夭　喜之子宜其室家也。
芣苢　拾菜謳吟，歌欣仁風之和鬯也。
采蘩　夫人親蠶事于公宮也。
小星　小臣行役自甘也。

像這一類序義都是淸新可喜的。又如芣苢篇詩序云：「后妃之美也。和平，則婦人樂有子矣。」方氏云：

此詩即當時竹枝詞也。……今世南方婦女登山採茶，結伴謳歌，猶有此遺風也。

漢廣篇詩序云：「德廣所及也。文王之道被於南國，美化行乎江漢之域，無思犯禮，求而不可得也。」方氏云：

此詩即爲刈楚刈蔞而作，所謂樵唱也。近世楚黔間樵子入山，多唱山謳，響應林谷。蓋勞者善歌，所以忘勞耳。其詞大抵男女相贈答，私心愛慕之情，有近乎淫者，亦有以禮相持者，文在雅俗之間，而音節則自然天籟也。當其佳處，往往入神，有學士大夫所不能及者。

這些不顧序傳，直接從民歌上探求詩文旨趣的意見，較之朱子、崔述等人進步多矣。

可是方氏說詩，又出現另一問題，即好從言外之意上說。但究其言外之意，亦有三個類型：

㈠如關雎篇方氏云：

此詩蓋周邑之咏初昏者。……然非文王大姒之德之盛，有以化民成俗，使之咸歸於正，則民間歌謠亦何從得此中正和平之音也邪？故讀是詩者，以爲咏文王大姒也可；即以爲文王大姒之德化及民而因以成此翔洽之風也，亦無不可。

這是回顧詩序王化之說的一類。仍與朱傳犯上同樣的毛病。

㈡草蟲篇方氏云：

思君念切也。蓋詩人託男女情，以寫君臣念耳。……夫臣子思君，未可顯言，故每假思婦情以寓其忠君愛國意，使讀者自得其意於言外，則情以愈曲而愈深，詞以益隱而益顯。然後世之人從而歌咏之，亦不覺其忠君愛國之心油然而生，乃所以爲詩之至也。孔子云「詩可以興」者，非是之謂歟？

這是從君臣之義上說的一類。以爲詩文雖敍男女之情，實則寓有君臣之義。這一類型方氏最所樂道，曾云：「召南十四，託言男女詞以寓君臣義者四。」由此可知。

㈢野有死麕篇詩序云：「惡無禮也。天下大亂，彊暴相陵，遂成淫風。被文王之化，雖當亂世，猶惡無禮也。」方氏云：

拒招隱也。愚意此必高人逸士抱璞懷貞，不肯出而用世，故託言以謝當世求才之賢也。

這是承孔子「詩可以興」，孟子「以意逆志」之訓，以爲「詩詞多隱約微婉」，「能以己意逆詩人之志」，方稱「善讀詩者」。故這一類型注重隨興引發，觸類旁通；以出一奇想爲高，視詩文如寓言，亦似謎語。

由此看來，方氏好以言外之意說詩，結果又製造了不少的問題。例如前述草蟲篇，純係民歌風格，絕無政治意味。即以「未見君子，我心傷悲」而言，亦不類臣思君語氣。如果草蟲篇可說成「臣思君」，則卷耳、樛木、漢廣、汝墳等，何詩不可說成「臣思君」？再以野有死麕而言，「有女懷春，吉士誘之」，「懷春」即是春情發動，對異性有所愛慕。女有思慕之情，然後男士誘之。這與「拒招隱」何干？如眞有一位國君去招隱，當以重禮相聘，恭敬揖讓，自有威儀。身爲隱者，何至於敎人徐徐而來，勿動我衣冠，勿使我犬吠？說一位高士拒人招賢，作這樣的詩說這樣的話，其誰能信？世人反序，是由於詩序附會。方氏倡言反序，敎人要「循文按義」，求取詩人本意；可是自己說詩，卻強調言外之意，極盡其臆說之能事；以至襲取詩序故技，附會益甚。矛盾如此，豈不令人失望？

伍 詩說演進的審察

詩說的演進，是以「普偏妥當」爲其準則的。宋儒之所以反漢，清儒之所以反宋，民國以來有些學者之所以不尚舊說，自創新義，都是由於前人解說各有所偏，呈現缺失，不能做到「普偏妥當」的緣故。即以二南的詩旨而言，自歐陽修、朱熹以下至清儒姚氏、崔氏、方氏等人，都有一得之見；然而狃於傳統，宗經思想未曾擺脫，以致說詩之際，進退失據，時呈矛盾現象而不自知。民國以來，思想更新，古史辨時期的學者如胡適之、顧頡剛、錢玄同輩，一本疑古精神，標榜以科學方法整理國故。即以詩經而言，對前人詩說均持批判態度。影響所及，家派思想已不復存在，二南王化之說與人事編敍一概棄置，歌謠的風格與特性卻受到重視。胡先生曾說：「國風多屬歌謠，歌謠一定是淺的。」筆者揣度胡先生的所謂「淺」，蓋有二義：

㈠歌謠不會成爲啞謎，字面上說什麼，就是什麼，用不著向深處去求。

㈡歌謠所敍的情事，多屬民間生活，很少跟政治人物發生關係。尤其那些無史可稽的人事附會與政教意義，有違詩人作意，絕不可從。

於是古史辨問世以後，它的一些觀點，即成爲詩經研究的主導方向：重視考證、擺脫附會，循歌謠的特性向詩文直接求義。如此一來，序說以下所形成的枷鎖全都卸下了，新的解說隨之紛紛出現了！這自然是一種進步現象。可是當我們面對一詩多說的新解時，又發現新的不一定是對的；必須以審愼的態度加以比較，選取符合「普偏妥當」的一說，作爲目前較爲可信的意見。詩經研究之所以有其價值，持續不已，即在於解說詩文時，能夠推陳出新，後來居上。

茲舉四首詩爲例，說明詩說演進的一般情形：

一、摽有梅

摽有梅，其實七兮。求我庶士，迨其吉兮。
摽有梅，其實三兮。求我庶士，迨其今兮。
摽有梅，頃筐塈之。求我庶士，迨其謂之。

毛詩序云：

摽有梅，男女及時也。召南之國被文王之化，男女得以及時也。

姚際恆云：

此篇乃卿大夫爲君求庶士之詩。

方玉潤云：

諷君相求賢也。

傅斯年先生詩經講義稿云：

此是女子求男子之辭，乃是一篇關雎別面。

屈萬里先生詩經注釋云：

此詩疑諷女子之遲婚者。

以上毛詩序以「文王之化」說詩，故以「男女及時」爲詩旨。然而詩言梅已落盡，「頃筐塈之」，喻已過適婚之期，何來「及時」之義？姚氏、方氏改說爲求賢詩，則詩中的「我」即是「君相」，要說成庶士在求君相，等他們來求才成。這顯有顚倒文義之嫌。傅先生說是女求男的詩以爲作者當是一位女子。從民歌的觀點來看，此說可通。屈先生以爲詩人見遲婚女子，藉以諷刺而作的一首詩。筆者斟酌詩文，比較贊同後一說；並以爲詩人旨在調侃，如今人調侃遲婚男士，有「年過二十五、衣破無人補」等語，藉以戲弄遲婚者。如此說詩，或較能見得民謠的情趣。

二、小　星

嘒彼小星，三五在東。肅肅宵征，夙夜在公：寔命不同！
嘒彼小星，維參與昴。肅肅宵征，抱衾與裯：寔命不猶。

毛詩序云：

小星，惠及下也。夫人無妒忌之行，惠及賤妾，進御于君，知其命有貴賤，能盡其心矣！

鄭玄云：

諸妾夜行，抱衾與牀帳，待進御之。

姚際恆云：

此篇章俊卿以爲「小臣行役之作」，是也。

方玉潤云：

小臣行役自甘也。

胡適之先生云：

嘒彼小星一詩，是寫妓女生活的最古記載。我們試看老殘遊記，可見黃河流域的妓女送鋪蓋上店陪客人的情形；再看原文，我們看她抱衾裯以宵征，就可知道爲的何事？（古史辨第三册、談談詩經）

傅斯年先生云：

仕宦者夙夜在公，感其勞苦而歌。

以上毛序以「小星」爲君侯的賤妾所吟，說賤妾受夫人之惠，得以「進御于君」，有感夫人不妒忌之德，因而盡夙夜侍奉之責。此說鄭玄、朱熹等均信之。然君侯妾婦原居寢宮，長侍左右，如有進御，何須「肅肅宵征」與「抱衾與裯」？胡先生說是寫妓女上店陪客的事，然妓女生活怎麼說是「夙夜在公」？此詩章俊卿說是「小臣行役之作」，已得詩旨。方氏加上「自甘」一詞，不如傅先生加上「感其勞苦而歌」能顯示「寔命不同」的涵意。然而傅先生的「仕宦者夙夜在公」句，又不如「小臣行役」的緊切詩義。這是一位小公務員奉命出差，攜帶行李披星載月，僕僕風塵，自歎命不如人所作的詩。既歎命苦，怎會又是「自甘」的呢？

三、卷　耳

> 采采卷耳，不盈頃筐。嗟我懷人，寘彼周行。
> 陟彼崔嵬，我馬虺隤。我姑酌彼金罍，維以不永懷。
> 陟彼高岡，我馬玄黃。我姑酌彼兕觥，維以不永傷。
> 陟彼砠矣，我馬瘏矣，我僕痡矣，云何吁矣！

毛詩序云：

卷耳，后妃之志也。又當輔佐君子，求賢審官，知臣下之勤勞，內有進賢之志，而無險詖私謁之心，朝夕思念，至於憂勤也。

朱子云：

后妃以君子不在而思念之，故賦此詩。
此亦后妃所自作，可以見其貞靜專一之至矣。豈當文王朝會征伐之時，羑里拘幽而作歟？然不可考矣！

方玉潤云：

此詩當是婦人念夫行役而憫其勞苦之作。

傅斯年先生云：

女子思其丈夫在外之辭。但首章是女子口氣，下三章乃若行役在外者之辭，恐有錯亂。

屈萬里先生云：

此當是行役者思家之詩。首章述家人思己之苦；二三章則行役者自述思家之情也。觀其有僕有馬，似亦非平民或兵卒。

俞平伯先生云：

采耳執筐，明非征夫所爲；登高飲酒，又豈思婦之事。此盈彼絀，終難兩全。愜心貴當，了不可得。我索性把牠說成兩槪罷。此詩作爲民間戀歌讀，首章寫思婦，二至四章寫征夫，均係直寫，並非代詞。當擕筐采綠者徘徊巷陌，迴腸蕩氣之時，正征人策馬盤旋、度越關山之頃。兩兩相映，境殊而情卻同，事異而怨則一。由彼念此固可，由此念彼亦可；不入憶念，客觀地相映發亦可。所謂「向天涯一樣纏綿，各自飄零」者，或有當詩人之情乎？（古史辨第三冊、茸芷繚衡室讀書札記）

以上毛序以后妃求賢、朱傳以太姒思文王爲說，不僅毫無依據，而且后妃亦無至野外執竹筐採卷耳之理。方玉潤說是婦人念夫之作，傅先生亦取其說，惟行役者之擧止思婦不可能寫得如此眞切，又覺不可通，故以爲其文詞可能有錯亂。屈先生則以爲行役者作，但首章直寫婦人采耳自歎情況，又不像是設想之詞。俞先生以爲將該詩說成征夫作，或思婦作，都有顧此失彼的現象，不如說成是詩人作。是詩人先寫思婦，後寫征夫，都是直寫的筆法。

筆者對俞氏此解，深表贊同。文學作品中不論小說或詩歌，寫人物故事，常有話分兩頭說的筆法。我們如將卷耳第一章說成是敍女子的，後三章是敍男子的，不說文王、后妃；不說託言、設想；只是詩人替一對戀人代敍情意。先敍女的如何相思，再敍男的如何苦戀；以示現的方式分別描狀。就像莎翁的寫羅蜜歐與茱麗葉；也像孔雀東南飛作者的敍蘭芝與府吏；這不是比前面幾種說法更能表達詩文的情趣嗎？

四、甘　棠

蔽芾甘棠，勿翦勿伐，召伯所茇。

蔽芾甘棠，勿剪勿敗，召伯所憩。

蔽芾甘棠，勿剪勿拜，召伯所說。

毛詩序云：

甘棠，美召伯也。召伯之教，明於南國。

鄭玄云：

召伯，姬姓，名奭，食采於召；作上公，爲二伯，後封於燕。此美其爲伯之功，故言伯云。

朱熹云：

召伯循行南國，以布文王之政，或舍甘棠之下。後人思其德，故愛其樹不忍傷也。

傅斯年先生云：

周衰楚盛，召伯虎之功不能保持，國人思之。

屈萬里先生云：

南國之人，愛召穆公虎而及其所曾憩息之樹，因作是詩。

甘棠篇的召伯究竟是誰？自鄭氏以下歷代學者都以爲是周初的召康公奭，傅先生倡議爲周宣王時的召穆公虎。他在詩經講義稿中曾云：

南國稱召，以召伯虎之故。召伯虎是厲王時方伯，共和行政時的大臣，庇護宣王而立之人，曾有一番轟轟烈烈的功業。

又曾云：

有一謬說可借以掃除者，即周召分伯一左一右陝西陝東之論。周公稱王滅殷，在武王成王間，其時之召公奭只是一個大臣，雖君奭篇中亦不見他與南國有何相干。開闢南國是後起事，那時召伯虎爲南國之伯，去召公奭不知有幾世了。

屈萬里先生於詩經通釋甘棠篇云：

召伯，召穆公虎也，早期經籍於召伯虎稱公，而絕無稱召公奭爲伯者。召伯之稱，又見小雅黍苗、及大雅崧高，皆謂召虎；而大雅江漢之篇，於虎則曰召虎，於奭則曰召公，區別甚明。舊以此詩爲美召公奭者，非是。

以上傅先生的理由是：⑴史籍上並無召公奭開闢南國的記載。⑵召伯虎曾爲南國之伯。所以認爲「南國稱召，以召伯虎之故」。屈先生的理由是：⑴早期經籍只有召穆公虎稱伯，未見召公奭稱伯的。⑵黍苗、崧高的召伯都是指召虎說的。⑶大雅江漢篇虎則稱召虎，奭則稱召公。基於這些理由，他們主張甘棠篇的「召伯」是召虎。

筆者對此問題，不能苟同於二先生之言，理由有六：

㈠如以古籍爲證，奭、虎二人均無開闢南國的記載。故傅先生說「那時召虎爲南國之伯」，同屬無據。

㈡古籍中奭、虎均稱召公，未見稱召伯的。故屈先生的第一點理由亦不能成立。

㈢詩經各篇的作成年代自有不同，召伯之稱累世有之，故即使證明黍苗、崧高之召伯爲召虎，亦不能推斷甘棠之召伯即是召虎，而非他人。

㈣江漢篇云：「王命召虎，來旬來宣。文武受命，召公維翰。」這裡召虎與召公對稱，是由於王命之下，對臣子可直呼其名，對召虎的祖先召公奭，則宜稱召公。此章的召公即使證明是召公奭，亦不能反證甘棠的召伯即非召公奭。

㈤史記燕召公世家云：「其在成王時，召公爲三公。……召公巡行鄉邑，有棠樹，決獄政事其下。……召公卒，而民人思召公之政，懷棠樹不敢伐，哥詠之，作甘棠詩。」這是甘棠的召公爲召康公奭最直接的證據。

㈥三家詩云：「燕召公奭與周同姓，武王滅紂，封召公於燕、成王時入據三公，出爲二伯，自陝以西召公主之。」竹添光鴻毛詩會箋云：「召公名奭，伯，長也；為諸侯之長也。」可見今文家亦以為甘棠的召伯即是召公奭，「他入據三公，出為二伯」，伯是諸侯之長；可知他稱公亦可稱伯。

由上所述，筆者以為甘棠的召伯仍以召公奭為宜；改說為召穆公虎的史證不足，難以令人信服。可見一種詩說的有無價值，不在於新與舊，要看所提的證據與所說的理由是否「普偏妥當」而定。

陸 結論

㈠孔孟有關讀詩的言論，偏於詩敎的功用，對於詩人的作意甚少顧及。後世學者師法孔孟，誤以為詩義本當如此，才造成各種類型的附會之說。

㈡二南的詩原極平易，自從毛詩序以文王、后妃為說，才成問題。我們從歷史的考證得知：⑴文王不曾受命稱王；⑵文王也不曾典治南國。則二南王化之說與各篇的人事編敍，都該棄置。

㈢二南的地理位置，遠及黃河、汝水、漢水、長江之間，與二公采邑岐山之南百里地區毫無關連。又召公采邑原屬岐山之西，與江、漢、汝墳方向正好相反。鄭玄詩譜云：「言二公之德教自岐而行於南國也。」這是不大可能的事。況且據史記所載，二公分陜而治，已在成王之世。文王時周、召二公尚無采邑，何來二南之化？

㈣「三分天下有其二」，這是孔子對文王溢美之詞。如以爲文王實已據有六州之地，自封王號，同時又奉命爲西伯，專事征伐；文王即成爲陽奉陰違的人，則何聖德之有？況且商紂暴戾成性，殺大臣如棄敝屣，文王有遭彼囚禁與烹子之痛，怎敢做抗命奪權的事？故漢儒說文王曾據有六州之地，受命稱王，實在是冤枉了文王。

㈤前人說詩，或從文王、太姒、周公、召公上說，或從大學的修齊治平上說，這些均非詩文本義。惟有擺脫各種類型的附會，依照朱子說的「風者，民俗歌謠之詩也」的方向去探討，才能領會出詩人的作意來。

㈥前人說詩，往往有所見亦有所蔽。朱子明言國風是「民俗歌謠」，詩序係「山東學究」等人作，絕不可從。可是說到二南，狃於詩序王化、正風之說，以致一承序、箋之言，毫無作爲；甚至於輔之以大學之道，强化了政教功能，更像是一位古文學派的傳人。歐陽修明知說詩應本詩人之意，可是誤以詩序出於聖人之志，而聖人之志又與詩人之意混淆著說，結果仍只是遵序說詩。姚際恆、崔東壁、方玉潤等人，都想突破舊說，自創新義，然而由於詩教的意識太重，風謠的體認不足，都只是偶發高論，未曾建立起思想的體系，因而自致矛盾，績效不彰。

㈦民國以來學者受新思潮的影響，觀念更新，方法改進，尤重考證功夫。前人小腳放大式的說詩態度已被揚棄。但在新解紛紛出現之際，極須注意的，即一方面要防止新附會的產生，一方面要致力於新證據的發掘與文旨章義的契合。就像卷耳一詩的解說，誰能把握「普徧妥當」的原則，將詩文解釋到無懈可擊，誰的意見即爲大衆所採納。詩經研究之所以持續無已，其意義即在於此。

二南要談的問題甚多，非一篇短文所能盡；限於篇幅，故僅作重點討論。是否有當？尚祈博雅君子賜正。

——作於七十六年二月

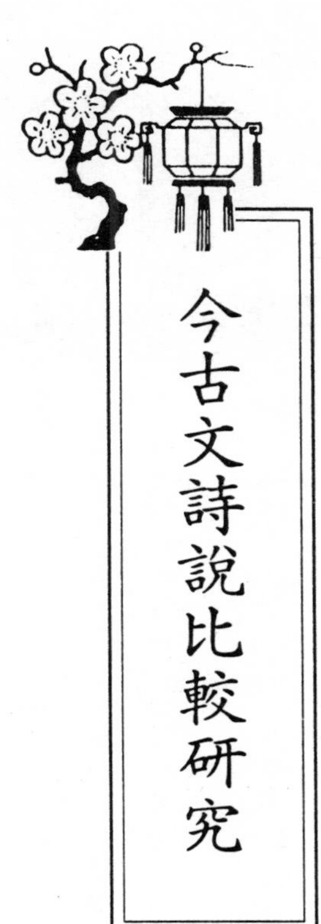
今古文詩說比較研究

壹　緒　言

我國經學，素有學派之分；以書寫文字而言，即有今文與古文。所謂今文，其以隸書寫成；所謂古文，相傳係魯恭王（景帝第五子）壞孔子舊宅，於壁中得禮記、尙書、春秋、論語、孝經，皆蝌蚪文字。又魯恭王兄弟河間獻王亦得先秦舊籍，獻於朝廷。於是易有費氏，書有孔氏，詩有毛氏，春秋有左氏傳，禮有逸禮三十九篇，又有周官，皆用先秦文字所書寫。以上二者，同屬古文。自秦始皇焚書坑儒後，經學一時中絕。漢興，諸儒始漸以經籍授徒，朝廷亦立學官，置博士。如易有施讎、孟喜、梁丘賀、京房四家，而同出於田何；書有歐陽生，大夏侯（勝）、小夏侯（建）三家，而同出於伏勝：詩有魯（申培）、齊（轅固）、韓（韓嬰）三家；禮有大戴（德）、小戴（聖）、慶普三家，而皆爲后蒼所授，即同出於高堂生；春秋有公羊傳，穀梁傳，公羊有嚴彭祖、顏安樂二家，而同出於胡母生、董仲舒；穀梁有暇丘江公，（光武時立十四博士，慶氏禮及穀梁傳皆未立），其寫本皆用秦漢時通行之隸書。至西漢末，古文經傳出，始稱用當時通行文字之經爲今文經。然其時經師多不信古文，劉歆屢求以古文尙書、左氏春秋等立於學官，不得；後王莽篡漢，歆挾莽力立之；光武時復廢。東漢末，服虔、馬融、鄭玄皆尊習古文，古文學遂大昌。

今古文經，原以書寫文字之不同而得名，自漢以後，所用均爲當代文字，故所不同者已非書寫之文字，而在各家傳授系統與經傳內容。即以詩經而言，三家屬今文，盛行於西漢；毛詩後出，屬古文。自東漢末年鄭玄替毛詩作箋以後，即廣爲流傳。魏晉改代，學官失所，齊詩遂亡，而魯詩亦不過江東，其學寖微；迄於南宋，韓詩亦亡，僅存外傳。自是以後，惟毛詩獨傳於世。然自宋儒歐陽修作詩本義，鄭樵作詩辨妄，朱熹作詩集傳，毛詩地位亦已動搖；及於明、淸，朱傳被頒爲功令用書，爲士子所必讀，成爲獨尊局面。然今古文經仍爲少數學者所尊信；毛氏之書固無論矣，即三家詩之研究，亦不乏其人。知名者如魏源詩古微，阮元三家詩補遺，陳喬樅三家詩遺說考，王先謙三家詩集義疏等，對今文詩說仍表重視。影響所及，淸末之皮錫瑞，民初之康有爲亦遙向呼應。當時尙古文詩說之章太炎雖對之時有譏評，斥之爲「妄」，斷之爲「牧豎所不道」；然彼已自囿於一家之言，於今觀之，不過五十步與百步之間而已。

筆者撰寫此文，旨在探討今古文詩說的異同，以及吾人應該持有的態度。也希望能藉此探討，對學派背景與價値有所瞭解。

貳　學派系統簡述

四家詩說各有承傳系統，王先謙詩三家義集疏序例云：

案魯詩授受源流，漢書可考。申公受詩於浮丘伯，伯乃荀卿門人也。劉向校錄孫卿書亦云：「浮丘伯受業於孫卿，爲名儒。」是申公之學，出自荀子。荀子書中說詩者，大都以魯說爲本。……孔安國後申公受詩爲博士，至臨淮太守，見史記儒林傳。太史公從孔安國問業，所習當爲魯詩。觀其傳儒林，首列申公；敘申公弟子，首數孔安國。此太史公尊其師傳，故特先之。劉向父子世習魯詩；向爲元王子休侯富曾孫，漢人傳經最重家學，知向世修其業，說苑、新序、列女傳諸書，其所稱述，出魯詩無疑矣！

這是考證魯詩的傳承系統，由荀子傳浮丘伯，浮丘伯傳申公。申公係魯人，授徒講學，作詩傳，即爲魯詩。申公又傳孔安國，孔安國傳司馬遷，後及於劉向父子，皆習魯詩，陳喬樅魯詩遺說考序云：

（漢）楚元王傳云：「元王少時嘗與魯穆生、白生、申公俱受業於浮丘伯，文帝時聞申公爲詩最精，以為博士。申公始為詩傳，號魯詩。」然則志載魯故魯説，蓋即申公所為之詩傳矣。史記儒林傳言：「漢高祖過魯，申公以弟子從師，入謁於魯南宮」又言：「申公以詩教授弟子，自遠方至受業者千餘人。」是三家之學，魯最先出，其傳亦最廣。有張、唐、褚氏之學，又有韋氏學，許氏學、皆家世傳業，守其師法。終漢之世，三家並立學官，而魯學為極盛焉。

這是說明申公在高祖過魯時，曾從師入謁於魯南宮，文帝時即以精於詩學聞名於世，徵為博士，並以詩授徒千餘人，為三家傳詩最早亦是最盛的一位學者。漢世引詩述義，宗魯者有王符潛夫論，司馬遷史記，劉向列女傳，班固白虎通義等書。

齊詩雖較早亡佚，隋書經籍志云：「齊詩魏已亡。」然考其淵源，實與魯詩同步。陳喬樅齊詩遺說考云：

竊考漢時經師，以齊魯為兩大宗。文、景之際，言詩者魯有申培公，齊有轅固生；春秋、論語皆有齊魯之學，其大較也。漢儒治經，最重家法，學官所立，經生遞傳，專門命氏，咸自名家三百餘年。雖詩分為四，春秋分為五，文字或異，訓義固殊，要皆各守師法，持之弗失，寧固而不肯少變；斯亦古人之質厚賢於季俗之逐波而靡也。喬樅此補緝齊詩佚文佚義，於經徵之儀禮，大小戴記；於史徵之班固漢書、荀悅漢紀；於諸子百家徵之董仲舒春秋繁露，焦贛易林、桓寬鹽鐵論，荀悅申鑒諸書，皆確有證據，不逞私意之見，不為附會之語，蘄於實事求是而已。夫轅生以治詩為博士，諸齊以詩貴顯者，皆固之弟子；而昌邑太傅夏侯始昌最明。始昌通五經，后蒼事始昌，亦通詩禮爲博士。訖孝宣世，禮學后蒼最明，戴德、戴聖、慶普皆其弟子。三家立於學官，詩禮師傳既同出自后氏，則儀禮及二戴禮記中所引佚詩，皆當爲齊詩之文矣。鄭君本治小戴禮記，注禮在箋詩之前，未得毛詩，禮家師說，均用齊詩。鄭君據以爲解，知其所述，多本齊詩之義。

這是說在西漢文、景之世，齊詩本與魯詩並行於世，轅固以治詩爲博士，當時齊人以治詩貴顯者，皆出其門，其以昌邑太傅夏侯始昌爲最著名。始昌傳后蒼；后蒼兼通詩、禮，亦爲博士，並以禮學傳於二戴、慶普，三人同列於學官，故知儀禮以及二戴禮記中所引佚詩，可能來自齊詩，至於鄭玄，本習小戴禮記，注禮在箋詩之前，當時未得毛詩，自可推知他所用的禮家詩說，即是齊學所傳；有所引述，多本齊詩之義。

治齊詩者除前述后蒼、二戴、慶普外，尚有翼、匡、師、伏之學。翼即翼奉，元帝時官至諫議大夫。匡即匡衡，元帝時爲丞相，善說詩，有「匡說詩，解人頤」之稱。師即師丹，哀帝時爲大司空，平帝時封義陽侯。伏即伏理，官至高密王太傅，從匡衡受齊詩。其他習齊詩而有所著述者，於史則有班固漢書，荀悅漢紀；於諸子百家則有董仲舒春秋繁露，焦延壽易林，桓寬鹽鐵論，荀悅申鑑。至如公羊氏，本齊學，治公羊春秋者，其於詩皆稱齊；猶之穀梁氏爲魯學，治穀梁春秋者，其於詩皆稱魯，爲其宗派之大較也。

韓詩傳自韓嬰。嬰，燕人，文帝時爲博士，景帝時官至常山太傅。嬰推詩人之意而作內外傳，燕、趙間言詩者皆從之。武帝時，與董仲舒論詩於帝前，仲舒不能難。漢書藝文志載韓故三十六卷，韓內傳四卷，韓外傳六卷，韓說四十一卷，今存者惟有外傳。史記儒林傳云：

韓生推詩人之意，而爲內外傳數萬言，其語頗與齊魯殊，然其歸一也。

陳喬樅韓詩遺說考云：

自魏晉改代，毛鄭詩行而三家之學始微。韓詩雖最後亡，持其業者益寡；惟杜瓊著韓詩章句十餘萬言，見於蜀志；張紘從濮陽闓受韓詩，見於吳書；崔季珪少讀韓詩，就鄭氏學，見於魏志。晉太康中，何隨治韓詩，研精文緯，見於華陽國志。此外不數覯焉。

又云：

今觀外傳之文，記夫子之緒論與春秋雜說，或引詩以證事，或引事以明詩，使爲法者章顯，爲戒者著明；雖非專於解經之作，要其觸類引伸，斷章取義，皆有合於聖門商、賜言詩之意也。況夫微言大義，往往而有。上推天人性理明，皆有仁義禮智順善之心；下究萬物情狀，多識於鳥獸草木之名。考風雅之正變，知王道之興衰。固天命性道之蘊，而古今得失之林也。

由上述可知，韓詩雖最後亡佚，然傳習者少；而且如杜瓊、張紘、崔季珪、何隨等人，均非碩學鴻儒，與治齊、魯詩者不能相比。較著者，惟有薛君章句而已。後漢書儒林傳云：「薛漢，世傳韓詩，父子以章句著名。」薛氏後漢淮陽人，光武帝建武初年爲博士，當時言詩者，惟漢爲長；官至太守，有異績。

韓詩之所以傳習者少，由上文推之，原因有二：其一，太史公所謂「其語頗與齊魯間殊」，即經文解說與齊魯二家相異者多，得不到一般學者的信從。其二、外傳之文，偏於觸類引申，斷章取義，雖時有微言大義，卻已非專爲解經而作。唐書藝文志載：「韓詩，卜商序，韓嬰注二十二卷；又外傳十卷。」如其詩序確係子夏所作，得自孔子之傳授，當不至於被後世學者如此輕忽而任其亡佚的。

漢書藝文志云：

> 漢興，魯申公爲詩訓故，而齊轅固、燕韓生皆爲之傳。或取春秋、采雜說，咸非其本義。與不得已，魯最爲近之。三家皆列於學官。又有毛公之學，自謂子夏所傳，而河間獻王好之，未得立。

漢書注引顏師古云：

> 與不得已者，言皆不得也。三家皆不得其真，而魯最近之。

由此可見，作漢書的班固，對三家詩說已有「皆不得其眞」之歎。所謂不得其眞，即所論詩旨所敍史事均不合詩文本義。三家詩之所以相繼亡佚，習齊詩的班固，於東漢之初三家皆列於學官之時，即已將其缺失扼要地指正出來了。

至於毛詩，其傳本原屬古文，相傳子夏作序，毛公作傳。然終兩漢之世，未得列於學官。後來由於古文經學經劉歆大力提倡，始受世人注意。考其源流，古有二說。釋文引徐整（三國時吳國人）云：

> 子夏授高行子，高行子授薛倉子，薛倉子授白妙子，白妙子授河間人大毛公。毛公爲故訓傳，以授趙人小毛公。小毛公爲河間獻王博士。

一云：

> 子夏授曾申，申傳魏人李克，克傳魯人孟仲子，孟仲子傳根牟子，根牟子傳趙人孫卿子，孫卿子傳魯人大毛公。

二者所敍傳授系統大有差別，自子夏至於毛公之間，幾無一人相同；且一說大毛公河間人，一說魯人，地籍也相去甚遠。至於毛公何名？生於何世？皆未說明，令人置疑。故如清人皮錫瑞詩經通論曾列舉六點理由，以證毛詩傳授之說實不足信，茲錄其主要者如下：

> 史記儒林傳述漢初經師……惟詩有三人，於魯則申培公，於齊則轅固生，於燕則韓太傅。……史記不及毛公，若毛公爲六國時人，所著毛詩故訓傳史公無緣不知；此毛詩不可信者一。……徐整、陸璣述毛詩源流，或以爲出荀卿，兩漢以前皆無此說，此毛詩不可信者三。荀卿非十二子，有子夏之賤儒。是荀卿之學非出子夏，判然爲二。毛公之學自謂子夏所傳。祖子夏，不應祖荀卿；祖荀卿不應祖子夏，此毛詩不可信者四。申公受詩於浮邱伯，浮邱伯又受之荀卿，則魯詩實出荀卿矣。若毛詩亦荀卿所傳，何以與魯詩不同？此毛詩不可信者五。漢志但云毛公之學，不載毛公之名，亦無大小毛公之分。鄭君詩譜曰：「魯人大毛公爲詁訓傳於其家，河間獻王得而獻之，以小毛公爲博士。」陸璣曰：「荀卿授魯國毛亨，毛亨作詁訓傳以授趙國人毛萇。時人謂亨爲大毛公，萇爲小毛公。」……鄭，漢末人，不應所聞詳於劉、班；陸璣，吳人，不應所聞又詳於鄭，此毛詩不可信者六。

皮氏的主要理由是：史記不載毛詩，以見其書後出。荀卿曾斥子夏爲賤儒，如以荀卿所傳，絕無可能又源自子夏。魯詩確知傳自荀卿，如毛詩亦傳自荀卿，不應兩家詩說有如此不同。至於傳授源流之說，時代愈晚，所述人事愈詳，亦非情理所當有。故毛詩來歷問題，至今難以定案。惟後漢書儒林傳云：

趙人毛萇傳詩，是爲毛詩，未得立。

如以典籍史料爲據，這段話自較可信。但所謂「未得立」，即未立爲博士。查漢書及後漢儒林傳，治毛詩者從未立爲博士，可見與三家不能並肩而立。毛詩之所以興，全賴鄭玄的力量。鄭氏東漢末年人，初習齊詩，後改習毛詩，爲之作詩譜詩箋。由於他是當代經學大師，經他竭力提倡，毛詩遂大興。自此以後，三家之學遂日趨式微，終至相繼淪亡。

叁 詩說比較

今古文詩說，自漢以來，即成對立局面。尊三家者必抑毛，尊毛者必抑三家。今日吾人既已排除家派思想，當以客觀態度比較各家詩說的異同，藉以知其優劣得失之所在。茲分別討論於后：

一、兩說相異而均無可取之例

㈠周南關雎篇毛詩序云：

關雎，后妃之德也，風之始也，所以風天下而正夫婦也。故用之鄉人焉，用之邦國焉。……是以關雎，樂得淑女，以配君子，憂在進賢，不淫其色，哀窈窕，思賢才，而無傷善之心焉；是關雎之義也。

關雎序全文原是總論詩文的功用、來歷、作法以及影響等問題，故又稱之爲大序。其間僅首尾兩段針對關雎篇而言，以爲它是表現后妃之德的，亦是風化天下得以端正夫婦之道的。后妃是誰？序中雖未明示，然已將此篇說成是正風之始，由文王之化而成的；所以作正義的孔穎達認爲即是文王的后妃，詩中的君子即是文王。遂以爲全篇詩旨，是敍文王的后妃（歐陽修詩本義以爲即是太姒）爲文王求淑女（嬪妃）共事其夫的詩。其實這種人事編敍是毫無依據的，從詩文章句上看，也處處發生齟齬，古文家的解說決不可從。

魯說云：

周道缺，詩人本之衽席，關雎作。

周衰而詩作，蓋康王時也。康王德缺於房，大臣刺晏，故詩作。

周漸將衰，康王晏起，畢公喟然，深思古道，感彼關雎，性不雙侶，願得周公，配以窈窕。防微消漸，諷諭君父。孔氏大之，列冠篇首。

齊說云：

孔子論詩，以關雎爲始，言太上者民之父母，后夫人之行不侔乎天地，則無以奉神靈之統而理萬物之宜，故詩曰窈窕淑女，君子好仇。言致其貞淑，不貳其操，情欲之感無介乎容儀；宴私之意不形乎動靜；夫然後可以配至尊而爲宗廟主。此綱紀之首，王教之端也。

韓敘云：

關雎，刺時也。

韓說云：

詩人言雎鳩貞潔慎匹，以聲相求，隱蔽於無人之處。故人君退朝，入於私宮，后妃御見有度，應門擊柝，鼓人上堂，退反宴處，體安志明。今時大人內傾於色，賢人見其萌，故詠關雎，說淑女正容儀以刺時。

以上三家之說，魯韓以爲是衰世的刺詩，魯說還以爲康王德缺於房，一朝晏起，畢公深思古道，作關雎藉以諷諭其君的。這種人事編敍與毛詩序說同屬無稽之談。齊說則從孔子編詩的教義上說，不提人事，不談美刺，似較平實。然而詩文的教義，乃是說詩者之義，非詩人之本義，這裡有著基本的差異，爲古今學者爭議之所在，必須予以辨明的。

㈡邶風燕燕篇毛詩序云：

燕燕，衞莊姜送歸妾也。

鄭箋云：

莊姜無子，陳女戴嬀生子名完，莊姜以爲己子。莊公薨，完立而州吁殺之，戴嬀於是大歸，莊姜遠送之于野，作詩見己志。

這是以燕燕篇爲莊姜所作，所謂歸妾，即是陳女戴嬀。戴嬀生子名完，莊公死後，即立之爲君。後其異母弟州吁殺之而自立；戴嬀於是被遣回國，莊姜遠送於野，因作此詩。然而按之史乘，左傳並無戴嬀大歸的記載，史記衞康叔世家云：「陳女女弟亦幸於莊公，而生子完。完母死，莊公令夫人齊女子之，立爲太子。」可見戴嬀已先莊公而死，其子完在莊公死後即位爲桓公。桓公在位十六年後，才被州吁所弒，這時戴嬀的墓木已拱，那有莊姜送她大歸的事？

魯說云：

> 衞姑定姜者，衞定公之夫人，公子之母也。公子既娶而死，其婦無子，畢三年之喪，定姜歸其婦，自送之，至於野，恩愛哀思，悲以感慟，立而望之，揮泣垂涕，乃賦詩曰：「燕燕于飛，差池其羽。之子于歸，遠送于野。瞻望弗及，泣涕如雨。」送去歸泣而望之。又作詩曰：「先君之思，以畜寡人。」君子謂：「定姜爲慈姑，過而之厚。」

這是以爲定姜作此詩，因其子死，送其媳婦歸去時作。然而查考史籍，左傳、史記等書均無記載，且死者爲其未即君位的兒子，可見其夫尚在位，詩中「先君」指的是誰？「寡人」爲國君的謙稱，一位諸侯夫人自稱寡人，古籍中亦罕有他例可證。故毛、魯二說均不可取。

此詩王質以爲當是衞君送女弟適他國之作。衡諸詩文內容，較能切合旨趣。

㈢衞風日月篇毛詩序云：

> 日月，衞莊姜傷己也。遭州吁之難，傷己不見答於先君，以至困窮之詩也。

莊姜爲衞莊公夫人，史記載莊公五年娶莊姜，碩人篇即讚頌其美，莊公在位二十三年卒，其子完立爲桓公。桓公十六年，其異母弟州吁殺之以自立。這時上距莊公五年已有三十四年，莊姜的年紀該有六十餘歲。況且夫亡已過十六年，一切恩怨都已淡忘，怎會還說「乃如之人兮，逝不相好。胡能有定？寧不我報」這類抱怨的話呢？而且莊姜傷己之說，史無可稽，其附會之迹，顯然可見。

魯說云：

宣姜者，齊侯之女，衞宣公之夫人也。初宣公夫人夷姜生伋子，以爲太子；又娶於齊，曰宣姜，生壽及朔。夷姜即死，宣姜欲立壽，乃與壽及朔謀構伋子。公使伋子之齊，宣姜乃陰使力士待之界上而殺之，曰：「有四匹馬白旄至者，必要殺之。」壽聞之，以告太子，曰：「太子其避之。」伋子曰：「不可。夫棄父之命則惡用子也。」壽度太子必行，乃與太子飲，奪之旄而行。盜殺之。伋子醒，求旄不得，遽往追之，壽已死矣！伋子痛壽爲己死，乃謂盜曰：「所欲殺者乃我也，此何罪？請殺我！」盜又殺之。二子即死，朔遂立爲太子。宣公薨，朔立，是爲惠公；終無後，亂及五世，至戴公而後寧。詩曰：「乃如之人兮，德音無良。」此之謂也。

這是以爲日月篇係衞宣公太子伋所作。伋乃宣公與夷姜所生，及長，宣公爲之娶齊女，聞其美，即自娶，是爲宣姜。後宣姜生壽及朔，欲立朔爲太子，與朔構陷伋。宣公因奪伋之妻，心亦不自安，遂使太子伋使齊，使盜於界上殺之。壽聞其謀，先太子行，盜以爲太子伋而殺之；後太子至，見壽已爲己死，即自稱太子，亦爲盜所殺。此事左傳、史記均有記載，然據此以說日月篇，實難契合。因爲伋如已知其謀，仍然奉命使齊，足見心存至孝，一如虞舜之於瞽叟，申生之於獻公，一切順令而行，生死在所不計。所以見壽被殺，即挺身而出，甘於爲盜所殺。在如此心態之下，他還會說「胡能有定？寧不我報」？「父兮母兮，畜我不卒」這一類充滿怨尤的話嗎？尤其詩有「乃如之人兮，德音無良」，爲同輩相責之詞，絕非對父母當有的口氣。證之伋的純明篤厚，決不至於如此。

王先謙詩三家義集疏以爲此詩當是敍太子伋事，然非太子伋所自作，該是他人代作。這是見到舊說不可通，才想一個變通的說法。然而代作既以「我」爲文，即屬自敍，而非他敍。既是自敍，必須以太子伋之心爲心，以太子伋之情爲情。太子伋既有從命之心，就死之情，怎會反說他牢騷滿腹，向父母說「乃如之人兮，德音無良」這類的話呢？

㈣周南草蟲篇毛詩序云：

草蟲，大夫妻能以禮自防也。

魯說云：

孔子對魯哀公曰：「惡惡道不能甚，則其好善道亦不能甚；好善道不能甚，則百姓親之也亦不能甚。詩云：『未見君子，憂心惙惙。亦既見止，亦既覯止，我心則說。』詩人之好善道也如此。

此詩按文求義，當是婦人思念行役之夫之作。當其未歸，憂慮不已；見其歸來，即表喜悅；這是人之常情，毛序說「以禮自防」，實是衍說。何以見得此詩作自大夫妻？又何以見得作此詩者旨在以禮自防？魯說則以孔子對魯哀公說的一番做人道理來說詩，以爲這幾句詩是詩人「好善道」的表現。這一說詩模式，正如左傳所載諸侯大夫朝會、宴享時，賦詩多斷章取義；論語裡孔子與賜、商言詩，著重觸類引申之義。斷章取義與觸類引申都不是詩文的本義，自古以來詩說的多歧，這是主要的一個原因。

㈤小雅小弁篇毛詩序云：

小弁，刺幽王也，太子之傅作。

孔氏正義云：

太子，謂宜咎也。幽王信褒姒之讒，放逐宜咎；其傅親訓太子，知其無罪，閔其見逐，故作此詩以刺王。

這是以爲周幽王聽信褒姒的讒言，放逐其太子宜咎。太子傅閔其無罪見逐，才作這首詩來刺幽王的。然而按之詩文，如「民莫不穀，我獨于罹。何辜于天，我罪伊何？」「天之生我，我辰安在？」都以

「我」字發言，可見出於自陳，而非代言。這即與太子傅刺幽王之說不符。

魯說云：

小弁，小雅之篇，伯奇之詩也。伯奇，仁人，而父虐之，故作小弁之詩。履霜操者，尹吉甫之子伯奇所作也。吉甫娶後妻生子曰伯邦，乃譖伯奇於吉甫，放之於野。伯奇清朝履霜，自傷無罪見逐，乃援琴而鼓之，宣王出遊。吉甫從之，伯奇乃作歌，以言感之於宣王。王聞之曰：「此孝子之辭也。」吉甫乃求伯奇於野而感悟，遂射殺後妻。

齊說云：

讒邪交亂，貞良被害，自古而然。故伯奇放流，孟子宮刑，申生雉經，屈原赴湘，小弁之詩作，離騷之詞興。

尹氏伯奇，父子生離。無罪被辜，長舌所爲。

由上述魯、齊所論，以爲小弁是周宣王時尹吉甫之子伯奇所作。伯奇遭後母及弟伯邦讒毀，爲乃父放逐，才作小弁以誌慨。然而此說難以成立者有三：

1. 從故事內容上看：尹伯奇事正史所不載，全憑後人傳說所得。即以傳說而言，亦各有不同。據履霜操所載，有「曲終投河而死」的話，顯然沒有如魯說的遇宣王，以至於吉甫感悟求子殺妻的事。又御覽引揚雄琴清英云：「尹吉甫子伯奇至孝，後母譖之，自投江中，衣苔帶藻，忽夢見水仙，賜其美藥。唯念養親，揚聲悲歌，船人聞而學之。吉甫聞船人之聲疑，思伯奇，作子安之操。」可見伯奇的故事任人編造，絕少史證價値。

2.從詩文內容上看：如伯奇至孝，即使遭讒被逐，亦當相忍離去，不應有後言；怎會說這些全是憤慨的話？如一開頭就說：「民莫不穀，我獨于罹。何辜于天？我罪伊何？」接著又說：「天之生我，我辰安在？」「君子信讒，如或醻之。君子不惠，不舒究之。」「舍彼有罪，予之佗矣。」「君子無易由言，耳屬於垣。」都不像是一位孝子該說的話。

3.從履霜操內容上看：陳沆詩比興箋錄履霜操云：

父兮兒寒，母兮兒饑。兒罪當笞，逐兒何處？兒在中野，以宿以處。四無人聲，誰與兒語？兒寒何衣？兒饑何食？兒行於野，履霜以足。巢生衆雛，有母憐之。獨無母憐，兒寧不悲？

我們如將這首詩作可信的史料來看，這時的尹伯奇，稚氣未脫，嗷嗷待哺，當是一位無行爲能力的兒童。拿它來與小弁相比，兩位作者的心理年齡與人生見解都有很大的差距。以此反證小弁的作者決不是尹伯奇。

由此可見，毛詩序說小弁係幽王太子宜咎之傳作；今文家說是尹伯奇作；同屬附會，不可信從。

㈥大雅棫樸篇毛詩序云：

文王能官人也。

齊說云：

天子每將興師，必先郊祭以告天，乃敢征伐，行子之道也。文王受天命而王天下，先郊乃敢行事，而興師伐崇。其詩曰：「芃芃棫樸，薪之槱之；濟濟辟王，左右趨之。濟濟辟王，左右奉璋。奉璋峨峨，髦士攸宜。」此郊辭也。其下曰：「淠彼涇舟，烝徒楫之。周王于邁，六師及之。」此伐辭也。其下曰：「文王受命，有此武功。即伐于崇，作邑于豐。」以此辭者，見文王受命則郊，郊乃伐崇。

此篇毛序以爲頌文王的詩，齊說還以爲文王已受天命王天下，即將興師伐崇，郊祭以告天之作。這是有違史實的編敍。文王伐崇在商紂十九年（西元前一一三六年），自岐遷豐亦在這一年，次年即薨，時爲西伯。商紂在位三十三年，距離武王（當時襲爵西伯）伐紂尚有十四年。遠處西陲的一位伯爵，可否自封爲王？可否擁有「六師」？所謂「受天命而王天下」，天命誰予？天下何指？「濟濟辟王，左右奉璋」，是否這位西伯已自命爲天子，還在伐崇之前，通令天下君侯都來參加他的郊祭典禮？紂王暴戾成性，大臣稍有拂逆，即遭毒殺。如囚箕子，殺比干，醢九侯，脯鄂侯。西伯昌聞之，喟然而歎。崇侯虎聞之以告，紂即囚西伯於美里，烹其長子伯邑考為羹，並賜之食。幸得閎夭之徒求美女奇物以獻紂，乃得赦免，且許以專事征伐。在這樣一位暴君下作臣子，自身的安危都有問題，還敢公然以天子的身分，號召天下諸侯來參加他的郊祭大典嗎？再說，世人尊文王為大聖，一位大聖人竟會一面尊奉商紂為天子，一面私自稱王而行篡奪之實的嗎？紂有紂的人格，文王有文王的人格；以紂的人格觀之，朕即天下，殺大臣如棄敝履；故西伯昌一歎，伯邑考為羹。以文王的人格觀之，居仁由義，盡忠職守，故終其身未有非分之舉。以此推斷，此詩所稱的「周王」，不是文王，是武王以後的周天子。既未實指其人，即不知究屬何王？至於齊詩尚有「文王受命，有此武功。即伐于崇，作邑于豐」四句，為今本所無。該詩三、四章即一再稱為周王，如下一章改稱為文王，顯然不合行文體例。故齊詩所引，當是衍文。

(七)魯頌駉篇毛詩序云：

駉，頌僖公也。僖公能遵伯禽之法，儉以足用，寬以愛民，務農重穀，牧于坰野。魯人尊之，於是季孫行父請命于周，而史克作是頌。

這是以為駉篇係史克作來頌魯僖公的；但以詩文觀之，全篇僅頌其馬，未及人事，亦未言及僖公。至於毛序說是史克作，亦無可考，令人置疑。

商頌那篇毛詩序云：

那，祀成湯也。微子至于戴公，其間禮樂廢壞，有正考父者，得商頌十二篇於周大師，以那爲首。

這是以爲以那爲首的商頌曾被保存在周天子那裡，是正考父向掌樂的大師要來的。

魯頌閟宮篇有「新廟奕奕，奚斯所作」句。毛傳云：新廟，閔公廟也。有大夫公子奚斯者，作是廟也。

以爲從詩文觀之，奚斯是督造新廟的人。

皮錫瑞詩經通論云：

三家與毛，又有大駁異處，如以魯頌爲公子奚斯作，商頌爲正考父作是也。……薛君章句曰：「奚斯，魯公子也。言其新廟奕奕然盛，是詩公子奚斯作也。正考父，孔子之先也，作商頌十二篇。」是奚斯作魯頌，正考父作商頌，義出韓詩；而史記用魯詩，班固用齊詩，三家義同。

皮氏據三家詩說，以爲魯頌爲奚斯所作，商頌爲正考父所作。如按之詩文章句與史籍所載，這些意見都有問題。茲辨析如下：

1. 從閟宮篇「新廟奕奕，奚斯所作」兩句詩來看，奚斯所作的應該是「新廟」。因爲從文法上看，兩句詩原只是「奚斯作奕奕新廟」一句話。如今分成兩句來說，是由於四字一句、兩句一組形式上的需要。如果我們要問：奚斯所作，作的是什麼？這答案自然要向上文求，作的即是「新廟」。怎會不作此想，改說是作閟宮這首詩呢？

2.毛詩序以駉篇爲史克作來頌僖公的，這不僅無史可稽，而且史克與僖公的時代亦不相及。魯文公十八年左傳有「季文子使大史克」記載，上距僖公之死已二十年。再查國語，魯語有「里革諫魚」一文，敍魯宣公好在泗水上網魚，里革便去弄斷他的網，然後進諫。宣公接受他的勸諫，並且吩咐官吏收藏那個破網，以示不忘里革的忠告。又有「里革答成公」一文，敍成公聽說晋人弒其君厲公，問大臣們臣弒其君是誰之過？大臣都不敢回答，只有里克說是君王的過失，並舉桀紂幽厲爲例，乘機說了一番大道理。國語的里革，古之經注家以爲即是左傳的史克。所以皮錫瑞詩經通論云：「史克見左氏文十八年傳，宣公時尚存，見國語。其年輩在後。」其實皮氏未睹國語「里革答成公」一文。成公係文公之子，比左傳所敍的時間還要後二十餘年。由此看來，毛詩序史克頌僖公之說更難以令人置信了。

3.至於商頌，毛詩序以爲是正考父向周太師處取得的，今文家則以爲是正考父自己作的。按之詩文內容，今本商頌；殷武篇是頌宋襄公的詩。史記孔子世家載正考父係孔子的遠祖，曾佐宋國戴、武、宣三世，當時即已老邁，由宣公以下，歷莊公、湣公、新君、桓公，始至襄公。皮錫瑞推算如果正考父眞的曾作頌襄公的詩，他這時當有一百三四十歲。說他能活到那麼大的年紀，固然難以相信；活到那麼大的年紀還能在朝廷作官，替君王爲文作頌，這豈非是千古奇談？至於毛序的說法亦不可從；宋襄公比正考父晚半個世紀以上，還活在世上，有人頌他的詩，居然在本國失傳了，卻保存在周天子那裡，一百三四十歲的正考父還專程自宋國的都城商邱到東周的京城洛邑去求取，這能說不是怪異的編敘嗎？

像這類兩說相異而均無可取的情形很普遍，這正是他們共同問題的所在，亦是後人反對漢儒詩說的主要原因。

二、毛義較優之例

㈠大雅生民篇毛詩序云：

尊祖也。后稷生於姜嫄，文武之功起於后稷，故推以配天焉。

毛傳云：

生民本后稷也。姜，姓也。后稷之母配高辛氏帝焉。

又於「履帝武敏歆」下云：

履，踐也。帝，高辛氏之帝也。武，迹。敏，捷也。歆，饗。從於帝而於見天，將事齊（同齋）敏也。

這是以爲姜嫄生后稷，爲周天子的始祖。姜嫄爲高辛氏帝嚳之妃，「履帝武」的「帝」即是高辛帝。她是踏著其夫高辛帝的足迹去郊祭的。

史記周本紀載云：

后稷母有邰氏女曰姜原，爲帝嚳元妃。姜原出野，見巨人迹，心忻然悅，欲踐之；踐之而身動，如孕者，居期而生子，以爲不祥，棄之隘巷，牛羊過者皆避不踐。徙置之林中，適會山林多人遷之而棄渠中冰上，飛鳥以翼覆薦之。姜原以爲神，遂收養長之。初欲棄之，因名曰棄。

王先謙詩三家義集疏云：

史遷所載皆本魯詩，其爲帝嚳妃，乃雜采它傳記。齊、韓蓋同。

許氏五經異義亦云：

齊、魯、韓説聖人皆無父感天而生。

春秋繁露詩從齊說，其於三代改制質文篇云：

> 后稷母姜嫄履天之迹而生后稷，后稷長於郃土，播田五穀。

由上述可知今文家多主感天生子之說。詩中的「帝」，即是天帝。這個問題聚訟千年，爭議不休。主感天之說者，以爲聖人生而神異，不可以常理爲斷。如爲毛詩作箋的鄭玄，也以爲「帝」即「上帝」。朱熹亦從其說，有云：

> 周公制禮，尊后稷以配天，故作此詩，以推本始生之祥，明其受命於天，固有以異於常人也。然巨迹之說，先儒或頗疑之。而張子曰：「天地之始，固未嘗有人也，則人固有化而生之者矣，蓋天地之氣生之也。」蘇氏亦曰：「凡物之異於常物者，其取天地之氣常多，故其生也或異，麒麟之生，異於犬羊；蛟龍之生，異於魚鼈，物固有然者矣。神人之生，而有異於人，何足怪哉？斯言得之矣！

由朱子這番話看來，不僅以爲周人尊其始祖，姑示其神異，還眞以爲感天生子是有其可能的。持反對意見的，則多以生殖原理爲依據。如史記三代世表所載云：

張夫子問褚先生（名少孫，元、成間爲博士，爲今文家）曰：「詩言契、后稷皆無父而生。今案諸傳記，咸言有父，父皆黃帝子也。得無與詩繆乎？」褚先生曰：「不然，詩言契生於卵，后稷人迹，欲見其有天命精誠之意耳。鬼神不能自成，須人而生，奈何無父而生乎？

這是以爲詩有感生之說，只是爲了表示天命所歸而已，其實鬼神不能自生，所謂天命，必須藉人而生，絕無可能無父而生的。

歐陽修詩本義亦云：

所謂天命有德者，非天諄諄有言語文告之命也，惟人有德則輔之以興爾。所謂天生聖賢，其人必因父母而生，非天自生也。……如鄭之說，則天不因人道，自與姜嫄歆然接感而生后稷，其傳子孫一千歲後爲周而王天下。天意果如此乎？無人道而生子，與天自感於人而生之，在於人理皆必無之事，可謂誣天也。

歐陽公反駁的理由是：(1)所謂天命，只是對有德的人有所輔助而已，並無言語文字的告命。(2)所謂天生聖人，必藉其父母而生，非天所能自生。(3)天如有意藉姜嫄生聖人，建王朝，何以要等到后稷的子孫相傳一千年後才得以實現？於是他的結論是：姜嫄感天生子之說，不僅不合人的生理，而且直是誣天。

玄鳥，祀高宗也。

㈡商頌玄鳥篇毛詩序云：

其首章「天命玄鳥，降而生商」下，毛傳云：

玄鳥，鳦也。春分，玄鳥降，湯之先祖有娀氏女簡狄，配高辛氏帝，帝率與之祈于郊禖而生契，故本其為天所命，以玄鳥至而生焉。

本篇毛序僅敍該詩的用途，毛傳訓「玄鳥降」為「玄鳥至」，即春分時燕子自南方飛來，簡狄隨高辛帝祈於郊禖而生契。並無神祕怪誕的色彩。

史記殷本紀云：

契母曰簡狄，有娀氏之女，為帝嚳次妃，三人行浴，見玄鳥墮其卵，簡狄吞之，因孕生契。契長，佐禹治水有功，封於商，賜姓子氏。

陳喬樅云：

史記三代世表詩傳曰：湯之先爲契，無父而生。契母與姐妹浴於邱水，有燕銜卵墮之，契母得，故含之，誤吞之，即生契。契生而賢，堯立爲司徒，姓之曰子氏。

鄭玄箋云：

降，下也。天使鳦下而生商者，謂鳦遺卵，娀氏之女簡狄吞之而生契。

歐陽修詩本義駁之云：

鄭謂吞鳦卵而生契者，怪妄之說也。秦漢之間學者喜爲異說，謂高辛氏之妃陳鋒氏感赤龍精而生堯，簡狄吞鳦卵而生契，姜嫄履大人迹而生后稷。高辛四妃，其三皆以神異而生子。……鄭學博而不知統，又特喜讖緯諸書，故序怪說尤篤信。

歐陽公視吞卵生契「怪妄之說」，確有見地。說鄭玄「學博而不知統」亦是的評。然究其淵源，實本三家，由史記一再載其說可知。

㈢周南漢廣篇毛詩序云：

漢廣，德廣所及也。文王之道被於南國，美化行乎江漢之域，無思犯禮，求而不可得也。

這是將漢廣篇的內容，說成是南國受文王之化後，人民都以禮義相規範，見出遊女子，雖有所思慕，亦不妄自追求。這一解說，偏於詩教的作用，顯非詩文的本義。然而三家之說，則更附會。

魯說云：

江妃二女者，不知何所人也，出游於江漢之湄，逢鄭交甫，見而悅之，不知其神人也。謂其僕曰：「我欲下請其佩。」僕曰：「此間之人皆習於辭，不得，恐罹悔焉。」交甫不聽，遂下與之言曰：「二女勞矣！」二女曰：「客子有勞，妾何勞之有？」交甫曰：「橘是柚也，我盛之以笥，令附漢水將流而下。我遵其傍，采其芝而茹之，以知吾爲不遜也。願請子之佩。」二女曰：「橘是柚也。我盛之以筥，令附漢水，順流而下，我遵其傍，采其芝而茹之。」遂手解佩與交甫。交甫悅，受而懷之中當心，趨去數十步，視佩，空懷無佩。顧二女，忽然不見。詩曰：「漢有游女，不可求思。」此之謂也。

齊說云：

喬木無息，江女難得。橘柚請佩，反手離汝。

韓說云：

游女，漢神也。言漢神時見，不可得而求之也。

可見三家詩說視游女為漢神，魯說並將漢廣篇編織成一個神話故事。這與毛詩序說相較，其附會的程度自有本質上的差異。

陳喬樅齊詩遺說考云：

易有孟、京卦氣之候，詩有翼、奉五際之要，尚書有夏侯洪範之說，春秋有公羊災異之條；皆明於象數，善推禍福，以著天人之應。……焦延壽所從問易者，是亦齊學也。故焦氏易林皆主齊詩說。豈僅甲戊己庚達性任情之語，與翼氏齊詩言五性六情者合；亥午相錯，敗亂緒業之辭，與詩氾厤樞言午亥之際為革命合。

由這段話可知齊詩在西漢昭、元之世，已與象數易、緯書氾厤樞等相結合，偏離詩文本義，從事天人相應怪異之說。如五際的涵義，鄭玄以氾厤樞云：

午亥之際爲革命，卯酉之際爲改正，辰在天門，出入候聽。卯，天保也；酉，祈父也；午，采芑也；亥，大明也。然則亥爲革命，一際也；亥又爲天門，出入候聽，二際也；卯爲陰陽交際，三際也；午爲陽謝陰興，四際也；酉爲陰盛陽微，五際也。

這些將詩篇與五際相配的說法，直如夢囈。齊詩之所以最先亡佚，這些怪誕之說，該是其原因之一吧！

論語云：「子不語怪、力、亂、神。」毛公說詩，不尚鬼神怪誕之說，爲三家所不及，可謂得聖人之心傳矣！

㈣小雅鹿鳴篇毛詩序云：

鹿鳴，宴羣臣嘉賓也。既飲食之，又實幣帛筐篚，以將其厚意，然後忠臣嘉賓得盡其心矣。

毛序首句「宴羣臣嘉賓」已得該篇詩旨，下文是其餘事，可略而不論。

魯說云：

仁義陵遲，鹿鳴刺焉。

鹿鳴者，周大臣之所作也。王道衰、君志傾，留心聲色，內顧妃后，設酒食佳肴，不能厚養賢者，盡禮極歡，形見於色，大臣昭然獨見，必知賢士幽隱，小人在位，周道陵遲，自以是始，故彈琴以風諫。歌以感之，庶幾可復。歌曰：「呦呦鹿鳴，食野之苹。我有嘉賓，鼓瑟吹笙。吹笙鼓簧，承筐是將。人之好我，示我周行。」此言禽獸得甘美之食，尚知相呼，傷時在位之人不能，乃援琴以刺之；故曰鹿鳴也。

按魯說之意，鹿鳴是一首刺衰的詩。說作者是周之大臣，他見到王道衰微，君主志在聲色，設酒食佳餚，僅顧后妃，不及賢臣，以見小人在位，賢士退隱。所以彈琴以諷之。又說「呦呦鹿鳴，食野之苹」二句含有傷時與譏刺之義，以爲野鹿得食苹草，尚知相互呼應，如今在位者反而不能，大臣有見於此，所以彈琴以刺之。

毛、魯二說相較，顯然魯說附會益甚。鹿鳴詩文章句，全是主人眞誠待客之意，先則以鼓樂迎之，繼則以禮品贈之，以美酒佳餚待之；所期望於嘉賓者，一則以宴樂其心，增進感情；再則期望嘉賓提供高明的意見，讓主人有所遵循與改進。這是該詩明白可見之義，何以魯說一反其意：詩言宴樂的對象是嘉賓，「我有旨酒，以宴樂嘉賓之心」，魯說則以爲所宴樂者是內宮后妃。詩言「我有嘉賓，德音孔昭。視民不恌，君子是則是效」，說明這些嘉賓都是賢能之士，足以典則羣倫。魯說則以爲朝無賢士，小人當道。野鹿食苹而鳴，以詩文布局而言，旨在起興，與其下宴飮歡樂之情相應；魯說則以爲有傷時與諷刺之義。他們全把詩義說反了，其穿鑿附會之迹顯然可見。魏源詩古微曾云：「三家詩以鹿鳴、四牡、皇華皆刺詩。」可見今文家將另二首詩亦向反面去說了，如果說詩可以不顧詩文本義，則說美爲刺，說正爲反，正可以隨心所欲地去編造了，詩旨章義還有甚麼好討論的？

㈤小雅伐木篇毛詩序云：

伐木，燕朋友故舊也。自天子至於庶人，未有不須友以成者。親親之睦，友賢不棄，不遺故舊，則民德歸厚矣。

毛序首句「燕朋友故舊」已得該篇詩旨，其他文詞都是衍說，亦即屬於詩教方面的話。

魯說云：

周德始衰，伐木有鳥鳴之刺。

韓序云：

伐木廢，朋友之道缺，勞者歌其事，詩人伐木自苦其事，故以爲文。

魯說以伐木爲衰世的刺詩。按之詩文，實不見有刺衰之義。鳥鳴求友，以喻人須朋友故舊相互照應；或設酒食以宴飲，或擊鼓蹲足以共舞，至誠相待，以盡友道。何以見得此詩必作於始衰之世？又據何詞斷爲有刺衰之義？至於韓序所言，更不成文理，詩言「伐木」，序言「伐木廢」；詩言朋友之道，序言「朋友之道缺」。況伐木爲全文起興之詞，非詩旨所在；序言「詩人伐木自苦其事，故以爲文」；以爲詩人行文的重心，正爲伐木勞苦其事而作歌。詮釋詩義竟至如此，教人如何信得？

三、三家較優之例

㈠周南麟趾篇毛序云：

麟趾，關雎之應也。關雎之化行，則天下無犯非禮，雖衰世之公子，皆信厚如麟趾之時也。

這是作序者要將周南的詩說成原是整體的相聯，以爲前有關雎，後有麟趾，上下一貫，互相呼應。但按之詩文，絕無此意。而且既說二南受文王之化，都是盛世之作，怎會又有衰世公子呢？

韓說云：

麟趾，美公族之盛也。

這是詩文中可以讀得的涵義，不說與關雎相應的話，也不提時代的盛衰，以及麟趾的其他意義，自較可信。

㈡周南關雎篇毛詩序云：

周南召南，正始之道，王化之基。

至於王道衰，禮義廢，國異政，家殊俗，而變風變雅作矣。

由於這些話，即形成詩有正、變之說。鄭玄詩譜序云：

文武之德，光熙前緒，以集大命於厥身，遂爲天下父母，使民有政有居。其時詩風有周南召南，雅有鹿鳴文王之屬。及成王周公致太平，制禮作樂，而有頌聲興焉，盛之至也。本之由此風雅而來，故皆錄之，謂之詩之正經。後王稍更陵遲，懿王始受譖亨齊哀公，夷身失禮之後，邶不尊賢。自是而下，厲也、幽也，政教尤衰。……故孔子錄懿王、夷王時詩，訖於陳靈公淫亂之事，謂之變風變雅。

照鄭氏的說法，凡作於文、武、成三世的詩，皆謂之正詩，凡作於懿王以後的詩（鄭氏詩譜所列，無康、昭、穆、共諸王時詩），皆謂之變詩。亦可以說，正詩作於盛世，變詩作於衰世。如以詩篇來分，二南爲正風，鹿鳴至菁菁者莪爲正小雅，文王至卷阿爲正大雅，這些都是盛世的作品。其他的詩爲變風變雅，都得視爲衰世之作。

這一說法，有著許多矛盾，如二南中即有東周時期的作品；野麕、行露等篇的涵義，未必合於文王之化的要求。尤其豳風七首詩，首首都說與周公有關。如說七月篇爲「周公陳王業」的，鴟鴞篇爲「周公救亂」的，東山篇爲「周公東征」的；破斧、伐柯、九罭、狼跋都以爲「美周公」的。周公爲周朝開國大臣，佐武王、輔成王，正當周之盛世，儒家尊之爲大聖。何以他的詩不列於正風，反居於變風之末？

其次，古文家又將二南分等級，說周南爲王者之化，后妃之德的表現；屬王者之風。召南爲諸侯之化，夫人之德的表現，屬諸侯之風。因此，周南的序文多以「后妃」爲詞；召南的序文多以「夫人」爲詞。王者、后妃是誰？諸侯、夫人又是誰？說全是指文王與大姒而言的。文王在周南稱王者，在召南稱諸侯；故大姒在周南稱后妃，在召南稱夫人。在召南的序文中以「被文王之化」爲詩旨的，有羔羊、摽有梅、江有汜、野有死麕、騶虞等五首，足證詩序雖說是諸侯之風，其實與周南一樣都是被文王之化的。

這種世次的編敍，令人有治絲益棼的感覺。莫說詩文中並無此義；即以史籍爲證，文王終其身未嘗稱王，大姒終其身亦只是一位伯爵夫人。何來文王之化、后妃之德？

至於三家詩說，並無正變的主張，亦無世次的劃分。他們隨興感發，各陳美刺之義。如關雎篇魯說「周衰而詩作」，以爲是康王時詩。魏源云：「三家詩以關雎、葛覃、卷耳皆爲刺詩。」史記載魯說云：「鹿鳴，君與羣臣及四方之賓燕講道修德之樂歌也。當殷之末世，美文王者即諷王室，故曰仁義陵遲鹿鳴刺焉。」三家詩、鹽鐵論云：「兎罝，刺紂時所任小人非干城腹心也。」又列女傳、韓詩外傳云：「行露，美貞女也。召南申女許嫁于酆，夫家六禮不備而迎之，不行；則訟之，女終不苟從也。聘則爲妻，奔則爲妾，棄禮急情，君子賤之；故嘉申女之守禮。」由此以觀，三家詩說，不談正、變，但尚美、刺；有時世之論，但無系統。他們所說的美刺與時世較之毛詩序，同屬附會，難分軒輊。好在他們無統一規劃的觀念，故所造成的問題，不如古文詩說的複雜與嚴重。

㈢召南騶虞篇有「騶虞」一詞，毛傳云：

騶虞，義獸也，白虎黑文，不食生物，有至信之德則應之。

魯說云：

古有梁騶。梁騶者，天子獵之田也。

騶者，天子之囿也。虞者，囿之司獸者也。

以上「騶虞」一詞，毛傳訓爲是一種似虎的野獸。魯說訓爲囿之司獸者，亦即掌管野生動物的人。從全詩觀之，「彼茁者葭，一發五豝，于嗟乎騶虞。」如訓「騶虞」爲一種野獸，末句讚歎之詞殊無意義，上下文氣難以連貫。如訓爲「司獸者」，以其善於控馭囿中野獸，故詩人予以讚美。兩說相權，魯說較爲可取。

五經異義云：「今詩魯、韓說騶虞、天子掌鳥獸官。」焦氏易林云：「陳力就列，騶虞喜悅。」亦以騶虞爲官名。其實古文家說詩，以爲周南的麟趾爲關雎之應，召南的騶虞亦須爲鵲巢之應。周南既以一獸應一鳥，召南亦必然是以一獸應一鳥，於是遂斷騶虞爲似虎的義獸。這種上下詩篇相應之說，原是毛氏一家之言。不僅章句不通，而且天下那有這種野獸？

㈣召南羔羊篇於「委蛇委蛇」下，毛傳云：

委蛇，行可從迹也。

釋義不甚明晰。鄭箋云：

委蛇，委曲自得之貌。節儉而順心志定，故可自得也。

仍只從心態與操行上說，未能從行走的姿態上作適切的說明。尤其「委蛇」二字該如何讀？亦未見解說。

齊、韓「委蛇」作「逶迤」。「逶迤」一詞的音義，一看即懂，毋須多作解釋，自較可取。

㈤小雅巧言篇毛詩「居河之麋」，魯詩「麋」作「湄」。居河之湄，即居於河旁。王先謙詩三家集義疏云：「湄，正字；毛作麋，借字。」「麋」義既晦於「湄」，何須作此假借？

㈥小雅大東篇「東曰啓明，西曰長庚」，毛傳云：

日旦出謂明星爲啓明，既入謂明星爲長庚。

僅說明啓明與長庚命名的意義，未及二者的關係。

韓說云：

太白晨出東方爲啓明，昏見西方爲長庚。

以爲二者只是一星，亦即太白金星，這在天文上是相當重要的一個發現。

㈦商頌長發篇毛詩有「何天之龍」句，齊詩「龍」作「寵」，以「寵」爲是。

㈧又同篇毛詩有「九有有截」句，魯、韓以「九有」爲「九域」，亦即九州，於義較顯。

㈨商頌玄鳥篇「大糦是承」句，鄭箋云：

糦，黍稷也。奉承黍稷而進之。

所訓未及「大」字之義。韓說云：

糦，作饎。大饎，大祭也。

以爲「大饎是承」，即是承受盛大的祭典。此訓較合詩文旨趣。

㈩大雅生民篇毛詩「以弗無子」句，傳云：「弗，去也，去無子，求有子。」三家「弗」作「祓」，「以祓無子」，即以祓除其無子之疾。此訓與上文「克禋克祀」句相應於義較爲契合。

㈩㈠大雅文王有聲篇「文王烝哉」句，毛傳云：「烝，君也。」韓說云：「烝，美也」，訓「烝」爲「君」，於義嫌隔。「烝」有上昇、進步、衆盛等義，用以形容文王有美盛之德，自較適宜。

㈩㈡大雅皇矣篇毛詩有「求民之莫」句，毛傳云：

莫，定也。求民之定，謂所歸就也。

魯、齊詩「莫」作「瘼」。瘼，病也。「求民之瘼」，即尋求人民疾苦之所在。此較毛詩「莫」字之訓爲允洽。

以上數例爲取樣性質，以見解說文詞各家互有優劣。

肆 結論

㈠**從學派系統上看** 學派的形成，始於名師的傳授，終於若干知名之士的闡揚。各家雖標榜其來歷，然先秦的師承資料，或交代不清，或自相矛盾，故可信者少。惟漢以後，學者各有傳統可稽，自無問題。讀其文如能知其思想的淵源，詩文用詞的依據，當有助於對作者與其文詞的瞭解。故本文於簡述各學派的師承關係與流變過程外，並列舉一些史籍名著，藉知其與學派之間的相互關係。

㈡**從詩旨取向上看** 四家詩說有其共同的問題，即是說教的意味太重，偏離詩文的本義。關雎原只是民間賀婚之歌，古文家說是歌頌「后妃之德」的，今文家說是刺「康王德缺於房」的。凡是這一類在詩篇上編敍人事講大道理的，很少不失之於附會。宋儒之所以興起反漢之風，此爲其主要原因。

㈢**從章句解釋上看** 解釋詞義，四家大抵相同，訓詁之學，漢儒得自師承，去古不遠，較爲可信。今日吾人研讀詩文，三家所訓以及傳、箋、正義等文當視爲基礎之學，不宜予以忽視。至於各家解釋相異之處，正是吾人思辨著力之所，應下較量功夫，期收植基之效。

㈣**從學派成因上看** 今古文詩說同多於異，其所以各成學派，互不相容者，實爲學術者少，爲利權者多。漢世置五經博士，隋、唐設經生考試；攸關富貴利達，誰不致力以求？一旦某一學派某一經師受皇帝的眷寵，賜爲博士，延爲西席，甚或取其教本頒爲功令用書，不僅名滿天下，而且高官厚祿，垂手可得。這正是一般士子所夢寐以求的。王先謙云：「要皆各守師法，持之弗失，寧固而不肯少變。」我們如已瞭解其眞實原因，對於他們的固執態度，不會認爲止於學術之爭而已。

㈤從學派消長上看 今古文學派的消長，有其自然因素，亦有其人爲因素。例如今文詩說，原已盛行於兩漢之世，至魏晉以後，即相繼淪亡。究其自然因素，即說詩不得其本義。如民生、玄鳥主感天而生之說；齊詩又好以陰陽、五際等說解詩，迹近怪誕，自會遭到一般學者的排斥。至於人爲因素，一如鄭玄本習齊詩，後捨齊就毛，爲之作詩譜詩箋。由於鄭氏爲當代名儒，登高一呼，天下向風影從，一時莫可阻遏，三家遂同遭厄運。然毛詩的問題，不因擊敗今文而消失。傳之唐、宋，名儒如韓愈、歐陽修、朱熹等相繼指責，古文詩說的地位亦隨而動搖。由此可見，追求眞理爲人類共有的理念。距離眞理愈遠者，遭受排斥亦愈烈；必至一切違反眞理的主張完全消失而後已。詩學之所以在不斷演進，於此可見其樞紐矣！

㈥從研究態度上看 我們研讀四家詩說以及後世今古文家的闡述文字，必須保持客觀態度。凡各家所說，擇其善者而從之，其不善者而捨之。尤其對他們相互攻擊的言詞，應仔細比較，辨明其是非曲直。古史辨第五册顧頡剛「中國上古史研究」一文中曾引述錢玄同的一段話道：

今文家與古文家的說話，都是一半對，一半不對；不對的是他們自己的創造，對的是他們對於敵方的攻擊。所以我們要用了今文家的話來看古文家，用了古文家的話來看今文家。如此，他們的真相就會給我們弄明白。

這是說今古文學者於行文說理之際，所犯的毛病，都只是能破而不能立。亦即說人家的弊端振振有詞，有憑有據；說自己的主張卻又見識淺陋，一味地藏拙護短。所以讀他們的文章不免於失望；惟一的好處，讓我們從他們攻擊對方的言詞中，毫不費力地知道彼此的缺點。本文雖未引述他們相互攻擊的文字，但在作比較研究之際，自然要以這類文章爲考量的素材。今日我們既視四家詩說爲學術文獻，家派思想已成歷史陳迹；摘取他們的主張，作客觀地評量，讓後學者不至於盲目地信從；這在詩經學術研究的途徑中，總該有其意義的吧！

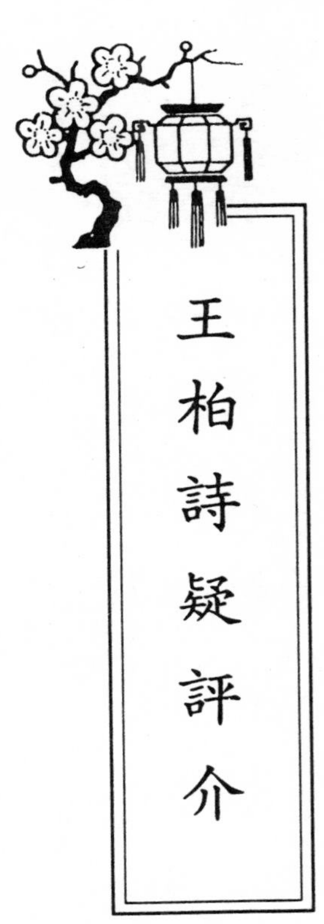

王柏詩疑評介

壹 前言

王柏，字會之，婺川金華人。生於宋寧宗慶元三年（西元一一九七年），卒於度宗咸淳十年（西元一二七四年），享年七十八歲。祖父師愈，字與正，從楊時受易、論語；既又從朱熹、張栻，呂祖謙游。登紹興十八年進士第，歷知州縣，以直煥章閣致仕。父瀚，字伯海，嘗知縣事，朝奉郎，主管建昌軍仙都觀；兄弟皆及熹、祖謙之門。

柏十五歲而孤，依長兄桐，受其撫教，嘗習時文，欲以資取場屋。既而謂科舉之學不足爲也，改習偶儷、古文及詩律。少慕諸葛亮之爲人，自號長嘯。年踰三十，始知家學之原，捐去俗學，勇於求道，與其友汪開之著論語通旨，至「居處恭，執事敬」，愓然歎曰：「長嘯非聖門持敬之道」，遂更以魯齋。從熹門人游。或語以何基嘗從黃榦得熹之傳，即往從之。授以立志居敬之旨，且作魯齋箴以勉之。質實堅苦，有疑必從基質之。於論語、大學、中庸、孟子、通鑑綱目，標注點校，尤爲精密。自此以後，十年之間，講學於縣南罣思山季原堂。淳祐十一年，蔡杭知婺，聘爲麗澤書院山長。景定三年秋，宗室子趙景緯知臺州，循上蔡書院山長楊棟之請，聘柏爲書院堂長。來學者衆，雖鄉之者德，亦執弟子禮。遠近聞風，莫不競勸。有上蔡書院講義行於世。

歸而講學於家塾，顏其堂曰「歲寒」。四方學子，面講書請，往來不置。其教人自四書始，而歸極於經世致用。其卒，衣冠端正。國子祭酒楊文仲請於朝，謚曰文憲。

王氏著作甚豐，有讀書記、書疑、讀易記、涵古易說、詩辨說、（即詩疑）詩可言、讀春秋記、論語通旨、孟子通旨等四十餘種。清雍正二年（西元一七二四年），從祀孔廟，稱先儒。

貳　詩疑的主要觀點

一、讀書貴疑，兼尚考證

王氏名其書爲「詩疑」，即已表示其讀書爲文富有懷疑精神。以詩經研究而言，懷疑前人之說，提出個人所見，使詩學推陳出新，當爲學術界所重視。王氏於詩疑卷二詩辨序下云：

> 大抵有探討之實者不能無所疑；有是非之見者不容無所辨。苟輕於改不知存古闕疑，固學者之可罪；狃於舊而不知按理以復古，豈先儒所望於後之學者？雖後世皆破裂不完之經，而人心有明白不磨之理；縱

未能推人心之理以正後世之經，又何忍狥破裂不完之經以壞明白不磨之理乎？

古籍傳於後世，年代一久，自然會出現一些問題，例如經文的眞僞、傳注的當否、說者觀點的高下等，自有可議之處。學者讀之，因疑而辨，因辨而明，學術因此而推進。如果辨而不明，則不可輕易更改，應有存疑態度；亦不可一味守舊，不知改進。王氏此一觀點，自是十分正確；惟以爲今本詩經「破裂不完」，應循明白不磨之理予以辨正；爲其基本觀點之所在，亦爲其問題之所在，牽涉至廣，留待下文討論。

王氏於詩辨序云：

予因讀詩而薄有疑；既而思益久而疑益多。不揆淺陋，作詩十辨。……非敢妄疑聖人之經也，直欲辨後世之經而已。

詩十辨屬詩疑卷二部份，計分詩辨序、毛詩辨、風雅辨、王風辨、二雅辨、賦詩辨、豳風辨、風序辨、魯頌辨、詩亡辨、經傳辨十篇短文。其於風序辨下云：

讀書不能無疑。疑而無所考，缺之可也。可疑而不知疑，此疎之過也。當缺而不能缺，此贅之病也。

其於該文之末又云：

學者但當悼後世之不幸，不得見聖人之舊經，相與沈潛玩味其所無疑者斯可矣；則可疑者雖聖人復生亦將闕之也已。

其於魯頌辨下復云：

缺疑之義，爲其無所考證，不得已而缺之也。或幸而有所考證，亦何爲而不決之哉？

由上所引，可知王氏自許具有懷疑精神。懷疑之後，隨之下考證功夫；如無所考，只好闕其所疑；如有所考，就該下一決斷，判別其眞僞是非。宋儒素尚心性之學，疏於考據；王氏有此讀書態度，亦屬不易，故錄之以示其觀點之一斑。

二、詩旨討論，自有賞析

王氏於詩疑卷一中討論詩旨部份，有不少可取的見解。玆舉述於后：

柏舟（邶）　詩傳疑柏舟之詩亦莊姜作也。愚謂詞意全不類。此爲他婦人怨夫之詞，非莊姜也明矣。

凱風　此孝子自責之詞。序曰：「美孝子。」何其謬也。

雄雉　此婦人思其夫從役而未歸。

谷風　婦人爲夫所棄，委曲敍其悲怨之情，反覆極其事爲之苦；然終無絕之之意，與柏舟思奮飛大有間矣。

君子偕老　東萊先生曰：「一章，責之也；二章，問之也；三章，惜之也。」其論精矣。愚謂：責之、問之，誠是也；末章惜之，豈以色而忘其行邪？

干旄　以見尚賢樂善，尤爲中心之本。

考槃　詞雖淺而有暇裕自適氣象。孔叢子載孔子曰：「於考槃，見遯世之士無悶於世。」此語足以盡此詩之義，殊不見其未忘君之意。序者既誤，箋者大害於義，雖程子忠厚之言，而朱子亦不得從也。熟讀詩自見。

君子于役　閨思之正也。感時念遠，固人之常情。至情所鍾聚，在「苟無飢渴」一句上。

中谷有蓷　雖婦人爲夫所棄，想出於凶年不得已之情而非有所怨惡也，是以有閔之之心而無恨之之意。其人忠厚如此。

將仲子　序者固妄矣，而莆田鄭氏謂此實淫奔之詩，而朱子從之。愚謂其有所未盡也。此乃淫奔改行之詩也。仲雖可懷，獨能畏父母兄弟之言，又能畏人之清議。三章六「無」字，所以拒絕仲子爲甚嚴，與大車誓死不相舍者大有間矣。

東門之墠　此男子有所慕而不得見之詞。序謂「男女不待禮而相奔」，恐亦未盡然。

出其東門　守義安分，爲得性情之正。序者全不讀詩，乃爲「閔亂」，又曰「男女相棄，思保其室家」，殊無一毫相似。蓋淫風薰染之中，猶有不爲習俗所移者，見如雲之女，不敢起犯義之思，而自安室家之貧陋，尤可見天理之在人心有未嘗忘。此參之二南之中可以無愧。序者何所爲而讀者何不思耶！

陟岵　見父子兄弟相望之真情，亦善作詩者也。晉之鴇羽，小雅之杕杜，皆不及也。

伐檀　造語健而興寄遠。

蒹葭　不類秦風也。所懷之人，未有以證其正不正也。體致亦雅，未見爲邪思也。

七月　詩中雜舉時序，若無倫次，其要只是衣食二事：第一章總言之，次四章言衣，後三章言食，極爲縝密詳備。凡舉時月，皆以夏正言，是知三代雖互建正而終不能外夏正。夫子曰：「行夏之時。」亦周公之意也。

由以上諸例，可知王氏說詩重視從詩文中探討旨趣；對於前人的意見，亦能取捨有度。只是此類有價值的詩旨討論，爲數不多，未能普遍。

三、注重義理、不談聲歌

王氏於風雅辨中云：

近世學者乃謂：「義理之說勝而聲歌之學日微。古人之詩用以歌，非以說義也。不能歌之，但能誦其文而說其義，可乎？」究其爲說，主聲而不主義如此，則雖鄭衞之聲可薦於宗廟矣，天作、清廟可奏於宴豆之閒矣。可謂捨本逐末！凡歌聲悠揚於喉吻而感動於心思，正以其義焉爾。苟不主義，則歌者以何爲主？聽者有何味？豈足以薰蒸變化人之氣質，鼓舞動盪人之志氣哉！善乎朱子之答陳氏（體仁）也，舉「詩言志，歌永言，聲依永，律和聲」，故曰：「詩出於志，樂乃爲詩而作，非詩爲樂而作也。」又曰：「古樂散亡，無復可考；而欲以聲求詩，則未知古樂之遺聲，今皆可以推而得之乎？三百篇皆可協之音律而被之管絃乎？既未必可得，則今之所講得無有畫餅之譏邪？」所謂腔調之說，灼知朱子晚年之所不取也。

王氏此處所論，其要點有二：

㈠說詩主聲而不主義，可謂捨本而逐末。因爲詩歌之所以感動人之心靈，正爲其含有義理。苟無義理，則何以鼓舞人心，變化氣質？

㈡古樂失傳，求之聲歌已不可得，即使有重視之意，亦已無從著力，有何意義？

於是王氏說詩，不談聲歌，但尚義理。雖書目有「鄭衞之音」，讀其文詞，則知所談者只是二國淫詩之多寡相較而已。

至於王氏論樂，偏重禮儀。其賦詩辨下有云：

觀其志不若觀其禮，志無定而禮有則也。

子謂善觀樂者不觀其志而觀其禮，先儒所謂禮先樂後者，蓋事有序而能和，此樂之本也。以燕享而及宗廟之樂，謂之褻可也；以諸侯而奏朝會之樂，謂之僭可也；雖有事證，恐不得謂之當然。惟二南之樂得人情之正，爲教化之先，可以用之鄉人，用之邦國。小雅之樂已不同矣，有天子宴諸侯之樂，有上下通用之樂焉。此則截然而不可亂。

夫君臣之分，天地之常經也。毀冠裂冕，暴蔑宗周，逆理亂常之事接武於史，人心之樂喪壞無餘，烏足以責之於鐘鼓律呂之中，猶有降殺等毀之別哉！如晉侯之賦假樂、賦既醉；齊侯之賦蓼蕭，此諸侯僭天子之樂也。楚令尹之賦大明；季武子之賦綿、韓宣子之賦我將，以大夫僭天子之樂也。……愚故曰：宴享而奏宗廟之樂，謂之褻可也；諸侯而用朝會之樂，謂之僭可也；雖有事證，不可謂之當然。

由上所引，可知王氏以爲詩樂之用，必須顧及場合與身分。所謂禮先樂後，尊卑有序。故宴享時不可用宗廟之樂，諸侯、大夫不可用天子之樂。考之左傳，有諸侯僭用天子之樂，有大夫僭用天子之樂，都是違反禮儀、逆理亂常的事。

王氏不尙聲歌，卻重觀樂；爲其一從詩篇內容上說，一從詩篇應用上說。內容須從詞章中求，應用則須顧及禮儀與身分。事分兩類，故雖不尙聲歌，卻重視用樂。

四、其他議論，常有可採

王氏不信毛公之傳，於毛詩辨下有云：

漢初最善復古，而齊、韓、魯三家之詩並列於學官，惟毛萇者最後出，其言不行於天下而獨行於北海。鄭康成北海之人也，故爲之箋。自是後學者雖不識毛萇而篤信康成，故毛詩假康成之重而排迮三家，獨得盛行於世。毛鄭既孤行，而三家抵牾之迹遂絕，而不得參伍錯綜以訂其是非。且毛萇自謂其學傳於子夏，按子夏少夫子四十一歲，至漢已三百年，烏在其爲得於子夏哉！若傳於子夏之門人，則流派相承，具有姓氏，不應晦昧堙没，詭所授受，以誑後世。惟魯詩有原，見稱於史，至西晉而已亡。陸璣雖撰毛公相傳之序上接子夏，而又與釋文無一人合，其僞可知。愚是以於毛詩尤不能不疑也。

王氏以爲毛詩較三家後出，由於北海人鄭玄爲之作箋，以致三家之學式微，毛詩獨盛於後世。然而陸璣毛詩草木蟲魚疏云：「孔子刪詩授卜商，商爲之序，以授魯人曾申，申授魏人李克，克授魯人孟仲子，仲子授根牟子，根牟子授趙人荀卿，荀卿授魯國毛亨，毛亨作訓詁傳以授趙國毛萇，時人謂亨爲大毛公，萇爲小毛公。」又三國時吳人徐整云：「子夏授高行子，高行子授薛倉子，薛倉子授帛妙子，帛妙子授河間人大毛公。毛公爲詩故訓傳以授趙人小毛公。」兩家傳授系統，其間竟無一人相合。自子夏至漢，時間相距三百年，說毛公之學傳自子夏，實有可疑。

紫陽朱夫子出而推伊、洛之精蘊，取聖經於晦蝕殘毀之中，專以四書爲義理之淵藪，於易則分還三聖之舊，於詩則撥去小序之失，此皆千有餘年之惑，一旦汎掃平蕩，其功過孟子遠矣！

這是推崇朱子注釋四書，排斥毛詩小序，删除漢儒舊說，以爲其功超越孟子。

夫七月而系之以豳，猶云可也，至周公東征九詩而俱系之以豳，無乃太遠乎？

七月爲豳風第一首詩，亦是唯一與豳有關的詩。其他六首（王氏謂九詩，當是誤植。）與周公有關，卻與豳土無關，置於豳風中，確實不很適當。

頌有兩體：有告於神明之頌，有期願福祉之頌。告於神明者類在頌中；期願之頌帶在風雅中。魯頌四篇，有風體，有小雅體，有大雅體，頌之變體也。

這是按頌的內容可分二類：一類用以祭告神明，爲頌的主體；一類用以期願福祉，風、雅中亦多有之。至於魯頌四篇，兼備風、雅，可稱頌的變體。

漢之劉歆得見聞之近，乃謂「詩萌芽於文帝之時，一時不能獨盡其經，或以爲雅，或以爲頌，相合而成」。吾故知各出其諷誦之餘，追殘補缺以足三百篇之數爾，烏得謂之獨全哉？

此即據劉歆之說，王氏乃信後世所傳詩三百篇，非孔子之舊，係漢儒各憑所記臆度而成。遂信朱子淫詩之說，進而倡議刪詩。

詩傳之釋名義精矣，其釋草木蟲魚也密矣；惟斯螽、莎雞、蟋蟀，謂之一物，以隨時變化而異其名，此則未解。

七月篇第五章云：「五月斯螽動股，六月莎雞振羽，七月在野，八月在宇，九月在戶，十月蟋蟀入我牀下。」其中明指有三類昆蟲。鄭箋云：「自七月以下皆言蟋蟀。」則知鄭氏視斯螽、莎雞爲其他二種昆蟲。孔氏正義曰：「言五月之時斯螽之蟲搖動其股，六月之中莎雞之蟲振訊其羽，蟋蟀之蟲六月居壁中，至七月則在野田之中，八月在堂宇之下，九月則在室戶之內，至十月則蟋蟀之蟲入於我之牀下。此皆將寒漸故三蟲應節而變。」可見孔穎達亦以爲三蟲各異。朱傳以爲三蟲只是一物，隨月令變化而異其名。王氏不從朱說，以爲應是三物；自是的論。

由上述數例，可知王氏對詩經一般問題，也有不少獨到的見解。

五、調整詩篇，重行編次

王氏既信劉歆之說，以爲今本詩經係漢初儒者各誦所記，湊合而成，自有許多錯亂現象。於是主張加以調整，重行編次。其詩疑卷一下有云：

行露首章與二章意全不貫，句法體格亦異，每竊疑之。後見劉向傳列女，謂「召南申人之女許嫁於酆，夫家禮不備而欲娶之，女子不可，訟之於理，遂作二章」，而無前一章也。乃知前章亂入無疑。

行露篇詩云：

厭浥行露，豈不夙夜，謂行多露。
誰謂雀無角？何以穿我屋？誰謂女無家？何以速我獄？雖速我獄，室家不足。
誰謂鼠無牙？何以穿我墉？誰謂女無家？何以速我訟？雖速我訟，亦不女從。

首章與後二章之間無論涵義、句式都不連貫。王氏據劉向列女傳的話，以爲原詩只有後二章，沒有首章，首章爲後人所亂入，可謂有識。

三衞諸詩錯亂顛倒，殊無意義。先儒謂「衞國首併邶、鄘，以此爲變」，此因後世之詩隨文生義，故有是說，烏知聖人删次之意果如是說。愚竊意共姜之柏舟當爲變風第一，淇奧次之，莊姜諸詩又次之；而定之方中、干旄二詩終之；此衞風之先後當然也。其他諸國揉雜，不勝其謬，不可盡舉矣。

這是以爲三衞的詩編次錯亂，如按史事來分，先後次第應作如此的調整。

詩傳曰：「邶、鄘既入衞，其詩皆爲衞事，猶繫故國之名則不可曉。」愚考其詩，初非邶、鄘詩也。其詩出閭巷，猶可曰此邶人之詩也，曰此鄘人之詩也。其詩出於宮壼，作於臣人，而曰此邶風、此鄘風，可乎？共姜自誓，莊姜自述，必不作於邶、鄘也明矣。

這是據詩序的人事編敍，鄘風柏舟既是共姜的詩；邶風綠衣、燕燕、日月、終風四篇既是莊姜的詩，她們深居衞宮，她們的詩宜置衞風，何故列於邶、鄘？

同篇又云：

泉水曰：「毖彼泉水，亦流于淇。」竹竿曰：「泉原在左，淇水在右。」泉水曰：「女子有行，遠父母兄弟。」竹竿曰：「女子有行，遠兄弟父母。」泉水曰：「駕言出遊，以寫我憂。」竹竿曰：「駕言出遊，以寫我憂。」疑出於一婦人之手。今分爲二國之風，不知何說以釋愚之疑也哉？

這是依據泉水、竹竿二詩相比較，所敍屬同一地點，並有六句相同，可能爲一人之作，又何以一屬邶風一屬衞風？

又如簡兮、北風、北門刺宣姜諸詩，定之方中等作，皆不可繫之邶、鄘也，豈不著明？於是知分次前後，即小序之人同一繆也。

王氏據小序的人事編敍來看三衞的詩，愈看愈覺得編次失當，可謂思辨有得。然如疑序而不再理會這類人事編敍，直接從詩文中求義，則三衞編次的討論恐又成其餘事矣！

谷風以夫婦相棄，故有「毋逝我梁，毋發我笱。我躬不閱，遑恤我後」之句。小弁之怨，乃於此四句綴於後，既與前句不貫，而亦非所以戒父也。必漢儒妄以補其亡耳。

這是從谷風與小弁二詩的內容上作考察，谷風爲棄婦自傷的詩，其有「無逝我梁」四句詩，以敍夫妻情緣已絕，作淒苦無望之語，令人感慨。小弁如取孟子之說，以爲人子不得於其父母者之作。其篇尾用此四句，即屬不類。故王氏疑爲漢儒補亡之語。

下泉四章，其末章全與上三章不類，乃與小雅中黍苗相似，疑錯簡也。

小雅中凡雜以怨誚之語，可謂不雅。予今歸之王風，且得小雅粲然整潔。

王氏於王風辨下有云：

鴟鴞，周公之詩也，固已降而爲風矣。但系之於豳，非也。……至於何彼襛矣一詩，平王以後之詩也，合次於王風明矣；今乃强尊之而名於二南。或謂武王之詩，則又强抑之列國之類，進退無據。以此推之，他可知矣。愚敢謂二雅之中不合於正雅之體用者，皆當歸之王風焉。

王氏從南、風、雅、頌之立名上考察詩篇的內容，認爲有文句錯簡的，如下泉；有編次失當的，如鴟鴞不該在豳風，何彼襛矣不該在召南；二詩都該改屬王風。又如小雅中怨誚之詩，或二雅中不合於正雅之體用者，都該轉籍王風，不宜編在二雅裡。

如從王氏此說，詩篇移動甚大，屬於二雅者甚少，屬於王風者則將篇籍浩繁，與其他國風不成比例。此說招人物議，爲意料中事；故王氏自作辯解云：

> 或謂決古人之疑只有義理、證驗兩事；今求之義理固亦可通，責以證驗絕無可考，不能不反致疑也。予應之曰：「諸經悉出於煨燼之餘，苟無可驗，而漢儒臆度之說何可憑哉！聖人於杞於宋尚有不足徵之嘆，況求之後世乎！有一於此，與其求之於漢儒臆度之說，孰若只求之於正雅之中，詞氣體格，分畫施用，豈不曉然。其爲證莫切於此，尚何外求哉！

這是說他的主張雖有理由，卻無證據，人們自會存疑；但他堅信今本詩經是秦火以後，漢儒臆度而成的。與其尊信漢儒的臆度，不如直接求證於詩文，從其內容探討詩篇的性質，予以適當的分類，這對詩經來說，是最要緊的一件事。

王氏於豳風辨下云：

> 豳何以有詩也？豳之有詩非周公之意也。以今七月之篇考之，蓋周公推王業之原本出於后稷播種之功，以成王尚幼，未知稼穡之艱難，故記其天時之變遷人事之勤勞，使瞽矇朝夕諷於成王之側，與無逸之書實相表裡。然其詩不立之學官，不播之二雅。毛萇忽名之曰豳風，則何以知其爲周公之意也邪？夫子感周公之作，取之以垂法於後世。以凡例律之，謂宜存之於變雅也明矣。今儕之以風，繫之以豳，不能不啓學者之惑。故昔人嘗考之於齊魯韓三家，俱無所謂七月之章，而毛氏獨有之。

王氏以爲七月篇係周公所作以諷勸成王，不該置於豳風，應該置於變雅。今在豳風係毛萇之意。況且三家無七月之章，獨毛氏有之，亦屬可疑。

夫豳谷，西北之陲也；三監，東南之壤也。地之相去也數千里，事之先後也數百載；有周公自作之詩焉，有軍士百姓之詩焉，今雖然强附苟合於一風之中，孰謂夫子之聖有如是之部分哉？漢儒無識，大略如此。故愚願以豳風七詩以類分入於變雅焉。或者難之曰：十三國風，其來已久，今遽缺其一，無乃太駭乎？愚曰：「不然，列國之有風，既未知其果定於十三之數乎？而十三國之名，亦未知果「邶、鄘、衞、王、鄭、齊、魏、唐、秦、陳、檜、曹、豳」也？使豳果有詩，則當列於二南之上。與其推本文王之化，又豈若推原后稷之功之爲深遠哉！豳之爲風，可以知其決非周公之意也。

王氏於此，對周公、孔子之世有無豳風，亦表示懷疑。今本詩經豳之七詩，以爲出於漢儒勉强湊合而成。如果眞有這些詩，都該歸之於變雅。又國風中如果有豳風，后稷之功先於文王之化，追本溯源，自應列於二南之上。如今置豳於檜、曹之下，十五國風之末，亦是不合理的。

王氏此類意見，有的據詩文章句說，有的據詩序人事編紋說，有的據風、雅分類的意義上說；雖有些駭人聽聞，然亦言之成理，可謂思辨有得。

六、崇尚朱說，倡議删詩

王氏承朱子淫詩之說，主張國風中有三十二首淫詩。這些詩爲何會出現在後世所傳的本子裡？詩疑總說有云：

愚尚疑今日三百五篇者，豈果爲聖人之三百篇乎？秦法嚴密，詩無獨全之理。竊意夫子已删之詩，容有存於閭巷浮薄者之口。蓋雅奧難識，淫俚易傳，漢儒病其亡逸，妄取而攛雜，以足三百篇之數，愚不能保其無也。不然，則不奈聖人「放鄭聲」之一語終不可磨滅，且又復言其所以放之之意曰：「鄭聲淫」，又曰：「惡鄭聲之亂雅樂也。」愚是以敢謂淫奔之詩，聖人之所必削，決不存於雅樂也。

這是據孔子在論語曾有「鄭聲淫」、「惡鄭聲」等語，以證經孔子删訂的詩經本子，不會有淫詩。今本有淫詩，乃是漢儒妄取閭巷所傳，藉以補足三百篇而成的。

詩凡三變矣。正風、正雅周公時之詩也。周公之後，雅頌龎雜，一變也。夫子自衞反魯，然後樂正，再變也。秦火之後，諸儒各出所記者，三變也。夫子生於魯襄公二十有二年，季札觀樂於襄公二十九年，夫子方八歲，雅頌正當龎雜之時。左氏載季札之辭皆與今詩合，止舉國風微有先後爾。使夫子未删之詩果如季札之所稱，正不必夫子之删，已如今日之詩矣。甚矣左氏之誣，其誑我哉！自可撫掌一笑於千載之上。

這是從史記之說認爲孔子曾刪詩。論語載：「夫子自衞反魯，然後樂正，雅頌各得其所。」王氏將正樂解作正詩，也即是刪詩；以爲原有不當的詩都被孔子刪過了。也許有人引左傳季札觀樂的記載來說，由於季札早於孔子，所見詩經內容與今本相合，以證孔子未曾刪詩。王氏則以爲史記所載孔子刪詩是事實，左傳的話是虛構的。

王氏主張應刪的詩有三十二篇，茲列擧於左：

野有死麕（召南）　靜女（邶）　桑中（鄘）
氓　有狐（並衞）　大車
丘中有麻（並王）　將仲子　遵大路
有女同車　山有扶蘇　蘀兮
狡童　褰裳　東門之墠
丰　風雨　子衿
野有蔓草　溱洧（並鄭）　晨風（秦）
東方之日（齊）　綢繆　葛生（並唐）
東門之池　東門之枌　東門之楊
防有鵲巢　月出　株林
澤陂（並陳）

以上共三十一篇，王氏自稱三十二篇，少一篇，未審由於漏列抑是計數有誤。在此三十一篇中，大部分已被朱傳訂爲淫詩，只有少數幾首二人主張不同。如木瓜、采葛、揚之水、叔于田四篇朱以爲淫而王不以爲淫者；野有死麕、晨風、綢繆、葛生、株林五篇王以爲淫而朱不以爲淫者。

王氏恐人不信其主張，隨而申述其理由如下：

或謂三百篇之詩，自漢至今，歷諸大儒皆不敢議，而子獨欲去之，毋乃誕且僭之甚耶？曰：在昔諸儒尊小序太過，不敢以淫奔之詩視之也，方傅會穿鑿，曲爲之說，求合乎序，何敢廢乎！蓋序者於此三十餘詩，多曰「刺時也」，或曰「刺亂也」，曰「刺周大夫也」，……「刺好色也」，「刺學校廢也」，亦曰「刺奔也」，「止奔也」，「惡無禮也」，……未嘗指爲淫詩也。正以爲目曰淫詩則在所當放故也。自朱子黜小序，始求之於詩，而直指之曰此爲淫奔之詩。予嘗反覆玩味，信其爲斷斷不可易之論。律以聖人之法，當放無疑。曰：然則朱子何不遂放之乎？曰：朱子始訂其詞而正其非；其所以不廢者，正南豐所謂「不去其籍乃所以爲善放」者也。今後學既聞朱子之言，真知小序之爲謬，真知是詩之爲淫，而猶欲讀之者，豈理也哉！在朱子前，詩說未明，自不當放。生朱子後，詩說既明，不可不放。與其遵漢儒之謬說，豈若遵聖人之大訓乎！

以上王氏所論有三點要義：

㈠詩序將這些詩說成是刺詩，是由於不敢以淫奔之詩視之的緣故。

㈡朱子不信毛詩小序，改爲按文求義，才直指其爲淫奔的詩。

㈢他篤信朱說，認爲詩說既明，不可不放，所以才主張删詩。

他還認爲此舉係遵聖人之大訓，是一件神聖的工作。

叄 詩疑問題的探討

詩疑替詩經這部書找出了一些問題，也製造了不少問題。茲分別討論於后：

一、懷疑未能深入，考證尤欠精密

王氏標榜懷疑精神，也重視證據的提出。然而讀王氏書予人的印象，則是雖有所疑，未能深入；雖有所考，不夠精密；故所得結論仍難以令人信服。例如他說毛詩序是漢人所編擬的，不值得信從的；卻又依據小序的人事編敍，要將三衞的詩調整編次，說柏舟爲共姜作，當爲變風第一，淇奧次之，莊姜諸詩又次之。這樣才合乎三衞之先後次序。如果有人質疑，鄘之柏舟何以知其必爲共姜作？

考其年歲，共伯被其弟武公和所逼殺時，年近五十，共姜之年亦必相若。如是，則共伯既不得謂之早死，共姜之父母亦無逼其再嫁之理。（說詳屈著詩經釋義）至於小序說綠衣、燕燕、日月、終風均為莊姜作，有何史籍可稽？莊姜美而賢淑，貴為國母。莊公五年娶莊姜，在位二十三年卒。太子完立，是為桓公。桓公十六年，弟州吁弒兄自立。此時莊姜已是垂暮之年，會否與其庶子州吁生男女之情如終風所詠者？終風前二章云：

終風且暴，顧我則笑。謔浪笑敖，中心是悼。
終風且霾，惠然肯來。莫往莫來，悠悠我思。

此詩之「我」字如是莊姜自稱，所思之人如是州吁，莊姜不僅無恥，且犯亂倫之罪。何以不指為淫詩？又何以不置於應刪之列？歐陽修知其不可通，其詩本義即略而不論。朱熹知其不可通，將詩序「遭州吁之暴」改說成遭莊公之暴。以為莊公行為放蕩，戲謔其妻。雖為不賢，自無倫理上的問題。然而以史述詩，首重所據；若無可考，即屬杜撰。王氏信之，以見考證功夫之不足。

又如王氏信毛詩序以為七月篇係周公所作，並以為今本詩經之有豳風，係出於毛萇之意，並非孔子以前所原有。凡與周公有關的詩，都該列於變雅之中，不該放在國風裡。至於七月這首詩，前人考之齊、魯、韓三家詩，俱無此篇，令人更生疑竇。

讀王氏這些話，令人有觀念不清考證不足之感。他一方面說七月這首詩是周公作的，一方面又說三家詩中無七月之章，毛詩後出而獨有，似疑其非周詩之所原有。一方面尊信小序說周公推王業之原出於后稷播種之功，一方面又說豳之有風出毛萇之命名。其實，詩序說七月是周公作，就該懷疑，因爲史籍既無明文可考，詩中敍豳地農民生活平實詳細，純粹出於農民口吻，又如「女心傷悲，殆及公子同歸。」「我朱孔揚，爲公子裳。」「取彼狐狸，爲公子裘。」周公如其時身爲豳之公子，會否如此爲文暴露一己之私？故無論從史料或詩文上考察，都難以成立。詩序人事編敍，杜撰者多。王氏貴疑，卻反信之，自成一個問題。至於春秋時詩有豳風，有左傳季札之言可證；三家詩中有七月，有王先謙三家詩義集疏可考。典籍尚在，豈容抹殺。

至於王氏笑左氏之誣，其理由有三：

(一)周公以後，雅頌龐雜，至季札觀樂時，孔子方八歲，雅頌必更龐雜。

(二)論語載：「子自衞反魯，然後樂正，雅頌各得其所。」王氏以爲正樂即是正詩，亦即是刪除龐雜的雅頌兩類詩。

(三)左氏記敍季札觀樂的十五國風與雅頌之次序及內容，大體與今本詩經相符合，此即表示孔子以前詩經傳本即是這副模樣。這與史記所載孔子刪詩十分之九不符。以此反證，可以推知左氏季札觀樂之文出於虛構。

王氏如此主張，旨在確立孔子刪詩之說，藉以推論淫詩已被孔子所刪。今本詩經之所以仍有淫詩，是由於漢儒所攛入，故須再予刪除，方能保持詩經的純潔。然如檢討王氏之論點，仍有概念不清之失，茲反詰之如下：

㈠說周公以後，雅頌龐雜，這話可曾有據？

㈡孔子自衛反魯，只是「正樂」；所謂「雅頌各得其所」，即是從樂理上考究，雅歸雅，頌歸頌，不致互相混淆而已。這與刪詩何干？

㈢如將正樂勉强說成刪詩，也只能解作刪雅頌的詩。王氏認爲最有問題的詩都在國風裡。雅頌龐雜，不等於國風龐雜；刪雅頌的詩也不等於刪國風的詩，所以王氏將孔子正雅頌之樂說成刪國風的詩，這顯然有概念不淸之弊。

㈣孔子刪詩之說，始於史記孔子世家，其文云：

古者詩三千餘篇，及至孔子，去其重，取可施於禮義，……三百五篇孔子皆弦歌之，以求合韶武雅頌之樂。

這是孔子刪詩的僅有史料，學者多疑之。如鄭玄詩譜序孔穎達疏云：

案書傳所引之詩，見在者多，亡逸者少，則孔子所錄，不容十分去九；馬遷言古詩三千餘篇，未可信也。

崔述讀風偶識於鄭風篇下有云：

且夫子刪詩，孰言之？孔子未嘗自言也，史記言之耳……孔子曰：「誦詩三百。」是詩止有三百，孔子未嘗刪也。學者不信孔子所自言，而信他人之言，甚矣，其可怪也！

方玉潤詩經原始自序有云：

或又謂古詩三千餘篇，孔子刪之存三百五篇。集傳承之，遂謂：「孔子既不得位，無以行帝王勸懲黜陟之政，於是特舉其籍而討論之。去其重複，正其紛亂，以從簡約，而示久遠。」是又以三百之編屬孔子矣！何紛紛無定解若是歟？且孔子未生之前，三百篇之編已舊；孔子既生而後，三百之名未更。吳公子季札來魯觀樂，詩之篇次悉與今同。其時孔子年甫八歲。迨杏壇設教，恆雅言詩，一則曰詩三百，再則曰誦詩三百，未聞有三千說也。厥後自衞反魯，年近七十，樂傳既久，未免殘缺失次，不能不與樂官師摯輩審其音而定正之；而何嘗有刪詩說哉！

以上諸人都以爲司馬遷之說不可信，孔子之世，三百篇早已成爲定本，故他一再言「詩三百」，「誦詩三百」；至於方氏另一證據，即季札觀樂之言在前，其所說的詩篇次序與今本相同，足證三百篇係孔子以前的舊本，不是經孔子自三千餘篇刪掉十分之九而成的。如今王氏信司馬遷所記，這在資料處理上看，即失之偏頗。屈萬里詩經義敍論中有云：

孔子既屢次說詩三百，可見三百篇必是當時魯國通行的本子。因爲信而好古，而又慨歎著文獻不足的孔子，既不會把些可貴的文獻十分去九，也不會把自己刪定的本子，「詩三百」、「詩三百」地說得那麼自然。刪詩之說的不可信，此其三。

屈氏該文所論前面二點不可信的理由：一是從左傳、國語、禮記三書所引的詩篇來看，今存的詩總計爲二百七十八篇，已佚的爲十四篇，佚詩約合存詩二十分之一。由此以證孔穎達之說不爲無見。二是左傳記季札觀樂的詩，已與今本略同，以證後於季札的孔子不曾刪詩。筆者再以記述的年代考之，司馬遷在孔子之後三百餘年，許多資料得之於傳聞，未免失實。而且僅憑一句話，別無佐證。衡情量實，王氏取史記爲說，其求證態度不免草率。

二、義理聲歌之辨，未能掌握分際

詩文爲傳達情意的工具，所以任何一首詩歌，都涵有作者的情意。詩歌又具有音樂的效能，所以任何一首詩歌，都要在樂聲悠揚、引吭高歌下，才能充分表現其情趣。故聲與義原是互爲表裡，相輔相成，而非互相排斥的。然而自漢以來，樂調失傳，聲歌無從考索，學者惟以義理是求。國風的詩，多屬民歌。朱子云：「風者，民俗歌謠之詩也。」以見國風這類詩作於民間，抒情爲主，很少說理。

可是漢儒說詩，不顧民歌的特性，專談政教方面的義理。如關雎篇是民間賀人結婚的詩；毛詩序說是「后妃之德」；魯說是「周道缺，詩人本之衽席，關雎作」；又曰「周衰而詩作，蓋康王時也。康王德缺於房，大臣刺晏，故詩作」；韓敍是「關雎，刺時也」。以上諸家，或說是美文王與后妃之德的，或說是刺康王與夫人晏起的。各逞己說，皆爲義理，然不知詩人的本意究竟如何？如從民歌一端去體認，則這些漢儒所講的義理，都只有一筆勾銷了。

民歌開頭的兩句詩，常只是起興的作用。如「關關雎鳩，在河之洲」，是詩人爲詠一對青年男女，由相戀而終成眷屬，藉所見的一對水鳥相與和鳴，作爲情景的引發；一方面以「鳩」叶「逑」，以符合聲韻上的需要，如此而已，何須說成如毛傳的「雎鳩，王雎也。鳥摯而有別。后妃說樂君子之德，無不和諧，又不淫其色，愼固幽深，若雎鳩之有別焉，然後可以風化天下，夫婦有別則父子親，父子親則君臣敬，君臣敬則朝廷正，朝廷正則王化成」那樣複雜的道理呢？毛氏一從「摯而有別」上著眼，各家附和。如鄭箋云：「摯之言至也，謂王雎之鳥雌雄情意至，然而有別。」朱傳云：「雎鳩，狀如鳧鷖，今江淮間有之。」朱子以爲雎鳩像鴛鴦一類的水鳥。然而左傳昭公十七年載云：「雎鳩氏司馬也。」注云：「雎鳩，王雎也，鷙而有別，故爲司馬，主法制。」王先謙詩三家義集疏引爾雅郭璞注云：「雎類大小如鴟，深目，目上骨露，幽州人謂之鶚。」文心雕龍比興篇云：「關雎有別，后妃方德。德貴其別，不嫌於鷙鳥。」則皆以雎鳩爲猛鷙之鳥。說到頭來，究竟是「摯而有別」抑是「鷙而有別」？是如鴛鴦一類的水鳥抑是如老鷹一類的凶禽？他們始終沒有弄清楚，但他們一定要將起興的句子說成含有微言大義，則是彼此一致的。

從聲歌的觀點讀詩經中許多起興的詩句，如小星的「嘒彼小星，三五在東」，就會取朱傳「因所見以起興，其於義無所取，特取在東在公兩字之相應耳」的解說。又如唐風山有樞篇的「山有樞，隰有榆」；秦風車鄰篇的「阪有漆，隰有栗」；小雅南有嘉魚篇的「南有嘉魚，烝然罩罩」小雅魚麗篇的「魚麗于罶，鱨鯊」等，都會從聲歌的需要上說，毋須深文周納，另求含義。

從聲歌的觀點來讀詩篇，知道許多詩篇第一章意義已盡，後數章迴環複沓，只更換少數幾個字，含義相差不遠。這原是基於音樂方面的需要，一詠三歎，情趣自會加濃；如向義理方面刻意去解說，就會自致於誤解。例如王風采葛篇：

彼采葛兮，一日不見，如三月兮！
彼采蕭兮，一日不見，如三秋兮！
彼采艾兮，一日不見，如三歲兮！

詩序說本篇的詩旨是「懼讒」。鄭康成遵序，因此說：

采葛，喻臣以小事使出。
采蕭，喻臣以大事使出。
采艾，喻臣以急事使出。

葛、蕭、艾怎會喻作事情的大小緩急呢？這完全是爲了向政治人物上說，才作極其牽强的附會。如果我們從聲歌方面去說，知道第一章已盡其義，後二章只是爲吟詠的需要延伸出來的。情人相思，一日不見有如三月之久。這是道地的民歌，何須曲解爲「懼讒」？

從聲歌的觀點來說，就不會同意詩序說木瓜篇是「美齊桓公」的詩。一對青年男女，互表情意，以禮物相贈答，一面歌唱，一面表演動作，情趣即在其間。如從齊桓公救衞上說，徒見其刻意附會，難以契合。

以上所述，旨在說明詩經多屬歌詞，有其音樂的效能。如懂得歌謠的特性，說詩的方向才會正確，有助於詩文義理的掌握。並非注重聲歌，就會捨棄詩中原有的義理；亦非懂得古典音樂、記得各詩原有的曲譜，才配談聲歌方面的問題。王氏未能辨明其分際，所以不談聲歌，但尙義理，與漢儒的基本觀念無何差別；其實又何嘗掌握詩的義理？

三、調整詩篇之議，常見顧此失彼

王氏以爲今本詩經是秦火以後，漢儒各誦所記湊合而成的。所以其中有章句多寡、篇次失當、分類錯誤等問題。爲求合於原詩形貌與聖人編詩之初意，故須重加刪訂，再事調整。關於此一意見，前文引孔穎達、崔述、方玉潤、屈萬里等人的話，已證明史記刪詩之說的不可信。玆再舉四庫總目卷十其以行露首章爲亂入，據列女傳爲說，猶有所本也。以小弁「無逝我梁」四句爲漢儒所妄補，猶曰其詞與谷風相同，似乎移綴也。以下泉末章爲錯簡，謂與上三章不類，猶著其疑也。至於召南刪野有死麕，邶風刪靜女，……凡三十二篇。又曰：「小雅中凡雜以怨誹之語，可謂不雅；予今歸之王風，且使小雅粲然整潔。」其所移之篇目雖未具列，其降雅爲風已明言之矣。又曰：「桑中當曰采唐，權輿當曰夏屋，大東當曰小東」，則併篇名改之矣。此自有六籍以來第一怪變之事也。柏亦自知詆斥聖經爲公論所不許，乃託詞於漢儒之竄入。夫漢儒各尊師說，字句或有異同，至篇數則傳授昭然，其增減一一可考。……惟詩不言所增加。安得指國風三十二篇爲漢儒竄入也。……此三十二篇之竄入，如在四家既分以後，則齊增者魯未必增，魯增者韓未必增，韓增者毛未必增，斷不能如是之畫一。如在三家未分以前，則爲孔門之舊本確矣；柏何人斯，敢奮筆而進退孔子哉！

七詩疑提要的評論如下：

以上所論，作者僅對王氏據列女傳刪除行露首章，視爲「有所本」，其他如詩句的調整，三十二篇的刪除，篇名的更改，都認爲怪異之舉，不可信從。尤其王氏認爲今本詩經係漢儒湊合而成，該文作者認爲絕無可能。因爲漢儒各尊師說，一字之改，均有所考；篇章的更易，必爲世人所不許。倘有三十二篇淫詩編入於四家既分之後，必然有的已編入，有的沒有編入，不可能四家同時編入。如果編入於四家未分之前，就該在先秦時期，當時孔子門下師弟相傳，三百篇無由散佚三十二篇，又有誰膽敢加以竄改?作四庫提要者有此批評，以見淸儒持論之平實。

古人寫作詩文，慣於不立題目。即使編者代立題目，亦無嚴格規定。即以詩經篇名而言，雖取篇首者多，然非有此立法，絕對如此。例如王氏主張詩名不取篇首者即須改名，則除彼所舉巧言、桑中、權輿、大東、常武外，尚有騶虞、褰裳、渭陽、宛丘，庭燎等篇，尤其巷伯、召旻一如常武，詩中無此詞，豈可例外?

至於王氏認爲小雅中凡雜以怨誚之語者，以及二雅中不合於正雅之體用者，都該歸屬於王風。如果準此而改編，則除小雅鹿鳴至菁菁者莪十五篇（另有目無詞者六篇），大雅文王至卷阿十八篇，鄭玄以爲是正雅，可以留在二雅裡，其他七十二篇都該轉籍至王風。而且王氏主張豳風與周公有關的詩都不該置於豳，應該改隸於王風；何彼襛矣一詩既敍王姬出嫁事，也不該置於召南，應該歸屬王風；於是王風突成篇籍浩繁之區，與其他風雅篇數不成比例。

雅降爲風，王氏除前述所訂的規矩以外，還有一種界說。詩疑王風辨下有云：「蓋正雅皆公卿大夫之作也。以公卿大夫之作而不可以爲雅之用，然後始降而爲風焉。」按之文理，王氏該說的是「雅」，不是「正雅」。以爲雅詩皆公卿大夫所作，其中有不合雅體之用的，都得降爲風。可是合用與否，以何爲準?王氏僅說「小雅中凡雜以怨誚之語者」，即不合用。如綜合其所論，即二雅的詩必須係公卿大夫所作，而且無怨誚之語，合於雅體之用者才算合用。這一說法既非詩序之意，亦非朱傳所述。詩序云：

至於王道衰，禮義廢，政教失，國異政，家殊俗，而變風變雅作矣。是以一國之事，繫一人之本，謂之風。言天下之事，形四方之風，謂之雅。雅者，正也；言王政之所由興廢也。政有小大，故有小雅焉，有大雅焉。

朱熹詩集傳小雅卷首有云：

雅者，正也，正樂之歌也。其篇本有大小之殊，而先儒說又各有正變之別。以今考之，正小雅，燕饗之樂也；正大雅，會朝之樂，受釐陳戒之辭也。故或歡欣和說以盡羣下之情，或恭敬齊莊以發先王之德。辭氣不同，音節亦異，多周公制作時所定也。及其變也，則事未必同，而各以其聲附之。其次序時世，則有不可考者矣。

按之兩家所述，均無作者身分的說明，王氏以爲雅詩必爲公卿大夫所作，實爲無據。其次，風雅均有正變，變雅作於王道衰，禮義廢、政教失之世，故詩人作怨誹之語，視爲當然之事。王氏則以怨誹之語爲不雅，全部降爲王風，如此論斷，不尚依據；直如捨公法而用私刑，一意孤行而已。

王氏特重王風，將公卿大夫之作不合於正雅之體用者都降入王風。然觀其王風辨下云：「曰王風者，周王天下以後之風也。」如果此說可從，則凡十五國風之詩，均可歸之於王風。而風雅之詩，一王風可以概括，何須如舊本之分國編列？

討論至此，有感於王氏欲將詩篇目次重予改編，其於解說之際，卻時有顧此失彼之弊。即如王風之義，本指東都洛邑京畿地區所採的風謠而言；一如鄭風的詩採自鄭國，衛風的詩採自衛國，以地區而言。這與作者的身分何干？與周王天下之義何干？

至於朱子云：「雅者，正也，正樂之歌也。」已從音樂歌詠一端發義，自是卓見。所謂正樂。有別於鄉樂，如以產地分，正樂產於王城帝都，以當地之語言爲正音官話之故；鄉樂產自各國民間，以當地之方言爲發音，作成詩樂，故自有格調之不同。以近世戲曲爲喻，即如京戲之於河南梆子、臺灣歌仔戲等，其差別在於聲歌與語音，不在於作者的身分。王氏特重作者的身分，不免於捨本逐末，以至造成極大的誤解。

至於王氏論及詩樂之用，必須顧及場合、身分與禮儀；這原是極通常的道理，不難理解。惟以爲在宴享之時，不得奏宗廟之樂；諸侯相見不得奏朝會之樂。如晉侯賦假樂，爲諸侯僭用天子之樂；楚令尹賦大明，爲大夫僭用天子之樂，均屬違禮。雖有事證，不得謂之當然。王氏此一觀點，證之史乘，恐又難以成立。

古人於朝會、宴享之時，賦詩言志，但求詩義與其所處之情境契合，不問該詩來自何所。故賦鄭、衛之詩不以爲褻，詠雅頌之樂不以爲僭。例如左傳襄公二十年載：

> 季武子如宋，……受享，賦常棣之七章以卒，……歸復命，公享之，賦魚麗之卒章。公賦南山有臺。……

左傳襄公二十六年載：

齊侯、鄭伯爲衞侯故如晉，晉人兼享之。晉侯賦嘉樂。國景子相齊侯，賦蓼蕭。子展相鄭伯，賦緇衣。

左傳襄公二十七年載：

鄭伯享趙孟于垂隴，……子展賦草蟲，……伯有賦鶉之賁賁。……子西賦黍苗之四章。……子產賦隰桑。……子太叔賦野有蔓草。……

以上賦者爲諸侯、卿大夫，所賦的詩常棣、魚麗、南山有臺、蓼蕭屬正小雅；黍苗、隰桑、桑扈屬變小雅；嘉樂（如假樂）屬正大雅，其他各詩屬國風。程大昌云：「春秋戰國以來，諸侯卿大夫賦詩道志者，凡詩雜取無擇。」所謂雜取無擇，即賦者無身分之限，所賦之詩亦無僭、褻的顧忌。正變雅頌，隨興而取，但求表其情達其意而已。

再如從儀禮所載，亦可見當時詩樂實際應用之一斑。其鄉飲酒禮載云：

衆賓序升，即席。……樂在先升，立于西階東。工入，升自西階，北面坐。相者東面坐，遂受瑟，乃降。工歌鹿鳴、四牡、皇皇者華。……

笙入，堂下磬南，北面立，樂南陔、白華、華黍。……

乃閒歌魚麗，笙由庚；歌南有嘉魚，笙崇丘；歌南山有臺，笙由儀。乃合樂，周南關雎、葛覃、卷耳；召南鵲巢、采蘩、采蘋。

工乃告樂正曰：「正歌備。」樂正告于賓；乃降。……

主人請徹俎。……衆賓皆降。脫屨，揖讓如初，升坐，乃羞。無算爵，無算樂。

此文足以說明二件事：其一，既名爲「鄉飲酒禮」，該是國君以下地方官吏宴享之禮。鄭目錄云：「諸侯之鄉大夫三年大比，獻賢者能者於其君，以禮賓之，與之飲酒。於五禮屬嘉禮。」又云：「主人，謂諸侯之鄉大夫也。」可見這是以地方官作主人，宴請鄉間賢能之士所行之禮。在這典禮中，詩樂除二南外，尚有正小雅。其二，宴飲分二階段；第一階段禮儀嚴謹，所奏的樂，所歌的詩都有明文規定。樂正稱之爲「正歌」。第二階段賓主散席之後，再度入席；不再講求儀式，可以任意飲酒，任意點唱詩樂。故稱之爲「無算爵，無算樂。」

由此可知，古人選用詩樂，只有儀式的限制，沒有身分的差別。王氏以爲諸侯不得奏二雅之樂，這是替古人立新法。古人所無，王氏反以爲有；如此說詩，何能服人？

四、刪除淫詩之說，未明風謠旨趣

淫詩之說，由來已久；荀子大略篇有國風好色之文，韓詩章句於靜女篇下有云：「靜，貞也。天下有奔女而可目之爲貞者乎？」繼之班固、高誘等亦有此說。直至有宋一朝，歐陽修、鄭樵主張在前，朱熹立說於後。一時蔚爲風氣，以爲詩經中確有不少淫詩。傳之王柏，篤信朱子之學，凡朱子指爲淫奔者，則「反覆玩味，信其爲斷斷不可易之論」。並云：「律之聖人之法，當放無疑。」故取朱子詩集傳所定淫男的詩四篇，淫女的詩十二篇，淫男兼淫女的詩十二篇，另加自己所定，斟酌損益，共計三十二篇。復云：「在朱子前，詩說未明，自不當放；在朱子後，詩說既明，不可不放。」遂倡刪詩之說。

清儒姚際恆詩經通論自序有云：

朱傳紕繆不少，其大者尤在誤讀夫子「鄭聲淫」一語，妄以鄭詩爲淫，且及于衞，且及于他國。是使三百篇爲訓淫之書，吾夫子爲導淫之人，此舉世之所切齒而歎恨者。予謂若止目爲淫詩亦已耳；其流之弊，必將並詩而廢之。王柏之言曰：「今世三百五篇，豈盡定于夫子之手？所刪之詩，容或存于閭巷游蕩之口，漢儒取以補亡耳。」于是以爲失次，多所移易；復黜召南野有死麕及鄭、衞風集傳所自謂淫奔者。其說嚴載于宋史儒林傳。明程敏政、王守仁、茅坤從而和之。嗟乎，以遵集傳之故而至於廢經，其

> 始念亦不及此。爲禍之烈，何致若是！……夫季札觀樂，與今詩次序同，而左傳列國大夫所賦詩，多集傳目爲淫詩者。乃以爲失次，及漢攙入，同於目不識丁，他何言哉！

姚氏以爲朱傳最大的錯失，在於誤讀孔子「鄭聲淫」一語，遂以爲詩經中有二十八篇淫詩；進而引起王柏倡議刪詩，復得明朝王守仁、茅坤等人的響應。其初旨雖在於尊經，其結果卻至於廢經。爲害之深，莫此爲甚。然而左傳記季札觀樂，其次序與今詩相同。尤其記載賦詩的事，如鄭伯如晉，子展賦將仲子；鄭伯享趙孟，子太叔賦野有蔓草；鄭六卿餞韓宣子，子齹賦野有蔓草，子太叔賦褰裳，子游賦風雨；子旗賦有女同車，子柳賦蘀兮。綜觀諸大夫所賦的詩：將仲子、野有蔓草、褰裳、風雨、有女同車、蘀兮六篇均屬鄭風，係朱子斥爲淫詩、王氏列於刪目者。足證春秋時這些詩深受上流社會所喜愛，成爲外交必備之資材。孔子所謂「不學詩，無以言」，「誦詩三百，授之以政，不達；使之四方，不能專對，雖多，亦奚以爲」，指的即是詩篇在政治與外交上的用途。由此可見，鄭風這些詩，絕無可能被孔子視爲淫奔而予以刪除的。孔子雖有「放鄭聲，鄭聲淫」的話，但聲指樂調，非爲文詞。文詞淫否，可直接從各篇的章句中求證。茲舉朱子、王氏目爲淫詩者數例於后，以觀彼等觀點之是否正確。例如邶風靜女篇云：

> 靜女其姝，俟我于城隅。愛而不見，搔首踟躕。
> 靜女其孌，貽我彤管。彤管有煒，說懌女美。

自牧歸荑，洵美且異。匪女之為美，美人之貽。

這是敘男女相悅的詩。既稱靜女，自非淫娃。先敘男俟女於城隅，再敘女送男以彤管與荑；互表愛慕之意，並無違禮之行。詩序云：「刺時也。衞君無道，夫人無德。」究其詩文，並無刺意，且與衞君、夫人毫無關係。朱傳云：「此淫奔期會之詩也。」如說「期會」，已得詩旨；如說「淫奔」，則又言過其實。王氏於風雅辨中曾引朱子之言曰：「風則閭巷風土男女情思之詞。」二人既有此共識，靜女篇所表現者無非是男女的情思，當是風謠之正格，何以斥之爲「淫奔」？

秦風月出篇云：

月出皎兮，佼人僚兮。舒窈糾兮，勞心悄兮。

月出皓兮，佼人懰兮。舒懮受兮，勞心慅兮。

月出照兮，佼人燎兮。舒夭紹兮，勞心慘兮。

這是月下相思的詩。皓月當空，伊人睽違；想及其姣美之容顏，令人思慕不已。讀此詩者，常爲其純情所感而各自牽引其情愫，故蘇軾遊赤壁時，在月出東山之頃，即曾「誦明月之詩，歌窈窕之章」。朱傳云：「此亦男女相悅而相念之辭。」男女相悅而相念，爲千古人情所共有，亦爲文學命脈之所繫；正該予以讚美，怎可目爲淫詩而删削之？

唐風葛生篇云：

葛生蒙楚，蘞蔓于野。予美亡此，誰與？獨處！
葛生蒙棘，蘞蔓于域。予美亡此，誰與？獨息！
角枕粲兮，錦衾爛兮。予美亡此，誰與？獨旦！
夏之日，冬之夜，百歲之後，歸於其居。
冬之日，夏之夜，百歲之後，歸於其室。

這是一首悼亡的詩。荒郊野外，蔓草叢生。婦人上墳祭掃，面對一坏黃土，良人已長眠地下；遂感形影孤單，長夜漫漫，生死契闊，淒苦無限。王氏以爲詩稱「予美」，非夫婦之正。並云：「當時賢婦人稱其夫多曰君子，軍士之妻亦有稱伯兮者，未有稱其夫爲予美。防有鵲巢之詩旣以予美爲所私，則此不得而獨異，是必悼其所私之人也。」可見王氏判此篇爲淫詩，即在「予美」一詞。然而鄭玄於「予美亡此」下箋云：「言我所美之人無於此，謂其君子也。」陳奐詩毛氏傳疏云：「婦人稱夫爲美，猶稱夫爲良。」以見王氏所訓之非是。由於一詞之誤解，影響一詩之淫貞刪存，以見訓詁之事眞是輕忽不得。

再如以王氏之言爲是，彼云「當時賢婦人稱其夫多曰君子」，則鄭風風雨篇中「旣見君子，云胡不喜」，自當解作夫妻久別重逢的喜悅，爲何視爲淫奔，列於刪目？由此可見，王氏詞義訓釋，偏於主觀的需要，缺乏整體的考察。

鄘風桑中篇云：

爰采唐矣，沬之鄉矣。云誰之思？美孟姜矣。期我乎桑中，要我乎上宮，送我乎淇之上矣。

爰采麥矣，沬之北矣。云誰之思，美孟弋矣。期我乎桑中，要我乎上宮，送我乎淇之上矣。

爰采葑矣，沬之東矣。云誰之思，美孟庸矣。期我乎桑中，要我乎上宮，送我乎淇之上矣。

朱子詩集傳於此篇之末云：

樂記曰：「鄭、衞之音，亂世之音也，比於慢矣。桑間、濮上之音，亡國之音也；其政散，其民流，誣上行私而不可止也。」按桑間即此篇；故小序亦用樂記之語。

又於本篇首章下云：

衞俗淫亂，世族在位，相竊妻妾。故此人自言將采唐於沬，而與其所思之人，相期會迎送如此也。

可見樂記之作者與朱子，均以桑中爲淫詩。但如以民間歌謠一端來看，就不至於作如此解說。這亦不過是「閭巷風土男女情思之詞」而已。民謠的特性，所詠的事常偏於虛構與幻想。一位男子自我吹噓，說自己去沬鄉采唐，想念當地最美麗的女子孟姜。她約我在桑中見面，並要我到上宮聚會，臨走時，還送我直到淇水河畔分手。這原是一個單身漢的狂想曲，不能當眞看的。至於二、三章僅易數字，如改采唐爲采麥、采葑；改沬之鄉爲沬之北、沬之東；改孟姜爲孟弋、孟庸，都只爲聲歌的需要。因爲一首歌謠如果只有一章，一唱就完，聽者的情趣剛被引發，就已結束，自然會感到不滿足；所以再三重複。其作法即是將後面幾章的物名、地名、人名略事更動，避免單調即可。由此可知，雖然桑中詩有三章，採有三物，地有三處，女有三人，後二章卻只是第一章的延伸，不能按實去說。即以弋與庸二字來說，是二、三章換韻之後，拿來作爲趁韻用的字，毋須考究古代有無此姓、有無其人；更不必把桑中的一男會三女，說成是淫亂之尤，亡國之音。若還不信，可拿後世的民謠作個比較，就可證明這樣的詩在民謠中極其平常。桑中尚且如此，其他鄭、衛的詩只要以民謠的觀點去欣賞，都會覺得是好詩。漢、宋學者，只知詩敎，不懂風謠，故或說刺淫，或說淫奔，均未見得詩人的本意與詩文當有的旨趣。王氏倡議删詩，即在於偏執詩敎之義，卻不知風謠亦有其特性與要義。如能兼及風謠之義，態度較爲持平，詩疑的若干主張就會知所修正了！

肆　結　論

㈠**從基本觀念上看**　王氏因襲前人詩教觀念，取毛詩序的人事編敍，藉以發表詩篇的義理；取朱子淫奔之說，藉以倡導删詩的主張。他在言論上反對漢儒，反對詩序；但在說詩時，除小序「刺淫」之說不取外，其他觀念得自漢儒者仍然很多。例如他信詩序風雅正變之說，信二南爲周朝盛世之詩，其他國風爲周朝衰世之詩。他信小序人事的編敍，作爲改編詩篇的依據。他的思想侷限於詩序、朱傳兩者之間，雖有篇旨章義的新解，然無關大局，不足重視。

㈡**從研究方法上看**　王氏在發表一己的主張時，常未下精密的求證功夫，失之主觀。例如原已知道國風多屬「閭巷男女情思之詞」，卻不談聲歌，僅談義理；聲歌之義，包含詩樂的功能、起興的作用、樂章重複的原因以及作者身分的體認。重視聲歌，有助於詩旨的掌握與文詞的了解。王氏卻僅以曲譜、腔調說之，以爲古樂失傳，聲歌徒託空言，只好略而不講。他的删詩主張，即是不重視風謠的來歷與聲歌的特性所造成的。至於他要重編詩經，降正雅以外的詩改隸於王風，僅以作者的身分爲依據。以致其觀點與史籍所載相牴觸，與自己所發表的言論相牴觸。如以研究方法而論，王氏缺乏精密的思考，未能搜集有關的資料作縱、橫兩面較深入的處理。所以他給人的印象是：說理粗疏，考證不足。

㈢從詩學演進上看　王氏倡議刪詩，是宋儒衛道思想最激進的表現，也是詩教觀點下可能發生的一個結果。王氏說朱熹知有淫詩而不刪，是效曾鞏所謂「不去其籍乃所以爲善放」的意思。如今詩說既明，就該刪除。此說王陽明、茅坤等人都在信從。延及清朝，凡信朱子詩集傳者，均表同情；一脈相傳，不絕如縷。惟有若干豪傑之士，不以漢、宋二說爲滿足。清儒姚際恆云：「余以爲折中是非者，惟在序與集傳而已。……予謂漢人之失在于固，宋人之失在于妄。……集傳本以釋經而使人至於廢經，其始念亦不及此；爲禍之烈，何致若是！安知後之人不又有起而踵其事者乎？此余所以切切然抱杞、宋憂也。」姚氏有此見識，故多直接從詩文中探討旨趣。反漢反宋，自有所見，足以啓示後學。洎乎民國以來，禮教式微，觀念更新，詩序、朱傳之訓，不能滿足學者的需要，王氏詩疑自無足論矣！

㈣從疑古精神上看　王氏標榜懷疑精神，以爲因疑而辨，因辨而明，學術由此而推進。這自然是很正確的意見。宋人不尙漢儒舊說，自創新義，即係有此精神。惟表現於王氏詩疑之中者，一則疑得太少，當疑而不疑；再則疑得不夠深入，往往略得一些概念，未及求證，即草草下了結論。例如豳風與周公有關的幾首詩，內容與豳無關，何以編在豳風裡？朱傳云：「周公旦以冢宰攝政，乃述后稷公劉之化，作詩一篇以戒成王，謂之豳風。而後人又取周公所作，及凡爲周公而作之詩以附焉。」意謂豳風原只有七月一首詩，其他幾首都因周公之故放在一起，使豳風自成一個單元而已。這一解釋，雖然難以令人滿意，但是沒有更好的說法，只好姑且信之了。王氏卻以爲豳風非詩經舊本所原有，係漢儒所加，應改隸於王風。只此一說，牽涉到詩的編次與王風的含義等問題。既無明確的證據足以支持自己的理論，卻要否定孔子之世的記事，改變王風的立名本意。如此釋疑，有愈說愈令人置疑，無當於詩學的研究矣！

㈤從詩篇欣賞上看　古今民間歌謠，多以抒情爲主，且富浪漫色彩。國風中的詩如不用道學眼光去讀，則知有不少情詩，各具旨趣。即如桑中篇，前人深爲詬病，視爲亡國之音者，亦只不過是一個單身漢浪漫的想像而已。民謠多敍青年男女思慕之情，打情罵俏，互相挑逗，甚至於說些有關房中的膩詞廋語，都是很平常的事。尤其上古時代兩性道德觀念，不若後世的嚴格。所以在春秋時民間流行這些詩，上流社會在朝會、宴享時也樂於獻唱這些詩。這些詩在他們看來，原是情詩，不是淫詩。是純樸的，含蓄的；不是粗鹵的，暴露兩性低級趣味的。朱熹、王柏、王守仁、茅坤等人生於宋、明之世，狃於禮教的束縛，有意抹殺民謠的特性，這是我們不難理解的。今日我們所處的是開放的時代，屬於封建時期的思想模式，自然不能接受了。凡是出於詩教觀點，歪曲詩文涵義，抹殺詩人本意的解釋，不論出於漢儒或宋儒，只有一概予以揚棄了！

王氏詩經學說，曾經影響後學之士，成爲一種學術流派。故不辭譾陋，提出討論，予以評介。是否有當，尚祈學者先進不吝指正。

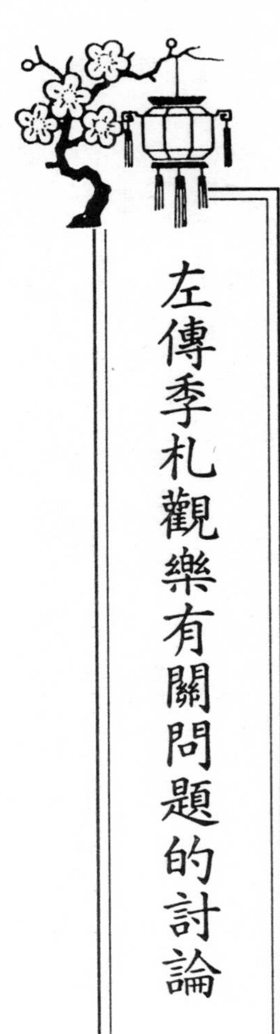

左傳季札觀樂有關問題的討論

壹 前言

春秋襄公二十九年載：「吳子使札來聘。」左氏敍季札來聘事寫了八百多字，前敍見魯大夫叔孫穆子時，告訴他任大政不能愼擧人才，禍必及身。次敍觀樂的詳細經過，後敍見舞韶濩者、舞大夏者、舞韶箾者的分別評贊。然後轉聘於齊，見晏平仲，告以齊國將有政變，速納邑與政，才能免卻這次災難。晏子聽從他的話，果然逃過一場災禍。又聘於鄭，見到子產，同樣告訴他鄭國的執政者生活奢侈，政變將至，禍必及身，要愼之以禮，以免敗亡。又到衞國，見到蘧伯玉、史鰌、公子荊、公叔發、公子朝等人，說衞國多君子，故不會發生禍患。然後到了晉國，見到趙文子、韓宣子、魏獻子，對另一位晉大夫叔向說，晉國的政治勢力已聚於三族，三族富有，政權在家不在國。勸他說話不宜直言無隱，一定要設法遠離禍害。

看了左傳這篇文章，給人的印象是：季札不僅善於觀樂，而且其政治智慧已高過當代大賢。他遠居南方，竟然對北方各國所潛伏的政治危機瞭如指掌，晏平仲、子產的政治經驗是何等的豐富，才智是何等的卓越，竟然不如一位全無政治經驗的年輕公子，還得要由他來分析、指點，才能明瞭自身的處境與解厄紓禍之道；這眞是難以令人相信的一件事。他如果眞的有這樣高的政治智慧，爲甚麼不用在自己的家族裡，以致三位嫡兄爲了傳位給他而輕死，兩位庶兄弟爲了爭奪君位而相殘？

至於季札觀樂這段文字，自古至今，從無學者表示懷疑。凡是討論到詩經的編次、篇數、成書時代等問題，多以左傳這段話作依據。以爲季札生於孔子之前，左傳又是一部可信的典籍，不容後世的人懷疑。可是如從季札觀樂所發表的意見上看，再從左傳的來歷與內容作深入的探討，不難發現其間存在著不少問題。茲就個人所見，列述於后，以供學者的參考。

貳　觀樂內容的探討

左傳記載季札觀樂的全文如下：

請觀於周樂。使工爲之歌周南召南，曰：「美哉，始基之矣。猶未也。然勤而不怨矣。」爲之歌邶鄘衛；曰：「美哉，淵乎！憂而不困者也。吾聞衛康叔、武公之德如是，是其衛風乎？」爲之歌王；曰：「美哉，思而不懼，其周之東乎？」爲之歌鄭；曰：「美哉，其細已甚，民弗堪也，是其先亡乎？」爲之歌齊；曰：「美哉，泱泱乎大風也哉！表東海者，其太公乎？國未可量也。」爲之歌豳；曰：「美哉，蕩乎！樂而不淫，其周公之東乎？」爲之歌秦；曰：「此之謂夏聲。夫能夏則大，大之至也，其周之舊乎？」爲之歌魏；曰：「美哉，渢渢乎！大而婉，險而易行，以德輔此，則明主也。」爲之歌唐；曰：「思深哉，其有陶唐氏之遺民乎？不然，何憂之遠也？非令德之後，誰能若是？」爲之歌陳；曰：「國無君，其能久乎？」自鄶以下無譏焉。爲之歌小雅；曰：「美哉，思而不貳，怨而不言，其周德之衰乎？猶有先王之遺民焉。」爲之歌大雅；曰：「廣哉，熙熙乎！曲而有直體，其文王之德乎？」爲之歌頌；曰：「至矣哉，直而不倨，曲而不屈，邇而不偪，遠而不攜，遷而不淫，復而不厭，哀而不愁，樂而不荒，用而不匱，廣而不宣，施而不費，取而不貪，處而不底，行而不流；五聲和，八風平，節有度，守有序，盛德之所同也。」

這是季札觀樂的全文；敍的是季札聘問魯國，魯國請他觀賞所保存的周樂；樂工奏過一國或一個單元的詩樂後，他即發表自己的感想。他這些感想向來被視爲深具價值，爲不朽名作；於今觀之，實甚淺略，且多與詩文的內容不符。茲按原文先後次序，分別討論於后：

為之歌周南、召南；曰：「美哉，始基之矣，猶未也。然勤而不怨矣！」

杜預注云：「周南召南，王化之基，猶有商紂未盡善也，未能安樂，然其音不怨怒。」孔穎達正義云：「周南召南，皆文王之樂，詩序云：『治世之音安以樂，亂世之音怨以怒。』此作周召之詩，其時猶有紂存，音雖未能安樂，已得不怨怒矣！」照他們的解釋，季札將二南的詩視爲王化之基，詩篇作成的時代在商紂之世，雖已受文王之化，還沒有得到安樂的生活，但已做到勤而不怨的地步了。

如果這眞是季札的觀點，就會出現兩個問題：

㈠所謂「王化之基」，是指那些詩說的？毛詩序是漢儒作的。季札的「始基之矣」與毛詩序的「王化之基」含義是相同的。如果左傳這份資料無誤，相信詩序的作者是受到季札這句話的影響，才說「周南召南，正始之道，王化之基」的。然如作深入探討，「王化之基」這句話是有問題的。依照杜預、孔穎達等人的說法，二南的詩是受文王之化而作成的，故立意正大，爲國風中最有敎化價值的詩篇。「基」是基礎，以爲文王之化能普及於天下，是要以二南這些詩作基礎的，即以周南第一首關雎篇來說，毛詩序云：「關雎，后妃之德也，風之始也，所以風天下而正夫婦也。」又云：「是以關雎樂得淑女，以配君子，憂在進賢，不淫其色，哀窈窕，思賢才，而無傷善之心焉。」這是作序者以爲關雎的詩義是含有后妃之德的，以此風化天下，足以正夫婦之道的。爲甚麼會給予如此高的評價呢？因爲詩中敍的是淑女配君子，雖有所憂，旨在進賢；雖慕女色，不至於淫；足以訓示世人，成爲王化之基。這意思究其淵源，或許與孔子的話有關。論語八佾篇子曰：「關雎樂而不淫，哀而不傷。」孔子原只是平實地說明關雎中所表現的感情，有琴瑟友之、鐘鼓樂之之樂，其樂不及於淫奔放蕩；有求之不得，輾轉反側之哀，其哀亦不至於傷心無度。從關雎詩文所呈現的感情來看，原是純正無邪的；從家庭倫理的觀點來看，由君子求淑女，自戀愛至於成婚，表示有情人終成眷屬，自有深遠的意義。但孔子的詩教意義，充其量也只能到此爲止，孔子並沒有說關雎的詩文中含有文王之化、后妃之德的敎義。故「王化之基」的論點，用於關雎篇已難以允洽，二南其他的詩更無論矣。

㈡季札說：「猶未也，然勤而不怨矣！」是以爲二南是文王的詩，由於商紂尚在，故未能甚善；然已深受文王之化，故能勤於其事，其音已不復怨怒。然考二南二十五首詩中，召南甘棠篇是紀念召伯的詩，即使這位召伯就是召康公奭（傅斯年以爲是宣王時的召穆公虎）崔述讀風偶識通論二南中曾說：「周公，召公皆至武王之世始顯，至成王之世始分陝而治，於文王時，初未嘗有所表現也。」可見這首在召南紀念召公的詩絕非作於商紂尚在的時候。又如召南何彼襛矣篇敍王姬下嫁諸侯的詩，由於文王終其身只是西伯，未曾封王，王姬自非文王之女，故這首詩的作成年代必遠在商紂與文王之後。二南其他的詩，年代多不可考，季札一概定在紂王與文王之世，顯係無據。

至於以「勤而不怨」來表徵二南詩旨，亦嫌無當。如卷耳篇云：「陟彼砠矣，我馬瘏矣，我僕痡矣，云何吁矣。」行役者登山越嶺，馬疲不能進，僕病不能行，遼望鄉關，自歎飄零，怎能無怨？再如小星篇的「肅肅宵征，夙夜在公，寔命不同。」是小公務員披星戴月，勞於征途的感慨，能無所怨？至於其他詩篇，與「勤而不怨」的含義多不相干，如周南樛木篇是向人祝福的詩，螽斯篇是賀人子孫衆多的詩，桃夭篇是賀人嫁女的詩，麟趾篇是祝頌公侯生子的詩，采蘩、采蘋是詠祭祀的詩，甘棠、羔羊是感念當政者詩。像這一類詩，本無「勤」義，亦與「不怨」無關。即以關雎篇來說，也說不到「勤而不怨」的上頭去。由此可見季札對二南的評述，殊少意義。

為之歌邶鄘衞；曰：「美哉，淵乎！憂而不困者也。吾聞衞康叔、武公之德如是，是其衞風乎？

杜預注云：「康叔、武公德化深遠，雖遭宣公淫亂，懿公滅亡，民猶秉義不至於困。」然讀三衛的詩，僅衛風淇奧篇「有匪君子，如切如磋，如琢如磨」，以爲是「美武公之德」的，其他的詩與康叔、武公全不相干，尤其多的是與儒家教義相違背的詩文內涵。據毛詩序的說法，邶柏舟是「仁而不遇」的，綠衣、燕燕、日月、終風四篇都是莊姜自傷的；凱風是七子之母猶不安其室，七子能盡其孝道而作的；雄雉、匏有苦葉是刺衛宣公淫亂的；靜女是刺衛君無道、夫人無德的；桑中是刺奔的，鶉之奔奔是刺衛宣姜的，相鼠是刺無禮的；其他各篇也類多刺詩，殊少康叔、武公之德澤風範留存於其間。反之，如果我們肯細心探討，不難發現與季札所說「憂而不困」的詩旨大異其趣的篇章，如邶柏舟的「憂心悄悄，慍于羣小。覯閔既多，受侮不少。靜言思之，寤辟有摽。」「心之憂矣，如匪澣衣。靜言思之，不能奮飛。」終風的「終風且暴，顧我則笑。謔浪笑敖，中心是悼。」北門的「出自北門，憂心殷殷。終窶且貧，莫知我艱。已焉哉，天實爲之，謂之何哉？」氓篇的「言既遂矣，至于暴矣。兄弟不知，咥其笑矣。靜言思之，躬自悼矣。」伯兮的「其雨其雨，杲杲出日。願言思伯，甘心首疾。」像這一類詩，不僅有憂，而且困苦到或至於擊掌搥胸，恨不得振翼高飛；或至於呼天而訴，出於極端的無奈；或至於痛心疾首，徒遺一腔的惆悵。衛康叔、武公的德澤既不可見，季札「憂而不困」的贊語亦成了不符事實的空話。

爲之歌王，曰：「美哉，思而不懼，其周之東乎？」

杜預注云：「宗周隕滅，故憂思。猶有先王之遺風，故不懼。」以爲王風的詩爲西周滅亡表現憂思之情；然而尚存先王之精神風貌，故不至於懼。然按王風十首詩，其第一首是黍離，毛詩序以爲是周大夫閔宗周的詩，中有「知我者謂我心憂，不知我者謂我何求。悠悠蒼天，此何人哉」的句子，據此而說詩人有憂，自然適當；而說「憂而不懼」，這「懼」字與詩文旨趣毫無關係，何須介入？至於其他的詩，多屬朱熹所謂的「民俗歌謠」，詩序說爲「閔周」的有三篇。刺平王的有三篇，刺莊王、刺周大夫的各一篇。這些說法未必可信，但已不見先王的遺風，則是普偏的事實。尤其采葛篇詩序說是「懼讒」的，如信此說，豈不與季札「思而不懼」的觀點正好相反？

如果我們將季札前後的評語作一比較，「思而不懼」與「憂而不困」實爲同義。如將二者對調，以「思而不懼」說三衞，以「憂而不困」說王風，同樣可以適用。因爲凡是含糊籠統的評論，它抓不住所評詩文的特性，卻似有普偏適應的能力。換句話說，像這一類詩評，只在外圍繞圈子，不可能說到核心問題上去，說好說歹，無關宏旨，其價值自然是不很高的。

爲之歌鄭，曰：「美哉，其細已甚，民弗堪也，是其先亡乎？」

杜注云：「美其有治政之音，譏其煩瑣，知不能久。」孔氏正義云：「樂歌詩篇，情見於聲。美哉者，美其政治之音有所善也。鄭君政教煩碎，情見於詩；以樂播詩，見於聲內。言其細碎已甚矣，下民不能堪也。民不堪命，國不可久，是國其將在先亡乎？居上者寬則得衆，爲政細密，庶事煩碎，故民不能堪也。」這是說季札聽了鄭國的詩樂，有讚美，亦有批評；讚美的是有關政治方面的詩樂，含有善良意義；批評的是鄭君政教失之細密煩碎，人民不堪忍受，以致鄭國早先滅亡。但如我們求證於詩文，幾乎找不出合於此一情況的例子來。鄭風第一首是緇衣，詩序云：「緇衣，美武公也。父子並爲周司徒，善於其職，國人宜之，故美其德。」試讀緇衣篇首章：

緇衣之宜兮，敝，予又改為兮。適子之館兮，還，予授子之粲兮。

詩人對穿緇衣的人，流露著一種感激、愛戴之情。說是樂意授之衣，予以食。這是當政者能勤政愛民，人民受其德澤，深表感激，才會說出這番十分懇摯的話。像這樣率眞地讚頌當政者的詩，國風中實不多見。證之以「細已甚，民弗堪也」的評斷，實不相類。其他如叔于田、大叔于田，是崇尚武勇的詩，鄭本弱小之國，尚武足以自衞，誰云不宜？羔裘爲美其大夫當生死之際，能「舍命不渝」，有臨大節而不可奪的精神。考之史册典籍，該詩實已成爲志士仁人的守則，爲我民族精神之所繫。季札不看這些詩文，僅取一些兒女情歌來論政，自然不免於捨本逐末；也自然得不到平允的結論了。

說到這裡，筆者另有一點發現，即季札觀樂的言論，似乎先有一個主導的意識，即以國力的强弱論高下。凡是大國的詩樂，多予讚揚；小國的詩樂，多予忽略或貶抑。詩文的內容究竟如何？評論的話是否得體？似乎不是他所要關心的事了。

爲之歌齊，曰：「美哉，泱泱乎大風也哉！表東海者，其太公乎？國未可量也。」

杜注云：「太公封齊，爲東海之表式。」以爲齊國的詩樂，具有姜太公的傳統精神，遂以泱泱大風讚美它，並許以齊國的前途將無可限量。然如詳審齊風的內容，不免令人失望；所謂太公風範，實屬子虛烏有。齊風十一首，其第一首是雞鳴。詩序云：「思賢妃也。哀公荒淫怠慢，故陳賢妃貞女，夙夜警戒，相成之道焉。」按之詩文內容，其第一章云：「雞既鳴矣，朝既盈矣。匪雞則鳴，蒼蠅之聲。」這是敍賢妃聽到天快亮時雞的叫聲，怕大臣都已上朝，催促爲君的夫婿快些起牀，以免遲到。可是這位國君喜歡賴牀，回答說不是公雞在鳴，而是蒼蠅之聲。像這樣的詩，說詩中的妃賢則可；說詩中的君賢則不可。這與姜太公勤政愛民、開創新運的風範正好是背道而馳，季札自無可能聽了這首詩的演奏即發出如此大的讚歎。

至於齊國其他的詩，如南山、載驅，敍齊襄公與其妹魯桓夫人文姜私通的詩，詩序斥之爲「鳥獸之行」，自無太公風範之可言。敝笱是詠文姜嫁魯的詩，敍其僕從之盛，實寓其德不稱之譏。猗嗟是寫魯莊公的詩。莊公爲文姜之子，齊襄公之甥。詩序說他「有威儀技藝，然而不能以禮防閑其母，失人子之道。」如以人倫大節觀之，齊風的敗壞實甚於衞；至於鄭風所詠的民間情歌則更顯得平常了。

齊風還、著、東方之日、東方未明、甫田、盧令等篇，敍的是些平民生活，男女之情；無關乎人倫綱常、君國大事。可見齊風十一首詩，無一首符合季札之所稱，所謂泱泱大風，太公風範，詩文中杳不可見。史稱季札爲曠世大賢，如此觀樂說詩，眞是令人費解。

為之歌豳，曰：「美哉，蕩乎！樂而不淫，其周公之東乎？」

孔氏正義云：「美哉，亦美其聲也。蕩蕩，寬大之意。好樂不已則近於荒淫，故美其樂而不淫也。先聞周公之德，此聲同於所聞，故疑之云：其周公之在東乎！言在東之時為此聲也。」茲觀豳風七首，七月是詠豳地風土的詩，其作成年代當在周公東征以前。東山篇才是敍東征戰士與其家人悲歡離合的詩。鴟鴞篇詩序以為是周公作來向成王表明心迹的。破斧、伐柯、九罭、狼跋四首，詩序說是「美周公」的。故豳風七首詩，文中都有一種嚴肅的課題，不像別的國風，有些民俗歌謠常帶浪漫的氣息。季札以「樂而不淫」說豳風，筆者以為詩文中既無好樂之詞，何須言及不淫之意。如此評贊詩樂，只有予人以離題行文，不著邊際之感。

為之歌秦，曰：「此之謂夏聲。夫能夏則大，大之至也，其周之舊乎！」

杜預注云：「秦本在西戎汧隴之西，秦仲始有車馬禮樂，去戎狄之音而有諸夏之聲，故謂之夏聲。及襄公佐周平王東遷而受其地，故曰周之舊。」此就秦國先世而言。秦人原居隴西，宣王命秦仲為大夫，誅西戎，不克，秦仲反為西戎所殺。幽王無道，犬戎與申侯弒幽王於酈山之下；秦襄公將兵救周，戰甚力，有功，並護送平王東遷洛邑。平王封襄公為諸侯，賜之岐以西地。襄公於是始有國，得與諸侯通使。然而秦本帝高陽之苗裔，非戎狄之人，與中原各諸侯同屬華夏民族。故秦聲本即諸夏之聲，非其舍戎狄之音歸化而成者。既同與諸夏之聲，則二南、三衞、王、鄭、齊、唐同其族類，何以許秦聲爲獨大？況豳居西岐，眞周之舊也，何以季札論豳詩，僅及「樂而不淫」而不言其大？說夏聲以秦代周，豈非宣賓奪主？況以秦風內容觀之，何詩能見其大？秦風十首，其第一首車鄰，詩序以爲是「美秦仲」的詩，中有「未見君子，寺人之令」句，寺人是內小臣，可知詩中的「君子」當是一位國君。此詩蓋詩人喜得見於其君，即事之作，別無深意。駟鐵是美秦君田獵的詩；小戎是武人出征，其婦念之的詩；蒹葭、終南、晨風都是表愛慕之情的詩；黃鳥是哀三良的詩；渭陽是詠秦康公爲太子時送其舅氏晉公子重耳返國的詩；權輿是詩人自歎始受君子禮遇而終被涼薄的詩。只有無衣一首，詠爲王興師，與子同袍、同澤、同裳、同仇，頗具尚武的精神。以史事求之，有可能是指秦襄公衞護周平王東遷的事。像這類尚武的詩，如鄭風的叔于田、大叔于田；小雅的出車、六月、采芑、車攻等篇，或藉田獵以崇尚武勇，或奉王命而征伐玁狁；季札論樂，未及於此類詩篇，自不會獨尊無衣一詩。故縱觀秦風各篇，實無一篇堪稱其「大」。季札之誇讚，實屬無據。

筆者以爲，在季札之世，秦國僅有西周之地，文化不及中原諸國的發達。春秋所記，歷文、宣、成、襄四世八十五年中，記秦事者僅有八條，多屬與晉伐事，互有勝負，不足以宣威表功；較之中土諸國，其受重視的程度，實遠遜於晉、楚、齊、魯諸國，季札無由如此推崇。惟另有一種可能，即觀樂之文非出於季札之口，乃出於漢人之筆。彼親見秦國併吞六國、統一天下，才不顧詩文內容，憑後事而牽附其說；以至所論似有所據，而實際上卻不符秦國在季札當時的國際地位，與其自身強大的程度。

為之歌魏，曰：「美哉，渢渢乎！大而婉，險而易行，以德輔此，則明主也。」

杜預注：「渢渢，中庸之聲。婉，約也。險，當為儉字之誤也。大而約，則儉節易行；惜其國小無明君也。」如從此訓，則季札以為魏國的詩樂不偏不易，合乎中庸之道；旨趣遠大而儉約易行。如能以德輔之，當有賢明的君主出現。然按之魏風，共七首詩，葛屨、汾沮洳、園有桃三首，詩序均以為刺國君儉嗇而無德教的詩，陟岵是孝子行役而思親的詩，十畝之間是刺國小民無所居的詩，伐檀是刺貪的詩，碩鼠是刺重歛的詩。像這些不是儉不中禮，就是橫徵暴歛；於政為苛虐，於人為褊嗇。作之詩文，發於樂音，怎能得其中庸？又怎能見其旨趣的遠大？

為之歌唐，曰：「思深哉，其有陶唐氏之遺民乎？不然，何憂之遠也。非令德之後，誰能若是？」

杜預注云：「晉本唐國，故有堯之遺風；憂深思遠，情發於聲。」茲觀唐風十二首詩，其第一首蟋蟀篇有「今我不樂，日月其除。無已太康，職思其居」等句，意謂我如果不及時為樂，時光即將消逝。然而不可過於享受，要顧到自身所負的職責。」這是在歲暮宴樂之際，勸人要及時行樂，又須自我節制，不可荒廢本職的話。所謂「憂深思遠」，大概是指這幾句詩說的。但如作進一步考察，勤儉致成，淫佚亡身，爲世人之所共識，何待唐堯之遺風？史記五帝本紀載帝堯「富而不驕，貴而不舒，黃收純衣，彤車乘白馬，能明馴德，以親九族。九族既睦，便章百姓。百姓昭明，合和萬國。」可見唐堯以不驕不慢，車服純樸，明順其德，親和九族，使百姓知禮守法，使所轄的邦國和平合作爲其職志之所在，豈僅以好樂無荒之言相誡爲已足哉？況且唐風其他的詩都與這一主題無關。如第二首山有樞是勸人及時行樂的，與季札、杜預所說的正好相反。揚之水、椒聊、詩序說是刺晉昭公的，由於曲沃强盛，昭公微弱，國人將叛而歸沃，故作詩以刺之。葛生、采苓，說是刺晉獻公的，由於獻公好戰，國人多喪，又好聽讒言，故作詩刺之。無衣、有杕之杜，一美一刺，說是爲晉武公作的。武公始并晉國，晉大夫爲之請命於天子之使，故美之；又其個性寡特，兼其宗族，不求賢以自輔，故刺之。至於綢繆，是刺晉國之亂，婚姻不得其時的詩。杕杜，是刺國君不能親其宗族，以致骨肉離散，獨居而無兄弟的詩。羔裘，是刺在位者不恤其民的詩。鴇羽，是刺昭公以後，大亂五世，君子不從征役，不得養其父母的詩。總之，唐風所敍的政治狀貌是闇弱的、混亂的；人民的生活常受戰爭徭役之苦，離散多於團聚，所以思想比較悲觀而消極。在這樣的政治狀貌、人民心態所形成的詩篇裡，我們實在找不到「憂深思遠」的旨趣，更不必說唐堯的精神與風範了！

故筆者以爲，這是作傳者當屬漢人的又一證據，因爲他誤以爲唐風的詩必然會承襲唐堯的遺風。其實周成王封其弟叔虞爲唐侯，至其子燮，即改國號爲晉。故名爲唐風，實是晉詩。這時上距唐堯之世，已有一千餘年，所謂唐堯之遺風，邈如雲漢。如再按之詩文，幾無一首契合。傳文是否可信，由此可以知之矣！

爲之歌陳；曰：「國無主，其能久乎？」自鄶以下無譏焉。

杜預注云：「淫聲放蕩，無所畏忌，故曰國無主。鄶第十三，曹第十四，言季子聞此二國歌，不復譏論之，以其微也。」這是說陳國的詩樂淫逸放蕩，無所顧忌，缺乏立國的精神，所以不能久存。鄶、曹二國，等而下之，無可稱述，所以不再予以評論。

按陳風十篇，多屬民歌，以敘民間男女遊樂、期會、相悅、相思之情爲主。如宛丘的「坎其擊鼓，宛丘之下。無冬無夏，値其鷺羽。」東門之枌的「穀旦之差，南方之原。不績其麻，市也婆娑。」是敍男女歌舞之樂的。東門之池的「彼美淑姬，可以晤歌。」東門之楊的「昏以爲期，明星煌煌。」澤陂的「寤寐無爲，涕泗滂沱。」是敍男女期會之情的。尤其月出篇的「月出皎兮，佼人僚兮；舒窈糾兮，勞心悄兮。」敍月下相思之情，成爲千古絕唱。蘇軾赤壁賦敍月出東山之頃，即有「誦明月之詩，歌窈窕之章」的名句。他所吟詠的就是月出篇的第一章。這是風華絕代之作，爲歷代文士所傳誦，應否視爲淫蕩之詞？

至於鄶、曹二風，各僅四首；小國寡民，難以有所作爲，故所敍多傷時憂國之作。惟以詞章觀之，亦各有文采；尤以鳲鳩首章：「鳲鳩在桑，其子七兮。淑人君子，其儀一兮。其儀一兮，心如結兮。」爲荀子勸學篇所引，文詞流暢，含義深遠；較之唐風蟋蟀篇，實不多讓。故如一概視爲卑微，亦非所宜。

為之歌小雅，曰：「美哉，思而不貳，怨而不言，其周德之衰乎？猶有先王之遺民焉。」

杜預於「思而不貳」注曰：「思文武之德無貳叛之心。」於「怨而不言」注曰：「有哀音。」於末句注曰：「謂有殷王餘俗，故未大衰。」孔氏正義曰：「杜以此言皆歎正小雅也。言其時之民思文武之德，不有二心也，雖怨時政而能忍而不言，其是周德衰小之時乎？猶有先王之遺民，故使周德未得大衰也。」如從此訓，則以為季札所觀小雅之詩樂，僅屬正雅部份，亦即自鹿鳴至菁菁者莪計十首詩，小雅共有八十首，僅及八分之一，即使說對了，仍然不足以代表整個小雅；何況正小雅十首詩，鹿鳴為國君宴羣臣的詩，四牡為出征者思歸的詩，皇皇者華為使臣奉命馳驅的詩，常棣為燕兄弟的詩，伐木為宴朋友的詩，天保為臣受賜後答謝其君的詩，采薇為戍役者自陳的詩，出車為出征者歸來自敍的詩，杕杜為征人思歸的詩，魚麗為宴享通用的樂歌。今按其作詩旨趣，以宴享酬酢為多，即使有征夫戍役者思歸之情，亦屬常有的事，文武之世豈能無之？何以見得為周德衰小之表現？所以服虔以為「此歎變小雅也。其（指季札）意言思上世之明聖，而不貳當世之王；怨當時之政，而不有背叛之志也。其周德之衰微乎？疑其幽厲之政也。」服氏以為變小雅中多的是離亂人生的悲歌，暴政虐民的傾訴。如正月云：「赫赫宗周，褒姒威之。」「憂心慘慘，念國之為虐。」巧言云：「悠悠昊天，曰父母且。無罪無辜，亂如此憮。」巷伯云：「彼譖人者，誰適為謀！取彼譖人，投畀豺虎。豺虎不食，投畀有北。有北不受，投畀有昊。」大東云：「東人之子，職勞不來；西人之子，粲粲衣服；舟人之子，熊羆是裘；私人之子，百僚是試。」北山云：「或湛樂飲酒，或慘慘畏咎，或出入風議，或靡事不爲。」苕之華云：「心之憂矣，維其傷矣。」「人可以食，鮮可以飽。」何草不黃云：「何草不玄？何人不矜，哀我征夫，獨爲匪民。」像這類詩，都是生活痛苦，無過受罪，小人當道，政治黑暗，社會上充滿不平的現象。所以說它是「周德之衰」的表現自無不可；至於說「思而不貳，怨而不言」，則未必符合詩文的實際情形；人民直敍沈痛的心情，誰還會想及文武之德的？如再進一步說，文武之德究竟是怎樣的？湯武革命不是叛離桀紂的暴虐統治而成的嗎？所以如果眞要懷有文武之德，就不該僅止於自怨自艾而已。至於說「怨而不言」，這話本身就有問題。如果不言，怎知有怨？小雅中表露怨情的詩句窮篇累牘，觸目皆是，這還能說不言嗎？

為之歌大雅，曰：「廣哉，熙熙乎！曲而有直體，其文王之德乎？」

杜預於「爲之歌大雅」注云：「大雅陳文王之德以正天下。」於「熙熙」注云：「和樂聲。」於「曲而有直體」注云：「論其聲。」於末句注云：「雅頌所以詠盛德形容，故但歌其美者，不皆歌變雅。」其意以爲季札所論的大雅，僅指正雅。這部份的詩都是樂聲和樂，曲中有直，旨在陳述文王之德，而藉以端正天下人心的。

大雅共三十一篇，前人定文王至卷阿十八篇爲正大雅，其餘十三篇爲變大雅。朱熹云：「正大雅，會朝之樂，受釐陳戒之辭也。故或歡欣和悅以盡羣下之情，或恭敬齊莊以發先王之德。辭氣不同，音節亦異，多周公制作時所定也。及其變也，則事未必同，而各以其聲附之，其次序時世，則有不可考者矣！」朱子所謂會朝之樂，是指這些詩樂的使用場所，當在朝廷。周之君臣相聚，奏獻這些詩樂以爲禮儀所需。至於「受釐陳戒」，是其用意所在。詩文的涵義不外乎歌頌先人與陳戒後人。如朱子定文王、大明爲：「周公追述文王之德，以戒成王。」綿爲：「周公戒成王之詩，追述太王始遷岐周以開王業，而文王因之以受天命也。」思齊爲：「此詩亦歌文王之德，而推本言之。」皇矣爲：「此詩敍太王、太伯、王季之德，以及文王伐密伐崇之事也。」文王有聲爲：「此詩言文王遷豐武王遷鎬之事。」生民爲：「周公制禮，尊后稷以配天，故作此詩，以推本始生之祥，明其受命於天，固有以異於常人也。」可見這些詩都有追慕先人、策勵來茲的含義，自然具有政治與教育的目的。至於季札的話，偏於樂聲的感受，失之於含糊籠統；且僅以「文王之德」爲詩旨，不足以涵蓋大雅全部詩篇。尤其變大雅的詩，抑與桑柔是刺厲王的；瞻印與召旻是刺幽王的。幽厲乃文王後裔，以暴虐著稱，其一生行儀與文王之德不正是背道而馳嗎？

> 爲之歌頌；曰：「至矣哉！直而不倨，曲而不屈，邇而不偪，遠而不攜，遷而不淫，復而不厭，哀而不愁，樂而不荒，用而不匱，廣而不宣，施而不費，取而不貪，處而不底，行而不流；五聲和，八風平，節有度，守有序，盛德之所同也。」

頌的本意原是在宗廟祭祀時，歌頌祖先的盛德，兼而報告子孫的功業。所以詩序云：「頌者，美盛德之形容，以其成功告於神明也。」如周頌四十首，祀文王的有淸廟、維天之命、維淸、我將、雝、賚等六篇；祀武王的有時邁，載見、武、酌、桓五篇；祀后稷的有思文，祀太王的有天作、祀成王的有昊天有成命，祀先祖戒時王的有烈文；兼祀武、成、康三王的有執競。其他還有嗣王朝廟、自勵、祈社稷、報豐年等詩。凡此敬祖祀神之作，自然出於虔敬的態度，何須以「直而不倨，曲而不屈，邇而不偪，遠而不攜，遷而不淫，樂而不荒」等語形容之？因爲既是祭告神明的詩，即使是一位鄉曲村愚，也不至於以倨傲、屈辱、淫蕩、荒誕等筆意作之的。至於不匱、不宣、不費、不貪、不底、不流等用語，與祭頌之文又有何相干？可見季札這段評論三頌的話，看來雖極繁富，已盡其誇讚的能事；但是細案其內容，浮而不實，很少說到頌詩的精義上去。

由上所述，對於左傳季札觀樂這篇文章，可歸納成如下幾點意見：

㈠這不是一篇很有價值的詩樂評論，因爲他所評的既不能涵蓋全部詩義，也不能形容一國風貌；對讀者甚少發生指引作用。

㈡評論的話失之籠統，未能從詩文內容上著力，而且常致望文生義：如談到唐風，說有唐堯精神；談到衞風，說有衞康叔、武公之德；談到齊風，說有姜太公風範；按之詩文內容，每都不相契合。

㈢公羊、穀梁敍季札事，旨在尊賢，故重季札身世的介紹。左傳不談身世，僅敍聘問、觀樂、觀舞以及與各賢大夫交往事。可見左傳的作意不同於他傳；左傳的史料他傳亦不曾見。則左傳這些資料從何而來？不免令人懷疑。

㈣秦在春秋之世，僻促西疆，爲晋所扼，素無特殊表現，春秋亦少記述其事；季札無由極稱其大。據此而求觀樂之文，諒非出於季札之口，可能來自漢儒之筆。

參　左傳內容的探討

古籍的難讀，在於其內容的眞實性不易辨明。一般人都以爲信春秋自然要信左傳，信左傳自然要信所有左傳所記的文章，三者是合而爲一、不可分割的；但是有些學者的態度較爲嚴謹，他們信春秋不一定信左傳，信左傳不一定信其中所有的文章。左傳的文藝水準是很高的，但是不因爲它有精美的文詞，就得相信它所陳述的故事。正如三國演義、水滸傳是文藝水準很高的作品，我們不會因此而信其所敍的故事。這種將經文、傳文、故事三者分開來討論的方法，是較具歷史知識與疑古精神的人才有的。

關於左傳這部書的有關問題，前人曾有不少的考證，值得我們注意。茲分別介紹於下：

皮錫瑞經學通論第四册春秋有云：

史記十二諸侯年表序曰：「是以孔子明王道，干七十餘君莫能用，故西觀周室，論史記舊聞，興於魯而次春秋，上記隱，下至哀之獲麟，約其辭文，去其煩重，以制義法；王道備，人事浹。七十子之徒口受其傳指，爲有所刺譏褒諱挹損之文辭不可以書見也。魯君子左邱明懼弟子人人異端，各安其意，失其真，故因孔子史記具論其語，成左氏春秋。」漢書劉歆傳曰：「初左氏傳多古字古言，學者傳訓故而已。及歆治左氏，引傳文以解經，轉相發明，由是章句義理備焉。」錫瑞案：「史公以邱明爲魯君子，別出於七十子之外，則左氏不在弟子之列，不傳春秋可知。云七十子之徒口受其傳指，而左氏特因孔子史記具論其語，則左氏未得口授可知。班氏云：『漢初學左氏者，惟傳訓詁。』則其初不傳微言大義可知。云歆治左氏，引傳文以解經，由是章句義理；則劉歆以前，未嘗引傳解經，亦無章句義理可知。」

皮氏這段話的論旨是：

㈠根據太史公的話，左邱明不在孔子弟子之列，未得孔子口授春秋。這是否定春秋左氏傳係左邱明爲孔門弟子時，得自孔子口授之說。

㈡根據班固的話，西漢初期，左氏只傳訓詁，可見它只是解釋文詞，不講微言大義。今之左傳，記事、說理力求詳備，動輒窮篇累牘，可知已非漢初的模樣，當出於後人所附益。

㈢根據漢書劉歆傳，說歆治左氏，引傳文以解經，由是章句義理得以具備；可見在劉歆以前，經自經，傳自傳，兩不相涉；經文的章句義理不因其傳文而明。這與劉歆以後的左傳內容迥然不同。

以上三點論旨，目的在說明兩件事：一是左傳的作者不是孔子的學生；二是左傳的內容曾經劉歆的整理，以致前後二個本子大不相同。

關於前一點主張，皮氏還補充說：

漢博士惟爭左邱明不傳春秋，而作傳之邱明與論語之邱明，是一是二未嘗深辨。趙匡始辨之曰：「今觀左氏解經，淺於公、穀，誣謬實繁，若邱明才實過人，豈宜若此。

王安石左氏解，疑左氏爲六國時人者十一事，其書不傳。

鄭樵六經奧論辨之尤力，曰：左氏終紀韓魏知伯之事，又舉趙襄子之謚，若以爲邱明，自獲麟至襄子卒，已八十年矣，使邱明與孔子同時，不應孔子既没七十八年之後，邱明猶能著書，此左氏爲六國人明驗一也。……左氏之書，序晉楚事最詳，如楚師熸猶拾瀋等語，則左氏爲楚人，明驗八也。

這是從趙匡所說左傳解經淺而誤謬，王安石、鄭樵所說左傳記事多涉六國時文物，而且所記之事終於襄子之卒，係孔子歿於七十八年之後，可見左傳絕非論語中孔子所讚許的左丘明所作。又鄭樵據左傳敍晉楚事最詳，推斷左氏爲楚人。

近世瑞典漢學家高本漢（Bernhard Karlgren）著左傳眞僞考一書，他從文法上研究，證明左傳的文法不是魯語，（高氏假定論語、孟子的語言爲魯語）所以他認爲史記中「魯君子左丘明」這個稱謂是不對的。他的結論是：

在周秦和漢初書内，没有一種有和左傳相同的文法組織的。最接近的是國語。此外便没有第二部書在文法上和左傳這麼相近的了。

這是根據左傳所常用的文法與論、孟相比較，發現其間有著明顯的不同；如果認定論、孟是魯國人作的，即可推知左傳不是魯國人作的了；與孔子同時的左丘明被史記稱爲「魯君子」的，自然也不是左傳的作者了。

高氏這一考證，不但發現左傳非魯語，左傳的作者非「魯君子左丘明」，還發現左傳的文法組織最接近國語，這正好與一些學者以爲左傳有可能自國語這部書中分出來的主張相同。

至於說左傳的內容曾經劉歆等人的整理與附益，前人也有不少類似的意見。皮氏說：

林黃中謂：「左傳『君子曰』，是劉歆之辭。」

王應麟曰：「八世之後，其田氏簒齊之後之言乎？公侯子孫必復其始，其三卿分晉之後之言乎？其處者爲劉氏，其漢儒欲立左氏者所附益乎？皆非左氏之書也。」

劉逢祿左氏春秋考證曰：「左氏後於聖人，未能盡見列國寶書，又未聞口授微言大義，惟取所見載籍，如晉乘楚檮杌等，相錯編年爲之，本不必比附夫子之經，故往往比年闕事。劉歆強以爲傳春秋，或緣經飾說，或緣左氏本文前後事，或兼采他書以實其年，如此年之文；或即用左氏文，而增春夏秋冬之時，遂不暇比附經文，更綴數語，要之皆出點竄，文采便陋，不足亂真也。然歆雖略解經文，顛倒左氏二書猶不相合。漢志所列春秋古經十二篇，經十一卷，左氏傳三十卷是也。自賈逵以後，分經附傳，又非劉歆之舊，而附益改竄之迹益明矣！」

以上所引，都以爲後世所見左傳之文皆出於後人所附益，已非左氏春秋舊有的面目。至於附益的人說者不一，但以劉歆爲主。劉氏以原有左氏之文，緣經飾說，兼採他書予以點竄，作成漢志所謂春秋古經中左氏傳三十卷。但當時經與傳分行，後至賈逵，分經附傳，其附益改竄的情形，愈益嚴重。由此可見，後世所見的這部左傳，是經多人附益竄改而成的。如還以爲孔子時的左丘明所作，這是不瞭解左傳的歷史演進所產生的誤解。

至於劉歆爲甚麼要竄改左傳？這就牽涉到經學上的派系問題。顧頡剛在古史辨第五冊自序中說：

本來，漢代的經學家無所謂今古文。「古文」這個名詞，是西漢末劉歆提出來的。「今文」這個名詞，是古文經師給舊時立於學官的經書、經說與經師加上去的，因爲古文家自樹一幟，與舊有的爲敵，逼得他們不得不合成一派，於是真的有了今文家，這個名詞的出現大約已在東漢了。

劉歆既經造了假古董來開新文化，爲要使得它流行，便不得不插入些時代的需要，作鼓勵有勢力者護法的方術。於是王莽要「攝皇帝」，左傳中就有「隱公元年春，周王正月，不書即位，攝也」之文。王莽要做「假皇帝」，逸書嘉禾篇中就有「有假王莅政，勤和天下」的話。……王莽要甚麼，劉歆有甚麼。所以王莽未作皇帝以前，劉歆作的是「羲和，治明堂辟雍，典儒林史卜之官」，及作了皇帝以後，劉歆作的是「國師」，他總是包辦了文化事業。

顧氏這兩段話，一是說明「古文」之稱始於劉歆，他的目的是要對抗舊有的勢力。「今文」之稱也是古文經師所定的，這些經師爲情勢所逼，不得不組成一派，於是遂成今古文兩大學派。一是說明劉歆爲了擴張自己這一學派的勢力，將所編造的古籍內容，迎合王莽攝政、篡位等的需要，因而獲得王莽的支持，使他成爲「國師」，使他所造的僞古文也得到社會的重視。由此看來，劉歆竄改左傳，無非要在公羊、穀梁二傳舊有勢力之外，另闢蹊徑，在政府所設置的五經博士名額中，爭取一席之地。換句話說，他要替自家的人爭地盤、求祿位。他的目的是達到了，即使王莽只做了十四年的皇帝，被淮陽王劉玄所滅，但古文學派仍然繼續存在，因爲它的理論，新的當政者仍有利用的價値。

肆　左傳附會史事的例子

例一、宣公十年，春秋載：

齊崔氏出奔衛。

左傳云：

夏，齊惠公卒。崔杼有寵於惠公，高國畏其偪也。公卒而逐之，奔衞。書曰崔氏，非其罪也。

趙氏鵬飛云：

左氏見襄二十五年有崔杼之事，因以爲崔杼出奔，吾又疑其附會。且自是至崔杼之逆，凡五十有一年，以七十言之，則今日之奔，直未冠耳；未冠遽能專齊乎？古者四十而仕，五十而爵，則至崔杼之弑，蓋百歲矣！

這是從崔杼弑君的年次來推算，這裡的崔氏絕非崔杼，左傳的作者顯然沒有注意到年齡問題，以至犯上張冠李戴的錯誤。

例二、哀公十年，春秋載：

公會吳伐齊，三月戊戌，齊侯陽生卒。

左傳云：

公會吳子、邾子、郯子、伐齊南部、師于鄎。齊人弒悼公，赴于師，吳子三日哭于軍門之外。

葉夢得於其春秋三傳讞中云：

邾子、郯子會伐而經不書。杜預以爲「兵屬于吳，不列於諸侯」；尤非是。且是時邾隱公方奔在齊，豈能從吳反伐齊乎？其妄尤可見。則知敍齊吳事皆不足據。

這裡葉氏找出左傳的破綻有三：

㈠經文只說魯哀公會吳伐齊，並未提及邾、郯二國，左傳加入，自是衍文。

㈡左傳在前一條經文「春王二月，邾子益來奔」下云：

十年，春，邾隱公來奔，齊甥也，遂奔齊。

邾隱公在二月奔齊，齊悼公是他的舅父，他身在齊國，賴悼公庇護，同年二月說他又參加吳、魯等國的聯軍來攻打齊國，這怎有可能呢？

㈢吳既出師伐齊，旨在克敵致勝。齊人弒悼公，這是極好的消息，何以吳子（即夫差）反而在軍門之外痛哭三日？所以程端學引黃氏之說曰：

既謂吳伐齊，齊人弒悼公以說于吳，吳子安得三日哭？無此理也。

例三、桓公二年，春秋載：

春王正月戊申，宋督弒其君與夷及其大夫孔父。

左傳云：

宋華父督見孔父之妻於路，目逆而送之曰：「美而豔。」二年春，宋督攻孔氏，殺孔父而取其妻。公怒，督懼，遂弒殤公。君子以督爲有無君之心，而後動於惡，故先書弒其君。

公羊傳云：

及者何？累也。弒君多矣，舍此無累者乎？曰：有。仇牧荀息皆累也。舍仇牧荀息無累者乎？曰：有。有則此何以書？賢也。何賢乎孔父？孔父可謂義形於色矣。其義形於色奈何？督將弒殤公，孔父生而存；則殤公不可得而弒也，故於是先攻孔父之家。殤公知孔父死，己必死，趨而救之，皆死焉。孔父正色而立於朝，則人莫敢過而致難於其君者。孔父可謂義形於色矣！

這是春秋記載宋督弒君累及大夫孔父的兩個說法。公羊以爲宋督將弒其君殤公，孔父義形於色以護殤公，以致宋督先攻孔父之家，殤公往救，皆爲宋督所殺。賢孔父，故春秋書之。左傳則不然，誤以「義形於色」爲宋督羨孔父之妻之美色，以致攻殺孔父而奪其妻，後懼殤公懲治其罪，遂弒之。這是將宋督弒君的因果弄顛倒了。程端學春秋三傳辨疑云：

葉氏曰：「孔父事，公羊言之是已。所謂『義形於色』者，此非獨公羊之辭，其傳之必有自；左氏亦竊聞之而不能詳，故誤以色爲美色之色，因附會以爲督見孔父妻而萌其惡。孔父，宋之卿，督其大夫；殺卿取妻，猶居位不去，待君怒而後知懼，其不近人情已甚。」愚謂左氏之言亦自相戾。後言「宋殤公立，十年十一戰，民不堪命，先宣言曰：『司馬則然。』已殺孔父而弒殤公，召莊公于鄭而立之」，前後異辭矣！

這是程氏引葉氏的話，說明左氏附會宋督爲一女子而竟敢殺當朝大司馬而取其妻，後因懼罪進而弒君，爲不近人情的編敍。程氏接著又從左傳下一則史事所敍，發現其自相矛盾處。因爲在這段話裡，說明宋殤公在位十年，發生十一次戰事，以致「民不堪命」。孔父嘉爲司馬，是軍事首長；國無寧日，民不聊生，他是罪魁禍首。所以先殺孔父，再弑殤公。如此說來，宋督旨在撥亂反正，解民倒懸，是爲國爲民的正義行爲，這與前文所敍出於淫念而殺一大臣，復因畏罪而弑其國君，其人格高下，有如天壤，其事實內容亦判然有別。

同屬桓公二年，並爲二文；同出左氏之筆，而前後相異，矛盾特甚；能不令人訝異？再觀左傳之文，特好卜筮占驗之說，虛浮誇大，流於迷信，與論語所記「子不語怪、力、亂、神」的態度大異其趣。如以爲左氏所傳親得之於孔子的口授，其誰能信？故張西堂在左氏春秋考證序裡說：

> 總之，左氏這書，很令人想到它本是稗官野史之流，道聽塗聞之說，經後人編次年月，加以竄改，然後成爲今本左傳的。

伍　季札聘問的時間問題

公羊傳與穀梁傳記季札來聘的事，與左傳的內容全不相同。它們只注重季札讓國的經過與經義的解釋。茲錄公羊傳全文於下：

吳無君無大夫，此何以有君有大夫？賢季子也。何賢乎季子？讓國也。其讓國奈何？謁也，餘祭也，夷昧也，與季子同母者四。季子弱而才，兄弟皆愛之，同欲立之以爲君。謁曰：「今若是迮而與季子國，季子猶不受也；請無與子而與弟，弟兄迭爲君而致國乎季子。」皆曰：「諾。」故諸爲君者皆輕死爲勇，飲食必祝，曰：「天苟有吳國，尚速有悔於予身。」故謁也死，餘祭也立；餘祭也死，夷昧也立；夷昧也死，則國宜之季子者也。季子使而亡焉。僚者，長庶也，即之。季子使而反；至而君之爾。闔廬曰：「先君之所以不子子國而與弟者，凡爲季子故也。將從先君之命與，則國宜之季子者也；如不從先君之命與，則我宜立者也；僚焉得爲君乎？於是使專諸刺僚，而致國乎季子。季子不受，曰：「爾殺吾君，吾受爾國，是吾與爾皆爲簒也。爾殺吾兄，吾又殺爾，是父子兄弟相殺，終身無已也。去之延陵，終身不入吳國。故君子以其不受爲義，以其不殺爲仁。賢季子，則吳何以有君有大夫？以季子爲臣，則宜有君者也。札者何？吳季子之名也。春秋賢者不名，此何以名？許夷狄者，不壹而足也。季子者，所賢也。曷爲不足乎季子？許人臣者，必使臣；許人子者，必使子也。

這樣一篇記敍季札身世的文章，如單獨看來，自無問題，如與春秋前後文對照著看，就出現了一些問題。春秋記載「吳季札來聘」這件事是在襄公二十九年，在這條經文的前面即有「閽弒吳子餘祭」一條經文，而且時間同在夏五月之後秋九月之前，這一年相當於吳餘祭四年，下一年是魯襄公三十年，也即是吳夷昧元年。所謂「閽弑吳子餘祭」，左傳云：

> 吳人伐楚，獲俘焉，以爲閽，使守舟，吳子餘祭觀舟，閽以刀弑之。

可見殺餘祭的是自楚擄獲的戰俘。以戰俘爲守衛，因仇怨而弑吳子，這是有其可能的。但是餘祭被弑在前，季札聘問在後，時間只差三四個月，這就有些說不過去。故孔穎達云：

> 上云閽弑吳子，此言吳子使聘。傳曰：「其出聘也，通嗣君也。」不知通嗣君，通誰嗣也？賈逵、服虔皆以爲夷昧新即位，使來通聘。案隱三年，武氏子來求賻；文九年，毛伯來求金；並不言王使。傳皆云王未葬也。是知先君未葬，嗣君不得命臣。此與閽弑吳子文不隔月。吳魯相去，經塗至遠。豈以君死之月即令臣乎？而得書吳子使也？且傳稱季札至魯，遍觀周樂，至戚聞鐘聲，譏孫文子云：「君又在殯，而可以樂乎？」自請觀樂，譏人聽樂，曠世大賢，豈當若是？故杜以爲通嗣君，通餘祭嗣也。二十五年，謁爲巢牛臣所殺，餘祭嗣立，至此始使札通上國。吳子未死之前，命札出使，既遣札聘，而後身死。札以六月到魯，未及聞喪，故每事皆行吉禮也。

這是從時間上考察，如果季札聘魯是在餘祭被閽者所弑之後，嗣君指的是夷昧，則先君新喪，嗣君於禮不得命臣子出國聘問。況傳云季札至魯觀樂，至戚聞鐘聲，曾譏孫文子說：「國君新喪尚在殯殮之際，怎麼可以觀賞音樂？」如果他自己的國君新喪，又往觀樂，說這樣的話，豈不是自打嘴巴？所以杜預將季札聘魯的時間向前提，以爲當是魯襄公二十五年，吳子謁伐楚，爲巢牛臣所殺，則嗣君指的是餘祭。這樣說，在時間上似乎寬裕些，因爲餘祭在位四年，季札聘魯的日期不一定在謁初喪的前一二年，放到後一二年來說也未嘗不可。但是這條經文既已按在餘祭被弒之後，春秋經文相傳又是孔子親手所編訂的，總不能說經文的年次有問題。所以孔穎達也覺得有些費解。

由上所述，可知季札聘問的時間可有三種說法：

㈠魯襄公二十九年，在春秋經文「閽弒吳子餘祭」之後，嗣君爲夷昧。——這是據春秋原文的編次而定的。

㈡魯襄公二十五年，在春秋經文「吳子遏伐楚，門于巢卒」之後，嗣君爲餘祭。——這是杜預的主張。

㈢魯昭公十六年，在春秋經文「吳子夷昧卒」之後，嗣君爲僚。——這是據公羊傳「夷昧也死，則國宜之季子者也。季子使而亡焉。僚者，長庶也，即之。季子使而反，至而君之爾」的記載。當夷昧死時，季子出使在外，要他即位，他不肯，寧可流亡；等到僚已即位，他才回來。可見他出使的時間頗久，與左傳所敘季札聘問魯國之後，繼續聘問齊、鄭、衞、晉等國，所需時間較能符合。公羊傳敘季札出使事，僅此一次，故亦有可能。

比較上述三者，㈠爲春秋原定時間，自當無可懷疑；但是孔穎達等以爲餘祭新喪，夷昧即命季札出聘，於禮不合。㈡將時間提前，以爲遏（或作謁）遇刺後，餘祭即位，季札出國聘問的時間在喪期過後。㈢是將時間向後移，即夷昧末年與僚即位之際。但㈡㈢兩個時間與經文所置「吳子使札來聘」的時間不符。故三者均有所據，亦均有不甚允洽之處。如無其他資料作爲佐證，取捨之際，實難以作明確的決定。

陸　僚與闔廬的身分問題

餘祭在位四年遇刺，夷昧即位，在位十七年而卒；季札辭讓，僚即位，在位十二年，闔廬命專諸刺殺之；仍欲歸國於札，札不受，隱居延陵。此時之季札，距離聘魯約三十年矣。

至於僚與闔廬的身分，公羊傳所敍亦有問題。傳載吳君有嫡子謁、餘祭、夷昧、季札四人；僚爲長庶，年紀長於季札，另一庶子爲闔廬。當夷昧卒，季札辭讓之際，已無嫡子可傳，當傳長庶；何以闔廬說：「將從先君之命與，國宜之季子者也；如不從先君之命與，則我宜立者也，僚焉得爲君乎？」在古代宗法社會中，嫡有長幼之序，庶亦有長幼之序。闔廬既非長庶，有何理由說在庶子中找繼位的人，應該找他，不是僚呢？這豈不是强詞奪理的話嗎？關於這件事，在季札使魯大約三十年後，當魯昭公二十七年，即吳僚十二年，春秋經文「夏四月吳弑其君僚」之下，胡傳有云：

光（公羊傳稱闔廬），諸樊（公羊稱謁）之子也；僚，夷末（公羊作昧）之子也。諸樊兄弟，以次相及，必欲致國於季子，而季子終不受，則國宜之光者也。僚烏得爲君？故稱國以弒，而不歸獄於光。

這是說，光（闔廬）是諸樊（謁）之子，僚是夷昧之子，季札不即位，在下一代中找人，如以父子相傳的制度來行，僚該即位；如以兄弟相傳的制度來行，闔廬該即位。闔廬的理由是：上一代既行的是兄弟相傳的制度，下一代也該從長兄之子傳起，當夷昧死，季札辭讓，就該由他即位。這原是兩可的辦法，無所謂誰是誰非。僚是由其父傳位給他的，得自正統，誰云不宜？前一代兄弟相傳，原是爲了季札之賢而行權宜之策，不是出於歷代的成規。到了下一代，自可改爲父子相傳，所以僚的即位，原是名正言順的。闔廬之所以這樣說，只不過替自己找一個奪位的藉口而已。胡傳以爲當季札不受位之後，則君位宜傳給闔廬，這仍只是片面之見。但經胡傳這麼一說，公羊傳以僚爲庶兄，闔廬爲庶弟，與季札爲異母兄弟的人事編敍，似有糾正的必要。闔廬如是庶弟，刺兄奪位，更不成理由。所以此則人事編敍，似以胡傳爲宜。由此可見，如果細究春秋三傳之文，隨處都會發現一些問題來的。

柒 結論

錢玄同在古史辨第五冊重論經今古文學問題中說：

凡治歷史科學，第一步必要的工作是「審查史料的真僞」，簡稱爲「辨僞」。要是不經過這一工作，任何材料都供撏撦，則結果儘可鬧到「下筆千言，離題萬里」；說得「像殺有介事」，其實「滿不是那麼一回事」。中國的僞書和僞史實在太多，所以辨僞的書籍和議論也不少。……過去的學術界，是被「宗經」的思想支配的。而自宋以來多數學者所宗的經，則更是雜湊之書，就是流俗所謂十三經也者。所以無論治文學的、治史學的、治政治的，乃至治其他種種國故的，無不宗經——宗十三經。他們儘管不信任「史」和「集」，甚至不信任「子」，但一定信任「經」。因爲信任「經」的緣故，於是認爲「經」中所有的一定是最信實的史料，一定可以采用。

錢氏這番話說明兩件事：

㈠我國古籍中作僞的資料太多，審查其眞僞爲學者首要的工作。

㈡前人在「宗經」思想下，以爲十三經都是眞實的史料，一定可以採用的；其實這些經文的內容，往往都是經過許多人雜湊而成的，讀者需要辨明，不可輕易採信。錢氏還以爲辨僞經比辨僞史、僞子、僞集更爲重要，因爲經的地位高，影響大，多少人在傳誦，在信奉，實在是輕忽不得的。

筆者基於這一觀點，讀到左傳中季札觀樂之文，以爲有深入探討的必要。經過有關資料的處理與分析，我們獲得的結論如下：

㈠**從季札觀樂的文章來看**　它有可能出於後人的附益。理由是：⑴內容膚淺，沒有抓住詩樂的要點。⑵季札與各國賢大夫所說的話，都是熟悉該國政情的明智評斷，而且口氣也大，不像是一位遠居南國的年輕公子能說的話。從另一方面來看，凡是出於虛構的文章，不是說些外行話，就是毀譽失當，過分渲染。左傳這篇文章就是犯上這種毛病。

㈡**從左傳的歷史演進來看**　先秦的左氏春秋只傳訓詁，漢世以後的春秋左氏傳，則以記事爲主，文字浩繁，兩者大不相同。可見後世所傳者，係劉歆等人竄改附益而成的。

㈢**從左傳的內容來看**　韓愈進學解有云：「春秋謹嚴，左氏浮誇。」可見韓文公也認爲左傳有浮而不實的弊病。左氏喜好巫覡占卜怪誕之說，有似稗官野史。而且有的無經而有傳，有的該敍而不敍，有的前後自相予盾，有的所敍不合情理。季札觀樂這篇文章，只是其中之一而已。

㈣**從經傳的關係上看**　本該先有經，後有傳；經成於孔子之世，傳當成於孔子的後學。如作傳者得自孔子的口授，即不該有浮誇、怪誕、自相矛盾、不合情理等情況出現。反之，如今有此情況，可見其來原必有問題。

(五)從左傳的文法上看　孔子是魯國人，其門徒亦都是魯國人。如以論語的文章用語爲魯語，與左傳相比較，則知左傳非魯語，作左傳的人不是魯國人。司馬遷說左傳是魯國人左邱明作的，這句話就有了問題。進而言之，左傳既非魯國人所作，即可證明其非得自孔門的傳授，其可靠性可想而知。因此，筆者以爲：信春秋經文，不一定要信其傳文；嘉許左氏的文章，不一定要相信它所編的故事。

總之，我國古籍，竄改者多；重加考證，實有必要。有關季札觀樂及其相互牽連的一些問題，筆者所見如此。是否有當，還請博雅君子不吝賜正。

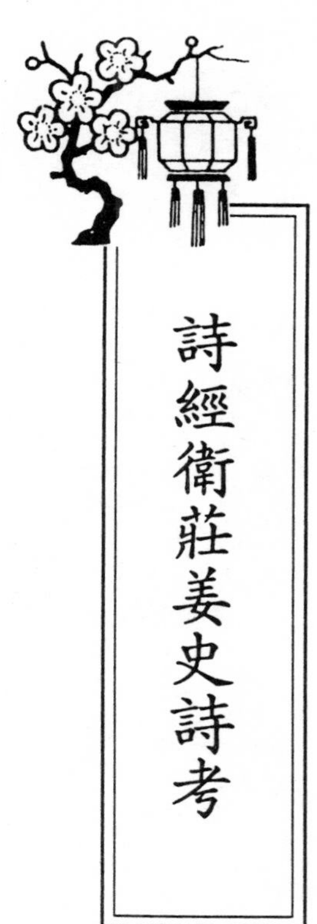

詩經衛莊姜史詩考

壹　前　言

古人作詩或作文，素無留名的習慣，因此這些詩文傳至後世，絕大部份已不知其作者。我們除感到無奈外，對於作者與史事，不會有一定要弄個明白的想法。至於詩經各篇的作者與史事，詩序言之頗詳，惟多不可信。依筆者觀察，大略可分三類：

甲、作者與史事有典籍可考者

如鄘風載馳篇，毛詩序云：

載馳，許穆夫人作也。閔其宗國顛覆，自傷不能救也。

此事春秋魯閔公二年（即衞懿公九年）載：「十有二月，狄入衞。」左傳敍其事，以爲懿公好鶴，荒於政務，以致狄人入侵，衞師敗績，遂滅衞。後經宋桓公收集衞之遺民五千人，立戴公以廬於曹，不幸戴公遂卒。許穆夫人係戴公女弟，嫁於許，爲穆公夫人；見祖國淪喪，其兄即位不久又亡故，乃作載馳以寄思念之情。由於史有明文，詩文與史事又能契合，自可信從。

又如豳風鴟鴞篇，尚書金縢篇有云：

> 武王既喪，管叔及其羣弟乃流言於國曰：「公將不利於小子。」周公乃告二公曰：「我之弗辟，我無以告我先王。」周公居東二年，則罪人斯得。于後，公乃爲詩以貽王，名之曰鴟鴞。王亦未敢誚公。

金縢既說周公作鴟鴞，則毛詩序云：

> 鴟鴞，周公救亂也。成王未知周公之志，公乃爲詩以貽王，名之曰鴟鴞焉。

這顯然是根據金縢而說的。金縢可信與否，這是經籍上的另一個問題。詩序這段話，學者們大體上還是採信的。

但如嚴格一點說，詩序所編的作者與史事，不出問題的，也只有這兩首詩。

乙、有史事而不知作者者

如鄭風清人篇，春秋魯閔公二年（鄭文公十三年）載：

冬十二月，狄入衞；鄭棄其師。

左傳云：

鄭人惡高克，使帥師次於河上（以禦狄也），久而不召，師潰而歸。高克奔陳，鄭人爲之賦清人。

可見此詩爲高克滯留河上以致潰師而作。然已不知其作者。詩序承左傳史事以爲「刺文公」詩，並以爲「公子素惡高克進之不以禮，文公退之不以道，危國亡師之本也，故作是詩」。然而左傳只說鄭人作清人，不載公子素事，何以見得此詩是公子素作？

又如齊風載驅篇有「魯道有蕩，齊子發夕」句，係詠文姜與其兄齊襄公聚會事，春秋記二人之會凡五次，皆在魯莊公初年。詩序云：

載驅，齊人刺襄公也。無禮義，故盛其車服，疾驅於通道大都，與文姜淫，播其惡於萬民焉。

詩序據春秋齊襄公、文姜事，大致不差；惟詩文之「齊子」，當指文姜。「載驅薄薄」、「齊子發夕」，亦是文姜自魯道以就襄公，非襄公馳驅以就文姜。故詩義當以刺文姜爲主。今詩序說是刺襄公，說詩中所言馳驅者爲襄公，實屬誤解。朱傳云：「齊人刺文姜乘此車而來會襄公也。」所見甚是。惟作者稱「齊人」，名氏已不可知。

此類有史事而不知作者的詩，爲數不多；詩序最所樂道，然所列史事多數缺乏依據，不可輕易相信。

丙、史事與作者均無可考者

例如衞風伯兮篇詩序云：

伯兮，刺時也。言君子行役，爲王前驅，過時而不反焉。

又如魏風陟岵篇詩序云：

陟岵，孝子行役，思念父母也。國迫而數侵削，役乎大國，父母兄弟離散，而作是詩也。

這兩首詩序文未提史事與作者是對的，然而伯兮的「刺時」、陟岵的「國迫而數侵削，役乎大國」，都是衍文，不說更好。詩經中絕大多數的詩篇都是史事與作者無從查考的，詩序總要加上人事與美刺之義，其强事依附的形迹顯然可見。即如秦風渭陽篇，其首章云：

我送舅氏，曰至渭陽。何以贈之，路車乘黃。

詩序云：

渭陽，康公念母也。康公之母，晉獻公之女。文公遭麗姬之難，未反而秦姬卒。穆公納文公，康公時爲大子，贈送文公于渭之陽，念母之不見也。我見舅氏，如母存焉。及其即位，思而作是詩。

這一序說，除爲念母而作與即位後才作此詩這兩點，後人有異議外，其所敘本事，自古至今不曾有人懷疑過。王靜芝先生詩經通釋渭陽篇敘秦晉的歷史後有云：

詳見左傳僖公五年至廿四年，及史記秦本紀及晉世家。此詩則重耳歸晉，康公送至渭水所咏。其時爲穆公廿四年，亦即魯僖公廿四年。康公時尚爲太子。

然而筆者翻閱左傳與史記，所謂康公送重耳事，兩書隻字未提。千古以來視爲無可懷疑的一首史詩，原來也只是史事與作者一無可考的附會。考證工作的重要，由此可見一斑。

本文擬就綠衣、燕燕、日月、終風、碩人五首詩，詩序以爲是莊姜的詩，作專題討論，以就正於同好與先進。

貳　莊姜史事彙析

莊姜乃是衞莊公夫人。春秋始於魯隱公元年，這一年相當於周平王十九年，衞桓公十三年，亦即衞莊公去世已有十三年，春秋不及記載他的事。今可見者，僅在魯隱公三年（即衞桓公十五年）於「癸未葬宋穆公」經文之下，有一段「左氏附錄」。其文云：

衞莊公娶於齊東宮得臣之妹，曰莊姜。美而無子，衞人所爲賦碩人也。又娶於陳，曰厲嬀，生孝伯，早死。其娣戴嬀生桓公，莊姜以爲己子。公子州吁，嬖人之子，有寵而好兵，公弗禁。莊姜惡之。石碏諫曰：「臣聞愛子，教之以義方，弗納於邪。驕奢淫佚，所自邪也。四者之來，寵祿過也。將立州吁，乃定之矣！若猶未也，階之爲禍。夫寵而不驕，驕而能降，降而不憾，憾而能眕者鮮矣。且夫賤妨貴，少陵長，遠間親，新間舊，小加大，淫破義，所謂六逆也。君義，臣行，父慈，子孝，兄愛，弟敬，所謂六順也。去順效逆，所以速禍也。君人者，將禍是務去而速之。無乃不可乎？」弗聽。其子厚與州吁游；禁之，不可乎。桓公立，乃老。

這段左傳文辭前敍莊姜，後敍州吁。莊姜是齊侯之女，太子得臣之妹，嫁至衞國，爲衞莊公夫人。由於無子，莊公續有所娶。陳女戴嬀生子名完，莊姜以爲己子。以後莊公死，完即君位，即是衞桓公。莊公另有一位寵妾也生了一個男孩，名州吁，深受寵愛。州吁長大後，好勇鬥狠，莊姜厭惡他。大臣石碏在莊公面前曾竭力勸諫，以爲如不及時敎之以義方，任其驕奢淫佚下去，將以爲禍。可是莊公並未聽從。等到莊公死，桓公即位，石碏即告老退隱。

關於莊姜的史料，見於春秋的，只有左傳這段話。另外史記裡，也有類似的記載：

莊公五年，取齊女爲夫人，好而無子。又取陳女爲夫人，生子，蚤死。陳女女弟亦幸於莊公，而生子完。完母死，莊公令夫人齊女子之，立爲太子。莊公有寵妾，生子州吁。十八年，州吁長，好兵，莊公使將。石碏諫莊公曰：「庶子好兵，使將，亂自此起。」不聽。二十三年，莊公卒，太子完立，是爲桓公。

這一段話與左傳大致相同，但較簡略。莊姜的歷史資料，兩書僅止於此，別無可考。至於莊公二子以後的事蹟，春秋續有所載。魯隱公四年（即衞桓公十六年）云：

戊申，衞州吁弒其君完。

左傳云：

衛州吁弒桓公而立。

同年，春秋又載：

宋公、陳侯、蔡人、衛人伐鄭。

左傳云：

宋殤公之即位也，公子馮出奔鄭，鄭人欲納之。及衛州吁立，將修先君之怨於鄭，而求寵於諸侯，以和其民。使告於宋曰：「君若伐鄭以除君害，君爲主，敝邑以賦，與陳、蔡從，則衛國之願也。」宋人許之。於是陳、蔡方睦於衛。故宋公、陳侯、蔡人、衛人伐鄭。圍其東門，五日而還。公問於衆仲曰：「衛州吁其成乎？」對曰：「臣聞以德和民，不聞以亂，猶治絲而棼之也。夫州吁阻兵而安忍。阻兵無衆，安忍無親。衆叛親離，難以濟矣！夫兵猶火也，弗戢，將自焚也。夫州吁弒其君而虐用其民，於是乎不務令德而欲以亂成，必不免矣！

同年，春秋又載：

會宋公、陳侯、蔡人、衞人伐鄭。

左傳云：

諸侯之師，敗鄭徒兵，取其禾而還。

同年，春秋又載：

九月，衞人殺州吁於濮。

左傳云：

州吁未能和其民。厚問定君於石子。石子曰：「王覲爲可。」曰：「何以得覲？」曰：「陳桓公方有寵於王，陳、衞方睦，若朝陳使請，必可得也。」厚從州吁如陳。石碏使告於陳曰：「衞君褊小，老夫耄矣，無能爲也。此二人者，實殺寡君，敢即圖之。」陳人執之，而請涖於衞。九月，衞人使石宰醜殺州吁于濮。石碏使其宰獳羊肩涖殺石厚於陳。君子曰：「石碏，純臣也。惡州吁而厚與焉，大義滅親，其是之謂乎？」

由上所敍，可知衞莊公太子完即位爲衞桓公，桓公十六年，爲其異母弟州吁所弒。州吁篡位後，爲了穩固其國際地位，曾兩度聯合宋、陳、蔡軍隊征伐鄭國。但是同年九月，即被衞國的老臣石碏設計捕殺。石碏還殺了追隨州吁的兒子石厚，故君子稱許他是一位大義滅親的純臣。

這樁歷史，史記衞康叔世家有如下的記載：

桓公二年，弟州吁驕奢，桓公絀之，州吁出奔。十三年，鄭伯弟段攻其兄，不勝，亡，而州吁求與之友。十六年，州吁收聚衞亡人以襲殺桓，州吁自立爲衞君。爲鄭伯弟段欲伐鄭，請宋、陳、蔡與俱，三國皆許州吁。州吁新立，好兵，弒桓公，國人皆不愛。石碏乃因桓母家於陳，詳（與佯通）爲善州吁。至鄭郊，石碏與陳侯共謀，使石宰醜進食，因殺州吁於濮，而迎桓公弟晉於邢而立之，是爲宣公。

史記這段話，詳於左傳處有三：

㈠州吁於桓公二年被絀，至桓公十六年，才收聚衞國亡命之徒襲殺桓公，奪取君位。

㈡州吁之所以聯合諸侯伐鄭，是因爲鄭莊公克段于鄢，段亦亡命在外，與州吁同病相憐，結爲難友。當州吁篡奪成功，段亦萌再度篡奪之念，求助於州吁，再加上宋、衞與鄭素有夙怨，州吁又想乘機求寵於諸侯，所以聯軍伐鄭。

㈢石碏之所以勸州吁訪陳，並託陳侯執殺之，是由於桓公之母本陳女。爲桓公故，陳侯願從石碏之謀而執殺州吁。

這是衞莊姜與其家屬僅有的歷史資料。據此而論詩序所編終風等篇的作者與人事，當可見其妥當與否了！

參　序說、史事與詩文的省察

讀詩者原只見到詩文，漢儒說詩加上序文，附之以史事；於是詩文、序說與史事構成三角關係。後人想要瞭解詩義，亦須在讀詩文之外，同時須讀序文與史籍。如果讀後不贊同其編敍，只好逆向而行，拆散三者的環節，證明其關係的不存在。或者同意其所引史事，而須作部份的修正，始能洽於詩義。以下即就詩序所定的五首莊姜詩，逐篇予以討論。

綠衣（邶風）

綠兮衣兮，綠衣黃裡。心之憂矣，曷維其已！

綠兮衣兮，綠衣黃裳。心之憂矣，曷維其亡！
綠兮絲兮，女所治兮。我思古人，俾無訧兮！
絺兮綌兮，淒其以風。我思古人，實獲我心！

毛詩序云：

綠衣，衞莊姜傷己也。妾上僭，夫人失位，而作是詩也。

鄭玄箋云：

莊姜，莊公夫人，齊女，姓姜氏。妾上僭者，謂公子州吁之母。母嬖而州吁驕。

孔穎達毛詩正義云：

隱三年左傳曰：「衞莊公娶於齊東宮得臣之妹曰莊姜。」是齊女姓姜氏也。又曰：「公子州吁，嬖人之子。」是州吁之母嬖也。又曰：「有寵而好兵。石碏諫曰：『寵而不驕，鮮矣！』」是州吁驕也。定本妾上僭者，謂公子州吁之母也，母嬖而州吁驕。

又於首二句「綠兮衣兮，綠衣黃裡」下，毛傳云：

興也。綠閒色，黃正色。

孔氏正義曰：

毛以閒色之綠，不當為衣，猶不正之妾，不宜嬖寵。今綠兮乃為衣兮，閒色之綠今為衣，而見正色之黃反為裡，而隱以興今妾兮乃蒙寵兮。不正之妾今蒙寵，而顯正嫡夫人反見疏而微。綠衣以邪干正，猶妾以賤陵貴。夫人既見疏遠，故心之憂矣，何時其可以止也？

又於末章之下，鄭箋云：

絺綌之所以當暑，今以待寒，喻其失所也。古之聖人制禮者，使夫婦有道，妻妾貴賤各有次序。

孔氏疏云：

毛以爲絺兮綌兮當服之以暑時，今用之於淒其以風之月，非其宜也。以興嫡兮妾兮當節之以禮，今使之翻然以亂之，亦非其宜也。言絺綌不以當暑，猶嫡妾不以其禮；故莊姜云：我思古之君子，定尊卑，實得我之心。

以上是據詩序「莊姜傷己，妾上僭，夫人失位」之訓，鄭、孔二人作章句的疏解。以爲綠衣這首詩句句都出於莊姜之口。她自傷正妻的地位被賤妾所取代，尊卑不分，禮制不行，故於感傷之餘，僅思古之君子以寄慨。

然而按之詩文，實無史蹟可求。莊姜傷己之意，亦非章句之間可得。再以前述左傳、史記所載，亦無莊姜失寵之文。詩序、鄭箋、孔疏的這一人事編敘，不免令人懷疑。王質云：

其爲婦人哀怨之辭無疑，但其人未可知。舊說以爲莊姜，雖不敢不信，然尋詩未有所見。

王氏的懷疑，是據詩文而言的；因爲詩文中既無莊姜之名，亦無表明莊姜身世的確實證據。所以說：「尋詩未有所見。」既無所見，而又「不敢不信」，可見當時違背序說是相當嚴重的事。

崔述讀風偶識云：

余按春秋傳文，絕無莊姜失位而不見答之事。桓公，戴嬀子也，而莊姜以爲己子，立以爲太子，非夫婦一體，安能得之於莊公？且使莊公而好德也，必無妾上僭之事。如好色也，莊姜之美，誰能喻之，而反使之失位乎？此二詩（綠衣、日月）者，或係婦人不得志於其夫者所作。其所處之地，必有甚難堪者，斷斷非莊姜詩也。

崔氏據春秋左傳所載，以爲莊姜絕無失寵的事。他的主要觀點有三：

㈠桓公完原係陳女戴嬀所生，莊姜以爲己子，而且立爲太子，繼承君位，可見莊姜一直居衞莊公正妻的地位，並未失寵。

㈡分析莊公的爲人，如是好德，必遵禮制，自不會使妾上僭，以致莊姜失位。如是好色，莊姜既是絕世美人，莊公怎會冷落了她？

㈢於是他以爲是某婦人不得志於其夫者所作。

崔氏此一論證，切合情理，自可採信。

燕燕（邶風）

燕燕于飛，差池其羽。之子于歸，遠送于野。瞻望弗及，泣涕如雨。

燕燕于飛，頡之頏之。之子于歸，遠于將之。瞻望弗及，佇立以泣。

燕燕于飛，下上其音。之子于歸，遠送于南。瞻望弗及，實勞我心。

仲氏任只，其心塞淵。終溫且惠，淑愼其身。先君之思，以勗寡人。

毛詩序云：

燕燕，莊姜送歸妾也。

鄭箋云：

莊姜無子，陳女戴嬀生子名完，莊姜以爲己子。莊公薨，完立，而州吁殺之，戴嬀於是大歸。莊姜遠送之於野，作詩以見志。

孔氏正義云：

作燕燕詩者，言衞莊姜送歸妾也。謂戴嬀大歸，莊姜送之，經所陳皆訣別之後，述其送之之事也。

這是以爲燕燕篇是莊姜送戴嬀而作的。戴嬀當其子桓公被州吁所弒，身無所託，大歸於陳。莊姜送別於野，然後作詩以見志。

這一解說，亦遭後人反駁。如王質詩總聞云：

君夫人出遠郊送歸妾，既違妻妾尊卑之禮，又違婦人送迎之禮，莊姜識禮者也。

這是從迎送禮節上觀之，莊姜爲國君夫人，不可能親自送陳嬀至於郊野。於是他定本篇詩旨爲：

> 此當是國君送女弟適他國之詩。

崔述讀風偶識云：

> 此篇之文，但有惜別之意，絕無感時悲遇之情。而詩稱「之子于歸」者，皆指女子之嫁者言之，未聞有稱「大歸」爲「于歸」者。恐係衛女嫁於南國，而其兄送之之詩；絕不類莊姜戴嬀事也。

這是從文詞上觀察，全篇旨在惜別，並無如序、箋、正義所謂送戴嬀大歸的悲遇之情。況且「于歸」本指女子出嫁而言，說成「大歸」，未聞所據。故崔氏亦從王氏之說。

筆者贊同王氏、崔氏的觀點，並再提下列二點作爲佐證：

㈠史記云：「陳女女弟亦幸於莊公，而生子完。完母死，莊公令夫人齊女子之，立爲太子。」可見戴嬀先莊公而死，太子完在位十六年始被州吁所弒，這時戴嬀的墓木已拱，怎會還有莊姜送她歸陳的事？

㈡詩有「先君之思，以勗寡人」句。「寡人」爲君侯謙稱。曲禮曰：「諸侯見天子曰臣某侯某，其與民言，自稱曰寡人。」疏曰：「寡人者，言自己爲寡德之人。」據此可知「寡人」一詞乃君侯自謙之稱謂，旁人不得隨便使用。莊姜雖貴爲國君夫人，亦不得以「寡人」自稱。

以上二點，一從史事證，一從詩文證，藉知序說的非是。

至於今文家定此篇爲定姜送子婦大歸的詩，同屬無稽。魯詩說云：

衞姑定姜者，衞定公之夫人，公子之母也。公子既娶而死，其婦無子，畢三年之喪，定姜歸其婦，自送之，至於野，恩愛哀思，悲以感慟，立而望之，揮泣垂涕，乃賦詩曰：「燕燕于飛，參差其羽，之子于歸，遠送于野。瞻望弗及，泣涕如雨。」送去歸，泣而望之。又作詩曰：「先君之思，以畜寡人。」君子謂：「定姜爲慈姑，過而之厚。」

齊詩說云：

泣涕長訣，我心不快。遠送衞野，歸寧無子。

今文家據定姜事以說燕燕，仍然難以說通。定姜係衞定公夫人，左傳記其事有三：

㈠魯成公十四年（即衞定公十二年）於經文「夏，衞孫林父自晋歸于衞」下，敍定姜勸諫定公，孫林父雖叛衞奔晉，今晉侯遺使送他歸國，他恃大國爲援，當相忍而宥之，足以安民。定公即從其議。

㈡同年，春秋載：「冬十月庚寅，衞侯臧卒。」左傳敍定公有疾，立敬姒之子衎爲太子。冬十月，衞定公卒。定姜見太子不表哀傷，態度隨便，即興慨歎。以爲此子爲君，將使衞國致禍。以後太子即位爲衞獻公，在位十八年，淫佚暴虐，政事廢弛，終被大臣孫文子所逐，逃亡齊國以終。

㈢春秋於晉襄公十四年（即衞獻公十八年）「已未，衞侯出奔齊」之下，左傳敍衞獻公使祝宗告亡，且告無罪。定姜知之，即數獻公三罪。其第三罪云：「余以巾櫛事先君，而暴妾使余。」「暴妾使余」，正義曰：「言暴虐使余如妾。」意指獻公對待君母施行暴虐，視如己之妾婦，以見其目無尊長，使定姜曾遭受羞辱。

定姜的行事，見於史籍者僅此數端，至於魯說所敍子死送其媳大歸之說，未知所據。如以時世考之，傳云：「公子既娶而死。」可見其子死時只是一位公子，尚未即位；亦即定公尚在世。詩則有「先君」一詞，即可證明與定姜當時的情況不合。又「先君之思，以畜寡人」，說是平輩之間相互勉勵的口氣，則可；說是媳婦勸勉婆婆的口氣，則不可。如果定公已死，定姜爲其未亡人，悼念之情自會極其深摯。做媳婦的，還需要向婆婆叮嚀要常常想念去世的公公嗎？所以崔述云：

> 魯詩、韓詩、列女傳皆以此爲定姜所作，或以爲獻公無禮於定姜，故定姜作此；或以爲定姜歸，其娣送之而作；或以爲定姜送婦作。然以詞意觀之，時勢考之，皆未有見其必然，蓋皆各以其意揣度言之，是

以參差不一，皆未可執以爲實也。

崔氏所謂「各以其意揣度言之」，實可包括毛詩序、傳、箋與正義的解說。

日月（邶風）

日居月諸，照臨下土。乃如之人兮，逝不古處。胡能有定？寧不我顧！
日居月諸，下土是冒。乃如之人兮，逝不相好。胡能有定？寧不我報！
日居月諸，出自東方。乃如之人兮，德音無良。胡能有定？俾也可忘。
日居月諸，東方自出。父兮母兮，畜我不卒。胡能有定？報我不述。

毛詩序云：

日月，衞莊姜傷己也。遭州吁之難，傷己不見答於先君，以至窮困之詩也。

孔氏正義於首章之下云：

言日乎以照晝，月乎以照夜，均得同曜齊明而照臨下土。以興國君也，夫人也；國君視外治，夫人視內政，當有同德齊意以治理國事，如此是常道。今乃如是人莊公，其所接及我夫人，不以古時恩意處遇之，是不與之同德齊意，失月配日之義也。公於夫婦尚不得所，於衆事亦何有所定乎？適曾不顧念我之言而已，無能有所定也。

這是以爲莊姜遭州吁弒兄奪位的變故以後，念及莊公不以恩情相接，失日月之配，傷夫妻之和，使其陷於困苦之境，因而作此追怨之詞。然而以時世考之，州吁弒奪是在桓公十六年，亦即上距莊公之薨已逾十六年。凡人恩怨之情，將隨歲月的消逝而淡忘。莊姜以君母之身，不怨不孝不義的州吁，反怨墓木以拱的丈夫，此豈情理當有的事？況且所謂莊姜「不見答於先君」者，史無可考，詩文亦無人事之敍，怎知該詩必爲莊姜之作？故崔述讀風偶識駁之云：

> 莊公幸嬖人而生子，亦人君之常事，春秋傳中多矣，不得以此爲不答莊姜證也。原序所以爲是說者，無他，皆由誤解春秋傳文，謂莊姜無子由於莊公之不答。是以碩人序云：「莊姜賢而不答，終以無子。」然有子無子，豈盡在答與不答哉？……乃以莊姜無子，遂懸坐莊公以不答之罪，可謂漢庭煆煉之獄矣！莊公之失，惟寵州吁一事耳。然此特由溺愛而無遠慮，與齊僖公之寵無知正同，初不料其後日有弒奪之禍也。果縱妾上僭，果不答莊姜而使之失位，則亦何難廢桓公而立州吁？然則莊公初未嘗有大昏惑之事也，不過說者强以加之，以靳其說之相符耳！

崔氏反駁的理由有三：

㈠左傳有「莊姜美而無子」之文，詩序誤以爲「無子」乃由於「莊公之不答」。其實無子不一定由於不答，夫妻情篤而竟不育者世多有之。

㈡莊公一生並無大過，寵庶子州吁僅出於溺愛，當初未料他以後會有弒兄竊位的事。

㈢如果眞的是妾（州吁之母）上僭，莊姜失寵，莊公自可廢太子完而立州吁。今讓太子完即位，即可證明莊姜無不答的事。他還以爲以不答之罪强加於莊公，直如替古人設煉獄，是冤枉了莊公。

本篇今文家另有人事編敍。魯詩說云：

宣姜者，齊侯之女，衞宣公之夫人也。初，宣公夫人夷姜生伋子以爲太子，又娶於齊，曰宣姜，生壽及朔。夷姜既死，宣姜欲立壽，乃與壽及朔謀構伋子。公使伋子之齊。宣姜乃陰使力士待之界上而殺之，曰：「有四馬白旄至者必要殺之。」壽聞之，以告太子曰：「太子其避之。」伋子曰：「不可，夫棄父之命，則惡用子也？」壽度太子必行，乃與太子飲，奪之旄而行；盜殺之。伋子醒，求旄不得，遽往追之，壽已死矣！伋子痛壽爲己死，乃謂盜曰：「所欲殺者，乃我也；此何罪？請殺我！」盜又殺之。二子既死，朔遂立爲太子。宣公薨，朔立，是爲惠公，竟終無後，亂及五世，至戴公而後寧。詩曰：「乃如之人兮，德音無良。」此之謂也。

這是將史記衞世家所敍宣公殺其太子伋的故事來說日月篇。這一編敍凡傳今文詩說者均尊信之。王先謙詩三家義集疏云：

蓋君子義此二人，代作之詩。不止一篇，二子乘舟新序以爲憂伋壽見害於水作。

又云：

此詩當爲伋聞壽代己先往作也。「胡能有定」，義不可止也。「寧不我顧」、「寧不我報」，謂壽胡不告我而竊旌先往也。「父兮母兮，畜我不卒」，傷父母恩絕，而己將見殺也。「報我不述」，謂棄父之命，我爲不法也。詩四章日月並興，末章父母並稱，則所謂「乃如之人」者，自指宣公、宣姜二人。如伋自作，詩不當稱父母爲「之人」，故知他人作也。

這首詩如依詩文章句來說，不論太子伋自作，或他人代作，都是難以說通的。王氏說：「此詩當爲伋聞壽代己先往作」。即以史說所載，魯說所敍，壽奪旄先行，伋酒醒後遽往追之，其間相距當不逾時。伋知壽志在代死，追趕猶恐不及，何暇作詩？即使作了，一人馳騁荒野，有誰知之？再以史事按之，宣姜宿意構陷，志在爲壽奪位。壽揭其母與弟之謀，太子伋焉能不知？太子伋之所以奉命使齊者，純出於一片孝心，自身安危早已置之度外。故雖經壽一再勸阻，仍欣然獨往，義無返顧。在如此心態下，怎會對其父母說「父兮母兮，畜我不卒」、「乃如之人兮，德音無良」等充滿怨尤的話呢？

詩本但指一人而言，王氏將「寧我不顧」、「寧我不報」說成是太子伋責壽竊旌先往之意。按之史實，壽爲伋死，自無可責。況每章說成既訴父母，又責其弟，割裂文義，使上下不能連貫，這顯然是牽附史事所造成的結果。

王氏知不可通，改說此詩非太子伋作，爲君子所代作。然而既稱代作，當以太子伋的心意爲心意，太子伋的口氣爲口氣，自不能夾雜作者的意見與用語。如王氏解說「乃如之人」句爲代作者的話，非太子伋身分所當有，這即是一個破綻。既代太子伋作這首詩，怎可加入一些不合太子伋身分與心意的言詞呢？今文家如此說詩，較之古文家，實有附會益甚之弊。

終風（邶風）

終風且暴，顧我則笑。謔浪笑敖，中心是悼。
終風且霾，惠然肯來。莫往莫來，悠悠我思。
終風且曀，不日有曀。寤言不寐，願言則嚏。
曀曀其陰，虺虺其雷。寤言不寐，願言則懷。

毛詩序云：

莊姜遭州吁之暴，見侮慢不能正也。

鄭箋於首章「終風且暴，顧我則笑」下云：

既竟日風矣，而又暴疾。興者，喻州吁之爲不善，如終風之無休止，而其間又有甚惡，其在莊姜之旁，視莊姜則反笑之，是無敬心之甚。

孔氏正義於首章下云：

言天既終日風，且其間有暴疾，以興州吁既不善，而其間又有甚惡，在我莊姜之旁顧視我，則反笑之，又戲謔調笑而敖慢己，莊姜無如之何，中心是以傷悼，傷其不能止之。

又於第二章「莫往莫來，悠悠我思」下毛傳云：

人無子道以來事己，己亦不得以母道加之。

孔氏疏云：

州吁既然無子道以來事己，是莫來也。由此己不得以母道往加之，是莫往也。今既莫往莫來，母子恩絕，悠悠然我心思之；言思其如是則悠悠然也。

又於第三章「寤言不寐，願言則嚏」下鄭箋云：

我其憂悼而不能寐，汝思我心，如是我則嚏也。今俗：人嚏，云人道我。此古之遺語也。

這是將終風篇說成是莊姜爲州吁而作的詩，以爲她以母道待州吁，州吁卻不能以子道待她，且常以暴疾、侮慢、戲謔、調笑的態度出現在她身旁，使她深感悲傷。然而他仍廢寢忘食地在思念州吁，表示對他有一份難以割捨之情。

這可謂近乎荒唐的編敍，莫說詩文中無莊姜，即以史事爲據，其難以說通者可有下列數端：

㈠莊姜無子，以戴嬀之子完爲己子，以後完立爲太子，繼承君位，即是桓公。至於州吁，左傳載：「嬖人之子，有寵而好兵，公弗禁；莊姜惡之。」可見莊姜因州吁係嬖妾所生，又性好戰鬥，對他深表厭惡，自然不會以母道待之。吾人如以春秋傳文爲可信，則可推知，州吁既非莊姜之子，莊姜心目中亦未嘗以州吁爲己子，故莊姜絕無可能以母子之道怨州吁。因此，古文家取莊姜史事，以母子之道說終風，實非史籍所當有。

㈡州吁弒奪成功後，自爲衞君。莊姜此時如尚在人間，年事已高，自當安養於高堂後宮，怎會與州吁整日相處，以見其「終風且暴」呢？且以私情而論，桓公曾爲莊姜子，桓公被弒，莊姜自有殺子之痛。面對狠子野心的州吁，只有痛恨與寒心，何來親子之情？

㈢再看終風章句，如以「顧我則笑，謔浪笑敖」說州吁，則州吁顯然在調戲君母，成何體統？如以「莫往莫來，悠悠我思」、「寤言不寐，願言則嚏」說莊姜，則莊姜顯然在戀念賊子，何其無恥！尤其，莊姜如是賢婦，自當潔身自愛，會否吐露私情公之於世？古文家知不可通，改說爲母子之情，然而敍母子之情竟會措詞如此，寧非怪事？如此說詩，究竟是莊姜表錯了情，還是古文家找錯了人？

此篇朱熹說是莊姜爲不見答於莊公之作。其詩集傳於終風首章下云：

> 莊公之爲人狂蕩暴疾，莊姜蓋不忍斥言之，故但以終風且暴爲比。言雖其狂暴如此，然亦有顧我則笑之時。但皆出於戲慢之意，而無愛敬之誠，則又使我不敢言而心獨傷之耳。蓋莊公暴慢無常，而莊姜正靜自守，所以忤其意而不見答也。

朱子看到古文詩說的不可從，所以改州吁爲莊公。從詩文上看，將親子之情改爲夫婦之情，比較可以說通；但問題在於何以見得此詩必是莊姜爲莊公作？說莊公的爲人「暴慢無常」，可有依據？凡是以史說詩，說某人如何如何，必須史有明文記載；說某詩在敍某人，亦須史籍確有此一說法，方才信得。如今所說人事，或說莊姜怨州吁，或說莊姜怨莊公；全無史籍可考，顯有湊合之嫌。至於所敍可通與否，還是其次的問題。關於此篇，崔述有云：

終風序云：「莊姜遭州吁之暴，見侮慢不能正也。」余按：州吁，弒君之賊也。莊姜，婦人，不能討則已耳，豈當愛之而復望其愛己，乃曰：「顧我則笑，謔浪笑敖。」此何言也，而可以出之口？曰：「寤言不寐，願言則懷。」此何人也，而可以存此心？莊姜果賦此詩，一何其無恥乎？朱子集傳固已覺其不合，乃以終風爲指莊公。然比之「終風且暴」，斥之「謔浪笑敖」，皆非莊姜當施之莊公者。且既謂莊姜不見答於莊公矣，又何以有顧我則笑之語？詳其詞意，絕與莊姜之事不類；是以施之於州吁不合；施之於莊公亦不合也。竊謂年遠事湮，詩說失傳者多，寧可謂我不知，不可使古人受誣於千載以上。

崔氏即以莊姜、莊公、州吁的歷史資料、詩文旨趣說明兩說均不可從；並以爲如此說詩，直是誣陷古人。

碩人（衞風）

碩人其頎，衣錦褧衣。齊侯之子，衛侯之妻，東宮之妹，邢侯之姨，譚公維私。
手如柔荑，膚如凝脂，領如蝤蠐，齒如瓠犀，螓首蛾眉。巧笑倩兮，美目盼兮。
碩人敖敖，說于農郊。四牡有驕，朱幩鑣鑣，翟茀以朝。大夫夙退。無使君勞。
河水洋洋，北流活活。施罛濊濊，鱣鮪發發。葭菼揭揭，庶姜孽孽，庶士有朅。

此詩由於左傳有「美而無子，衞人所爲賦碩人也」句，以致說者多從「無子」的一端編敍故事，闡發詩義。毛詩序云：

碩人，閔莊姜也。莊公惑於嬖妾，使驕上僭。莊姜賢而不答，終以無子，國人閔而憂之。

這是以爲國人見莊公寵愛嬖妾，冷落莊姜，以致無子。由於同情莊姜的遭遇，才作碩人這首詩。孔氏正義云：

嬖妾，謂州吁之母。惑者，謂心所嬖愛，使情迷惑，故夫人雖賢，不被答偶。經四章皆陳莊姜宜答而君不親幸，是爲國人閔而憂之。

孔氏據左傳所載，以爲詩序所說的嬖妾，即是州吁之母。且以爲該詩各章行文旨趣，都是在說明莊姜有賢德，卻未得莊公親幸。國人同情其遭遇，才作碩人這首詩。嚴粲詩緝云：

此詩無一語及莊姜不見答之事，但言其族類之貴，容貌之美，禮儀之備。又言齊地廣饒士女佼好，以深寓閔惜之意而已。唯「大夫夙退，無使君勞」二語微見其意，而詞亦深婉。風人之詞，大抵然也。然當時衞人知其事者，一讀其詩，便已默悟矣！首序題以閔莊姜，有左傳可證。說詩者若不用首序，則以此詩爲閔莊姜可乎？

嚴氏以爲如從碩人篇的詞章上看，全是頌美莊姜之詞，絕無「不見答」之義。惟詩人措詞深邃婉約，正言若反，頌美愈甚，愈見其寓有憫惜之意。即如「大夫夙退，無使君勞」二句，詩人敍國人關愛莊公與莊姜新婚燕爾之情何等眞摯！當知詩人言下，即已隱然含有「憫惜」之意。嚴氏還進一步說明詩人這一個憫莊姜之義，並非杜撰，有左傳可證。如不取序義，從文詞上看，自然要說是美莊姜的。

從嚴氏這段話的用意來看，他還是贊同詩序「閔莊姜」之說的。

朱熹詩集傳於碩人篇首章云：

春秋傳曰：莊姜美而無子，衞人爲之賦碩人；即謂此詩。而其首章極稱其族類之貴，以見其爲正嫡小君，所宜親厚，而重歎莊公之昏惑也。

於第二章云：

此章言其容貌之美，猶前章之意也。

於第三章云：

謂諸大夫朝於君者宜早退，無使君勞於政事，不得與夫人相親，而歎今之不然也。

於第四章云：

言齊地廣饒，而夫人之來，士女佼好，禮儀盛備如此，亦首章之意。

可見朱子說碩人，亦據左傳「無子」之文而循毛序之訓，以爲頌美莊姜昔日之盛，即寓今日「不見答」之歎。朱子顯然已從時間上劃分今昔的差距，說成頌美與憫惜同時存在於一詩之中的層疊涵義。碩人是詠莊姜的詩，自無問題。但詠莊姜該不該如古文家以及嚴粲、朱熹所說的那些涵義，這是值得考究的。關於此點，後人持相異之說者多。豐道生云：

衛莊公取于齊，國人美之，賦碩人。

豐氏即不提「無子」之意，以爲純屬頌美之作。

姚際恆詩經通論云：

小序謂「閔莊姜」，詩中無閔意，此徒以莊姜後事論耳；安知莊姜初嫁時何嘗不盛，何嘗不美；又安知莊公何嘗不相得而謂之「閔」乎？左傳云：「初，衛莊公娶於齊東宮得臣之妹，曰莊姜，美而無子，衛人所爲賦碩人也。」亦但謂碩人之詩爲莊姜詠。其云「無子」，亦據後事爲說，不可執泥。小序蓋執泥左傳耳。大序（按：姚氏定各篇序文之首句爲小序，其下爲大序）謂「終以無子」，尤襲傳顯然。僞傳曰：「衛莊公取于齊，國人美之，賦碩人。」孫文融亦曰：「此當是莊姜初止衛國時，國人美之而作者。」所見皆與予合。

姚氏據詩文而言，以爲詩中無閔意，此詩作於莊姜初嫁時，怎知以後會無子？左傳「無子」一詞，實據後事爲說，不可執泥。

崔述讀風偶識云：

碩人，序以爲閔莊姜之詩。謂莊公惑於嬖妾，使驕上僭。莊姜賢而不答，終以無子。國人憫而憂之。朱子集傳從之，更無異說。余按：此篇凡四章：首章言其貴，次章言其美，三章言其婚成，四章言其媵衆；毫不見有刺莊公之意。不知序與傳何從而知之？且玩詩詞，乃其初至時作。當其初至，何由預知異日莊公之不見答，以至無子而閔之？其三章云：「大夫夙退，無使君勞。」方且代體莊公燕爾新婚之情，而惟恐其過勞，烏有所謂憂其不答者哉？揆序與傳之意，皆由誤解春秋傳文，遂並以誤解詩。春秋傳云：「衛莊公娶於齊東宮得臣之妹，曰莊姜，美而無子，衛人所爲賦碩人也。」此詩次章，正言莊姜之美；則是以此詩證其美，非以此詩證其無子也。若云：「美，衞人所爲賦碩人也。而無子。」則語不成文矣。故待其文既畢，然後證之，非謂因其無子而後賦此詩也。且春秋傳所記，並無莊姜不答之事。有子無子，亦不在答與不答也。即孌人生子，亦當在晚節，非莊姜歸時已然，何故初歸而即不答，以致無子乎？二嬀之娶後此矣，然厲嬀生子孝伯，戴嬀生子桓公。莊姜娶於二子之前，何以獨不見答而無子乎？詳序所言，與傳了不相合。乃朱子云此序據春秋傳，得之。嚴氏粲云：「題以閔莊姜，有左傳可證。若不用序，以此爲美莊姜可乎？」此大不解也。且詩果以莊姜賢而不答而閔之，則當極言其賢，微諷其不答。乃但侈談其族之貴，色之美，車服之盛，媵妾之多，賢何在焉？稱人之賢者，固如是乎？至於不答，則絕無一語微露之。朱子但欲曲全序說，乃云：「稱其族類之貴，見其正嫡小君所宜親厚，而重歎莊公之昏惑也。」於三章，則云：「歎今之不然也。」詩自言彼，傳自言此，冤矣！夫詩之體雖婉，要必其言微露此意，乃可從而暢之。若詩絕不言，而吾必謂其有此意，天下尚有不可附會者乎？

崔氏這番議論，摘述其要點，該是：

㈠從碩人各章觀之，僅見頌美，毫無憫莊姜與刺莊公之意。詩序、朱傳何以知之？

㈡玩味詩詞，此詩當作於莊姜初嫁時。此時僅見新婚燕爾，「大夫夙退，無使君勞」，寵愛之惟恐不及，何由預知莊公之不見答以至於無子而憫之？

㈢追究序、傳之說，實由於誤解左傳「美而無子」之句所致。然按詩文所述，但贊其美，未及無子。即使莊姜以後無子，無子的原因不一，未必由於莊公不答。況左傳與史記從無不答的記載。

㈣陳女厲嬀、戴嬀後莊姜而各生子，嬖妾生州吁當更晚於二嬀。足證莊姜初來時無由即遭不答。

㈤國人作詩果因莊姜賢而不答而閔之，就該在詩文中極言其賢，繼而微諷其不答才是。玆觀全詩章句，僅敍其族之貴，其色之美，其車服之盛，其媵妾之多，始終未曾言及其賢，亦無一語微露其不答，說者究竟據何而云然？

㈥朱子只想曲全序說，將各章詩文的美意，都要說成刺歎之義。以致詩自言彼，朱自言此，背道而馳。其實詩體即使婉曲，亦須有蛛絲馬迹可尋，才能讓後人暢述其旨趣。如果詩中絕無其言，亦無其意，說者逕自編述其言其意，這即是附會。說詩者如先存成見，有心附會，則天下還有甚麼事不可加以附會的呢？

綜觀崔氏此文，針對詩序、朱傳予以反駁。舉凡詩文章句的涵義，詩序誤解左傳的原因，作詩時間、莊公三位妾婦生子時間的研判，嚴氏詩緝、朱子詩集傳不合詩義的所在等，都曾作客觀的分析。崔氏觀察敏銳，思考精密，此文自可視爲考證碩人一詩的重要文獻。

以上所討論者，屬古文詩說。至於今文詩說，亦各自不同。魯說云：

傅母者，齊女之傅母也。女爲衞莊公夫人，號曰莊姜。姜姣好，始往，操行衰惰，有冶容之行，淫佚之心。傅母見其婦道不正，諭之曰：「子之家世世尊榮，當爲民法，則子之質聰達於事，當爲人表式，儀貌莊麗，不可不自修整。衣錦褧裳，飾在輿馬，是不貴德也。乃作詩曰：「碩人其頎，衣錦褧衣。齊侯之子，衞侯之妻，東宮之妹，邢侯之姨，譚公維私。」砥厲女之心以高節，以爲人君之子弟爲國君之夫人，尤不可有邪僻之行焉。女遂感而自修。君子善傅母之防未然也。

據王先謙撰詩三家義集疏云：

「傅母」至「然也」，列女傳齊女傅母篇文；此魯義也。

可見魯詩說以爲碩人篇是莊姜的傅母作來告誡莊姜的。但如衡諸詩文與史料，恐仍只是臆度之說。因爲傅母作此詩，不見典籍所載；此其一。傅母如見莊姜「操行衰惰，有冶容之行，淫佚之心」，作詩旨在砥礪其德操，何以僅詠其貴、其美、其車服之盛、其僕從之多，而規箴勵德之言卻未及一字？此其二。春秋傳與史記既無操行衰惰之說，卻敍戴嬀生桓公，莊公令莊姜子之。如莊姜不賢，怎會有此信託？此其三。再以魯說與毛序並立觀之：一言莊姜操行衰惰；一言莊姜賢而不答；取向正好相反。如果序說是先秦遺物，出自聖傳，怎會有如此對立的意見出現？因此，我們對前人這類自相矛盾的詩說，實難以置信。

肆 考證方法舉隅

前文所述，凡各家所提反駁意見，皆各有所據，以證舊說的不可從。這些經過引據與分析而得的論證，即是考證。但由於以詩篇爲主，隨機引發，故所用之方法，缺乏系統。茲特予以整理，列舉其要點與實例，以見考證工作原有一定的方法可循。通過這些方法，對方的主張能否成立，即可一目了然，毋須再以家派的成見爲其解說的準繩。茲舉述如下：

甲、重視詩文本義，以免捨本逐末

歐陽修詩本義本末論有云：

詩之作也，觸事感物，文之以言，善者美之，惡者刺之，以發其揄揚怨憤於口，道其哀樂喜怒於心，此詩人之意也。古者國有采詩之官，得而錄之，以屬太師，播之以樂，於是考其義類而別之，以爲風雅頌而次比之，以藏於有司，而用之宗廟朝廷，下至鄉之聚會，此太師之職也。世久而失傳，亂其雅頌，亡其次序，又採者積多而無所擇。孔子生於周末，方修禮樂之壞，於是正其雅頌，刪其繁重，列於六經，著其善惡，以爲勸戒，此聖人之志也。周道既衰，學校廢而異端起，及漢承秦焚書之後，諸儒講說者整齊殘缺，以爲之義訓，恥於不知，而人人各自爲說。至或遷就其事以曲成其己學，其於聖人有得有失，此經師之業也。惟是，詩人之意也，太師之職也，聖人之志也，經師之業也。今之學詩者不出於此四者，而罕有得焉者，何哉？勞其心而不知其要，逐其末而忘其本也。何謂本末？作此詩，述此事，善者美，惡者刺，所謂詩人之意者本也。正其名，別其類，或繫於彼，或繫於此，所謂太師之職者末也。察其美刺，知其善惡，以爲勸戒，所謂聖人之志者本也，……今夫學詩者求詩人之意而已，太師之職有所不知，何害乎學詩也。若聖人之勸戒者，詩人之美刺是已。知詩人之意，則得聖人之志矣！

歐陽公這段話主要是說明後世詩說多歧，是由於說者的取向不同：有詩人之意，有太師之職，有聖人之志，有經師之業。學者要以詩人之意與聖人之志爲本，太師之職與經師之業爲末。如能本末兼顧，這是最好的；其次是執其本而捨其末；最差的則是捨其本而逐其末。換句話說，即要學者先求詩人之意，求得了詩人之意，聖人之志也就隨之而得。至於太師之職、經師之業，即使不去談它也是無妨的。

關於此點，魏源亦有類似的主張。其詩古微齊魯韓毛異同論有云：

夫詩有作詩者之心，而又有采詩、編詩者之心焉；有說詩者之義，而又有賦詩引詩者之義焉。作詩者自道其情，情達而止，不計聞者之如何也；即事而詠，不求致此者之何自也；諷上而作，但蘄上寤，不爲他人之勸懲也。至太師采之以貢天子，則以作者之詞而諭乎聞者之志，以即事而詠，而推其致此之由，則一時賞罰黜陟與焉。國史編之以備矇誦，教國子，則以諷此人之詩，存爲諷人人之詩，又存爲處此境而詠己詠人之法，而百世勸懲觀感與焉。

魏氏亦從後世詩說多歧上看，以爲詩有作詩者之心，又有采詩、編詩者之心。作詩者原只是自道其情，不考慮對他人或社會將有何樣的影響。至於采詩者（太師）獻給天子，是將詩人之心轉爲聞者之志，即寓有賞罰黜陟之意。最後編詩者（國史）用作教材，又將詩人之心轉爲說詩者之義，用來作爲勸懲百世的典則。

比較歐陽公與魏氏二說的異同，他們都重視作者之心，亦即詩文的本義。只是歐陽公將作者之心與聖人之志放在一起說，自致混淆。又誤以詩序傳自聖人，將聖人之志取代詩人之意來說，結果仍擺脫不了詩序的束縛，以致他的詩說績效不彰。魏氏雖亦强調作者之心，但以詩古微的內容來看，如齊魯韓毛異同論、夫子正樂論、毛詩義例、二南義例等三十餘篇文章，所討論的大都偏重於采、編者的用意，對詩人之心卻絕少注意。此即形成魏氏說詩大處信毛、小處反毛的矛盾現象。

爲什麼他們有見解而不能落實到詩文章句之間呢？因爲他們都重視詩文的敎育功能。即使是一首淺白易解的抒情詩，亦要說成是寓有美刺之義的倫理敎材。他們有意將詩人之心加以掩飾與曲解。因爲如不這樣，詩敎的功能將會消失，三百篇亦將失去其經典的地位。詩人的本意遂在宗經的前提下遭到扼殺。漢儒是如此，宋儒是如此，至於淸儒，亦大都如此。

今日吾人讀詩，知道前人說詩原有所蔽，以致有見解而不能落實；自不能重蹈其覆轍。綠衣篇既無史實與作者可考，爲什麼不平實地說是某婦人自傷之詩？同樣地，燕燕篇當是衞君送其女弟遠嫁他國的詩，日月篇與終風篇是婦人不得於其夫因而自傷的詩。至於碩人篇，左傳、史記爲其本事，自是詠莊姜的詩，但從詩文上看，有頌而無憫，當是莊姜于歸時國人頌美的詩。拋卻一切於史無據於文不洽的附會，才能見得詩人寫作的眞意。

俞平伯葺芷繚衡室讀詩札記（古詩辨第三册）云：

> 昔人講學每厭平淡而喜曲詭，見古人有片句隻字之異說，便爭羅致之，以爲光寵；曾不知詩有本訓，有比附之訓；有本義，有斷章之義。惟古是從，不辨黑白而從之，故讀書愈多而蔽愈甚。

俞氏教人讀詩要以平實的態度求其本訓本義，勿尙比附之訓，斷章之義。這是見得歷代紛繁的詩說以後，希望學者返樸歸眞，重視詩文本義的話，值得吾人記取的。

乙、審核所引資料，以免流於附會

漢儒說詩，常以歷史人物爲其本事。例如關雎篇，古文家說是詠文王、大姒的；今文家說是詠康王晏起的，又如日月篇，古文家說是莊姜自傷的，今文家說是太子伋爲壽而作的。兩家所說人事截然不同，看似各有所據，言之成理，但如作進一步考證，即會發現均無依據，令人難以信從。

最顯明的一個例子，即是商頌的來歷問題。古文家以爲是商朝的作品，那篇毛詩序云：

有正考父者，得商頌十二篇於周之太師，以那爲首。

以爲商頌是商朝的古頌，曾經失散，宋國大夫正考父到周天子的京城，向掌詩樂的太師處搜集而得的。國語上閔馬父亦云：

昔正考父校商之名頌十二篇於周太師。

這說法與詩序相同，似可證明詩序的不誤。可是今文家另有一說。治魯詩的司馬遷在其史記宋世家中有云：

宋襄公之時，修行仁義，欲爲盟主，其大夫正考父美之，故追道契、湯、高宗，殷所以興，作商頌。

史記集解謂韓詩亦說「商頌美襄公」。韓詩薛君章句云：

正考父，孔子之先也，作商頌十二篇。（後漢書曹褒傳引）

可見今文家均以商頌爲宋襄公時大夫正考父作。

商頌究竟是誰作?這是有待作深入考證的。先從正考父的年代來看，史記孔子世家曾載他歷任宋國戴、武、宣三世，其鼎銘曰：「一命而僂，再命而傴，三命而俯，循牆而走，亦莫敢余侮。」這話雖說他地位愈高（杜預注：三命爲上卿），態度愈恭謹；但亦可推知其年事已高，有佝僂老邁之態。由宣公以下，歷莊公、湣公、新君、桓公，始至襄公。皮錫瑞推算至此當有百三四十歲；郭紹虞從左傳、史記定正考父的年代，以爲他非活到百五六十歲不及事襄公。這即證明魯韓詩說以爲宋襄公時正考父作商頌是不能採信的。至於古文詩說以爲是商朝遺物，是正考父從周太師處搜集而得的，這也是不能成立的，其理由有二：

㈠商頌實是宋頌。殷武篇有「奮伐荊楚」句，魏源詩古微云：「楚入春秋，歷隱、桓、莊、閔止稱荊，至僖公二年始稱楚。」故魏氏定烈祖、玄鳥、長發爲美宋襄公詩，至於殷武篇，屈萬里先生詩經釋義取春秋所載楚宋之戰的資料，證明亦是頌美襄公的。既是襄公時的作品，自非商朝古頌；詩序、國語以爲正考父向周太師處取得的說法，即難以成立。

㈡從文體上看，商頌各篇的遺詞用語類似魯頌，不像周頌的質樸。皮錫瑞詩經通論云：

商質而周文，不應周頌簡，商頌反繁。

這是從文體演進的現象以證商頌係遠在周頌以後的產物。經此考證，則知商頌既非正考父所作，亦非正考父所校，商頌與正考父無任何關係。不論毛序或魯說，國語或史記，都只是附會。由此可見對於所引的歷史資料，即使來自正史，仍有嚴加審核的必要。

丙、重視詞語訓詁，以免誤解詩文

俞平伯讀詩札記云：

> 說詩欲明大義，不可不先通訓詁。
>
> 夫文句不明而高談大義者，妄人也。故治詩當先從訓詁著手。先去成見，繼通文義，則大義不說而自明矣！

這是以為詩文大義須藉詞語來表達，詞語如不得其解，篇旨章義亦將隨之而隱晦。進一步說，如果誤解詞語，即會導致篇旨章義的誤解。所以俞氏特別强調訓詁的重要。

以本篇所討論的五首詩而言，詞語平易，原無難解之處；但尚有幾個詞語，由於解釋的不同，以至影響全篇旨趣。所以值得作深入的探詩。其例如下：

㈠燕燕篇有「之子于歸」句，古文家訓「之子」為「戴嬀」，「于歸」為「大歸於陳」。然觀詩經其他詩篇，如召南鵲巢：「之子于歸，百兩將之。」豳風東山：「之子于歸，皇駁其馬。」這些

「于歸」都當「出嫁」講。故崔述讀風偶識云：「詩稱之子于歸者，皆指女子之嫁者言之，未聞稱大歸爲于歸者。」「于歸」訓「出嫁」既爲詩經之通例，訓「大歸」又無他籍之可證，當以「出嫁」之訓爲是。「于歸」既訓「出嫁」，不得訓爲「大歸」，則古文家莊姜送戴嬀歸陳，今文家定姜送子婦歸國的人事編敍，即不能成立。

㈡燕燕篇有「先君之思，以勗寡人」句。「寡人」一詞，曲禮說是諸侯對其臣民的謙稱。老子道德經三十九章云：「是以王侯自謂孤、寡、不穀。」可見「寡人」係王侯的謙稱，王侯夫人不得自稱爲「寡人」。今之辭書有「諸侯夫人亦自稱寡人」的解說，編者即是引燕燕篇「先君之思，以勗寡人」下鄭箋「寡人，莊姜自謂也」作爲依據的。編辭書者以爲只要引得鄭箋即可成立，殊不知鄭箋是在毛詩序「莊姜送歸妾」的前提下曲解而成的。曲禮只說諸侯自稱爲寡人，未說諸侯夫人亦可自稱爲寡人。尤其在先秦史籍中，從無此一記載，可見鄭玄這一「莊姜自謂」的解說是缺乏佐證的。如果我們再拿前段的考證來看，認定「于歸」不是「大歸」，而是「出嫁」，莊姜送戴嬀的故事即不能成立；燕燕一詩的內容與莊姜實不相干，莊姜自稱寡人之說自當一筆勾銷了！

再如今文家以燕燕爲定姜作。然定姜送子婦大歸時，定公尚在，「先君」一詞既無法說通，足證此詩與定姜也毫不相干。由此可見，漢儒爲燕燕所編的兩個歷史故事，我們只要取「于歸」、「寡人」、「先君」三詞加以考證，雙方的破綻立即呈現。這是從訓詁影響篇旨的一個實例。這種實例其他詩篇亦多有之，此處再舉二例於下：

㈢靜女篇有「俟我于城隅」句。毛傳云：「俟，待也。城隅，以言高而不可踰。」這是將「于」

字當「如」字講。「城隅」變成一個狀詞，是形容那位靜女對他的態度，就像城牆那樣的高峻冷漠。這樣說，不僅誤解「于」字，而且也忽略「隅」字當有的涵義。「于」字一定要當介詞解，是「在」字的意思。「城隅」是處所補詞，即所俟的地點。「俟我于城隅」，即「于城隅俟我」，語譯之，即「在城牆僻靜處等我」。只有這樣解，才能合於詩文旨趣。毛傳之所以如此說，是從貞靜之女嚴於自防一端著眼的，這那裡是這首詩當有的涵義呢？

㈣子衿篇首章云：「青青子衿，悠悠我心。縱我不往，子寧不嗣音？」毛詩序云：

> 子衿，刺學校廢也。亂世，則學校不修焉。

毛傳云：

> 青衿，青領也；學子之所服。

鄭箋云：

> 學子而俱在學校之中，己留彼去，故隨而思之耳。禮：父母在，衣純以青。

詩序與毛傳定子衿篇的詩旨爲「刺學校廢」，原以「青衿」爲「學子之服」的緣故。鄭玄從其說而作箋，但又引禮記深衣「父母在，衣純以青」作爲注腳。可是這一注腳正好否定序傳原有的意思。青衿既是父母健在時一般年輕子女所穿的衣服，不限於學子，則序、傳「刺學校廢」的人事編敍即失卻依據。至於該章下文「縱我不往，子寧不嗣音」二句，在「刺學校廢」的詩旨導向下，就得將「我」說成是「教師」，「子」說成是「學生」。以爲學生廢學離去，教師深以爲念，還責怪地說：「即使我不去你那裡，你怎可不捎個信給我呢？」末章還說這位教師徘徊城闕，一日不見學生，就像闊別三月之久。但是曲禮云：「禮聞來學，不聞往教。」學生不來上學，責之可矣，怎會有「縱我不往」之說？尤其老師爲學生而徘徊城闕，思念學生以至於一日不見有如三月，這都是異乎常情的說法。而這一不合情理的詩說，即是由詩序誤解「青衿」開始，傳、箋相繼附會，以致全篇詩義令人至於不忍卒讀的地步。可見詞義解釋的確是馬虎不得的。

丁、探討人事編敍，見其自我矛盾

莊姜的爲人，左傳、史記僅言其美，不及其賢。毛詩序則以「賢而不答」說碩人，肯定她是一位賢夫人。既是一位賢夫人，當以君后之尊爲天下母儀。國君妻妾衆多，自古而然，且頒有朝章國典。有所嬖寵，亦屬常事。如後宮女子成列，但求專寵於一身，不顧他人的眷愛，何以能見其賢？然而作序者據綠衣之文，以爲莊公令妾上僭，以致莊姜失寵而作詩自傷。「心之憂矣，曷維其已！」所憂的只是另一女子蒙莊公眷寵而已！莊公寵己則喜，寵人則憂，一俗女子耳，從何處以見其賢？至於日月篇，詩序說是莊姜遭州吁弑兄竊位之難以後，為不見答於莊公，因而自傷之作。然而考之時世，此時上距莊公去世已有十六年；即使曾遭冷落，總是夫妻一場。況且一般人寫追念的詩文，多屬隱惡揚善。她卻作詩說：「乃如之人兮，逝不相好。胡能有定？寧不我報？」「乃如之人兮，德音無良。胡能有定？俾也可忘。」為了丈夫移情別戀，她即記恨在心，以致十六年前的不愉快事，仍然牢牢記住，說成就像剛發生的事那樣。這種歷久彌新的抱怨態度，連俗女子亦不屑為，又從何處以見其賢？終風篇卻又將莊姜說成是一個畸戀老婦，她受州吁的「謔浪笑敖」，竟然忘了自己君母的身分與遲暮之年，仍希望州吁「惠然肯來」，還說：「莫往莫來，悠悠我思。」「寤言不寐，願言則懷。」可見不管州吁對她如何輕蔑無禮，她卻一往情深，表現出一種刻骨相思的戀情。這會是一位端莊賢淑高齡君母應有的舉止嗎？

我們看了古文家這些人事編敍，知道他們原是基於對莊姜的關愛，想將她塑造成一位賢夫人的形像。不料卻被說成是一個自私、專橫、濫用感情、舉止失當而令人十分可厭的女人。這種矛盾的編敍，即可反證綠衣、日月、終風等篇，原本各自獨立，毫不相干。作序者强自串連，才造成處處齟齬的尷尬局面。

古文家這一故事編敍，不但蹧蹋了莊姜，也使衞莊公遭受池魚之殃。莊公在史書上原無不良的紀錄，其生平惟一憾事，即是溺愛州吁。父母溺愛子女，世多有之，不算是大罪過。由於州吁以後弑兄竊位，才歸罪於莊公，進而推演其過失，以為他令嬖妾上僭，莊姜失位；成為一個不重禮制、不明事理的人。故當毛詩序以閔莊姜「賢而不答」為說時，實即含有貶抑莊公的為人之意。其實莊公、莊姜那有這等行事？說詩者任意編敍，以至於上誣古人，沈冤千載。這在行文的立意上說，的確是有失厚道的。

世人常有一種錯覺，即以爲信古者在維護傳統，較有道德觀念。反之，疑古者在破壞傳統，道德觀念較差。其實不然。許多前人詩說，嚴重地扭曲詩文與史事，處處發生問題，教人如何信得？懷疑他們所編的故事，反對他們的主張，原是要替上古的歷史人物做申辯的工作。不論詩義與史事，做到還其本來的面目，這是疑古者透過考證想要達成的任務。較之信古者不辨是非地一味盲從下去，其治學精神所呈現的負責態度與道德層次，自有差別；孰高孰下？凡是不存家派成見的人，相信都會看得清楚的。

伍　結　論

㈠國風的詩作自民間者多，作自宮廷者少；即如後世的民俗歌謠，涵義平實可見，無須比附曲解。

㈡毛詩序所說的作者與史事，如無史籍可考而又與詩義不相契合者，多不可信。史事、作者與詩文三者之間，當以詩文爲主，詩序所說的史事與作者爲副。如果序說不符詩文當有的涵義，則寧可捨棄序說。

㈢本文透過史料的考證與詩文涵義的審究，以爲毛詩序定綠衣、燕燕、日月、終風四首係莊姜自作的詩，純屬虛構。碩人說是國人閔莊姜賢而不答之作，亦是誤解。至於三家詩說以燕燕爲定姜送子婦大歸而作，日月爲太子伋聞壽先行代死而作，不僅史籍所不載，而且與詩文章句多所牴觸，絕不可從。

㈣從詩文本義上看，綠衣、日月、終風三篇，都是婦人不得於其夫，因而自傷之辭；燕燕係衞君送女弟遠嫁南國之作；僅碩人一詩有左傳、史記可考，確是國人詠莊姜之作。惟作於新婚迎娶時，全篇旨在頌美，無閔意。

㈤考證舊說可信與否的方法，不外乎從詩文本義、所引史料、所編故事情節以及詞語解釋數端著力。其目的在於說明舊說的曲解與附會，以期恢復詩經本來的面目。故疑古者的考證如能行之確當，雖似有悖傳統，實爲正本清源；於詩學當有振衰起敝之功。學者如有志於固有文化的復興與發揚，此爲治學必經之途；前人已著績效，豈可略而不講？

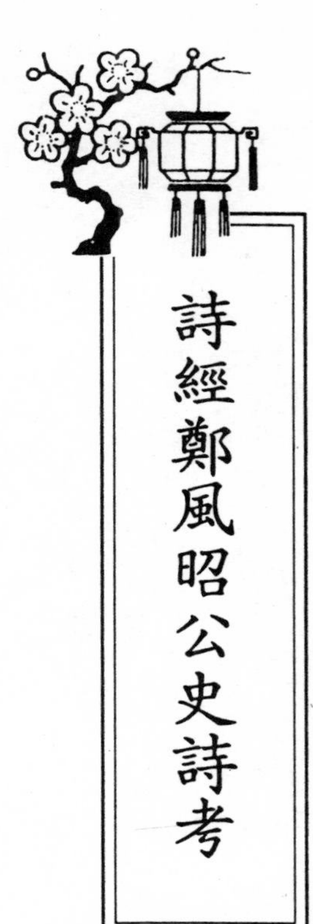

詩經鄭風昭公史詩考

壹 前言

詩經的一大問題，就是詩序史事的編敍該不該信它？前人抱懷疑態度的曾不顧序說，另標新義。即以漢世學者來說，毛詩序係古文學派一家之言，較早行世的三家之說即與之迥異。自宋以後，疑之者多，信之者少；然兩者各是其是，各非其非。一般學者遂以爲詩經距今三千年，不能起古人於地下，無從對質，故或尊序、或反序，祇要有所依據，言之成理，都可視爲一種學術見解，即使形成對立亦不作取捨。以爲如我國民間三教九流的並存於世，自有道並行而不悖的文化價值。

然而詩篇的內容解釋，與哲學的許以各自取向，對人生的各種問題可作截然不同的主張，其性質自有不同。因爲詩文中如無作者，我們即不知道作者是誰？如無年次，我們即不知道作於那一年代？如無史事的敍述，我們也不知道這首詩爲誰而作？有何特別的意義？詩經的國風，有如今世的民歌；民歌絕少爲政治人物而寫，國風的詩遂可推知與政治人物也很少有關係。詩序將所有國風的詩都說成是爲某些政治人物而作的，這已是違反常識的一件事，難怪自唐、宋以來有識之士如韓愈、歐陽修、朱熹、崔述、姚際恆等人都紛紛表示異議，提出反對的意見。他們或從詞章上看，或從史事的考證上看，或從國風的來歷上看，或從三家詩的解說上看，都有一得之見，以證序、傳、箋、疏之不可從。

但是古人說詩常犯一個共通的毛病，即能破而不能立。他們挑剔別人的缺失，說來振振有詞；至於說到自己的主張，卻仍在漢、宋兩代思想之間兜圈子。說到頭來，雖然丟了一個包袱，自己卻又背起了另一個包袱；讓人看了，仍然無法感到滿意。尤其在傳統的詩教觀念下，促使有些學者萌發思古之情，以爲詩序傳世久遠，自有來歷，與其信後世人的話，不如信毛詩序。於是直至今日，我們的學術界談到詩經的篇旨章義時，仍有不少人在尊信序說。

尊序說詩的理由是：詩序既定某詩是爲某人某事作，相信作序者必有所本，決不是憑空揑造出來的。另有一個理由是：詩序以美刺說詩，使淺白的詩文賦予深刻的涵義，即使所說的史事不甚可靠，甚或出於揑造，但是具有政治意義與教化功能；我們就該以諒解的態度去接受它。基於這兩個理由，尊序者至今仍以執著的態度守其一家之言，以爲得自詩學正統，毋庸致疑。

學術見解原不以新舊定高下，卻要以確當與否論是非。所謂確當與否，以詩經研究而言，包括資料的處理、方法的使用以及詩文來歷與性質的辨認等；至於詞章的解釋，乃是其餘事了。如果撇開這些不談，祇取一家之言照本宣科，或完全不顧前人的考證，海闊天空地自創新義，這從學術研究的立場上看，都不能算是嚴謹的態度。比如詩序的史事編敘是否可信？這是決定詩義的一個關鍵性問題，我們應該以求眞的態度查考其依據，探索其原委。如果眞的可信，自然要去信它；如果眞的不可信，不宜由於它涵有教化的美意而去信它。說無爲有，或說有爲無，這都是有違學術良知的事，豈容吾人忽視？

本文取鄭風的六首詩作爲專題討論，原係取樣性質。詩序的人事編敘可信與否，祇要看看詩文詞章、歷史資料與序、傳、箋、疏的敍述是否相應就可知道了！

貳　昭公詩及其史事

詩序定鄭風的詩與昭公忽、厲公突有關的有下列六首：

有女同車

有女同車，顏如舜華。將翺將翔，佩玉瓊琚。彼美孟姜，洵美且都。
有女同車，顏如舜英。將翺將翔，佩玉將將。彼美孟姜，德音不忘。

山有扶蘇

山有扶蘇，隰有荷華。不見子都，乃見狂且。
山有橋松，隰有游龍。不見子充，乃見狡童。

蘀兮

蘀兮蘀兮，風其吹女。叔兮伯兮，倡予和女。
蘀兮蘀兮，風其漂女。叔兮伯兮，倡予要女。

狡童

彼狡童兮，不與我言兮。維子之故，使我不能餐兮。
彼狡童兮，不與我食兮。維子之故，使我不能息兮。

褰裳

子惠思我，褰裳涉溱。子不我思，豈無他人。狂童之狂也且！
子惠思我，褰裳涉洧。子不我思，豈無他士。狂童之狂也且！

揚之水

揚之水，不流束楚。終鮮兄弟，維予與女。無信人之言，人實迋女。
揚之水，不流束薪。終鮮兄弟，維予二人。無信人之言，人實不信。

以上六首詩，沒有告訴我們作者是誰，爲誰而作，甚至於任何相關的史料都找不到；可是詩序都說成與昭公、厲公有關。是否有關？值得作進一步的探討，請先看這兩個人的歷史記載：

春秋（魯）桓公十年載：

冬十有二月丙午，齊侯、衞侯、鄭伯來戰于郎。

左傳云：

初，北戎病齊，諸侯救之；鄭公子忽有功焉。

這是說鄭太子忽曾在這一年的十二月裡率兵伐戎，救齊有功。戰事結束後，接著是冬去春來；春秋載：

春正月，齊人、衞人、鄭人盟於惡曹。

這是伐戎成功後，三國即在惡曹舉行盟會。左傳附記道：

鄭昭公之敗北戎也，齊人將妻之，昭公辭。祭仲曰：「必取之，君多內寵，子無大援，將不立，三公子皆君也。」弗從。

這是說太子忽深得齊人的眷愛，希望將齊侯的女兒嫁給他，使兩國聯姻，敦睦邦交。祭仲也勸他答應這門親事，說是鄭莊公多內寵，太子忽的兄弟也多，如無大國的援助，恐怕將來的君位難保。可是太子忽堅決辭謝，齊侯的希望也落了空。就在這一年，鄭國發生了幾件大事。

春秋桓公十一年載：

夏五月癸未鄭伯寤生卒。
秋七月葬鄭莊公。
九月宋人執鄭祭仲，突歸于鄭，鄭忽出奔衞。

左傳於此經文下云：

宋雍氏女於鄭莊公，曰雍姞，生厲公。雍氏宗有寵於宋莊公，故誘祭仲而執之，曰：「不立突，將死。」亦執厲公而求賂焉。祭仲與宋人盟，以厲公歸而立之。

公羊傳亦載云：

祭仲者何？鄭相也。何以不名？賢也。何賢乎祭仲？以爲知權也。其爲知權奈何？古者鄭國處于留，先鄭伯有善於鄶公者，通乎夫人以取其國，而遷鄭焉，而野留。莊公死，已葬，祭仲將往省于留；塗出于宋，宋人執之。謂之曰：「爲我出忽而立突。」祭仲不從其言，則君必死，國必亡。從其言，則君可以生易死，國可以存易亡。少遼遠之，則突可故出，忽可故反。是不可得，則病。然後有鄭國。古人之有權者，祭仲之權是也。權者何？權者反于經，然後有善者也。權之所設，舍死亡無所設。行權有道，自貶損以行權；不害人以行權。殺人以自生，亡人以自存，君子不爲也。

由此可見，鄭莊公死後，本該由太子忽繼位，但由於宋人執持其大臣祭仲，要他廢忽而立突，以君死國亡相威脅。祭仲迫於情勢，權衡利害，終於隨其所願，廢忽立突。公羊傳還大讚其作爲，以爲是一位善於通權達變的賢相。

這裡有一個值得爭議的問題，即太子忽該不該辭婚？如以後事爲斷，其弟公子突藉宋人的勢力終成篡奪的目的。如果他娶了齊女，有齊國作爲後盾，料想宋人也不敢如此妄爲。即使篡奪於一時，齊人也決不會如此罷休，他的君位也一定會很快地得以恢復。所以後人多以太子忽不聽祭仲的話爲最大的失策。但如作進一步的考察，太子忽辭婚是有他的道理的。史記載道：

（鄭莊公）三十八年，北戎伐齊，齊使求救，鄭遣太子忽將兵救齊。齊釐公欲妻之，忽謝曰：「我小國，非齊敵也。」時祭仲與俱，勸使取之，曰：「君多內寵，太子無大援，將不立；三公子皆君也。」

可見太子忽拒婚，是考慮到齊大鄭小，國力懸殊，恐怕將來對齊女不好駕馭，故知難而退，絕非不識抬舉。況且所謂齊女者，毛傳與孔氏正義以爲即是文姜。後文姜適魯，爲魯桓公夫人，卻與其兄齊襄公淫亂，進而使公子彭生扼殺桓公於車中。故清儒方玉潤詩經原始於有女同車篇云：

刺忽以昏於齊者，從事後論之也。諷忽以宜昏於齊者，事前勸之也。事後論忽固是勢孤援弱，以至失國，似不昏於齊者爲忽失計。迨後文姜淫亂，幾覆魯國，則不昏於齊者，又未嘗不爲忽幸。

方氏定有女同車篇的詩旨爲「諷太子忽以昏齊也」，仍是沿襲序義，不值得採信。惟對忽拒婚之舉，認爲不無見地。以文姜以後的行事觀之，忽沒有娶她爲妻，算是一大幸事。

祭仲立公子突爲君在魯桓公十一年，至十五年，春秋載道：

五月鄭伯突出奔蔡。鄭世子忽復歸于鄭。

左傳云：

祭仲專，鄭伯患之，使其壻雍糾殺之，將享之郊。雍姬知之，謂其母曰：「父與夫孰親」？其母曰：「人盡夫也，父一而已，胡可比也？」遂告祭仲曰：「雍氏舍其室，而將享子於郊，吾惑之，以告。」祭仲殺雍糾，尸諸周氏之汪，公載以出，曰：「謀及婦人，宜其死也。」夏，厲公出奔蔡。

可見公子突爲鄭君之後，患祭仲專權，指使雍糾去刺殺他。雍糾之妻雍姬，是祭仲的女兒，她向乃父告發，於是祭仲殺雍糾，危及厲公，厲公出奔蔡國，祭仲又迎昭公忽復位。這時厲公突主政已有四年。迨至昭公二年，大夫高渠彌恐昭公因前怨終將殺己，於出獵時射殺昭公於野。祭仲與渠彌不敢入厲公，乃更立昭公弟子亹爲君。子亹元年七月，齊襄公會諸侯於首丘，子亹往會，由於與襄公前有仇隙，爲襄公所殺。祭仲復立子亹弟子嬰爲君，稱鄭子。鄭子在位十四年，厲公亡居櫟，使人誘劫鄭大夫甫假，令其殺鄭子。甫假果殺鄭子而迎厲公，厲公得以自櫟復入即位。在位七年而亡。史記云：

厲公初立四歲，亡居櫟，居櫟十七歲，復入，立七歲，與亡凡二十八年。

這是鄭召公忽、厲公突及其弟子亹、子嬰君位爭奪交替的大概情形；其間還配上一位歷任莊公、昭公、厲公、子亹、鄭子五君的執政大臣祭仲。我們瞭解了這段歷史，再讀前列有女同車等六首詩，就可觀察詩序等的解說是否可信了。

參 序說、史事與詩義的省察

詩義的解釋，如果必須依據史事來說，就得省察詩序以及傳、箋、正義等的意見與史事是否相符？與詩文的篇旨章義是否深相契合？序說、史事與詩文的三角關係，是作序者有心搭構起來的，我們如今所要考究的，即是這樣的關係其間有無必然性？反之，如果有問題，將會出現怎樣的問題？以下即逐篇予以討論。

一、有女同車

詩序云：

有女同車，刺忽也。鄭人刺忽之不昏於齊。大子忽嘗有功于齊，齊侯請妻之。齊女賢而不取，卒以無大國之助，至於見逐，故國人刺之。

毛傳云：

忽，鄭莊公世子，祭仲逐之而立突。同車，親迎同車也。孟姜，齊之長女。

孔氏正義云：

忽宜娶齊女與之同車而忽不娶，故經二章皆假言鄭忽實娶齊女與之同車之事以刺之。

傳又云：公子未婚於齊也。齊侯欲以文姜妻鄭太子忽，太子忽辭。人問其故，太子曰：「人各有耦，齊大非吾耦也。詩云：『自求多福。』在我而已，大國何爲？」君子曰：「善自爲謀。」及其敗戎師也，齊侯又請妻之；固辭。人問其故，太子曰：「無事於齊，吾猶不敢；今以君命奔齊之急，而受室以歸，是以師婚也，人其謂我何？」遂辭。

故遂解釋首章的文義爲：

此忽實不同車，假言同車以刺之；足明齊女未必實賢實長，假言其賢長以美之。不可執文以害意也。

這是將有女同車篇說成是詩人爲「刺忽」而作的。但是忽既拒婚，不曾迎娶，何來同車？既未同車，與所詠詩義全不相干，刺忽之說即難以成立。如再以正義之言觀之，太子忽辭婚之言，思慮深遠，無論於人於己，莫不合情合理，較之一般浮薄勢利之徒，實不可同日而語。何以僅據無援之義而刺其拒婚之擧？故如以德行的有無論是非，太子忽可謂有德之人，應予讚美，不應加以譏刺。

其次，詩文明言同車，由於忽既拒婚，與齊女實未同車，無法說通，於是說這是「假言同車」。春秋所載文姜實非賢女，序文卻說「齊女賢」。詩又云「彼美孟姜」，該是姜姓的長女。春秋則無文姜在家行次之敍。正義說是「齊女未必實賢實長，假言其賢長以美之」而已。這樣說來，有女同車這首詩，說的都是假言：說同車實未同車，說賢長實非賢長；至於顏色之美，服飾之盛，都得說成是詩人向壁虛構的假言。但是我們要問：詩人爲甚麼要如此假言？爲了刺忽嗎？據正義所述，忽的拒婚出於理性的抉擇，有何可刺？況且忽如眞有可刺，詩人何必採用反乎常情的假言？觀乎齊風南山、敝笱、載驅三首詩，刺襄公與其妹文姜淫亂之行，坦率陳詞，明白可見；以證詩人如果眞的要刺忽拒婚，忽在位不久，政治勢力遠不如齊襄公，絕無爲了防止他的迫害而作如此假言的必要。

孔氏如此說詩，顯然想將史實與詩義矛盾之處加以彌縫。然而假言之說，有何依據？如此假言的筆法，在詩三百篇中，有無別的例子可擧？

二、山有扶蘇

詩序云：

山有扶蘇，刺忽也；所美非美也。

鄭箋云：

言忽所美之人，實非美人。

扶胥之木生於山，喻忽置不正之人于上位也。荷華生于隰，喻忽置有美德者于下位。此言其用臣顛倒，失其所也。人之好美色，不往覩子都，乃往覩狂醜之人，以興忽好善，不任用賢者乃任用小人。

孔疏云：

忽置小人於上位，置君子於下位，是山隰之不如也。忽之所愛，皆是小人，我適忽之朝上，觀其君臣，不見有美好之子，閑習禮法者，乃唯見狂醜之昭公耳。言臣無賢者，君又狂醜，故以刺之。

由上所述，詩人作山有扶蘇這首詩，旨在刺昭公忽；以爲他用人不當，將小人置於上位，賢者置於下位，是非顛倒，好壞莫辨。但如按之史籍，昭公忽實無用人不當行爲惡劣的表現。祭仲在鄭莊公時表現良好：他曾勸鄭莊公防範共叔段，出於對莊公的忠愛；他曾與諸將率兵拒敵，擊敗來犯的諸侯聯軍，遂又奉莊公之命夜入敵營，慰勞被鄭國將士射傷的周桓王；故深得莊公的寵信，視爲國家的重臣。莊公死，他擁立太子忽，本之傳統禮法。太子忽藉他即位，由他輔政，允爲顧命大臣，功不可沒。說詩者以爲太子忽祇愛小人，不用賢臣，所以說他是「狂且」「狡童」。但是祭仲既非小人；即使是小人，他是前朝遺老，如用人不當，錯在前朝，也怪不得新即位的人。至於太子忽即位不久，宋人執祭仲，逼他廢忽立突，並以君國的存亡相威脅。祭仲迫於情勢，與宋人盟，終至昭公忽出奔衞國，公子突歸鄭即位。祭仲處理這樁事，公羊傳大爲讚揚，許爲知權的賢相。豈可以忽之廢位，遂視祭仲爲小人，昭公忽爲狂狡之徒哉？忽之不幸，全由其弟突篡奪而成。不責狠子野心的厲公突，反責被篡的昭公忽與被宋人脅迫的祭仲，是非顚倒，準的無依，豈是以史說詩者當有的態度？

說者又以爲如忽不拒婚，就不會遭此無援之禍。拒婚與否，當時自有考量，觀之左傳與正義所述，太子忽思慮不可謂不深遠。天下之事，有常有變，常者循人情法理而行，變者則出於偶然因素，當時無從逆料。後人論事，祇能觀其常，不能執其變。說詩者斥昭公爲狂狡之徒，祭仲爲無行小人，實抹殺其常，僅取其變。且以其變之史事而言，亦無理由受此斥責與侮辱。

再以詞章訓釋而言，詩序云：「所美非美也。」鄭箋說成刺忽之用人顚倒，不任用賢者，反任用小人。故以「子都」「子充」爲賢者，「狂且」「狡童」爲小人。此所謂小人，即是指祭仲而言的。孔疏則不然，以「子都」「子充」爲賢者，以「狂且」「狡童」爲昭公。兩家的人事編敍即有很大的差別。其實從詞義觀之，以「狂醜」形容昭公或祭仲的德行已不適當；以「狡童」代稱二人更非所宜。「童」即童子，爲未成年者之稱。祭仲係前朝老臣，年事已高，豈可稱之爲「童」？即以太子忽而言，隱公八年，左傳載：「鄭公子忽如陳，迎婦嬀。」可見其時已娶正妻，十四年後鄭莊公卒，他即君位，這時候他是一位涉世已深、貴爲一國之君的中年人，可否以「童子」稱之？作詩者如果眞的是他的臣民，可否以如此的口吻作詩？

三、蘀　兮

詩序云：

蘀兮，刺忽也。君弱臣强，不倡而和也。

毛傳云：

不倡而和，君臣各失其禮，不相倡和。
人臣待君倡而後和。叔伯言羣臣長幼也；君倡臣和也。

鄭箋云：

槁謂木葉也。木葉槁待風乃落。興者風喻號令也。喻君有政教臣乃行之，言此者，刺今不然。叔伯，羣臣相謂也。羣臣無其君而行，自以强弱相服。女倡矣，我則將和之。言此者，刺其自專也。

孔疏云：

毛以爲落葉謂之蘀。詩人謂此蘀兮蘀兮，汝雖將墜於地，必待風其吹女，然後乃落；以興謂此臣兮臣兮，汝雖職當行政，必待君言倡發然後乃和。汝鄭之諸臣何故不待君倡而後和？又以君意責羣臣：汝等叔兮伯兮與羣臣長幼等，倡者當是我君，和者當是汝臣；汝何不待我君倡而和乎？

由上所錄，可知詩序視諠詩是詩人作來刺昭公的，因爲昭公弱而大臣强，主不倡而臣自和；有大權旁落之譏。毛傳說是君臣失禮，不相倡和。鄭箋又說是君主號令不行，羣臣自相倡和，有刺大臣自專之意。這就成爲三種歧義之訓。然而按之詩文：「叔兮伯兮，倡予和女。」明言對其同伴互相倡和，怎會說成「君弱臣强，不相倡和」呢？詩言倡和，說詩者偏說不相倡和，這那裡是在訓詁，簡直是在任意竄改了！

四、狡　童

詩序云：

狡童，刺忽也。不能與賢人圖事，權臣擅命也。

毛傳云：

昭公有壯狡之志，不與賢臣共食祿。

鄭箋云：

權臣擅命，祭仲專也。不與我言者，賢者欲與忽圖國之政事，而忽不能受之，故云然。

孔氏正義云：

權者，稱也，所以銓量輕重。大臣專國之政，輕重由之，是之謂權臣也。擅命，謂專擅國之教命，有所號令，自以己意行之，不復諮白於君。鄭忽之臣有如此者，唯祭仲耳。桓十一年，左傳稱祭仲爲公娶鄧曼，生昭公，故祭仲立之；是忽之前立，祭仲專政也。其年宋人誘祭仲而執之，使立突；祭仲逐忽立突，又專突之政。故十五年，傳稱祭仲專，鄭伯患之，使其壻雍糾殺之。祭仲殺雍糾；厲公奔蔡。祭仲又迎昭公而復立，是忽之復位，祭仲又專。此當是忽復立時事也。賢人欲與忽圖事而忽不能受，忽雖年長而有壯狡之志，童心未改，故謂之爲狡童。言彼狡好之幼童兮，不與我賢人言說國事兮，維子昭公不與我言之故，至今權臣擅命，國將危亡，使我憂之不能餐食兮。

這是以爲詩文中的「我」，是作這首詩的賢臣，「狡童」與「子」都是指昭公忽而言的。詩中本無其他的人，作序者以爲詩人之所以要刺昭公，是由於權臣擅命，昭公不復與賢臣圖謀國事的緣故。所以必須加上「權臣擅命」才能說明詩意。至於這位權臣詩序雖未說明是誰，自可推知必是祭仲。所以鄭氏云：「權臣擅命，祭仲專也。」孔氏則將祭仲立忽廢忽、立突廢突，終又迎忽復立的歷史簡述了一遍，以證祭仲之擅命專權，實無可疑。然而序文旨在刺昭公忽爲狡童，不是刺祭仲爲權臣。如果眞如詩序鄭孔等人的說法，肯定當時的政權全落在祭仲的手裡，君位任其予取予奪，忽與突都不過是個傀儡，所謂形勢比人强，他們又能有何作爲？後人對祭仲有不好的評議，是因爲左傳載有「祭仲專，鄭伯惡之」這段歷史。厲公突不滿祭仲專權，想派雍糾殺了他，結果反而遭到自己的流亡。昭公忽在位時，如想解除祭仲的政權，豈不遭到同樣的命運？所以在這種政權結構之下，可以刺昭公忽儒弱無能，卻不能斥之爲「狡童」。如果這首詩眞是一位鄭國賢臣作的，既知祭仲擅命，昭公虛有其位，就該刺祭仲，或勸祭仲恪遵君臣之禮，做一個忠君愛國的賢臣；怎會欺善怕惡，不罵曹操罵獻帝？

五、褰　裳

詩序云：

褰裳，思見正也。狂童恣行，國人思大國之正己也。

鄭箋云：

狂童恣行，謂突與忽爭國，更出更入而無大國正之。子者，斥大國之正卿。子若愛而思我，我國有突篡國之事，而可征而正之；我則揭衣渡溱水，往告難也。言他人者，先鄉齊、晉、宋、衞，後之荊楚。狂童之人，日爲狂行，故使我言此也。

孔氏正義云：

作褰裳詩者，言思見正也。所以思見正者，以國內有狂悖幼童之人恣極惡行，身是庶子而與正適爭國，禍亂不已，無可奈何，是故鄭國之人思得大國之正己，欲大國以兵征鄭，正其爭者之是非，欲令去突而定忽也。經二章皆上四句思大國正己，下句言狂童恣行。

鄭人以突篡國，無若之何，思得大國正之，乃設言以語大國正卿曰：「子大國之卿若愛而思我，知我國有突篡國之事，有心欲征而正之，我則褰衣裳涉溱水往告難於子矣；若子大國之卿不於我鄭國有所思念，我豈無他國疏遠之人可告之乎？又言所以告急之意，我國有狂悖幼童之人日日益爲此狂行也。是爲狂不止，故所思大國正之。

這是以爲詩人作褰裳這首詩，旨在希望大國出兵征鄭。「子」，指大國之正卿；所謂大國，是泛指齊、晉、宋、衞等國。「我」，指鄭國作詩的賢臣；「狂童」，鄭氏指忽與突二人，孔氏則專指突而言。「他人」「他士」，則指荊楚等國的正卿。全篇的大意是說：「各位大國的正卿們，你們若肯愛護而且思念我，我就提揭衣裳涉過溱洧之水向你們告難求助，請發兵來征討我國篡位的人。你們如果不肯愛顧我，我難道沒有別國的正卿可以求助嗎？至於我們國內的那位狂悖幼童，如今卻愈來愈狂妄啦！」

這是筆者儘量顧到序、箋、正義的意思而說的。然而這一說法又引發如下的問題：

㈠詩人作詩如果旨在訴求於大國的正卿，希望他們發兵來征討篡奪的人，他即使也是一位正卿，可否以「你想不想我」？或「你如果不來幫助我，我難道沒有別人可求了嗎？」這類口氣向對方說話？

㈡褰裳涉溱、涉洧，是說要提揭衣裳涉水過河。如果是一位當朝卿士，他為國難遠赴大國求助，雖不能「駕彼四駱，載驟駸駸」，亦當有輕騎簡從，循國道通衢而行。總不能隻身徒步，提揭衣裳從河中涉水而過，然後作斯巴達式的長途賽跑吧？

㈢涉溱、涉洧，原是兩岸青年男女在河水已淺又無舟可渡之下的幽會活動。如果說成是由鄭國京城通往他國都要涉溱、涉洧，則國道何在？舟車何用？鄭國豈不成了春秋時期中原諸國中最落後的一個地區？魯桓公十一年，昭公忽出奔衞國；十五年，厲公突出奔蔡國。他們在逃亡之際，是否也都要涉溱涉洧的？

㈣昭公忽即位時，已入中年。故可推知厲公突此時亦非童子。說他是「狂悖幼童之人」，亦與事實不符。

㈤國人作詩，一再罵自己的國君為「狂童」，而且像罵小孩子的口吻說：「狂童啊！你眞是夠狂妄的了！」恐怕也不是一位有教養的賢臣所當有的態度。

古人素重名分。晉靈公暴虐，趙穿弑之，太史董狐書「趙盾弑其君」，孔子贊為良史。如果三百篇曾經孔子編輯而且充作教材，此類詩文的涵義，倘若確如鄭、孔等人之所述，孔子會表贊同而不予刪除嗎？

六、揚之水

詩序云：

揚子水，閔無臣也。君子閔忽之無忠臣良士，終以死亡，而作是詩也。

鄭箋於首章之下云：

激揚之水，喻忽政教亂促。不流束楚，言其政不行於臣下。忽兄弟爭國，親戚相疑，後竟寡於兄弟之恩；獨我與女有耳。作此詩者，同姓臣也。

孔氏正義云：

經二章皆閔忽無臣之辭。忠臣、良士，一也。言其事君，則爲忠臣；指其德行，則爲良士；所從言之異耳。終以死亡，謂忽爲其臣高渠彌所弒也。作詩之時，忽實未死，序以由無忠臣竟以此死，故閔之。

這是以爲揚之水篇也是詠忽的，由於忽無忠臣良士，兄弟爭國，親戚相疑，後終被高渠彌所弒。作此詩的人是其同姓臣子，故在忽寡於兄弟之恩時，此人則願以兄弟待之。由此亦可見忽當時處境之可憫。

這一說法與史事不符合者有三：

㈠當左傳載「齊人將妻之，昭公辭」之際，祭仲曾云：「君多內寵，子無大援，將不立，三公子皆君也。」所謂三公子，即是忽的三位弟弟：突、子亹、子嬰。且左傳於魯莊公十四年載原繁謂厲公曰：「莊公之子猶有八人。」這時忽與子亹、子嬰都已死亡。可見忽爲太子時，兄弟共有十一人。祭仲正以忽的兄弟多爲憂，詩人怎會說他「終鮮兄弟」呢？

㈡作者既不是忽的兄弟，怎可說「維予與女」「維予二人」，自比爲兄弟呢？自古君臣有上下之分，義同父子，爲臣者可否與其君稱兄道弟？

㈢該詩云「無信人之言，人實迋女」「無信人之言，人實不信」，顯係詩人見對方受人挑撥，使他們兄弟感情不睦，才說這樣的話。茲查昭公忽的史料，實無聽信別人的誑言以致疏遠其兄弟的記載。他的不幸，全由突篡奪與高渠彌猜疑所致。不責竊位的厲公突與弑君的高渠彌，反責無辜遭殃的昭公忽；詩人的作意果眞如此，其顯有是非混淆之過矣！

故讀詩至此，筆者有感於古文家說詩，表面上取西周與春秋時期歷史人物來說，似乎提高了詩篇的地位，加深了詩文的內涵；實際上則不然，許多詩篇的內容都被扭曲，僅見其所敍的人事東拉西扯，牽強附會。到了宋朝，朱熹等人之所以倡議反序，即是看到序說不合詩義所引起的。

肆 詩說的演進

我們看了序、傳、箋、疏這樣的解釋詩義，自然難以滿意。回頭再看後世學者的意見，即可發現一個事實：詩說是隨著時代在演進的，學術思想在歷史經驗裡必然是後來居上的。茲擇要學述如下。

一、有女同車

朱熹詩集傳云：

此疑亦淫奔之詩；言所與同車之女，其美如此。

忽之辭昏，未爲不正；至其失國，則又特以勢孤援寡，不能自定，亦未有可刺之罪也。

黃中松云：

此夫婦新昏而誇美之也。猶雅之有車舝爾。婚禮婿親迎至於女家奠雁揖婦，出門御車，授綏同車之義也。婦既升車，婿御輪三周。御者代之，則同行而歸矣。

姚際恆詩經通論云：

小序謂「刺忽」，必不是。解者因以「同車」爲親迎，然親迎豈是同車乎？明係曲解。且忽已辭昏，安得言親迎耶？又謂「孟姜」爲文姜，文姜淫亂殺夫，幾亡其國，何以贊其「德音不忘」乎？

崔述讀風偶識云：

余按詩詞，一則曰「有女同車」再則曰「有女同行」。齊侯之女，深居閨中，何由得與鄭人同車同行？鄭氏不得已乃曲爲之解，以同車爲親迎未聘之女；而遽詠其親迎爲同車，其污衊孰甚焉？一則曰「顏如舜華」，再則曰「顏如舜英」，明明稱其色美，賢何在焉？豈稱人之賢者，固當稱其色乎？抑有色者即爲賢女乎？且齊侯初欲妻忽者，文姜也。文姜淫於兄而弑其夫，何賢之有？忽果娶之，亦不過爲魯桓之續耳。……然則此詩即非淫奔之詩，亦斷斷非刺昭公詩矣！細玩此詩，皆贊女子之美，或男子所作，或女子所作，均不可知；要不過稱其容色之麗、服飾之華，初未嘗有一語稱其賢也。

傅斯年先生詩經講義稿云：

有女同車，美其所愛者之辭。

屈萬里先生詩經釋義云：

由「有女同車」證之，知當爲夫婦，而非淫奔者，蓋淫奔之男女，不得公然同車也。此蓋婚者美其新婦之詩。

王靜芝先生詩經通釋云：

此詩人自美其妻之詩。

歸納以上七位學者的意見：(1)昭公忽辭婚，並無不對，故忽無可刺。(2)既已辭婚，即無同車的可能，故推知決非忽迎齊女的詩。(3)如齊女指的是文姜，文姜淫其兄、殺其夫，豈可讚之爲「德音不忘」？於是多從民間歌謠上說，但主張亦各有不同：(1)朱子以爲淫奔之詩。(2)黃中松以爲迎婚之作。(3)姚際恆以爲親迎不同車，詩言同車，即知此詩絕非作於親迎之時。(4)崔述以爲此詩僅贊同車女子容飾之美而已。(5)傅先生以爲是「美其所愛者之辭」。至於所愛者出於何種關係，不作揣測。(6)屈、王二先生則以爲夫美其婦之作。筆者以爲近世三家之說較能符合詩文旨趣，三說相權，傅氏的涵義較爲融渾。

二、山有扶蘇

朱熹云：

淫女戲其所私者。

姚際恆云：

小序謂「刺忽」，大序（按：姚氏指每篇序文的首句爲小序，以下文句爲大序）謂「所美非美然」，皆影響之辭。……集傳以序之不足服人也，于是起而叛之，以爲淫詩，則更妄矣！

崔述云：

考之春秋經傳，昭公以前爲莊公，射王、囚母、納宋魯之賂，而與其弑君，皆王法所不容；然而鄭人不之刺。昭公之後爲厲公，逐太子而奪其位，倚祭仲以立，而謀殺祭仲。賴傅瑕以入，而卒殺傅瑕。貪忍譎詐，背盟食言，是以謚之爲厲；然而鄭人亦不之刺。獨昭公較爲醇謹，雖無駕馭之才，亦無暴戾之事；謂宜鄭人愛之惜之。然而連篇累牘，莫非刺昭公者，豈鄭人皆拂人之性，好人之所惡，而惡人之所好者乎？則三詩之爲淫奔與否，雖未可知，然決非刺忽，則斷無可疑者。

傅斯年先生云：

相愛者之戲語。

屈萬里先生云：

女子期其所愛者不至，而轉遇所惡之人，因作是詩。

王靜芝先生云：

此詩前後二章八句，敍述極爲鮮明，是女約男至一地會晤，而所期者未至，而另一惡徒至焉。

以上諸家所訓，皆不取序說。惟朱子以爲淫女所作，姚氏斥之爲較詩序「更妄」。崔述則從昭公與乃父莊公、乃弟厲公相較，以爲彼二人劣迹昭彰，當刺而不刺；若昭公者較爲謹厚，無暴戾之行，卻窮篇累牘以他爲刺；這是拂逆情理的作爲。所以他斷定這些詩都不是刺昭公的。近世三家均以男女之情求義，惟較之詩文旨趣，後二說似更貼切。

三、蘀　兮

朱熹云：

叔伯，男子之字也。予，女子自予也。女，叔伯也。此淫女之詞。

姚際恆云：

小序謂「刺忽」，無據。集傳謂「淫詩」，尤可恨。何玄子云：「女雖善淫，不應呼『叔兮』，又呼『伯兮』，殆非人理。」言之污人齒頰矣。

傅斯年先生云：

此詩無義，只是說你唱我和，當是一種極尋常的歌詞，如周南的芣苢。

屈萬里先生云：

此蓋述親故和樂之詩。

王靜芝先生云：

此家人休憩共唱之歌。……若此詩者，家人伯仲，傍晚相聚於槐蔭之下，涼風習習，蘀葉飄落，歡談共樂，心曠神怡。詩人乃信口作歌，家人和之。曰：「蘀兮蘀兮，風其吹汝！」是何等自然之神情，殆爲天籟。若此亦指爲刺，或更指爲淫，則三百篇中，當無有情致之詩矣！

朱子曾說：「風者，民俗歌謠之詩也。」可見他已有國風即民謠的認識；祇是從道學的觀點斥之爲「淫詩」，遭人譏議而已。傅先生純以民謠爲說，屈、王二先生從之；尤以王先生所論，如方玉潤詩經原始之說芣苢，從結伴歌唱的情景上設想，深得鄭樵「詩之本在聲，聲之本在興」的旨趣，可謂的論。

四、狡童

朱熹云：

此亦淫女見絕而戲其人之詞。言悅己者衆，子雖見絕，未至於使我不能餐也。

傅斯年先生云：

一女子爲其所愛者所棄，至於不能餐息。

屈萬里先生云：

此女子斥男子相愛不終之詩。

王靜芝先生云：

此女子見絕於男，而戲其人之詩。

此詩朱子以爲是淫女遭男子遺棄，有意戲弄對方之作。筆者以爲此說不妥者有三：⑴以「淫女」目之，自非所宜。⑵見絕之女求見對方已不可得，那有閒情作戲弄之詞？⑶見絕之女已至於「不能餐」「不能息」，痛苦殊深，何來「悅己者衆」之意？⑷詩文原是「使我不能餐兮」，說爲「未至於使我不能餐也」，顯然將文義說反了。

此篇惟傅、屈二先生之說較能契合文義。

五、褰　裳

朱熹云：

淫女語其所私者曰：「子惠然而思我，則將褰裳涉溱以從子。子不我思，則豈無他人之可從，而必從子哉？」「狂童之狂也且」，亦謔之之辭。

傅斯年先生云：

女子戲語其所愛者之辭。

屈萬里先生云：

此女子斥男子情好漸疏之詩。

王靜芝先生云：

此亦見絕之女，戲謔男子之詞也。

本篇文旨，朱子說是女子與其所私者戲謔之辭；傅先生從之，王先生亦取其意；惟屈先生則以為並非戲謔，乃是斥責。觀其語氣，似較符合。

六、揚之水

朱熹云：

兄弟，婚姻之稱，禮所謂「不得嗣爲兄弟」是也。予、女，男女自相謂也。人，它人也。迋，與誑同。淫者相謂，言揚之水則不流束楚矣，終鮮兄弟，則維予與女矣。豈可以它人離間之言而疑之哉？彼人之言特誑女耳。

王質云：

此詩爲兄弟爲人所間而不協者所作。

方玉潤云：

此詩不過兄弟相疑，始因讒間，繼乃悔悟，不覺愈加親愛，遂相勸勉，以爲根本之間不可相殘。

王靜芝先生云：

此爲兄弟不睦欲求和好之詩。

本篇詩旨王質說是爲兄弟爲人所離間，以致失和而作。這一說法已能切合詩文旨趣。故方玉潤、屈、王諸先生都從之。朱子說是淫詩，訓「兄弟」爲「婚姻之稱」，從男女之情上說。其實詩文既云「終鮮兄弟，維予與女」，從兄弟的感情上說，自是最適當的。如從男女的關係上說，自以一男對一女爲正格，不許多出一個，也不能缺少某方。在如此情況下，如果詩中的「兄弟」是指男女雙方，自無他人加入的需要；即使是彼此情好漸疏，怎能說是「終鮮兄弟」呢？本來就祇是一男一女的關係，又何須說爲「維予與女」呢？所以從詩文中的「終鮮」與「維」字上看，即可推斷朱子之說的不可從。

伍　詩篇來源的審究

談到這裡，我們必須審究的，即這些詩究竟是那一種身分的人作的？如果是來自民間，由平民作的，就該從民歌的性質上談問題；如果是來自政治人物的，就該從政教的方面談問題。詩序「刺昭公」的意見，即是以爲詩人是朝中賢臣，他爲朝政的動盪不安，昭公忽處事用人的乖謬而作的刺詩。這一說法經毛傳、鄭箋、孔氏正義的遵信與闡釋，已臻詳備。但是自唐、宋以來，有些學者即表異議，原因是詩文與所敘的史事不相契合；尤其令人不滿的，即史事的本身都沒有據實來說，常有是非顚倒或無中生有的現象。所以這一派的詩文解說，留給讀者的印象是：牽强附會，善而不眞。也許有人會說，這些詩的史事在左傳裡都有記載，爲何說不可信？其實作序者的手法，即是拿左傳的史事來編造的，不是詩文的內容本來就與左傳相符的。如果在左傳以外其他先秦典籍中，有詩序所敍同一史事的記載，如說有女同車、山有扶蘇等篇都是刺昭公忽的，這就可信多了；可是在左傳以外，找不到一點相關的資料。這就難怪學者們對詩序所編的史事不肯貿然採信了。

其次，我們要加以省察的，即這些詩有無可能是民歌？這又有三個問題：一、詩經中國風的詩是怎樣集成的？二、民歌的特性是甚麼？三、這幾首詩像不像民歌？從國風的來歷上說，風謠的詩多數來自民間。禮記王制篇云：「命太師陳詩以觀民風。」漢書藝文志云：「古有采詩之官，王者所以觀風俗，知得失，自考正也。」這都是說明風謠的詩作於民間，政府設有採詩之官，採集這些詩獻給當政者，再由樂官演奏出來，藉知民風的好壞，施政的得失，讓當政者有所參考與改進。由此看來，國風本係民歌，不是朝中卿士之作。既知都是民歌，民歌的特性是以抒情爲主，敍事爲次，很少說理的。而且所抒的情如果是男女之情，必然是男女之情，不太可能寓有政教方面的意義的。這個問題如想求證，祇要看看近世的一些民俗歌謠就可知道了。

我國各省都有民謠，經專家們的採集與編製，不僅使我們看到歌詞，還可聽到歌聲，看到表情。其主題大都離不開男女之情。即如至今傳誦的康定情歌、馬車夫之戀、在那遙遠的地方、站在高崗上等，都是以抒男女之情爲主的民謠。至於臺灣的鄉土歌謠，兒女情歌亦很普遍。玆舉數首藉資參證。

古史辨第三册顧頡剛論詩經所錄全爲樂歌一文中附載吳歌「跳槽」（樂歌）云：

自從一別到今朝，
今日相逢改變了！
郎呀，另有了貴相好！
噲呀，噲噲唷，郎呀，另有了貴相好！

此山不比那呀那山高；
脫下藍衫換紅袍。
郎呀，容顏比奴俏；
噲呀，噲噲唷，金蓮比奴小。

打發外人來呀來請你，
請你的冤家請呀請弗到。
郎呀，撥勒別人笑！
噲呀，噲噲唷，郎呀，撥勒別人笑！

你有呀銀錢有呀有處嫖，
小妹妹終身有人要！

郎呀，不必費心了！

噲呀，噲噲唷，郎呀，不必費心了！

你走呀你的陽呀陽關路；

奴走奴的獨木橋！

郎呀，處處去買香燒！

噲呀，噲噲唷，郎呀，處處去買香燒！

這首吳歌敍情人移情別戀，女子始則有難以割捨之情，繼則知已無可挽回，以決絕的態度表示從此情緣已了，各奔前程，不再爲情所苦了！我們拿這首詩和「狡童」、「褰裳」來作比較，覺得其中的口吻頗有相似之處。如「狡童」的「彼狡童兮，不與我言兮」之與「跳槽」的「打發外人來請你，請你的冤家請弗到」；「褰裳」的「子不我思，豈無他人」之與「跳槽」的「小妹妹終身有人要！郎呀，你不必費心了」等句的口吻頗相類似。跳槽的歌詞絕無可能另有譏刺之義，遂可推知狡童、褰裳純係民間歌謠，不可能有刺昭公忽的涵義的。

臺灣西北部客家民謠流傳著最古老的山歌，稱爲「老山歌」，是原野山間的產物，絕不是文人墨客所擬作的。其中「老山歌㈠」云：

頭帶笠子就莫拿傘，哪
阿哥咧有雙啊就莫連加。
一壺難裝就兩樣酒，哪
一樹咧難開啊就兩樣花。哪

老山歌㈡云：

摘茶愛摘使嫩茶心，哪
皮皮咧摘來啊就湊上斤。哪
阿哥問妹就摘來做麼介，哪
我摘來咧畀哥啊就發黃金。哪

客家民謠中有一種由「老山歌」與「山歌子」改良成的「平板」調，其中有一首的歌詞云：

一想妹喔子實在真有情，喔哪
千遠喔來路喔頭啊妹來尋。喔
雖然喔酒喔淡喔人意好，喔

錢銀喔使喔了喔也甘心。喔

由這些最可信的民謠來看，所敍的都不出於男歡女愛的主題。老山歌㈠是以女子口吻勸所愛的人不可另結新歡，四句話裡有三句是用比喻方法來寫的，有相當高的表達技巧，情趣自在其中。老山歌㈡也是以女子口吻來表達的，是在山野茶園裡採茶的女子，一面採茶，一面想念她的情郎，不說自己多愛對方，祇說希望把採來的茶賣得的錢送給對方，作爲資本，讓他發大財。這原是一個年輕姑娘對愛情，對財富所熱切期望的。末一首平板調卻是以男子的口吻來寫的，說他想起這位姑娘眞是多情，使他不辭千里之遠來尋找她。雖然酒味淡，卻是情意濃；所以即使花費了不少銀子，也覺得很甘心。這些民歌都是純粹的在敍男女之情，不可能說到政治人物的身上去。拿它們與「有女同車」「山有扶蘇」等篇放在一起讀，可以相信鄭風這些詩，同屬於民間歌謠，不應該離開「情歌」的範圍而另設「刺召公」「刺厲公」等詩義的。如果有人把跳槽、老山歌等與歷史上一些知名人物拉在一起說，指出某詩是美某人或刺某人的，我相信不會有人同意的。回頭來看詩序「刺昭公」這一類的說法，我們也自然表示懷疑了！

由於近幾年來有些學術性的刊物上，還常出現依序說詩的論文，有的長篇連載，有的短篇專題詩論。他們視詩序爲無可置疑的前提，考證說理，惟序是從；才使筆者想作專題探討。例如孔孟學報第三十二期，趙璧光先生著「詩王風、鄭風、齊風興義述」中，討論「山有扶蘇」的詩旨時有云：

狡童猶狂且，毛以狡童指昭公，似有未合。昭公兩度爲君，非大無道者。初不聽祭仲之言辭昏於齊，失大國之援，致被祭仲所逐。及其復國，惡高渠彌而不能去，終爲高渠彌所弒。可知祭仲、高渠彌是亂鄭之權臣，惟圖保其勢位，不顧出賣人主，非狡童、狂且而何？昭公弱主，勢孤力薄，故有女同車、褰裳刺其辭昏，惜之也。山有扶蘇、蘀兮刺其不能去奸，憂之也。

這是以爲有女同車、褰裳、山有扶蘇、蘀兮四首詩，詩序說是「刺昭公」的，原則上是對的；祇是一些細節尚有可議而已。比如狡童篇的「狡童」，毛傳說是昭公；趙先生說是祭仲與高渠彌。筆者則以爲，這樣說詩，仍祇是在詩序、傳、箋的範圍裡打轉。別的不說，祇要想一想昭公忽、祭仲、高渠彌都該是中老年人了，絕無可能稱他們爲「童」的；即可斷定此說的不通了！

孔孟學報第三十七期，王禮卿先生著「詩鄭風恉釋」於「有女同車」之下云：

毛以此詩爲鄭人刺忽之不昏于齊，卒以無大國之助，至于見逐之詩，蓋詩之本義也。三家無異義。……觀序於有女同車，但言「卒以無大國之助，至於見逐」，而不及於被弒。褰裳箋云：「謂突與忽爭國，更出更入，而無大國正之。」則其謂兩詩「作於忽之既奔」，是矣。蘀兮、狡童，序所言皆與忽反國後情事相合。揚之水，序雖有「終以死亡」之言，然詩第憂慮及此，而意未及之，當爲序「要終」之例。則其謂三詩「作於忽之未弒」，亦是矣。惟山有扶蘇，序言「所美非美」，諸家或謂指昏陳媯事，與有女同車爲失援一意之兩面，兩詩時間相接，當皆既奔後國人追怨之詞，應在前立時。……然則此六詩序謂爲忽作者，皆與時世合矣。

又於孔孟學報第四十九期詩鄭風恉釋蘀兮恉考云：

毛序以此爲君弱臣强，不待君倡而臣自和，爲刺忽失政之詩。此詩之本義也。

又於同篇狡童恉考云：

毛序以此爲刺忽不與賢人圖事，致權臣擅命之詩。此詩之本義也。三家無異義。

由此可見，趙、王二位先生以爲詩序已得詩文的本義，序、傳、箋、疏等所編的故事，所說的刺義必要去信從的。他們就在這樣的前提下談詩義、說考證，不看前人的反駁也不顧風謠的性質，僅守古文學派一家之言。這從詩經學術演進的觀點來看，顯有偏執之弊，恐怕不算是很適當的。

陸　結　論

㈠詩序提示詩旨，成爲說詩的前提，如果說得對，對讀者的幫助很大；如果說得不對，成爲誤導，對讀者的害處亦很大。所以有必要對各篇詩的序說作深入的考證與價值的評估。

㈡前人尊信序說，以爲詩序來自孔子、子夏的傳授，毋庸置疑；甚至斥不信者爲無根之學。然以筆者觀之，根不在序，而且詩序已成爲詩旨尋根的最大障礙。如果這道障礙不予撤除，尋根的工作將無從著力。

㈢從鄭風六詩刺昭公的序文來看，作序者取左傳的史料作爲依據，以爲足以令人信服。可是昭公拒婚，由於齊強鄭弱，恐將來對齊女不易駕馭，這是穩健的作法；權臣擅命，這是由於祭仲爲前朝遺老，權重難移。繼位不久，即遭驅逐，這是由於其弟公子突藉大國之助篡奪所致。故說昭公謹厚、懦弱，可；呼昭公爲狡童、狂徒，則不可。如細考史籍所載，昭公的敗亡，多屬外來因素，非其過失所致。序說所論，殊與史實不符。

㈣從詩篇的來歷上看，國風的詩，多屬民間風謠，所敍如屬男女之情，不大可能寓有君臣之義。這可從古今民謠的性質得知。朱子曾說：「風者，民俗歌謠之詩也。」又說：「某自二十歲時讀詩，便覺小序無意義；及去了小序，只玩味詩詞，卻又覺得道理貫徹。」又說：「熹嘗病今之讀詩者，知有序，不知有詩也。」這即是要我們認清風謠的來歷，重視詩文本身的涵義。尤其，當序說與詩文內容發生衝突時，要以詩文爲主，不可捨詩文而就序說。這些意見都是讀詩的大經大法，值得我們三復其言的。

㈤本文取鄭風六詩作專題討論，原係取樣性質。如確知這些詩與鄭昭公無關，序文出於杜撰；則國風其他的詩大都亦可類推而知矣。

總之，詩序之陋，前人指述已多，今世已成共識。如仍尊之信之，就須有更新的資料與更有力的證據才行。不然，徒見其抱殘守缺，自囿於一家之言，形成觀念的僵化；即使有所討論，筆舌滔滔，祇不過舊調重彈而已，於詩學研究又有何裨益呢？

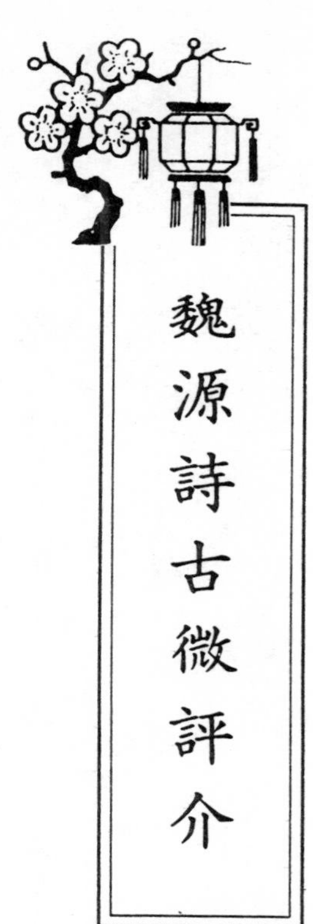

魏源詩古微評介

壹 前言

魏源，字默深，生於清乾隆五十九年（一七九四年），卒於清咸豐七年（一八五七年），享年六十三歲。湖南邵陽人，道光進士，曾任高郵州知州。文筆奧衍，熟於掌故。經學與龔自珍齊名；承常州學派之餘緒，著作有書古微、詩古微、公羊古微、董子春秋發微等。力申今文，以張公羊之說。史學地學，則旁徵博引，搜羅海內外資料，著聖武記、海國圖志等。歷述清初武功，推求盛衰之理，並介紹西洋歷史地理，以師夷長技以制夷相倡導。其海防思想，不僅爲清末談洋務者所必宗，流風餘韻，且又東瀛，於日本幕末維新志士發生莫大影響。

詩古微作成於道光九年（一八二九年），時年三十六，先生曾於其初稿自序中述其大旨云：

詩古微何以名？曰：所以發揮齊魯韓三家詩之微言大誼，補苴其罅漏，張皇其幽渺，以豁除毛詩美刺正變之滯例，而揭周公孔子制禮正樂之用心於來世也。蓋自四始之例明，而後周公制禮作樂之情得；明乎禮樂而后可以讀雅頌。自迹熄詩亡之誼明，而后夫子春秋繼詩之誼章；明乎春秋而後可以讀國風。正變之例不破，則雅頌之得所不著，而禮樂爲無用也。美刺之例不破，則國風之無邪不章，而春秋可不作也。禮樂者治平防亂自質而之文；春秋者撥亂返治由文而返質。故詩之道必上明乎禮樂，下明乎春秋，而後古聖憂患天下來世之心不絕於天下。

由此可知該書行文要旨，在於宗三家而抑毛；反對毛詩序正變美刺之說，闡述周公、孔子制禮正樂之用意以及詩與春秋的相承關係。

魏氏繼又述其治詩之經過，以及其涵濡之心得曰：

學問之道不憤不啓，不悱不發，不以一隅反三隅則不復。余初治詩，於齊魯韓毛之說，初無所賓主；顧入之久，礙於此則通於彼，勢不得不趨於三家，始於礙者卒於通，三家實一家。積久豁然，全經一貫。明亡蔀祛，若牖若告，憤悱啓發之功也；舉一反三之功也。學問之道固不可淺遇而可深逢者也。雖然，詩教止於斯而已乎？韓詩外傳言：「昔者子夏彈琴以詠先王之風，有人亦樂之，無人亦樂之。至於發憤忘食。然孔子猶造然變容曰：『子已見其表未見其裡，窺其門不入其中；安知其奧藏之所在乎？邱嘗冥心以入其中，前有高岸，後有深谷，塡塡乎正立而已。』」此所謂深微者也。深微者何？無聲之禮樂，志氣塞乎天地，此所謂興觀羣怨可以起之詩，而非徒章句之詩也。

魏氏於此自述其讀詩經過，初習四家，無分軒輊；後由博返約，捨毛而就三家。積久豁然，全經一貫；要以興觀羣怨之旨，通乎幽隱，得其精微，非徒以詞章之學爲能事也。

詩古微成於揚州絜園，內分齊魯韓毛異同論、夫子正樂論、毛詩義例、四始義例、二南義例、詩序集義等三十餘篇，約二十五萬言。刊行以後，深受學者重視。

陽湖李兆洛云：

> 𠜚劃數千年來相傳之篇第，掊擊數千年來株守之序箋。……非有獨是之見者不克臻此。

涇縣胡承珙爲專治毛詩者，於魏氏治詩之態度頗持異議，惟讀詩古微，亦多所稱許。在其與默深書中有云：

> 發難釋滯，迥出意表。所評四家異同，亦多持平，不愧通人之論。至於繁徵博引，縱橫莫尚。古人吾不敢知，近儒中已足與毛西河、全謝山並驅爭先矣！

楊守敬嘗於重刊詩古微序中，深慨東漢之後，古文家之說行，今文家之說衰，遂使先聖之微言大義不傳於世。其讚詩古微云：

> 張皇幽眇，歸之大道，向之棄之如遺，噤不敢出口者，至此大聲疾呼，曠若發蒙。蓋二千年之絕學，天實啓之，非𧗽足言也。

梁啓超著清代學術概論，其中論今文學一章，評魏氏詩古微云：

論詩不爲美刺而作。……深合爲文藝而文藝之旨，破二千年文家之束縛。又論詩樂合一，……皆能創新見，使古書頓帶活氣。

由上可見，魏氏該書深得學者之讚許，以爲徵引詳博，筆勢縱橫，使今文絕學得以復興，使千年古書頓帶活氣。

筆者研讀之餘，不揣謭陋，作成此篇。除介紹其主要內容與思想源流外，並列舉其可資商榷者，作爲獻曝之拙見。至於前述諸君子揄揚之義，於此則恐有所拂逆矣！然學術無窮，眞理是尚，前賢治學業績至今視爲不甚彰著者，亦屬時勢使然，人類之知識領域不斷開展有以致之也。

貳　詩古微主要觀點

一、有關詩序的討論

魏氏是今文學者，偏重於三家詩說，對毛詩序抱否定態度。茲擇要討論於下。

甲、從四家詩說淵源上考證

詩古微卷首即云：

漢興，詩始萌芽，齊魯韓三家盛行，毛最後出，未立博士，蓋自東京中葉以前，博士弟子所誦習，朝野羣儒所稱引，咸於是乎在，與施孟梁邱之易，歐陽夏侯之書、公羊穀梁之春秋，並旁薄世宙者幾四百年。末造而古文之學漸興，力劇博士今文之學；然肅宗令賈逵撰齊魯韓毛異同，六朝崔靈恩作毛詩集注，皆兼采三家，使其書並傳，切劘六義，羽翼四始，詎不羣燎之燭長夜，衆造之證疑獄也哉？鄭康成氏少習韓詩，晚歲舍韓箋毛。及鄭學大昌，毛遂專行於世。人情黨盛抑衰，孤學易摒而難輔；於是齊詩魏代即亡，魯詩亡於西晉，韓詩唐宋尚存。……

這是說兩漢原只推崇今文家之說，並設置五經博士；詩經亦惟三家是問。迨東漢末年，鄭玄爲毛作箋，毛詩隨之大行於世，以致三家相繼衰亡。

毛詩之所以盛行，古文學者曾指出三家詩的諸多缺失；魏氏歸納為三點，並予以駁正。其文如下：

要其誣三家者不過三端，曰：「齊魯韓皆未見古序也；毛詩與經傳諸子合而三家無證也；毛詩出子夏孟荀而三家無考也。請一一破其疑而起其墜以質百世。程大昌曰：「三家不見古序，故無以總測篇意；毛惟有古序以該括章旨，故訓詁所及，會全詩以歸一貫。」然考新唐書藝文志，韓詩二卷，卜商序，韓嬰注。韓詩如關雎刺時也，漢廣說人也，汝墳辭家也，芣苢傷夫有惡疾也，黍離伯封作也，……皆與毛序首語一例；則韓詩有序明矣！齊詩最殘缺，而張揖魏人，習齊詩，其上林賦注曰：「伐檀刺賢者不遇明王也。」其為齊詩之序明矣。劉向，楚元王孫，世傳魯詩，其列女傳以芣苢為蔡人妻作，汝墳為周南大夫妻作，燕燕為定姜送婦作，……視毛序之空衍者尤鑿鑿不誣。

這是列舉齊魯韓三家詩序，以駁程大昌無序之譏。魏氏並以為三家不僅有序，而且所序一例，以示同源。

鄭樵曰：「毛公時左傳、孟子、國語、儀禮未盛行而先與之合，世人未知毛詩之密，故俱從三家，及諸書出而證之，諸儒得以考其異同得失，長者出而短者自廢，故皆舍三家而宗毛。」應之曰：「齊詩先采蘋而後草蟲，與儀禮合；小雅四始五際次第與樂章合，魯韓詩說碩人、二子乘舟、載馳、黃鳥與左氏合，說抑與昊天有成命與國語合，說騶虞樂官備與射儀合，說凱風、小弁與孟子合，……其不合諸書者安在？而毛詩則動與牴牾，其合諸書者又安在？顧謂西漢諸儒未見諸書，故舍毛而從三家，則太史公本左氏、國語以作史記，何以宗魯詩而不宗毛？賈誼、劉向博極羣書，何以新書、說苑、列女傳宗魯而不宗毛？謂東漢諸儒得諸書證合，乃知宗毛而舍三家，則班固評論四家詩，何以獨許魯近？左傳由賈逵得立，服虔作解，而逵撰齊魯韓毛詩異同，服虔注左氏，鄭君注禮，皆顯用韓詩。許君說文引詩，十九皆三家。若云長者出而短者廢，則鄭荀王韓之易賢於孟施梁邱，梅賾之書賢於伏生，夏侯歐陽韓詩外傳賢於韓詩內傳，左氏之杜預注賢於賈服，而逸書十六篇、逸禮七十篇皆亡所當亡耶？」

這是列舉三家詩說與諸子合，西漢諸子著書作注皆宗三家，以駁鄭樵宗毛之說。毛詩獨傳，三家俱廢，未必是優勝劣敗之證。

姜氏炳璋曰：「漢四家詩惟毛公出自子夏，淵源最古。且魯頌引孟仲子之言，絲衣序列高子之言，北山序同孟子之語，則又出於孟子，而大毛公親爲荀卿弟子，故毛傳多用荀子之言，非三家所及。」應之曰：「漢書楚元王傳，言浮邱伯傳魯詩於荀卿，則亦出荀子矣。唐書載韓詩卜商序，則亦出子夏矣。韓詩外傳高子問載馳之詩於孟子，孟子曰：『有衞女之志則可，無衞女之志則怠。』……故漢書曰：『又有毛公之學，自言子夏所傳。』自言云者，人不取信之詞也。至釋文引徐整（三國吳人）云：『子夏授高行子，高行子授薛倉子，薛倉子授帛妙子，帛妙子授河間人大毛公，毛公爲詩敘訓傳於其家，以授趙人小毛公，小毛公爲河間獻王博士。』一云：『子夏授曾申，申傳魏人李克，克傳魯人孟仲子，孟仲子傳根牟子，根牟子傳趙人孫卿子，孫卿子傳魯人大毛公。』夫同一毛詩傳授源流，而姓名無一同；且一爲出荀卿，一以爲不出荀卿；一以爲河間人，一以爲魯人；輾轉傅會，安所據依？豈非漢書『自言子夏所傳』一語，已發其覆乎？以視三家源流孰傳信？孰傳疑？姜氏其何說之詞？」

這是舉漢書、唐書、韓詩外傳等記載，以證三家序說實得自子夏、孟、荀。反之，復舉漢書所載「又有毛公之學，自言子夏所傳」句，以及釋文引徐整所述毛詩傳授二個系統，處處令人置疑；以駁姜炳章「毛公出自子夏，淵源最古」之說。

毛詩傳世既較三家後出，其序說的來歷自然值得懷疑。魏氏於毛詩義例下有云：

考詩序之說，不見於史記、漢書，即毛傳亦絕無序字。……後漢書稱衞宏作毛詩序，善得風雅之旨。……鄭（玄）君古文尚書之學出於衞宏，故其箋詩雖間用韓詩故訓，以弼毛傳，而其大義異衞者無之。凡異於毛又非三家者，皆徇衞序爲說。

這是以爲史記、漢書甚至毛傳都不曾提及毛詩序，可見毛詩序絕非前漢之作。後漢書既明言衞宏作毛詩序；鄭玄古文尚書之學又出自衞宏，箋毛但徇衞序爲說，也是理所當然的事了。魏氏這段話直是替前述反毛序的言論下了一個注腳，毛詩是否最古？於此可以見之矣！

乙、毛詩序誤解詩義的舉證

魏氏從毛詩序解說詩義中，發現許多失誤，曾列舉十八例以證之。茲略舉數例於左：

千古皆謂毛詩以關雎爲后妃求賢之詩，……明爲求妃之詩，無一言及于后妃之求嬪御。自衞宏因毛傳中「不淫其色」，以傅會于論語哀樂之云，而于大序中增入「關雎樂得淑女以配君子，憂在進賢，不淫其色，哀窈窕，思賢才，而無傷善之心」；然其意尚以淑女即后妃。至鄭箋，遂訓左右爲佐助，謂后妃欲得淑女，能和衆妾之怨者，助己共祭祀之職。孔疏因改序中關雎樂得淑女爲后妃樂得淑女。毛傳既不得夫子之意，（如以樂而不淫屬后妃，哀而不傷當屬君子。與義乖隔）續序又不得毛傳之意，（毛以樂屬后妃，續序則以樂屬關雎。詩人明出二手，且憂在進賢，不淫其色，與樂相悟。至哀窈窕而無傷善，于文不詞。故鄭破哀爲衷，又背論語）鄭孔又不得續序之意，（序謂詩人求賢妃，非謂后妃求賢妾）烏焉三寫，屢變離宗；而祖毛者皆以墨守，諍毛者皆以藉口。豈知與毛絕無交涉；其失一也。

凱風序云：「美孝子也。」毛序亦無幾微不安其室之意。續序傅會衞詩，而爲淫風流行，不安其室之說；與毛傳不合，與孟子趙岐注不合，與漢詔、漢碑、漢詩俱引以頌母儀者不合；失五也。

這是從關雎詩序傳箋與孔疏的詁訓闡釋中，以證其未得詩旨，愈說愈疏。

魏氏分毛序爲二：其首句如「關雎，后妃之德也。」「葛覃，后妃之本也。」「凱風，美孝子也。」爲毛序（或稱古序），比較可信；至於其下文句，稱爲衞序（或稱續序）以爲係衞宏所附益，多不足信。凱風續序云：「衞之淫風流行，雖有七子之母，猶不能安其室，故其七子能盡其孝道，以慰其母心，而成其志爾。」這一段說母氏不安於室的話，與詩文本義不合，與毛傳所訓的涵義不合，與漢詔、漢碑、漢詩所引以頌母儀的旨趣大相違背；所以不可信從。

孟子有「凱風，親之過小者也」一語，然未說明究爲何過。詩序竟說成在衞國淫風流行下，以致養有七子之母，猶不安於室。爲母不安於室，豈是小過？按之詩文，絕無其義；故知毛序的是誤解。

考槃序：「刺莊公也。」傳釋「永矢弗告」爲「無所告語」，則不過賢材幽隱之思。箋遂謂「誓不忘君之惡」「誓不過君之朝」「誓不告君以善」；失六也。

考槃三章，每章四句，敍賢者在山林溪澗中得隱居獨處之樂。故孔叢子云：「于考槃，見遁世之士無悶于世也。鄭玄竟箋其末句「永矢弗諼」爲「長自誓以不忘君之惡」，「弗過」爲「不復入君之朝」，「弗告」爲「不復告君以善道」。言詞間充滿對其君的怨懟憤懣之情，怎像是一位有德操涵養的隱者？故鄭說絕不可從。

序言刺時者十有一篇，自園有桃、鴇羽外，如靜女、氓、伯兮、有狐、著、東門之楊、澤陂皆男女之詩，而魏風十畝之閒、陳風東門之池亦皆序云刺時；十畝傳云：「閑閑，男女無別往來之貌，或行來者，或來還者。」東門之池，傳云：「晤，遇也。」相遇而歌，其爲刺男女時俗之詩，一望可見。續序不察，於十畝篇則造「爲其國削小，民無所居」之說；於東門篇則造「爲思賢女以配其君」。鄭因改訓「晤」爲「對」以遷就之，皆於傳不合，於經無取，失九也。

國風的詩多屬民間歌謠，亦即魏氏所謂「男女之詩」，如靜女、伯兮、氓、東門之楊等，毛序說是刺時的，自是附會；魏氏列舉其失，誠爲有得之見。

詩之世次，不見於毛序，而惟見於續序者，如蝃蝀、相鼠、干旄之爲衞文公，氓爲衞宣公、遵大路爲鄭莊公、鴇羽爲晉昭公世，皆毛無明文。王風以兔爰爲桓王，則前後皆平王詩；崔靈恩至改下篇葛藟之序爲桓王以就之矣。以丘中有麻爲莊王，則王風終於平王，故春秋作於平王之末，不應有平王後詩矣。失十六也。

這是以爲續序所定詩的世次都不足信，尤其定爲桓王、莊王之世者，與魏氏所信王風必終於平王之世者不合，故以爲尤須排除。

續序不過因史記有衞、鄭、齊、晉、陳、曹世家，故各傳以惡謚；至魏、檜之無世家者，則但仍毛以爲刺其君其夫人，以此之蹈虛，則知前之失實。失十七也。

這是說明毛詩序的人事編敍，是取材於史記的衞、鄭、齊、晉、陳、曹等世家；魏、檜無世家，亦即無人事資料可求，所以二者序文都未實指其人。由此反證，則知其他國風許多詩篇的人事編敍，實出於作序者的附會。魏氏這一觀點頗爲確當，可視爲攻擊詩序的有力證據。

二、有關美刺之義的討論

甲、毛詩美刺之說，有違作者本義

詩古微齊魯韓毛異同論云：

甚哉美刺固毛詩一家之例，而說者又多歧之，以與三家燕越也。夫詩有作詩者之心，而又有采詩、編詩者之心焉；有說詩者之義，而又有賦詩引詩者之義焉。作詩者自道其情，情達而止，不計聞者之如何也。即事而詠，不求致此者之何自也；諷上而作，但蘄上寤，不爲他人之勸懲也。至太師采之以貢於天子，則以作者之詞而諭乎聞者之志，以即事之詠，而推其致此之由，則一時賞罰黜陟興焉。國史編之以備矇誦，教國子，則以諷此人之詩，存為諷人人之詩，又存為處此境而詠己詠人之法，而百世勸懲觀感興焉。請舉三家詩例與毛詩之例質之：今所存韓詩序自關雎、蝃蝀、雨無正、那頌四篇為美刺外，餘皆自作之詞。新序、列女傳載魯詩諸序，亦無一篇為美刺詩以言志，百世同揆，豈有懽愉哀樂專為無病代呻者耶？然毛以二南皆美文王后妃之化，而韓則以漢廣為說（通悅）人，汝墳為辭家，芣苢傷夫有惡疾。毛以變雅皆刺幽厲，而魯韓則以抑及賓之初筵為衛武自儆，白駒為賢者招隱；是三家特主於作詩之意，而毛序主於采詩編詩之意。……序詩者與作詩之意絕不相蒙。作詩者意盡於篇中，序詩者事徵於篇外。是毛傳仍同三家，不以序詩為作詩，似相牴而非相牴也。本三例以讀全詩，則知芣苢、兔罝、摽梅、漢廣，皆男女民俗之詩，而推其止乎禮義，則以為文王后妃之化焉。雄雉、伯兮、君子于役，本室家思其夫；葛生本寡婦悼亡，君子陽陽本遭亂招隱，而推其怨曠自傷之由，則以為刺宣公、刺時、刺晉獻公、刺平王、閔周室焉。……雖非詩人言志之初心，適符國史美刺之通例。此則齊魯韓毛各有所得，觀其會通，以逆其志，未始不殊途同歸者也。三家之得者在原詩人之本旨，其失者在兼美刺之旁義。毛詩之得者，在傳與序各不相謀，其失者在衞序、鄭箋專泥序以為傳；是故執采詩者之意，為作詩者之意。

魏氏此文先從說詩的方向上說，以為詩說之所以多歧，是由於各人的取向不同。有從詩人的心意上說，有從採詩獻詩者的心意上說，有從編詩教詩者的心意上說。作詩者自道其情，情達而止；即事而詠，不求致此之由；諷上而作，不為他人之勸懲。學者如能循此而說詩，自是最好的說詩態度。如毛序曰：「甘棠，美召伯也。」「泉水，衞女思歸也。」「黃鳥，哀三良也。國人刺穆公以人從死，而作是詩也。」至於採詩者將詩獻給國君，旨在反映民情，作爲施政的參考，故須以作者之詞轉爲聞者之志，並推究所以致此之由，以興賞罰黜陟之意；則此時所說的詩義，已非詩人的本意。如毛序曰：「關雎，后妃之德也。」「凱風，美孝子也。」「谷風，刺夫婦失道也。」美刺之說即由此而興。至於國史編作教材以教國子，將原所諷諫某君的詩，作爲百世懲勸的典則；於是一首男女情詩，說成含有微言大義，郅治成法。自然這一類的說法，距詩人的本意又更遙遠了。

魏氏舉述此三種說詩態度，旨在說明三家詩與毛詩不同之處，即前者取詩人作詩之意，所以較少以美刺說詩；後者則取採詩編詩之意，所以從詩文之外求義，即偏於詩之政教影響，社會功能。不過在毛詩中，他以爲毛傳不取美刺之說，有異於衞序、鄭箋，卻與三家相類。

魏氏之所以輕毛而重三家，此爲原因之一。

乙、美刺與無邪之義的關係

孔子有「詩三百，一言以蔽之，曰思無邪」之語，毛序爲之創美刺之說，即將一些男女情詩世人視爲淫邪者一概說成刺某當政者的詩。魏氏據三家詩說，以爲三百篇不能無邪。其於毛詩義例篇有云：

或曰：毛詩家必守美刺爲詩人本意者，蓋恐妨無邪之旨也。則請先徵之三家詩，再徵之毛詩。考韓詩：

「漢廣，説人也。」「溱洧，説人也。」於陳風，以「心之愓愓」爲「説人」；於齊風，云「彼姝者子」，詩人言「所説者顏色美盛。」若東方之日，魯詩白虎通義曰：「孔子謂『鄭聲淫』何？鄭國土地人民山居谷浴，男女錯雜，爲鄭聲以相説懌，故邪僻聲皆淫色之聲也。」此班固本魯詩説；故其作地理志亦同之。而許慎五經異義亦曰：「今論説鄭俗有溱洧之水，男女聚會，謳歌相感，故云鄭聲淫。」……是三家詩未嘗以詩皆無邪，而必以爲刺邪也。毛詩野有蔓草序爲「男女思不期相會」；東門之墠箋爲「女欲奔男之辭」；澤陂箋「蒲喻所説男之性，荷喻所説女之色；言我思此美人，當如何而得見之」？是毛詩序箋之例，亦未嘗以詩皆無邪而盡出於刺邪也。

這是從三家詩説以及毛詩序箋，均以爲若干詩篇不免於淫邪；尤其孔子云：「鄭聲淫」；考之鄭俗與鄭詩，信而有證，實無可疑。魏氏復云：

或曰：「後儒必守美刺無邪之例，放鄭聲非放鄭詩者，以鄭風褰裳、風雨、蘀兮、有女同車見於昭十六年，鄭六卿餞韓宣子所賦。而垂隴之會，伯有賦鶉之賁賁，趙孟謂牀第之言不踰閾；是賦詩不專斷章，可見所賦必非男女之詩也。」曰：「以鄭風爲刺忽、刺淫與否，皆吾所不敢知。至以鶉賁一刺證賦詩不專斷章，則自亂其例之甚者也。夫美刺之例，本謂出於淫者自賦則邪，出於刺淫則無邪。故三百篇皆中聲所止，可合於韶武之聲。如子皮賦野有死麕之卒章，與此刺淫何異？而趙孟謝之。……謂鄭聲非鄭詩，謂鄭聲淫是淫過之淫，非如許君鄭君所説淫泆之淫，則周禮樂師凡建國既禁其淫聲，又禁其過聲慢聲何也？樂記子夏曰：「鄭聲好濫淫志，宋音燕女溺志，衞音趨數煩志，齊音敖辟喬志。」此四者皆淫于色而害于德，是以祭祀弗用也。此亦謂非淫佚之淫否耶？史記樂書曰：「雅頌之音理而民正，鄭衞之曲動而心淫。」何又與韶武中聲相反耶？

這是說尊序者將鄭聲與鄭詩分開來說，鄭聲淫非鄭詩淫；放鄭聲非放鄭詩。他們舉左傳賦詩爲證，當時卿大夫所賦的詩，都是後儒所稱的淫詩，可見這些詩春秋時人並不以爲淫。再以美刺通例而言，凡出於淫人自賦則邪，出於刺淫則不邪。毛詩家取後一說，自可說成三百篇皆中聲之所止。魏氏則證之以樂記子夏之言，史記樂書所載，以爲鄭衞之聲淫，亦即鄭衞之詩淫；鄭衞之詩淫，亦即三百篇中有淫詩之證。

至於左傳所載卿大夫燕享賦詩，竟取野有死麕、蘀兮、有女同車、將仲子等後儒視之爲淫邪的詩，是何緣故？魏氏云：

子皮賦野有死麕之卒章，而趙孟曰：「吾兄弟皆比以安尨也，可使無吠。」（昭元年）是賦詩者之心，不必用作詩者之本意也。是故定九年，左氏曰：「靜女之三章，取彤管焉。」襄二十八年，盧蒲癸曰：「賦詩斷章，余取所求焉。」故人賦詩之法，不既昭然矣乎？

這是說春秋時期卿大夫賦詩，目的在借現成的詩句來表達自己的心意，當作外交詞令來使用的。至於作詩者的本意如何，則毋須顧及；即使涵有淫邪之意，也是在所不計的。

吾故曰：「賦詩或篇取其章，章取其句，句取其字，奏詩則變風止列於無算樂，不列於宗廟正歌，而鄭衞淫詩則祭祀無算樂亦弗用，況可合於韶武之音邪？使有王者巡守陳詩以觀民風，行慶讓於列國之哀怨流蕩者，其將匿之不陳乎？抑陳而讓之貶之削之乎？後世誦詩論世至桑中溱洧，其於鄭衞之君將賢之乎？抑歎惜痛恨之乎？夫惟國史序詩，上奉先王之典訓，以下治其子孫臣庶，於是以陳詩之賞罰爲美刺，以編詩之鑑戒爲美刺，使誦其詩者如先王之賞罰黜陟，臨其上而思無邪之義，與天地始終焉。詩亡然後春秋作；彼夫人姜氏會齊侯于祀于禚于防于穀，與桑中、溱洧何異？聖人備書之於策，邪乎？不邪乎？後世不知詩爲先王陳風觀民巡守黜陟之典，而等諸儒生謳詠之集，遂恐變風出於自作，則妨于無邪，何異唐太子宏謂「商臣弒君，不當書於春秋之策」乎？後有强欲誣毛詩美刺無邪之例者，幸以變風可陳而不可錄，淫詩可奏而不可賦（制陽按：當是可賦而不可奏），賦詩或斷章，或不可斷章之故通其義例。

魏氏此處所論，可有二點要義：

㈠賦詩與奏詩有所不同，卿大夫賦詩由於斷章取義，故不計何樣的詩；奏詩則用於各種典禮，變風的詩只能用於無算樂；（典禮行過後，宴飲娛樂用）至於這些鄭衞淫詩，連無算樂也不許用，自然與韶武之音不能相提並論。

㈡古人陳詩觀風，藉知朝政之得失與國君之賢否，其賞罰美刺之義自然涵泳於其間；毋須將原屬詩人自道其情的詩，說成是刺淫或刺某君之作。因此，他主張鄭聲淫即是鄭詩淫，詩經中確有一些淫泆的詩。古人陳詩觀風，如見淫泆的詩，藉明一國之民俗朝政，有以懲勸，知所改革。孔子曰：「見賢思齊焉，見不賢則內自省也。」淫詩之存於三百篇中，正如亂臣弒君之載於春秋，均可作後世當政者自省之資；義例一貫，無庸置疑。於此可見，毛詩序必以美刺說詩，置詩人的本意於勿顧，實非所宜。

三、有關詩與樂的討論

甲、主張孔子正樂即是正詩

詩古微夫子正樂論云：

古者樂以詩爲體，夫子自衞反魯而樂正，雅頌各得其所。則正樂即正詩也。樂崩而詩存，於是有三百篇入樂不入樂之訟。鄭樵謂：「夫子刪詩，其得詩而得聲者三百餘篇，其得詩不得聲者則置之，逸詩凡存者皆可以祭祀燕享。」程大昌則謂：「春秋列國燕享所用未嘗出二南雅頌之外，而自邶至豳則無一篇。」因謂：「二南雅頌爲樂詩，而諸國爲徒詩。」不知鼓鐘篇以雅以南，禮記之胥鼓南，左氏之觀舞象箾南籥，漢儒皆釋爲南夷之樂，有樂舞而無歌詩。今指爲二南，與詩禮春秋傳皆不合。馬端臨則力詆徒詩之謬，而仍不得其聲樂所用。圅矢相笑，冰炭無休。豈知詩有爲樂作、不爲樂作之分；且同一入樂，而有正歌、散歌之別耶？古聖人因禮作樂，因樂作詩；之始也，欲爲房中之樂，則必爲房中之詩；而關雎、鵲巢等篇作焉。欲吹豳樂，則必爲農事之詩，而豳詩豳雅豳頌作焉。欲爲燕享祭祀之樂，則必爲燕享祭祀之詩，而正雅及諸頌作焉。

魏氏此文所論，其要點有三：

㈠論語子罕篇云：「夫子自衞返魯，然後樂正，雅頌各得其所。」魏氏認爲孔子所謂正樂，即是正詩。以後由於樂音失傳，才有三百篇入樂不入樂之爭。鄭樵、馬端臨都主三百篇爲樂詩，程大昌則主二南雅頌爲樂詩，其他國風爲徒詩。

㈡詩有爲樂作、不爲樂作之別；爲樂作的詩又有正歌、散歌之別。

㈢古聖人因禮作樂，因樂作詩。如行房中之禮，即須奏房中之樂；欲奏房中之樂，故須作如關雎、鵲巢等房中之詩。其他如農事、燕享、祭祀之禮，亦必奏其樂，則須作如豳風七月、正雅、三頌的詩。

這是魏氏對詩、樂、禮三者相互關係的一些看法。至於詩樂演奏吟詠之下，有尚其音，有重其義；音論樂理，義主詩文。魏氏於此亦有其所見：

曰：「荀子言詩三百篇，中聲所止。史記謂詩三百篇孔子皆絃歌之，以求合于韶武之音。豈非聲之與義各不相謀也？」曰：「詩三百篇皆中聲所止者，宮成其宮，羽成其羽，是謂中聲。鉅不過宮，細不過羽，是謂中聲所止；非皆和平中正之謂。彼以凡詩皆中聲者，試問三百之詩果皆如世所傳，風皆角調，小雅徵調，大雅宮調，周魯頌皆羽調，商頌商調耶？抑列國變風哀心感者，其聲噍以殺，樂心感者其聲嘽以緩，喜心感者其聲發以散，怒心感者其聲粗以厲；即變雅噍殺猛起之音，何一不有耶？則知歌必永言，聲必依永。但其用於樂，有正歌散歌不同。且季札觀周樂於鄭於陳，並直詞譏之，自鄶以下，譏亦不屑。若謂皆合於韶武之音，則何以審音而知政耶？史遷既言三百篇皆絃歌以求合韶武之音，及作樂書，則又曰雅頌之音理而民正，鄭衞之曲動而心淫。又與韶武之音相反，何耶？」

荀子勸學篇云：「書者政事之紀也；詩者中聲之所止也；禮者法之大分，類之綱紀也。」這裡的「中聲」是指樂調說的呢？還是指詩義說的呢？從樂調上說，有人取史記所載孔子使三百篇合韶武之音視為中聲；魏氏取合於樂調，即宮成其宮，羽成其羽，謂之中聲。鉅不過宮，細不過羽，是謂中聲之所止。這即從樂調的觀點所形成的兩種解說。如指詩義說的，中聲即中正和平的意思。按之詩文內容，三百篇中喜怒哀樂之情隨處流露。季札觀樂，對鄭、陳兩國即有譏評，自鄶以下，更不屑譏之。史記樂書有云：「鄭衞之曲動而心淫」，可見這些鄭衞陳等國的詩大違「中正和平」的旨趣，又焉得與韶武之音相提並論？因此，魏氏以為荀子所說的「中聲」，不是指「中正和平」的詩義，而是指音樂曲調適得其中而說的。

乙、主張孔子未嘗刪詩

詩古微夫子正樂論云：

魏源曰：「夫子有正樂之功，無刪詩之事。夫刪詩之說自周秦諸子、齊魯韓毛四家及董仲舒、劉向、揚雄、班固之著述皆未嘗及，惟史遷因夫子刪書而並爲刪詩之說，謂古詩三千，孔子去其重，取可施於禮義者，凡三百五篇。是說也，孔穎達即疑之，謂書傳所引，多存少佚，不應夫子十去其九。今考國語引詩三十一條，惟衞彪傒引武王飫歌及重耳賦河水爲逸詩，而韋著又以河水即沔水，則是逸者僅三十之一也。左氏引詩二百十七條，其間丘明自引及述孔子之言者四十有八，而逸詩不過二條。列國公卿引詩百有一條，而逸詩不過五條。列國宴享歌詩贈答七十條，而逸詩不過三條，是逸詩不及今詩二十之一也。使古詩果三千有餘，則自后稷以及殷周之盛、幽厲之衰，家絃戶誦，所稱引宜十倍於今，以是推之，其不可通一也。古詩之不可刪者，莫如官禮；樂章之宜備，莫如國風正變之宜賅；使所見果有三千之全，而昭代樂章尚大半不與焉，列國正變之風，又大半不與焉，則竹簡充棟，果皆何詩？豈元公制作尚煩甄別？且季札觀樂何已無出十五國耶？其不可通二也。至宋歐陽氏刪章刪句刪字之云者，姑無論素絢尚絅，未爲聖論所非；唐棣懷人，本是斷章取義；彼室邇人遠，曷嘗不存於詩？雲漢小弁，何嘗不煩逆志？矧夫助語單文，三引三異，盡謂害詞害志，毋乃高叟復生，其不可通三也。

史記孔子世家云：「古者詩三千餘篇；及至孔子，去其重，取可施於禮義，……三百五篇，孔子皆絃歌之，以求合韶武雅頌之音。」後儒據此遂以爲孔子曾刪詩十去其九。魏氏持反對態度，其理由有三：

㈠歷觀先秦諸子、四家詩說以及漢世學者之文，均未提及孔子刪詩的事，僅史記有此一說，疑司馬遷得自不實的傳聞。

㈡以左傳、國語所引的詩觀之，逸詩之數前者僅佔二十分之一，後者更少，佔三十分之一。如果當時有詩三千餘首，自后稷之下，歷經殷周之盛，幽厲之衰，家絃戶誦之詩必多，逸詩亦將十倍於今；以此反證，可知孔子實不曾刪詩。

㈢如信確曾刪詩，則所刪者應是那一類的詩？官禮所需的詩，列國正變之風，何以多予刪除？季札生於孔子之前，其觀樂所論的詩，何以與今本十五國相同，卻沒有說到別國的詩？

㈣有執章句之更動，助語單字的相異爲孔子刪詩之證者，已不知傳者改易，刊行致誤，與刪詩問題全不相干。

四、詩與春秋相互關係的討論

甲、主張天子巡守采風爲王者之迹

孟子曾云：「王者之迹熄而詩亡，詩亡然後春秋作。」（離婁篇）這兩句話一方面指出詩與春秋在時間上有前後相承的關係；一方面表示兩者具有同一的歷史意義與政治功能。但證之篇籍，如鄭風叔于田、大叔于田；齊風敝笱、載馳；秦風渭陽、黃鳥以及陳風株林等，所敍的都是春秋中葉的人與事，可見三百篇中有一部分詩與春秋史蹟是同時出現的；詩與春秋顯然不是前後相承的。然而後儒基於尊崇孟子的緣故，竭力爲之維護。例如趙岐曰：

> 太平道衰，王迹止熄；頌聲不作，是以詩亡爲頌及正雅亡也。

趙岐以爲天下不太平，王者之道止息不行，因此頌與正雅的詩樂不作，這即是孟子所說的詩亡。

蘇轍曰：

> 詩止於陳靈，而後孔子作春秋。是以詩亡爲變風亡也。

蘇轍以爲詩的最後作品是敍陳靈公通夏南的株林，從此之後不再有詩；這即是孟子所說的詩亡。以後孔子才作春秋。所以詩亡也即是變風亡。

魏氏則曰：

夫以頌及正雅亡，則春秋當起幽厲，何俟東遷？以爲變風亡則王迹熄，豈熄於陳靈之世？春秋曷始隱桓？

這是從詩與春秋時間的銜接上說，正雅止於幽厲之前，春秋始於平王四十九年，中間空了一百五十多年，說正雅亡春秋作，該是前後相承，所差不遠；豈有隔了一百五十年的道理？反之，如果說詩亡指的是變風亡，變風既止於陳靈之世，何以春秋不在這時候寫起，而始於一百二十年前魯隱公元年呢？所以不論取正雅或變風來說，在年代上都難以說通。於是魏氏不採前人之說，自創新義於下：

推其致誤之本，總由但爭詩之亡不亡，而不究王迹之熄不熄。試思詩何以關乎王迹？王迹果何以與於詩？春秋之作何以能繼夫王迹乎？王者馭世之權，莫大乎巡守述職；天子采風，諸侯貢俗，太師陳之以觀政治之得失，而慶讓黜陟行焉。故諸侯不敢放恣，而民生賴以託命，是陳詩爲王朝莫大之典，黜陟爲天王莫大之權。周自宣王以前舉行不廢，至東遷之末，天子不省方，諸侯不朝覲，陳詩之典廢，而慶讓不復出於王朝。迹熄詩亡，諸侯放恣，是謂天下無王；天下無王，斯賴素王，故曰春秋天子之事，謂以衮鉞代黜陟，繼巡守，陳詩之賞罰也。故曰吾爲東周乎？言不爲東周也。與文武之道於豐鎬，肯爲平王而已乎？知詩之存亡，繫乎王迹之熄不熄，不繫乎變風篇什之存亡；則春秋繼詩之大本已得，而沿譌襲謬之說晛消冰泮。

魏氏以爲詩亡是由於王迹熄。所以我們必須辨明何謂王迹？王迹熄於何時？詩與王迹有何關係？春秋又何以作於詩亡王迹熄之後？魏氏的解釋是：古時天子巡守采風，諸侯述職貢俗，太師陳詩以觀政治的得失，天子藉此以行慶讓黜陟之權。這一屬於天子控馭諸侯平治天下的活動即是「王者之迹」。在這一活動中，采風觀俗爲其必要項目，故詩與王迹互爲表裡，不可分割。自平王東遷以後，天子不巡守，諸侯不朝覲，陳詩聽政的制度已廢止，所以迹熄詩亡。天子既已不行黜陟諸侯之權，於是孔子作春秋褒貶諸侯，代行天子之權，後人因此尊之爲素王。所以說詩亡然後春秋作。

乙、主張王風一日不亡，春秋一日不作

這是魏氏替孟子的兩句話所作的詮釋，重點在於巡守與采詩的制度相組合。然而詩實未亡於平王之世，變風變雅多東周時期之作；詩與春秋的歷史亦互爲表裡，怎麼說詩亡然後春秋作呢？魏氏詳析其理由如下：

抑詩作於平王三十餘年之後，彼都人士、王風皆作於東遷後春秋前，故知變雅王風一日不亡，則春秋一日不作。蓋東遷之初，衞武公與晉文侯爲王卿士，……王綱尚未解紐，列國陳詩慶讓之典尚存。及衞武晉文俱歿，平王晚政益衰，僅以守府虛名於上，王迹蕩然不存，故以春秋作之年知詩亡之年也。若夫此

外列國變風，下逮陳靈，則是霸者之迹，非王者之迹矣。觀齊風終於襄公，唐風終於獻公，而桓、文創伯，反無一詩，則知桓、文陳其先世於王朝，而衞終於木瓜美齊桓者，亦齊伯所陳以著其存衞之功。秦之渭陽，曹之侯人，皆與晉文相涉，而曹之下泉有思伯之詞，秦之駟鐵、無衣，又有勤王之烈。陳靈株林則楚莊存陳之盛舉，……雖有伯者陳詩之事，而無王朝巡守述職慶讓黜陟之典，陳詩與不陳詩何異？豈能以伯者虛文當王迹之實政乎？故以王風居列國之終，示風終於平王與雅亡同也。春秋始於王風二雅所終之年，明王迹已熄不復以列國之變風爲存亡也。後人以美刺無邪爲毛詩之大義者，則春秋二百四十年中列國美刺之民風，何嘗一日廢乎？詩何嘗一日亡乎？春秋何必作乎？……明乎詩亡春秋作之義，而知王柄王綱不可一日絕於天下，而後周公孔子二聖人制作以拯天下當世之心，昭昭揭日月，軒軒揭天地，請以告世之讀詩、讀孟子者。

魏氏這段話，可有下列幾個要點：

㈠抑、都人士、王風諸詩均作於平王東遷之後春秋之前，故知變雅王風一日不亡，則春秋一日不作。

㈡平王晚年政治衰微，王迹蕩然，故知春秋作之年，亦即詩亡之年。

㈢春秋期間雖多列國變風，已無王朝巡守述職之典，僅見霸者藉武力行權之實；故陳詩與不陳詩無異，雖尚有詩，仍視爲已亡。

㈣後人以美刺無邪爲毛詩大義，與春秋同功。則春秋何日無詩？詩未嘗亡，春秋何須著作？

㈤詩與春秋同屬王柄王綱，不可一日絕於天下，由此可見周公孔子制作的苦心。

魏氏以上所論，旨在維護孟子詩與春秋同功，春秋繼詩而作的主張。

五、有關二南義例的討論

詩古微二南義例云：

讀二南之詩，得三例焉：二南各十一篇，而召南多其三，以知平王、召伯之詩爲後附也。十一篇之詩各相配應，以知關雎之三當證以鵲巢之三，與毛詩先草蟲之故也。關雎至麟趾十一篇皆房中之樂，兼有文王之義，不當如王肅專以芣苢上八篇爲房中也。

這是從二南的篇數上說，各有十一篇，召南所多的三篇以爲是後加的。從二者相關的情形來說，十一篇之間上下互相搭配，有如前呼後應，關係密切。從禮樂的應用來說，周南十一篇都用於房中樂，而且都兼有文王之義。

魏氏以爲二南各篇「以備鄉樂房中之樂，故篇章相對，節奏相當」。他附「二南樂章篇次相應表」如下：

關雎　鵲巢
葛覃　采蘩
卷耳　采蘋（從齊詩篇次）
芣苢　草蟲
樛木　小星
螽斯　江有汜
桃夭　摽有梅
兔罝　羔羊
漢廣　行露
汝墳　殷其雷
麟之趾　騶虞

以上正風房中之樂各十一篇，以下附召南變風三篇。

甘棠（魯韓說皆東遷遺民思召伯之詩）
何彼襛矣（韓詩齊侯嫁女子爲平王之外孫女）
野有死麕（韓詩平王東遷後男女刺詩）

召南獨多三篇，明爲東周遷入之風。召南所多出的三篇，魏氏說明如下：

至甘棠，則召公稱伯，在武王分陝之後，非文王詩矣。左傳、史記、漢書、韓詩外傳、孔叢子並以作於召伯久没之後，西周遺民追思之詞，則並非康王詩矣。野有死麕篇舊唐書禮儀志謂：「平王東遷，諸侯侮法，男女失冠昏之節，野麕之刺興。」則明以爲平王詩矣。何彼襛矣，三家詩以爲齊侯嫁女，與毛異義。則亦東周平王後詩矣。

這是根據史籍所載，紀念召伯的甘棠，應作於康王以後，（魏氏召南答問篇說是西周之變風）何彼襛矣、野有死麕應作於平王以後。如以正變而論，這三首詩不應置於二南之中，應改置於變風、變雅中較爲適當。

至於二南相應之說，毛序已發其端，然常自亂其義，不知所歸。魏氏循毛序之說予以調整，並力求統一其涵義，藉以表現其獨有的看法。其二南義例下篇有云：

問曰：「毛序言：關雎，麟趾之化，王者之風，故繫之周公；鵲巢、騶虞之德，諸侯之風也，先王之所以教，故繫之召公。鄭譜言：文王受命作豐，分岐周故地爲二公采邑。武王時陳其詩，得聖人之化者謂之周南，得賢人之化者謂之召南。孔疏有謂：二南之后妃夫人皆指文王太姒，一人而二名。以周南王者之化，故稱后妃，召南諸侯之化，故稱夫人。而後儒不從之，直以召南夫人爲南國諸侯之夫人，與后妃爲二。則是羔羊、騶虞爲鵲巢之應者，皆歸美於南國之君，何與文王后妃之化耶？」曰：「前篇言羔羊、騶虞皆本於鵲巢者，姑申毛例。若以經文求之，則召南全風皆爲周南之應。鵲巢當應關雎，不得謂南國諸侯夫人之詩，非文王后妃之化也。草蟲、采蘋篇次亦姑仍毛例。若以三家詩言之，則采蘋當爲卷耳之應，草蟲當爲芣苢之應也。何者？采蘋既爲鵲巢之三，則大夫妻之能循度，亦當爲南國夫人被文王后妃法度所致。左傳釋是詩有濟澤季蘭之女明爲南國諸侯之女，將嫁爲大夫妻者。毛鄭皆釋此詩爲昏義，先嫁三月，教於宗室，時牲魚蘋藻之祭，美其能循法度，以見爲諸侯夫人之化。故爲鵲巢之三，卷耳之應，其非文王后妃兼稱夫人明矣！……則是豐鎬本國之風，自當采入周南，何得入於召南？而忽后妃，忽夫人；忽王者，忽諸侯；忽聖、忽賢乎？洵乎不通全經之例，不可以釋一詩；而二南之別，良以所采之地，非以所區之化矣。」

由上所述，得知魏氏的觀點是：

㈠以經文求義，召南全詩皆爲周南之應。

㈡鵲巢當應關雎；亦即南國夫人之詩，得視爲已受文王后妃之化。

㈢采蘋當爲卷耳之應；草蟲當爲芣苢之應。因爲采蘋既爲鵲巢之三，則大夫妻之循法度（按：此毛序之說）亦當爲南國夫人受文王后妃之化所致。

㈣左傳釋采蘋篇爲南國諸侯之女將嫁爲大夫妻者；故知所謂南國夫人，絕非文王后妃之兼稱。

㈤毛序、鄭箋、孔疏之訓釋二南，或主后妃、夫人；或主王者、諸侯；或主大聖、大賢；皆未得全經之義。

㈥二南之別，當以所采之詩的地區分；不是以某人之化來區分的。

魏氏這些意見，實導源於毛詩序。詩大序曰：「關雎，麟趾之化，王者之風，故繫之周公。鵲巢、騶虞之德，諸侯之風也，先王之所以教，故繫之召公。」小序曰：「麟趾，關雎之應也。」「騶虞，鵲巢之應也。」述及篇義，周南多以后妃，召南多以夫人或大夫妻爲說。如「關雎，后妃之德也。」「葛覃，后妃之本也。」「鵲巢，夫人之德也。」「草蟲，大夫妻能以禮自防也。」毛序作者有意將二南的詩說成是由周公、召公；文王后妃、諸侯夫人、大夫妻等人德化而成的作品；但其相應關係僅及本區，並無越區之說。魏氏則推演其義，以爲召南全詩都得與周南相應，而且都該說成受文王后妃之化。魏氏此說，不僅替毛序作了觀點的澄清，而且也作了涵義的擴充。

參 詩古微觀點的商榷

一、說序尊今抑古，弊在捨本逐末

魏氏攻擊毛詩序的觀點是：毛詩較三家後出，兩漢學者不予重視，到東漢末年鄭玄作箋以後始大行於世，其訓釋詩義多屬誤解，凡美刺之義，世次編敍，多不可信。再以徐整所敍傳授源流而言，兩種說法完全不同，以見序義傳自子夏的話亦有問題。類似這些意見，都是言之有據，値得重視。但在行文之際，對毛詩序的攻擊重心未見掌握，常有捨本逐末現象。茲分別說明如下：

㈠僅就三家詩說與毛序之間論高下，談是非，不能將各家序說直接針對詩文旨趣作一比較。例如關雎篇毛序曰：「后妃之德也。」以爲是后妃替君主求賢妾的詩，確實不合詩文旨趣。然而韓說曰：「刺時也。」魯說曰：「康王德缺於房，大臣刺晏，故作是詩。」兩家所訓又何曾符合詩旨？又如黍離篇毛序曰：「閔宗周也。周大夫行役，至于宗周，過故宗廟宮室，盡爲禾黍，閔周室之顚覆，彷徨不能去，而作是詩。」這是以爲西周亡後，鎬京成爲廢墟，周大夫過故宮室宗廟，僅見遍地禾黍，感慨而作。然觀每章後六句：「知我者謂我心憂，不知我者謂我何求。悠悠蒼天，此何人哉？」詩人不像在抒京國覆亡之恨，卻像在敍行役之苦以及不諒於人的悲歎。韓詩說曰：「昔尹吉甫信後妻之讒而殺孝子伯奇，其弟伯封求而不得，作黍離之詩。」這是以爲伯封爲兄長被其父所殺害而作悼念的詩。這說法未聞所據，而且從詩句上看，「悠悠蒼天，此何人哉？」係對某人的作爲抱憾甚深的語氣；如說成是伯封責父之言，恐非爲人子所當有。所以筆者以爲，毛序說得不對，不表示三家一定說得對，極有可能各家都沒有說對。魏氏以爲貶抑毛序即等於肯定三家，故不煩羅列雙方對比資料；其實未必有用。

㈡從三家廢，毛詩獨存的觀點來看：古文學者說三家的缺失，舉如毛詩有序三家無序，毛詩序與經傳諸子合而三家無證，毛詩出子夏荀子而三家無考；這些理由都不足信。但如說三家廢毛詩獨傳於世而無客觀的因素，這又失之偏頗。三家於兩漢既設置博士，朝廷特爲優寵，傳本必多，學者講授傳誦，必至天下風靡。至東漢末年鄭玄箋毛以後，何以三家即趨衰微？鄭玄本習今文，何以轉習古文，爲毛作箋？其間消長、取捨之理，當有客觀的因素可講，絕非出於偶然。筆者以爲，「適者生存，不適者淘汰」，雖爲生物進化而言；然學術的消長存亡，亦類都如此。於今觀之，三家詩說與毛詩序都失之於附會。然以附會相較，亦有輕重之分。例如齊詩羼雜陰陽五行之說，不免離奇怪誕，所以它亡得最早（本屈萬里先生說）；毛序較輕，故人多捨三家而就毛。不然，四家各騁其說，自然傳授統系，無人頒令禁止，當與毛並傳於世。即或三家不能並傳，亦該有一二家與毛等立平行，何以終至相繼湮滅？

㈢從詩序的基本問題上看：毛詩序基於儒家傳道的需要，忽視國風的詩多屬民謠的特質；曲解詩義，附會史事，造成詩旨的誤導與後世學者探討詩人本意的嚴重障礙。魏氏對此一問題則全無審察，僅在附會的細節上表示意見。比如患肝疾者，羣醫誤斷爲胃疾，雖處方用藥各有見地，自詡高明；然不能對症下藥，所有這類方劑必將無療效之可言。如彼等尚作處方優劣之辯，識者自可一概予以棄置。四家詩序的爭議，亦即有此一現象。例如鄭風將仲子篇，原是一位女子拒人求愛的詩，毛詩序曰：「刺莊公也。不勝其母，以害其弟。弟叔失道，而公弗制。祭仲諫而公弗聽，小不忍以致大亂焉。」細按詩文章句，作序者雖欲取左傳祭仲諫莊公的史事加以附會；然兩不相蒙，處處窒礙難通，絕不可從。可是魏氏仍信毛序「刺莊公」之說，只取左傳所載莊公曾說「多行不義必自斃」的話，以證莊公早有殺弟之意，進而推論詩序「小不忍以致大亂」用語的不當。此類辯論，雖有所據，亦有一得之見；然前提已錯失；直如患肝疾者投以胃藥，即使所投者爲治胃聖藥，其於肝疾有何補益？

㈣從信毛詩序的程度來看：魏氏將毛詩序分成二部份，其首句如「氓，刺時也」爲毛序，或稱古序，以爲比較可信。其下「宣公之時，禮義消亡，淫風大行」等句爲衞序，或稱續序；以爲出於衞宏所附益，多不可信；成爲魏氏攻毛的主要對象。其實毛詩序的不可信，大都首句即可見之。如「關雎，后妃之德也。」「桑中，刺奔也。」「匏有苦葉，刺衞宣公也。」「采葛，懼讒也。」「木瓜，美齊桓公也。」這些都只是在曲解詩旨、附會史事，怎可信從？

故魏氏詩序之辨，偏於今古文之爭，於詩序的根本問題，殊少觸及，以致不易有超越漢儒的見識。

二、評述美刺之說，言論自我矛盾

關於毛序美刺之說，筆者以爲不可盡棄，亦不可盡取。因爲詩人的作意原是有美有刺的。例如甘棠的美召伯，何彼襛矣的美王姬，新臺的刺衞宣公，相鼠的刺無禮等，都是信而有徵而且符合詩旨的，我們沒有理由不信它。所謂「美」，即是讚美；所謂「刺」，即是譏刺。見善則予以讚美，見惡則予以譏刺；這是人之常情，詩人如此作詩，有何不可？說詩者依據詩人的本意說某詩是美，某詩是刺，這又有何不可？因爲詩經中原是有美有刺的。至於作序者據採編者的觀點，循政教的需要來說美刺，有違詩人的本意，這就值得考慮了。像這一類序，毛詩序比三家詩要多些，但三家序說也屢見不鮮。魏氏在詩序集義一文中所編列的序義，有全取毛詩序美刺之說的，有取毛序與三家美刺同義的，有僅取三家美刺之說的，也有魏氏自訂美刺之義的。茲各舉數例以證之。

甲、僅取三家序說以爲美刺之例

「關雎，刺時也。」（韓詩說）魏氏曰：「三家詩以關雎、葛覃、卷耳皆爲刺詩。」

「兔罝，刺紂時所任小人非干城腹心也。」（鹽鐵論、三家詩）

「行露，美貞女也。召南申女許嫁于酆，夫家六禮不備而迎之，不行；則訟之，女終不苟從也。聘則爲妻，奔則爲妾，棄禮急情，君子賤之；故嘉申女之守禮。（列女傳、韓詩外傳）

「鹿鳴，君與羣臣及四方之賓燕講道修德之樂歌也。當殷之末世，美文王者即諷王室，故曰仁義陵遲鹿鳴刺焉。（史記魯詩說）魏氏曰：「三家詩以鹿鳴、四牡、皇華皆刺詩。」

乙、僅取毛詩序以爲美刺之例

「谷風，刺夫婦失道也。」

「桑中，刺奔也。」

「考槃，刺莊公使賢者退處也。」

「將仲子，刺莊公也。弟叔失道而公弗制，祭仲諫而公弗聽，故作是詩。」

「女曰雞鳴，刺不說德也。述古賢夫婦相警戒之詞。」

「北風，刺虐也。」

「素冠，刺不能三年也。」

「木瓜，美齊桓公也。衞敗於狄，出處於漕，齊桓公救而封之，遺以車馬器服。衞人得之，而作是詩。」

丙、毛詩與三家詩同以美刺爲說之例

「甘棠，美召伯也。」（毛序）「詩人見召伯休息樹下，美而歌之。」（韓詩外傳）

「野有死麕，惡無禮也。」（毛序）「平王東遷，諸侯侮法，男女失冠昏之節，野麕之刺興。」（韓詩說）

「溱洧，刺亂也。兵革不息，男女相棄，淫風大行，莫之能救也。」（毛序）「刺時也。鄭國淫僻，男女私會於溱洧之上，有詢訏之樂，芍藥之和。」（呂覽本生篇）

「蒹葭，刺襄公也。」（毛序及服虔三家詩並同）以戎俗變周民，而不以周禮變戎俗，故詩人歎之。

「子衿，刺學校廢也。」（韓、毛同義）

丁、魏氏自訂美刺之例

「羔裘，刺朝也。言古之君子，以風其朝焉。」（毛序）魏氏曰：「美三良也。文公之時，三良爲政，所謂三英粲兮也。」

「載驅，齊人刺襄公也。」（毛序）魏氏曰：「刺哀姜也。」

「汾沮洳，刺儉也。其君儉以能勤，刺不得禮也。」（毛序）魏氏曰：「刺賢者不得用，用者未必賢也。」

子衿篇韓毛同以爲刺學校廢。魏氏曰：「刺廢學即是刺淫。」出其東門篇，毛序云：「閔亂也。」魏氏據魯詩說亦以爲是「刺淫」的詩。蝃蝀篇，毛序說是「止奔」，朱傳說是「刺奔」；魏氏則視爲「刺宣姜之詩」。

由上所引，可見魏氏美刺之說，觀點未臻一致，前後自相矛盾。茲就其言論之不當處說明如下：

㈠美刺之說非毛序所獨有；三家詩將關雎之三與鹿鳴之三都說成是刺詩，顯然不是從詩人的本意來說的。

㈡魏氏曰：「今所存韓詩序，自關雎、蝃蝀、雨無正、那頌四篇爲美刺外，餘皆自作之詞。新序、列女傳載魯詩諸序，亦無一篇爲美刺詩以言志。」然考之魏氏詩序集義一文中，諸如韓詩序云：「螽斯，美后妃也。」「雞鳴，刺聽讒也。」「蝃蝀，刺奔女也。」「柏舟，美貞女也。」「十月之交，刺幽王后族太盛也。」「行露，美貞女也。」「子衿，刺學校廢也。」魯詩（含說苑、新序、列女傳、白虎通義）云：「出其東門，刺淫也。」「蒹葭，刺襄公也。」「墓門，刺陳佗也。」足證魯韓詩說不乏美刺；與魏氏所言不符。

㈢魏氏說詩亦尚美刺。其於詩序集義一文中，多錄毛序美刺之文，以表認同。關雎之三與鹿鳴之三，捨毛序而取三家「刺時」之說，足證其對美刺之說的偏愛。此外，魏氏還樂於自創美刺之義，如說羔裘爲美三良；子衿、出其東門爲刺淫；載驅爲刺哀姜；蝃蝀爲刺宣姜等。

鄭風羔裘篇爲詩人讚美某大夫之作。「羔裘晏兮，三英粲兮。彼其之子，邦之彥兮。」上二句敍服飾之美盛，下二句讚其爲邦國之優秀人材。四句話只讚「彼其之子」。魏氏說「三英」爲「三良」，不僅在三章一例的作法上說不過去，而且本章上句敍三人，下句敍一人，於文即爲不通。再從時世來看，如無史籍證明，怎知必作於文公之時？

子衿篇毛、韓同以爲「刺學校廢」。魏氏曰：「刺廢學即是刺淫。」廢學是懶於上學，或稱逃學。青少年逃學未必爲淫。毛、韓此序已屬附會，魏氏信之復予引申，益見其對美刺之說的熱衷。

其實漢儒所訂之美刺大都不合詩人本意。國風的詩多屬民間歌謠，歌謠敍兒女之情即是兒女之情，不大可能藉兒女之情比喻作君臣之義。這是說詩的大經大法。有了這一基本認識，則四家詩說、鄭箋、朱傳以及明清以來的各家之說，都可辨其得失，定其高下。魏氏反對毛詩序的美刺之說，是基於宗信三家；卻未審三家亦重視美刺之說，而且有些詩篇說得比毛序更要附會。想要在這兩者之間定取捨，自然不會有好結果的。

至於美刺之說之所以爲一般儒者所樂道，實基於教學上的需要。鄭衞之詩以民歌觀之，原極平常。孔子曰：「詩三百，一言以蔽之，曰思無邪。」民歌以抒情爲正格；桑中、子衿、狡童、褰裳，詩人直抒其思慕之情，眞摯可感，自然都可說成是無邪的。然而一旦尊爲經典，充作教材，就覺得缺乏教育意義，難以登大雅之堂；尤其在古代禮教的要求下，如不刪除，就只有以美刺說之。故筆者以爲，漢儒以美刺說詩，實是一種逃避手法。面對這些兒女情歌，不好直說，只好顧左右而言他了。

魏氏既對風謠不甚注意，又對詩教極端重視，所以他仍只以採編者的立場來說詩。他曾說：「漢儒以三百五篇當諫書；二南二十餘篇亦可以當殷紂諫書矣！」將二南當諫書，勢必一一從美刺上說，從歷史人物的附會上說。所以他斷關雎、葛覃、兔罝等詩，都是作於「殷之末世，周之盛世」，以爲在周爲美，在商爲刺，是既美且刺，美刺兼備的詩。可見魏氏不僅不能擺脫毛序美刺之說，而且有爲之强化的現象，與其原有反毛詩序的態度不免背道而馳矣！

三、國風均可入樂、情歌本非淫詩

孔子的正樂，明言使「雅頌各得其所」，是指詩樂的分類，雅歸雅頌歸頌，不致混淆，如此而已；可見所正的是「樂」，不是「詩」。

三百篇中，二南、正雅、三頌爲樂詩，載之史籍，自無可疑；至於十三國的詩是否都是徒詩，尚難以定說。如認爲左傳季札觀樂的記載是可信的，季札既然聽過十五國的詩樂演奏，並一一下過評語，則就該相信所有國風的詩都是樂詩，沒有徒詩。魏氏還說：「碩鼠在變風，甯戚能歌之。」碩鼠屬於魏風，甯戚既能歌之，可見國風的詩也都是入樂可歌的了。何況魏氏復另有如下的舉證：

史遷三百篇皆絃歌其聲。墨子言儒者誦詩三百，絃詩三百，歌詩三百，舞詩三百。是周時無不入樂之詩。

既經一再引據，三百篇都是入樂的詩，何以魏氏又有「詩有爲樂作與不爲樂作」之分呢？

魏氏曾認爲「古聖人爲禮作樂，爲樂作詩」；亦即音樂是由於典禮的需要而設；詩文是由於音樂的需要而作。這種禮、樂、詩三者的依存關係，如果說成是沒有例外的，又怎有可能「不爲樂作」的徒詩出現呢？

也許魏氏以爲三百篇雖都是樂詩，這是孔子「皆絃歌之」的結果，究其作詩之初，有爲樂，有不爲樂，自有區分。如果執此以論詩與樂的關係，又將引發無端之爭，千載之訟。即以二南的詩來說，若問關雎是否爲樂而作？已不可知，何況如卷耳，係行役者敍思家之苦；漢廣，係詩人對游女表愛慕之情；行露，爲女子拒婚之作；野有死麕爲男女相悅之詩。如果詩爲樂作，樂爲禮設，則這一類詩出於何禮之所需？二雅的詩也是如此、即以正小雅來說，如采薇、出車、杕杜等詩，都是詩人自敍戍役之苦、征伐之勞與思歸之情的，初與禮樂又有何關係？故筆者以爲，詩人原只爲發抒一己的生活感受而作詩，采之以入樂，用之於典禮，這是以後應用者的事，不是詩人的本意了。

小雅四牡篇詩序云：「勞使臣之來也。」屈萬里詩經釋義云：「此當是出征者思歸之作，而用為勞使臣之詩也」小雅皇皇者華篇詩序云：「君遣使臣也。」屈氏云：「此似使臣所自作，而被用為遣使臣之詩也。」由此可見詩樂演進的軌迹：原是一首詩人自道其情的徒詩，被掌樂的太師采用於王朝，即成為君主慰勉使臣的樂詩。相傳關雎之三與鹿鳴之三，春秋之世已為禮樂所必備，然考其原始之作意，多與禮樂無關，則其他詩篇可無論矣！

至於荀子勸學篇所謂「中聲」，魏氏說為詩樂演奏宮羽等音調得其適中的意思，雖言之成理，亦有旁證；但從荀子行文旨趣觀之，言書言禮均在政事、法紀，人生大用，詩必同之。故可推知當指德行涵泳、情操陶冶一端，說為品行方面的「中正和平」，較為適當。歷代儒者的重視詩經，其用意亦即在此；雖有若干詩篇有歧義之解，然立言當視全體大用，部分問題可略而不論。

再以孔子與詩樂有關的言論觀之，既說三百篇皆「思無邪」，又說「鄭聲淫」，「惡鄭聲之亂雅樂」，看來相當矛盾。漢儒本前一句話創美刺之說，宋儒取後二句話創淫奔之說；進而倡刪除三十二首淫詩之議。形同水火，爭論不休。追本溯源，實造端於此。筆者以為，孔子既以詩教弟子，如在其前尚無固定教本，選編自有需要。古時以竹簡為書，國家收藏或有三千餘詩，篆刻於竹簡，誠有可能韋編成册，堆疊如山。取作教材，必經挑選。故删詩云者，實即選編。既經選擇而編成的教本，自不會再有淫邪的詩；所以孔子說三百篇的內容都是「思無邪」的。至於後儒說仍有淫邪的詩，是由於觀點不同的緣故。國風多取自民歌，民歌以抒兒女私情為主，富浪漫色彩。說詩者如能本乎人情，循風謠的特性以說詩，則桑中、溱洧等篇，各有艷情可賞，為風華絕代之作，何忍删之？至於孔子復斥鄭聲爲淫，這有兩種可能：一指樂音而言，與詩文無關；一指鄭國當時所流行的詩樂，不在三百篇之中。孔子所選者都屬上世作品，當代所流行者，或多新調淫詞，爲民間所樂聞；一如今日民間之流行歌曲，多靡靡之音，高級知識分子多斥之爲低級趣味。故知孔子所說的「鄭聲淫」，如指詩樂而言，也不是指他的教本裡還存在著許多淫邪的詩。自選自編的教材，既以「思無邪」爲全書贊詞，絕無可能又說有著令自己厭惡而該予删除的淫詩存於其中。所以筆者以爲孔子「思無邪」與「鄭聲淫」這兩組話不是指同一東西說的，三百篇中本無淫詩，漢儒以美刺說詩，宋儒以淫奔說詩，都不是孔子的本意；自然，也不合詩人的本意。

四、詩與春秋非相承關係，孟子之言毋須維護

魏氏維護孟子「王者之迹熄而詩亡，詩亡然後春秋作」這兩句話，雖有尊聖衞道之心，然理由卻嫌不夠充分，常有不顧事實的現象。茲評述如下：

㈠「王者之迹熄而詩亡」是何涵義？孟子未曾說明，說者亦甚紛歧。朱子云：「王者之迹熄，謂平王東遷，而政教號令不及於天下也。詩亡，謂黍離降爲國風而雅亡也。」朱子以「政教號令」表徵王者之迹，雖嫌寬泛，尚稱有據；然將「詩亡」說成是「黍離降爲國風而雅亡」之意，難以令人置信。孟子既無此說，何以見得僅指黍離說的？黍離如本屬雅，然後降爲王風，這是誰出的主意？只此一降，何以就說詩亡？豳風中幾篇與周公有關的詩，不置於雅而置於變風，爲何不據之而云詩亡？所

以朱子的解釋無法令人滿意。魏氏將「王者之迹」說成是天子巡守采風，藉以黜陟諸侯的一項政治活動，由於平王東遷，政治衰微，巡守采風黜陟諸侯的制度廢止，所以說「王者之迹熄」。「詩亡」是指抑、都人士、王風作於平王東遷以後，春秋以前。這仍然令人費解。抑、都人士、王風的詩即使證明其作於春秋以前，亦只能表示這些詩的寫作年代，並不表示因這些詩的緣故，以後就不再有其他詩的出現。何況有更多的詩篇作於春秋之世卻被采錄在詩經裡？

㈡「詩亡然後春秋作」，魏氏以爲春秋開始之年即詩亡之年。這就得將作於春秋的許多首詩，都說成是不該有的詩。理由是這時王迹已熄，桓、文稱霸，有詩等於沒詩，所以稱春秋之世詩實已亡。魏氏此說可稱得上千古奇談。三百篇經孔子編訂，充作教材，並贊之爲「思無邪」；歷代學者都尊之如聖典，豈可只因巡守述職制度的廢弛，就黜變風變雅爲當亡的詩？詩之存亡繫之於篇籍文字，篇籍文字俱在，且傳誦於春秋公卿大夫之口，亦傳習於歷代中國文士之口，魏氏豈可自立家法，令其該亡？說有爲無，其誰能信？

㈢詩亡何以取王風爲準？王風的詩何以見得全作於春秋以前？王風十篇，敍離亂生活者三，敍男女之情者三，作於何世，實無可考。毛序以君子于役、君子陽陽、葛藟爲刺平王詩，兔爰、采葛爲桓王時詩，丘中有麻爲莊王時詩。這些世次之說，自不足信，但已表示作序者以爲王風的詩該有春秋時的作品。魏氏則以爲全作於春秋以前，並以爲「王風不亡，春秋不作」，究竟何所據而云然？

㈣孟子於議論之際，常以詩經文句作爲助證。如曾引齊風南山「娶妻如之何，必告父母」；魏風伐檀「不素餐矣」；邶風柏舟「憂心悄悄，慍于羣小」。小雅則曾引正月、大田、伐木、車攻、北山等篇。像這些毛序列為變風變雅的詩，有些顯然已非春秋以前的作品，孟子與其弟子熟練到都能脫口而出，隨時引用。他會以為這些都是該亡的詩嗎？如果他相信王風於變風變雅中是惟一可信的詩，何以孟子書中引詩三十五次，王風的詩卻一次也不見引用？

㈤魏氏以變風多為桓、文等霸者所自作，故以衛風木瓜為「齊伯所陳以著其存衛之功」，曹之侯人、下泉為「曹人思伯（指晉文公）之詞」，陳之株林為「楚莊存陳之舉」。然按之詩文與史實，多所齟齬。木瓜、毛序云：「美齊桓公也。衛國有狄人之敗，出處于漕，齊桓公救而封之，遺其車馬器服焉。衛人思之，欲厚報之，而作是詩也。」此說朱子已不採信，以為是男女相互贈答之詩。清人姚際恆、崔述均詳析其非，以為齊桓救衛，衛人從無回報，怎會說投輕報重的話？詩與齊桓無涉，序說絕不可信。魏氏則反之，以為是齊桓自陳其存衛之功；則投者為衛，報者為齊。此說通否？端視齊桓有無先得衛人的濟助而定。按之史籍，衛弱齊強，衛數世無賢君，以致懿公為狄人所殺，文公以亂故奔齊，齊桓率諸侯伐狄救衛，為築楚丘。可知衛之於楚無纖介之助，自無「投輕」之可言。齊桓焉得有此口吻？

曹風下泉，為美郇伯勤王之詩，內有「四國有王，郇伯勞之」之句。故該詩之伯，必是郇伯，與晉文公何干？陳風株林敍靈公通陳大夫妻夏姬事，其子夏徵舒弒靈公，自立為陳侯。楚莊王率諸侯兵伐陳，殺夏徵舒，破陳而縣之。後經其大夫申叔時進諫，然後為立新君而還。觀株林所敍為其前事，楚莊王伐陳誅徵舒為其後事。敍前事者未必及於後事；且莊王如欲自詡存陳之功，儘可從自身伐陳誅夏之事著筆，何須取與其無直接關係的前事來說？由此可知，株林與楚莊王無關。魏氏如此牽附，仍襲毛序故技，詩人本意則恐相距愈遠矣！

孟子詩亡春秋作之說，未必合於事實，但被後儒信守不渝，形成經學上的疑難之症。顧頡剛古史辨自序中曾說：

這種話到後來便成了詩學的根本大義。他只看見詩經與春秋是代表前後兩種時代的，不看見詩經與春秋有一部分是在同時代的；他只看見詩經是講王道的，不看見詩經裡亂離的詩比太平的詩多；東周的詩比西周的詩多；他只看見官選的詩紀盛德，不看見私人的詩寫悲傷。後來學者上了他的當，把這話當作信條。但悲傷亂離的詩是掩不沒的；講不過去，只得說：「詩亡，謂黍離降爲國風而雅詩亡也。」（朱註）

顧氏能從孟子的言論上發現問題，要學者不必爲他做彌縫的工作。回頭再看朱熹、蘇轍以及魏氏的解說，自有徒費唇舌之感了！

五、二南義例之說，多屬牽强附會

魏氏所說二南義例，實爲漢儒詩說的强化。比如二南相應之說，這是後世用詩者刻意的安排，與詩人寫作的初意毫不相干。即使關雎與鵲巢同屬婚姻的詩；葛覃與采蘩同屬婦女婚後生活的詩，也只表示詩義相近，並無特別的意義。何況其他詩篇相關者少，如卷耳敍行役者思親，采蘋敍公室祭祀，兩者旨趣迥異，如何相應？樛木係祝頌君子，小星係感慨身世，性質不同，如何相應？再如螽斯之與江有汜，一祝他人子孫衆多，一傷所愛捨己從人；芣苢之與草蟲，一爲采芣苢以自樂，一爲懷征夫而傷神；麟趾之與騶虞，一頌公侯生子，一讚虞人善獵。像這一些詩，無論人事、作意都有所不同，如說他們是相應的，則何詩不可以相應？

其次以時代論之，說前列二十二篇爲文王時詩，甘棠、何彼襛矣、野有死麕爲平王東遷以後詩，這也是缺乏依據的。國風的詩既多屬於平民之作，如無特殊事蹟可考，則作者爲誰？作於何時？爲誰而作？都難以確定。說關雎爲文王時詩，孔子不曾言，史籍不曾載。毛詩序說是「后妃之德」，后妃是誰？文王在商紂時爲西伯，終其身不曾封王，太姒有無可能稱后妃？「窈窕淑女，君子好逑」，淑女是誰？君子又是誰？像這些問題，毛公作傳，鄭玄作箋，都不敢明示。至唐朝孔穎達作正義，始以君子爲文王。這已是上距文王之世一千七百多年了，孔氏何以知之？與毛公同時代的三家詩，則以爲是刺康王的詩，說康王一朝晏起，詩人見幾而作。這話如果可信，也說明已非文王時詩；只是刺康王的話仍然缺乏佐證，難以採信。關雎的時代既已無從考證，其他的詩篇更不必談了；魏氏又憑什麼說這些都是詠文王后妃的詩呢？

儀禮鄉飲酒禮載云：「乃合樂，周南關雎、葛覃、卷耳；召南鵲巢、采蘩、采蘋。」據此以爲飲酒獻樂，三者連奏，上下有相應關係。魏氏推衍斯義，遂以爲二南的詩上下左右都有相應的關係，成爲一個縱橫交錯的連結體。由於召南比周南多三首詩，配對成了問題，就說這三首詩是作於平王東遷以後的變風，非召南所當有。這是自創義例於先，組織詩篇於後，如有不便納入自我設定的組織中，逕自刪削，以爲非當時所有。如此說詩，等於替古人立新法。詩人之意，已少關注；即當初采編者之意，亦豈若是？

吾人皆知，詩非一人之作，詩人作詩時亦無與他詩發生關連的設想；每首詩都是一個獨立體，讀者只宜作個案的研究，毋須作彼此的串連。因爲一旦刻意去串連，必然會外加人事的附會，以及詩教功能的强化。古人有云：「爲學日進，爲道日損。」觀乎魏氏二南義例以及周南、召南答問，不禁令人興此感慨！

肆　結　論

㈠**從著作大旨上看**　魏氏承今文學派之餘緒，高舉反毛大纛，舉凡毛序、鄭箋不當之處，詳予辨駁，一一指正，使讀者得悉古文家說詩之陋，此爲該書的主要貢獻。然彼已深受家派思想的束縛，所論不出於漢儒模式。筆舌滔滔，無非一家之言；處士橫議，僅見補苴之功。由於爲文旨趣所限，故習於舊調重彈，不易有創新之見。

㈡**從全書內容上看**　魏氏雖言反毛，實多信毛。如正變、美刺之名出於毛序，二南王化之說、相應之道亦出於毛序；毛序有此一說，魏氏即視爲詩學的大經大法，窮篇累牘，詳加論述，較之毛詩學者的重視尚有過之。故吾人讀詩古微之際，爲魏氏大處信毛小處反毛的矛盾現象，深感惶惑。

㈢從說詩方向上看　魏氏明知有作詩者之心，又有采詩編詩者之心；有說詩者之義，又有賦詩引詩者之義；而且以能得作詩者之心爲根本。故於齊魯韓毛異同論中舉「三家特主於作詩之意，而毛序主於采詩編詩之意」以示優劣。然於討論詩旨文義時，又多不顧詩人本意，但以採編者之心爲說。故雖有明達之見，終爲舊習所牽；以致前有高標，後無相應的行動，成爲另一種矛盾的現象。

㈣從其他觀點上看　魏氏原以美刺之說爲毛序一家之例，有違詩人本意；然於詩序集義一文中，不僅多從毛序，詳列三家，並於四家不以爲美刺者，自創其義；甚或以爲美刺兼涵於一詩之中，附會特甚。毛序世次之說，多屬無稽之談，魏氏爲維護孟子「王者之迹熄而詩亡，詩亡然後春秋作」之言，自訂義例，以爲平王東遷，巡守不行，采詩觀風黜陟諸侯的制度廢止，即是迹熄詩亡。春秋有詩，說爲無詩；誠有罔顧事實之嫌。論詩樂，主變風爲徒詩，卻說甯戚曾歌碩鼠，季札曾觀周樂。論鄭聲，主聲淫即是詩淫，三百篇中有淫詩。然於詩序集義中，凡朱熹、王柏等宋儒視爲淫詩者，一概改從毛序或三家之說，視爲刺淫、刺時或刺某君的詩，從未直指某詩爲淫。諸如此類，以見魏氏論述詩義，缺乏健全的見解與完整的體系。

總之，詩古微一書，旨在復興三家，維護舊說；爲今文學者反擊毛詩的重要著作。其後皮錫瑞、康有爲、梁啓超等人續爲響應，一時今文學說似有復活趨勢。然自民國以來，學者觀念更新，漢宋以來家派思想爲之解鈕。魏氏所苦心研求曲爲維護者，由於學術進步，大勢所趨，恐不足以挽狂瀾於既倒矣！

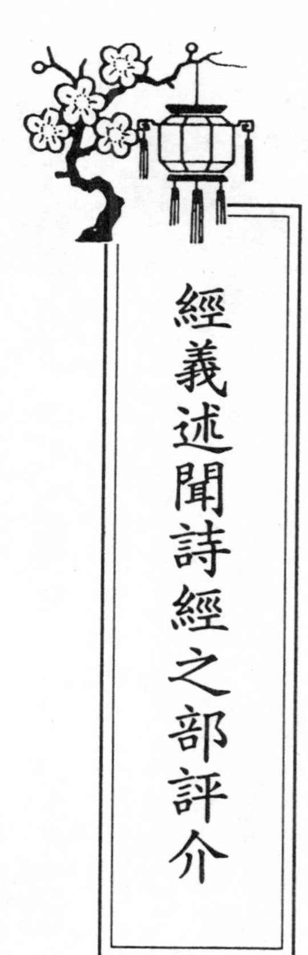

經義述聞詩經之部評介

壹　前　言

經義述聞著者爲王引之；惟書中常引「家大人」之說，「家大人」即是其父王念孫。故此書雖著於王引之，實多錄王念孫的見解於其中，可視爲王氏父子合著而成的。

王念孫，淸高郵人，字懷祖。數歲能讀尙書，有神童之稱。乾隆時進士，官至永定河道。居官廉正，坐河溢罷歸。念孫少受業於戴震，精於聲韻、訓詁；其分古韻爲二十一部，按之羣經楚辭，斬然不紊。爲此學者，有淸一代首推高郵王氏。所撰廣雅疏證，凡漢以前倉雅古訓，皆搜括而通證之，訂正諸本之舛誤衍漏，頗稱精覈。又著讀書雜志，於古書傳寫之誤，多所校正。

王引之，念孫子，字伯申，嘉慶進士；授編修，屢掌文衡，歷署戶、禮兩部尙書，授工部尙書，卒諡文簡。引之幼承家學，通聲韻、訓詁，成經義述聞、經傳釋詞等書，以精博稱；至今仍爲研讀經籍者所重視。

曾國藩聖哲畫像記中所述的聖哲計三十二人，始於「文、周、孔、孟」，終於王氏父子。其文有云：

王氏父子，集小學訓詁之大成，敻乎不可幾已，故以殿焉！

其以王氏一方之學，竟許爲與歷代聖哲等立齊觀。可見曾氏雖出身科場，熱中功利，對於學術的重視，實非時人所能企及的。

本文僅以經義述聞詩經之部（卷五至卷七）爲討論範圍，由於篇幅所限，僅以取樣性質，藉以窺知其詮釋詞語之得失，或可供作初學者之參考。

貳 內容分類簡介

王氏（制陽案：本文凡稱王氏，皆指引之而言）行文次第，以經文中前人訓釋認爲不當者，爲其討論對象，始自周南葛覃篇的「維葉莫莫」，終於商頌殷武篇的「勿予過適」。其間共有一百八十三則，茲分類紹述於后：

一、從研究對象上看

王氏討論詩經中詞語的含義，以毛傳、鄭箋、孔疏爲對象；茲分別擧例如下：

甲、指正毛傳的例子

㈠周南葛覃篇「維葉莫莫」 毛傳云：「莫莫，成就之貌。」大雅旱麓篇「莫莫葛藟」，毛傳云：「莫莫，施也。」王氏曰：

廣雅曰：「莫莫，茂也。」周南葛覃篇「維葉莫莫」、大雅旱麓篇「莫莫葛藟」，皆是茂盛之貌。毛傳因「是刈是濩」而云「莫莫，成就之貌」；因「施于條枚」而云「莫莫，施貌」，緣詞生訓，皆非也。莫莫葛藟，猶言維葉莫莫；維葉莫莫，猶言維葉萋萋耳。

這是王氏指正毛傳訓「莫莫」爲「成就」與「施」的不當。莫莫，當從廣雅「茂也」之訓，與萋萋同義，都是茂盛的樣子。王氏說毛公「緣詞生訓」，意謂這些詞義隨著上下詞語所處的不同，解釋也隨著不同。其結果即是一詞多義或詞無定訓。

㈡周南麟之趾篇「振振公姓」、「振振公族」 毛傳訓「公姓」爲「公同姓」，「公族」爲「公同祖」。王氏曰：

公姓、公族，皆謂子孫也。古者謂子孫曰姓，或曰子姓。……族，嗣也。亦子孫之通稱也。公子、公姓、公族，皆指後嗣而言，猶螽斯之言宜爾子孫也。

國語越語的「國子姓」，即是「國子孫」。禮記喪大記：「卿大夫父兄子姓立于東方。」注：「子姓，謂衆子孫也；姓之言生也。」以證「公姓」即是指公的子孫而言。以此類推，「公族」，亦當指公的後嗣，不宜作「公同祖」來說的。

㈢**召南鵲巢篇「維鳩方之」** 毛傳：「方，有之也。」戴東原詩考正讀「方」為「房」，云：「房之，猶居之也。」王氏曰：

鳥巢不得言房。方，當讀為放。論語里仁篇「放於利而行」，鄭、孔注並曰：「放，依也。」維鵲有巢，維鳩方之者，維鵲有巢，維鳩依之也。

毛傳訓「方」為「有」，無據；戴氏訓「方」為「房」，不類。未若將「方」讀為「放」，訓作「依」較為妥當。

㈣**召南采蘩篇「被之僮僮，夙夜在公。被之祈祈，薄言還歸」** 毛傳：「被，首飾也。僮僮，竦敬也。祈祈，舒遲也；去事有儀也。」王念孫曰：

詩言被之僮僮，被之祈祈，則僮僮、祈祈皆是形容首飾之盛。小雅大田曰：「有渰萋萋，興雲祁祁，」大雅韓奕曰：「諸娣從之，祁祁如雲。」是祁祁亦盛貌也。

毛公訓「僮僮」爲「竦敬」，「祁祁」爲「舒遲」，是從儀行上說。實則僮僮、祁祁都只是形容首飾之盛，與儀行無關。如還不信，可以大田的「興雲祁祁」，韓奕的「祁祁如雲」爲證。

㈤檜風隰有萇楚篇「猗儺其枝」 毛傳曰：「猗儺，柔順也。」王氏曰：

萇楚之枝，柔弱蔓生，故傳箋並以猗儺爲柔順。但下文又云：「猗儺其華」、「猗儺其實」，華與實不得言柔順，而亦言猗儺，則猗儺乃美盛之貌矣。小雅隰桑篇：「隰桑有阿，其葉有儺。」傳曰：「阿然美貌，難然盛貌。」阿難，與猗儺同，字又作旖旎。

「猗儺」，如單獨爲訓，可解爲「柔順」。今以華、實並舉，則不得訓爲「柔順」；再以猗儺與阿難、旖旎通訓來看，猗儺當訓爲「美盛之貌」，決無毛傳所云「柔順」之義。

乙、指正鄭箋的例子

㈠鄭風大叔于田篇「兩服上襄，兩驂雁行」　箋曰：「襄，駕也。上駕者，言爲衆馬之最良也。」王念孫曰：

> 鄭以上襄爲衆馬之最良，則上襄二字，意不相屬。予謂上者前也；上襄，猶言前駕，謂並駕於車前，即下章之兩服齊首也。雁行，謂在旁而差後，如雁行然，即下章之兩驂如手也。上襄與雁行意正相對。若以上襄爲馬之最良，則與雁行迥不相涉矣。古者上與前同義，易言上古，謂前古也。孟子言上世，謂前世也。……

念孫訓「上襄」爲「前駕」，與「雁行」相對，是從四匹馬進行時所處的位置上說的，絕無鄭氏所訓「馬之最良者」之意。

㈡鄭風女曰雞鳴篇「宜言飲酒」　箋曰：「宜乎我燕樂賓客而飲酒。」王念孫曰：

> 此承上「宜之」而言，宜亦當訓爲「肴」。猶「弋言加之」，承上「弋鳧與雁」而言也。不當上下異訓。毛於上「宜之」訓「宜」爲「肴」，則此句「宜」字亦爲「肴」可知。爾雅：「宜，肴也。」李巡注曰：「宜，飲酒之肴。」是「宜言飲酒」之「宜」訓爲「肴」矣。

「宜言飲酒」的上文是「弋言加之，與子宜之」，「加」訓「著」或「中」，意謂弋射而射中了鳧與雁，要與對方作成菜肴。「宜言飲酒」的「宜」字，自應與上句的「宜」字同義；整句話是說「製作菜肴而飲酒」。鄭氏將「宜」字作「適宜」的意思來說，自屬誤解。

㈢**豳風七月篇「宵爾索綯」**　箋曰：「夜作絞索。」王氏曰：

> 索者，糾繩之名；綯，即繩也。索綯，猶言糾繩。「于茅」、「索綯」文正相對。趙岐注孟子曰：「晝取茅草，夜索以爲綯。」是也。廣雅釋器曰：「綯，繩索也。」箋曰：「夜作絞索。」則是索爲繩索之索。爾雅訓綯爲絞，而郭注曰：「糾絞繩索。」則是以絞爲糾絞之絞，胥失之矣。

「宵爾索綯」與上句「晝爾于茅」相對，「于茅」即「爲茅」，「于」既是動詞，則下句「索綯」的「索」亦必是動詞。「索綯」即是「糾繩」，或釋爲「搓製繩索」。鄭箋訓爲「夜作絞索」，「索綯」在「作」字之下，當作「繩索」來說，自非所宜。

㈣**小雅十月之交篇「百川沸騰，山冢崒崩」**　箋曰：「崒者，崔嵬。山頂崔嵬者崩。」王氏曰：

> 本又作卒。卒，讀當爲猝。猝，急也，暴也。言山冢猝然崩壞也。卒崩與沸騰相對。若訓卒爲崔嵬而以山冢卒連讀，則與上句文義不倫矣。

「山冢崒崩」的「崒」，鄭氏訓爲「崔嵬」，與上句「百川沸騰」不能相對。漢書劉向傳引此句即作「卒」，故以爲今本之「崒」，實係「卒」字之誤。「山冢崒崩」，即是「山岳猝然崩壞」的意思。

㈤桑柔篇「民靡有黎」 毛傳：「黎，齊也。」鄭箋：「黎，不齊也。」言時民無有不齊被兵寇之害者。王氏曰：

黎者，衆也，多也。下文曰：「具禍以燼。」燼者，餘也，少也。黎與燼相對爲文。雲漢篇曰：「周餘黎民，靡有孑遺。」箋曰：「黎，衆也。」孑者，餘也，少也。黎與孑相對爲文。箋訓「黎」爲「不齊」，固與文義不安；傳訓「黎」爲「齊」，亦不若訓「衆」之爲得也。

「民靡有黎」之「黎」，毛訓「齊」，鄭訓「不齊」，形成矛盾；又鄭氏在雲漢篇訓「黎」爲「衆」，與桑柔之訓自致分歧。按之上下文義，桑柔的「黎」與「燼」對文，雲漢的「黎」與「孑」對文，上言其多，下言其少；故「黎」當訓爲「衆」。

丙、指正孔氏正義的例子

㈠邶風二子乘舟篇「汎汎其景」 正義曰：「觀之汎汎然，見其影之去往而不礙。」王氏曰：

景，讀如憬。魯頌泮水篇「憬彼淮夷」，毛傳曰：「憬，遠行貌。」下章言「汎汎其逝」，正與此同意也。士昏禮「姆加景」，今文「景」作「憬」；是憬、景古字通。

「景」與「影」通，亦與「憬」通。惟「憬」有「遠行」義，與下章「逝」字相契。今文本既用「憬」字，故不當取正義之訓。

㈡羔裘篇「邦之司直」　毛傳曰：「司，主也。」正義曰：「一邦之人主以爲直。」王念孫曰：

直，謂正人之過也。襄七年左傳曰：「正曲爲直。」杜注曰：「正人曲。」主正人之過，則謂之司直。

正義訓「司直」爲「主以爲直」，旨在說明其人注重自身行爲正直。實則「司直」之意，在於正人之過，不在於正己。呂氏春秋自知篇：「湯有司直之士。」高注：「司，主也。直，正也。正其闕過也。」故知「司直」，即專管糾正人們的過失。正義說是正己的，自屬不當。

㈢雨無正篇「舍彼有罪，既伏其辜」　正義曰：「王反舍彼有罪既伏其辜者而不戮。」王氏曰：

如正義，則是以舍彼有罪既伏其辜八字爲一句矣。此篇前二章章十句，若作一句讀，則少一句，與章句不合；且上下皆四字句，不應其間又八字爲句也。今案「伏」者，「藏」也，「隱」也。凡戮有罪者，當聲其罪而誅之；今王之舍彼有罪也，則既隱藏其罪而不知發矣；蓋惟其欲舍有罪之人，是以匿其罪狀耳。解者誤以「伏其辜」爲「伏罪」，則與舍字兩相牴牾，於是改句讀以牽就之，疏矣！

王氏以爲正義此訓不妥處有二：⑴原是四字一句的詩說成八字句，不合前二章一章十句的體例。⑵「伏」當訓爲「藏」或「隱」；「伏其罪」即隱藏其罪，如解爲「伏罪」，即已按其罪加以處分矣，則何「舍」之有？「舍」即是「赦」，既說「赦罪」，又說「伏罪」，豈不矛盾？

㈣小雅角弓篇「民之無良，相怨一方。受爵不讓，至於己斯亡」 正義曰：「受其官爵，不以相讓。由此爲彼所怨，至於己身以此而滅亡。」王氏曰：

如傳疏之說，則當言受爵不讓，至於亡己，不當言至于己斯亡也。且至于己斯亡，亦非謂己身以此而亡也。竊以「亡」，即「忘」字也。言但怨人之不讓己，而忘乎己之不讓人，正所謂民之無良也。忘與亡古字通。

這從文義上看，前說「民之無良，相怨一方」，是從品德上立言的。一個品德不好的人，常以一方面的理由怨恨別人。其表現在權位上的，即是希望別人讓給自己，而忘了也該謙讓於人；這正是「民之無良」的具體說明。如說成「至於己身以此而致滅亡」，不僅「斯亡」之義未得，即首句「無良」之義與下文亦難以相貫。況且「忘」與「亡」古字通，故該句的「亡」字當訓爲「忘」。

㈤大雅既醉篇「朋友攸攝，攝以威儀」 正義曰：「攝者，收斂之言。各自收斂，以相助左爲威儀之事。」王氏曰：

正義謂各自收斂以相助佐，則是分攝與佐爲二事；非也。攝，即佐也。襄三十一年左傳引詩「朋友攸攝，攝以威儀」杜預注曰：「攝，佐也。」是其證。

正義先訓「攝」爲「收斂」，惟說到「攝以威儀」時，又以「相助佐」訓「攝」，不免含混其義。王氏以爲此處的「攝」字，當訓爲「佐」，不當作「收斂」講。

㈥**大雅泂酌篇「可以濯溉」** 毛傳曰：「溉，淸也。」正義曰：「謂洗之使淸潔。」王念孫曰：

上章「可以濯罍」，「罍」爲祭器。此章之「溉」義亦當然。「溉」當讀爲「概」。春官鬯人：「凡祭祀社壝用大罍，禜門用瓢齎，廟用脩，凡山川四方用蜃，凡祼事用概，凡疈事用散。」鄭注曰：「脩、蜃、概、散，皆漆尊也。概尊，以朱帶者。」疏曰：「黑漆爲尊，以朱帶落腹，故名概。概者，橫概之義，是罍與概皆尊名。故二章言濯罍，三章言濯概也。若訓溉爲淸，則與濯罍之文不類矣！」

泂酌篇第二章「可以濯罍」與第三章「可以濯漑」相對爲文，「罍」是一種器皿，「漑」亦當是一種器皿；故知毛傳訓「淸」，正義訓「濯漑」爲「洗之使淸潔」的非是。「漑」既當爲器皿，周禮春官鬯人所敍祭祀用的器皿即有「概」，是「黑漆爲尊，以朱帶落腹」的器皿。可知與「罍」相對的

「溉」當讀爲「概」。

㈦**周頌雝篇「亦右文母」**　正義曰：「文母繼文王言之，雖大姒自有文德，亦因文王而稱之也。」王氏曰：

> 文王之文，謚也。文母之文，則美大之稱，猶言王妣皇母耳。二者本不相因，傳以文母爲大姒者，以上文皇考是文王，則文母當爲大姒；非謂因文王而稱文母也。若因文王而稱文，則武王之后，亦將謂之武母；成王之后，亦將謂之成母乎？斯不然矣！列女傳母儀傳：「大姒仁而明道，思媚大姜大任，旦夕勤勞，以進婦道，大姒號曰文母。」然則文母之稱，專美大姒之文德明矣。漢書元后傳：「太皇太后，當爲新室文母太皇太后。」後漢書鄧騭傳：「伏惟和熹皇后，聖善之德，爲漢文母。」皆本周頌爲義。彼言文母，並是文德之稱，非因其夫之謚文而稱之也。

正義以爲「文母」是因文王之名而稱大姒的，王氏則爲之辯正，以爲「文」是「美大」之稱，自有贊頌大姒之意，不得與文王之名相混。再以列女傳、漢書元后傳、後漢書鄧騭傳所載，可知所稱文母本乎周頌，並爲「文德之稱。」非因文王而稱之的。

㈧**大雅板篇「天之方蹶，無然泄泄」**　正義曰：「泄泄，猶沓沓，競進之意也。」王氏曰：

> 詩言泄泄者，每有衆多之意。魏風十畝之間曰：「桑者泄泄兮」，毛傳：「泄泄，多人之貌。」多人謂

之泄泄，猶多言謂之泄泄也。荀子正名篇曰：「愚者之言諮諮然而沸。」諮諮與沓沓同。孟子引詩訓泄泄爲沓沓，而毛氏傳取之。說文：「沓，語多沓沓也。」

「泄泄」爲衆多之意，或訓人多，或訓言多。孟子引詩「天之方蹶，無然泄泄」而謂「泄泄，猶沓沓也」即是多言無節的意思。故知正義訓「泄泄」爲「競進之意」的非是。

二、從研究方法上看

王氏父子討論詞義的基本功夫，在於學植深厚，氾濫羣籍。故讀他們的書，對於他們廣徵博引，暢所欲言，莫不印象深刻。至於他們所採用的方法，雖未見明示，我們則可從其論證的過程中識其大略，茲舉述如下。

甲、以相對爲文求義

㈠小雅正月篇「哿矣富人，哀此惸獨」 王念孫曰：

哿與哀相對爲文。哀者憂悲，哿者歡樂也。言樂矣彼有屋之富人，悲哉此無祿之惸獨也。

毛傳訓「哿」爲「可」。鄭箋云：「此言王政如是，富人已可，惸獨將困也。」他亦說「哿」爲「可」。王氏以相對爲文求義，「哿」「哀」相對，「哿」當訓爲「樂」，自較適當。

㈡**小雅小弁篇：「不屬于毛，不離于裡」**　毛傳：「毛在外，陽；以言父。裡在內，陰；以言母。」鄭箋：「此言人無不瞻仰其父取法則者；無不依恃其母以長大者。」王氏曰：

> 裡，讀爲理，謂腠理也。毛在外，理在內，相對爲文。

王氏以相對爲文釋「毛」「理」，文義顯然可見。毛、鄭以陰、陽、母、父爲說，失之附會。

㈢**小雅大東篇「東有啟明，西有長庚」**　毛傳曰：「日且出，謂明星爲啓明；既入，謂明星爲長庚。」正義曰：「日旦出者，旦，猶明也。明出，謂嚮晨時也。」王念孫曰：

> 旦，當是「且」字之誤也。「且出」與「既入」相對爲文。日未出而明星先出，故謂之啓明；若日出，則明星不見矣！

這是從「既入」相對爲文上看，「旦出」原是「且出」之誤。又從天象上考察，啓明在天，自是日將出而未出之際。如日已明出，星光全已隱沒，何來啓明？故知「旦出」之非是。

其他如前文所討論的叔于田篇「兩服上襄」與「兩驂雁行」相對；七月篇「宵爾索綯」與「晝爾

于茅」相對；洞酌篇「可以濯溉」與「可以濯罍」相對。以此求義，則「上襄」、「索綯」、「濯溉」等詞性自明，詞義即顯然可見矣。

乙、以類比之法求義

㈠邶風終風篇「終風且暴」　毛傳曰：「終日風爲終風。」韓詩曰：「終風，西風也。」王念孫曰：

此皆緣詞生訓，非經文本義。終猶既也，言既風且暴也。燕燕曰：「終溫且惠，淑慎其身。」北門曰：「終窶且貧，莫知我艱。」小雅伐木曰：「神之聽之，終和且平。」甫田曰：「禾易長畝，終善且有。」正月曰：「終其永懷，又窘陰雨。」終字皆當訓爲既。

王氏將詩經中所有同一句式的「終」字作歸納比較，求得「終」當訓「既」的結論。此一結論，即成爲不易之解。

㈡谷風篇「不念昔者，伊予來塈」　毛傳曰：「塈，息也。」鄭箋曰：「君子忘舊，不念往昔年稚我始來之時安息我。」王氏曰：

如傳箋說，則伊予來三字，與塈字義不相屬。今案伊，惟也。來，猶是也；皆語詞也。塈，讀爲愾。

愾，怒也。此承上有洸有潰言之。言君不念昔日之情而惟我是怒也。伊予來塈，與反予來赫同意；赫，亦怒也。凡詩中「來」字，如此篇之伊予來塈，及四牡之將母來諗，采芭之荊蠻來威，桑柔之反予來赫、江漢之淮夷來求，淮夷來鋪、王國來極，皆是語詞。解者皆訓爲來往之來，遂致詰籀爲病。說見釋詞。

這也是王氏父子的創見。王氏歸納同一句式的「來」字，加以類比，遂認定「來」當訓「是」，「伊予來塈」即「惟予是怒」。「來」是語詞，不可當「來去」的「來」字說的。

㈢小雅節南山篇「有實其猗」　毛傳：「實，滿。猗，長也。」鄭箋：「猗，依也；言南山既能高峻，又以草木平滿其旁，倚之畎舍，使之齊均也。」王氏曰：

訓猗爲長，無所指實。畎谷旁依，何得即謂之倚乎？今案詩之常例，凡言有蕡其實，有鶯其羽，有略其耜，有捄其角，末一字皆實指其物。有實其猗，文義亦然也。猗，疑當讀爲阿。古音猗與阿同，故二字通用。山之曲隅謂之阿。大雅卷阿曰：「有卷者阿。」文義正與此相似。又案周頌載芟篇：「載獲濟濟，有實其積。」亦謂露積之庾，其形實實然廣大也。鄭箋以有實爲實成，亦失之。

王氏將與「有實其猗」同一句式的詩句加以類比，以爲「有實」當訓「實然」。「其猗」的「猗」是實物之名。「猗」與「阿」古音相通，「阿」爲「山之曲隅」。所以「有實其猗」可改寫爲「其猗實然」，翻成白話，即是「山的曲隅實實然廣大的樣子」。毛、鄭之訓，均屬誤解。

丙、以一聲之轉求義

㈠**正月篇「燎之方揚，寧或滅之。赫赫宗周，褒姒威之」** 鄭箋曰：「燎之方盛之時，炎熾熛怒，寧有能滅息之者，言無有也；以無有喻有之者爲甚也。」王念孫曰：

寧，乃也。言以燎火之盛而乃有滅之者。以赫赫之宗周，而乃爲褒姒所滅。四句以上興下，一氣相承，詞意甚爲迫切。若上言燎火難滅，下言褒姒滅周，則上下相承之間，多一轉折而詞意迂回矣。……寧、乃一聲之轉，故詩中多謂乃爲寧。

「寧或滅之」，鄭氏訓爲「寧有能滅息之者，言無有也」；說成反詰句法，「寧」字仍未改訓。王氏則以一聲之轉訓爲「乃」。「寧或滅之」即「乃有滅之者」，上下文氣較能相貫，詞意亦較明達。

㈡**小雅菁菁者莪篇「既見君子，我心則休」** 鄭箋曰：「休者，休休然。」正義曰：「我心則休休然而美。」王念孫曰：

「我心則喜」、「我心則休」，休，亦喜也；語之轉耳。箋曰：「休者，休休然。」休休，猶欣欣，亦語之轉也。周語：「爲晉休戚。」韋昭注曰：「休，喜也。」呂刑曰：「雖休勿休。」言雖喜勿喜也。

釋文、正義並訓休爲美，失之。

這是以語之轉說「休」即是「喜」，「休休」猶「欣欣」，亦是喜樂之意。休、喜、欣，所謂一語之轉，亦即一聲之轉。

㈢**小雅楚茨篇「我倉既盈，我庾維億」**　毛傳曰：「萬萬曰億。」鄭箋曰：「倉言盈，庾言億，亦互辭，喻多也。十萬曰億。」王念孫曰：

億亦盈也，語之轉耳。漢巴郡太守樊敏碑曰：「持滿億盈。」是億即盈也。「我黍與與，我稷翼翼。」翼翼，猶與與也。「我倉既盈，我庾維億。」維億，猶既盈也。此億字但取盈滿之義而非記其數，與「萬億及秭」之「億」不同。

王氏以爲「億」當訓「盈」，不宜作量詞解，一則從「語之轉」上看；再則從「既盈」與「維億」相對爲文上觀察；三則從漢碑「持滿億盈」的用詞上考量，這是相當可信的。惟所謂「語之轉」，即「億」與「盈」本不同義，僅藉一聲之轉的關係說成是同義的。

此外，王氏還從雙聲疊韻的詞性上求義。例如卷耳篇「我馬虺隤」、「我馬玄黃」，毛傳曰：「虺隤，病也。玄馬病則黃」。小雅何草不黃篇「何草不黃」、「何草不玄」，箋曰：「黃爲歲晚草黃。」「玄爲始春之時草芽孽者將生必玄。」王氏曰：

> 虺隤，疊韻字。玄黃，雙聲字。皆謂病也。傳言玄馬病則黃，失之。何草不玄，何草不黃，玄黃亦病也；猶言無草不死，無草不萎也。以草病與人之勞瘁，亦「中谷有蓷，暵其乾矣」之意。箋言歲始草玄，歲晚草黃，亦失之。

王氏以爲凡是雙聲疊韻的詞，都只是一個意思，不宜分解。如「玄黃」爲雙聲詞，「虺隤」爲疊韻詞，它們只當一個意思說，鄭箋「歲始草玄，歲晚草黃」分開來說，這就錯了。

丁、以反證之法求義

㈠**汝墳篇「伐其條枚」、「伐其條肄」**　毛傳曰：「枝曰條，幹曰枚。」正義曰：「以枚非木，則條亦非木；明是枝幹相對爲名耳。」王氏曰：

> 三復文義，仍當訓爲「有條有枚」之條，謂伐其條樹之枚，伐其條樹之肄耳。

「條枚」的「條」何以見得是樹木之名呢？由於終南篇「有條有枚」句。「條」與「枚」並舉，「枚」既是木名，即可推知「條」也一定是木名。這是將汝墳以外的資料拿來反證的一個例子。

㈡**小雅鶴鳴篇「其下維蘀」**　毛傳：「蘀，落也。尚有樹檀而下有蘀。」王氏曰：

二章「其下維穀」，傳曰：「穀，惡木也。」則此蘀字亦當爲木名，非落葉之謂也。蘀，疑當讀爲檡。

廣雅：「梬棗，檡也。」蓋檀可以爲輪爲輻，檡可以爲決。穀可以爲布爲紙，皆適於用者也。

這是從詩中各章相對用詞作考察，既知次章的「穀」字爲樹木之名，則可反證首章同詞位的「蘀」字也一定是樹木之名。這「蘀」字王氏以爲當是「檡」字之誤。「檡」爲木名，可以爲決；足以爲證。

㈢**斯干篇：「君子攸芋」** 毛傳：「芋，大也。」鄭箋：「芋，當作幠。幠，覆也。其堂室相稱，則君子之所覆蓋。」王氏曰：

訓大訓覆，皆有未安。芋，當讀爲宇。宇，居也。承上文，言約之椓椓，於是室成而君子居之矣。鄭注大司徒媺宮室曰：「謂約椓攻堅，風雨所除，各有攸宇。」彼處云云，皆約舉詩詞「攸宇」即「攸芋」也。鄭君注禮時用韓詩，蓋韓詩「芋」作「宇」。

這是以爲「芋」字毛傳訓「大」，鄭箋訓「覆」，都不適當。據鄭注周禮大司徒媺宮室有「風雨所除，各有攸宇」之文，得知此「宇」字即是斯干篇的「芋」字。考其淵源，由於鄭氏注周禮用韓詩，故知韓詩原文即是「攸宇」。「攸宇」即是「所居」，義比毛、鄭爲長。

戊、以名物考證求義

㈠**唐風山有樞篇「子有廷內」** 正義曰：「洒掃室庭之內。」王氏曰：

一章之衣裳車馬，二章之廷內鐘鼓，皆二字並列，字各爲義。廷與庭通，庭，謂中庭。內，謂堂與室也。鼂錯傳曰：「家有一堂二內。」論衡別通篇曰：「富人之宅，以一丈之地爲內。內中所有柙匱，所羸縑布絲帛也。貧人之宅，亦以一丈爲內，內中空虛，徒四壁立。」……廷內，謂庭與堂室，非謂庭之內也。

這是先從詩句結構上看，「廷內鐘鼓」與一章的「衣裳車馬」相對爲文，「衣裳車馬」既是四個物名，則「廷內鐘鼓」也必是四個物名。所以「廷」與「內」應是並立的二物，不能說成「廷之內」的一物。再從「內」字上考證，據鼂錯傳，論衡別通篇等所載，「內」在屋中有一定所在，即是「堂」與「室」。可見正義之訓的非是。

㈡**秦風終南篇「有紀有堂」** 毛傳：「紀，基也。堂，畢道平如堂也。」王氏曰：

「終南何有？」設問山所有之物耳。山基與畢道，仍是山，非山之所有也。今以全詩之例考之，如山有榛、山有扶蘇、山有樞、山有苞櫟、山有嘉卉、侯栗侯梅、山有蕨薇、南山有臺、北山有萊，凡云山有

> 某物者，皆指山中之草木而言。又如邱中有麻、邱中有麥、山有扶蘇、隰有荷華；……凡首章言草木者，二章、三章……皆言草木，此不易之例也。今首章言木而二章乃言山，則既與首章不合，又與全詩之例不符矣！今案紀，讀爲杞；堂，讀爲棠。條枚杞棠，皆木名也。考白帖終南山類引詩正作「有杞有棠」。唐時齊魯詩皆亡，惟韓詩尚存，則所引蓋韓詩也。

王氏說「基」「堂」不能照毛傳作「山基」「畢道」講，理由有三：一是凡說山有某物的詩，都是指山中的草木說的；終南篇自亦不能例外。二是首章敍的是條、梅，是樹木之名；次章的紀、堂也一定是樹木之名。三是白帖所引終南篇的詩句，正作「有杞有棠」，可見韓詩的本子原是用「杞」「棠」兩種樹木之名的。王氏此一考證過程可稱縝密，其結論自較可信。

㈢陳風衡門篇「衡門之下」　毛傳曰：「衡門，衡木爲門，言淺陋也。」墓門篇「墓門有棘」。毛傳曰：「墓門，墓道之門。」王氏曰：

> 此皆緣詞生訓，恐非其本旨也。門之爲象，縱而不橫。若謂橫木而爲門於其下，則又不得謂之橫門矣。前有東門之枌，後有東門之池、東門之楊。竊疑衡門、墓門，亦是城門之名。墓門有棘、墓門有梅，猶言東門之枌、東門之楊耳。襄三十年左傳：「晨自墓門之瀆入。」杜注曰：「墓門，鄭城門。」此墓門蓋亦陳之城門，若魯有鹿門，（左傳襄二十三年）齊亦有鹿門。（昭十年）齊有揚門，（襄十八年）宋亦有揚門也。（昭二十一年）楚辭天問「何繁鳥萃棘，負子肆情」，王注曰：「言解居父聘吳，過陳之

墓門，見婦人負其子，欲與之淫佚，肆其情欲。婦人則引詩刺之曰：『墓門有棘，有鴞萃止。』」故曰：「繁鳥萃棘也。」據王注曰「過陳之墓門」，則墓門爲陳之城門可知。王注本之列女傳，蓋三家詩中有此說也。

王注，可知鄭國、陳國都有城門稱爲墓門。經此名物考證，二者當可確信爲城門了。

看，縱而不橫（即上下長，左右窄）。即使以橫木爲之，也不宜稱之爲橫門。三則據左傳杜注，楚辭

法，一則從前後詩篇上看，凡所稱之門，都是城門；可知衡門、墓門亦當是城門。再則從門之外形上

衡門、墓門，毛公訓爲「橫木之門」、「墓道之門」，王氏說他「緣詞生訓」，非其本義。其考證之

己、以傳寫致誤求義

㈠**大雅江漢篇「江漢浮浮，武夫滔滔」**　毛傳「浮浮，衆强貌。滔滔，廣大貌。」鄭箋：「江漢之水，合而東流浮浮然。宣王於是水上命將率，遣士衆，使循流而下滔滔然。」王氏曰：

經當作「江漢滔滔，武夫浮浮」。傳當作「滔滔，廣大貌。浮浮，衆强貌。」箋當作「江漢之水，合而東流滔滔然。宣王於是水上命將率，遣士衆，使循流而下浮浮然」。傳云「滔滔，廣大貌」者，小雅四月篇「滔滔江漢」，傳曰：「滔滔，大水貌。」此言「江漢滔滔」，義與彼同，故曰「廣大貌」也。云「浮浮，衆强貌」者，浮與儦聲義相近，浮浮，猶儦儦也。齊風載驅篇「行人儦儦」，傳曰：「儦儦，

衆貌。」猶浮浮之爲衆貌也。鄭風清人篇「駟介麃麃」，傳曰：「麃麃，武貌。」猶浮浮之爲强貌也。……載驅篇曰：「汶水滔滔，行人儦儦。」此篇亦曰：「江水滔滔，武夫浮浮。」文義正相合也。下文「江漢湯湯」，亦大貌。載驅傳曰：「湯湯，大貌。」是也。下文「武夫洸洸」，亦强貌。傳曰：「洸洸，武貌。」是也。然則「滔滔，廣大貌」，正與湯湯同意。「浮浮，衆强貌」，正與洸洸同意。故一章言「江漢滔滔，武夫浮浮」，二章言「江漢湯湯，武夫洸洸」也。而寫經者「滔滔」「浮浮」四字，上下互譌；後人不察，又改傳箋以從之，於是「衆强之貌」屬之江漢，「廣大之貌」屬之武夫。不知江漢大川，當言廣大，不當言衆强；武夫尚武，當言衆强，不當言廣大也。

王氏認爲江漢篇的首二句「浮浮」與「滔滔」，是傳寫者一時疏忽，調換其位置而致誤的。因爲據毛傳訓「浮浮」爲「衆强貌」，江漢之水怎可用「衆强」來形容呢？訓「滔滔」爲「廣大貌」，武夫即使人多氣盛，又怎可用「廣大」來形容呢？如將兩詞對調，以「廣大」形容江漢之水，以「衆强」形容武夫之盛，這就對了。再以「滔滔」訓「廣大」，求證於小雅四月篇，齊風載驅篇亦然。「浮浮」訓「衆强」，一則可取江漢篇次章「武夫洸洸」，毛傳訓「洸洸」爲「武貌」；再則藉「浮浮」與「儦儦」、「麃麃」通訓之例，毛傳既訓「儦儦」爲「衆貌」，「麃麃」爲「武貌」，則知「浮浮」有「武勇」、「衆强」之義。由於歷來經學家以譌傳譌，不得其解；王氏此說，自是獨到之見，不易之解。

㈡衛風氓篇「女也不爽，士貳其行」　鄭箋曰：「我心於女故無差貳，而復關之行有二意。」正義曰：「言我心於汝男子也，不爲差貳，而士何謂二三其行於己也。」王氏曰：

> 貳，與二通。既言「士貳其行」，又言「士也罔極，二三其德」，文義重沓，非其原本也。貳，當爲貣之譌。貣，音他得切，即忒之借字也。爾雅：「爽，差也。」「爽，忒也。」鄭注豫卦彖傳曰：「忒，差也。」是爽與忒同訓爲「差」。「女也不爽，士貳其行」，言女也不差，士則差其行耳。爾雅說此詩曰：「晏晏旦旦，悔爽忒也。」郭注曰：「傷見棄絕，恨士失也。」然則悔爽忒者，正謂恨士之爽忒其行。據爾雅所釋，詩之作「貣」明矣。……而貳爲貣之譌，貣爲忒之借，皆可推測而知也。

這是以爲氓篇「士貳其行」的「貳」字，原是「貣」字之誤。「貣」是「忒」的借字。「忒」與「爽」同有「差」義。證之爾雅與郭注，均從差失上說。又「士貳其行」與下句「二三其德」文義重複，故知此「貳」字當是「貣」字之譌。

㈢**緜篇「民之初生，自土沮漆」** 毛傳：「自，用。土，居也。沮水，漆水也。」胡氏朏明禹貢錐指：「偏考羣書，邠地有漆無沮。」王氏曰：

> 土，當從齊詩讀爲杜，古字假借耳。杜，水名，在漢右扶風杜陽縣南。南入渭，今屬麟遊、武功二縣。漆水在右扶風漆縣西，北入涇，今屬邠州。沮，當爲徂。徂，往也。「自土沮漆」，猶下文「自西徂東」。言公劉去邰適邠，自杜水往，至於漆水也。徂與沮相似，又因漆字而誤作水旁耳。邠地有漆無

沮，故下章之率西水滸，專指漆水而言。

王氏以爲緜篇「自土沮漆」的「土」字，據齊詩當是「杜」的假借字；並以漢有扶風杜陽縣南有杜水可證。「沮」字當是「徂」字之誤。這是因爲該地無沮水；而且如是水名，「自土沮漆」，「自」字下全是地名，不成文句。如改爲「徂」字，作「往」字講，文義自明。故知「沮」字是「因漆字而誤作水旁」，屬於傳寫致誤的例子。

參 經義述聞評析

甲、所訓詞義，尚須商榷

㈠邶風匏有苦葉篇「濟盈不濡軌」 毛傳：「濡，漬也。由輈以上爲軓。」毛氏說「軌」爲「軓」。正義：「說文云：『軌，車轍也。軓，車軾前也。』然則軾前謂之軓也，非軌也。但軌聲九，軓聲凡，於文易爲誤寫者亂之也。」孔氏爲之辨正，以爲傳寫者因兩字形近而致誤。又釋文曰：「軌，舊龜美反，謂車轊頭也。」車轊頭，即是車軸伸出車輪兩端的部份。王氏引李成裕之文曰：

軌字自有二義：其訓爲車轍者，中庸「車同軌」是也；其訓爲車轊頭者，則少儀之祭，左右軌范是也。軌范並言，則顯然兩物矣。

段玉裁經韻樓集云：「軌之本義謂輿之下兩輪之間也。輿之下兩輪之間成扁方形，是曰軌。軸之上爲輻，輻之上爲輿。……軌，亦曰徹。徹者，通也；中空而通也。軌徹以空方立名，非有物也，故必假輪與輻以爲言。」

王氏因其父念孫取釋文「車轊頭」之訓，對其他諸說均予辯駁。如段氏說「軌徹以空方立名，非有物也」，王氏曰：

經言濡軌，實有其物。若輿下輪內之空處，則不可以言濡矣。傳曰：「濡，漬也。」謂轊頭入水，爲水所漚也；輿下輪內之空處，何物之可漚乎？

這話自然是對的。但王氏此節辯論似乎只顧一字的考證，未及全面的注意。即如毛傳以「軌」爲「軓」，「軓」是「車軾前」；其位置高及坐者的胸部，如「濡軌」要說成「濡軓」，則水將淹及乘坐者的胸臆，車馬如何行得？車行又何以至此地步？再以「濟盈不濡軌，雉鳴求其牡」的文意來看，這「軌」字不僅不宜作「軓」講，恐怕也不宜作「車轊頭」講。屈萬里詩經釋義引張文虎之訓，以爲

「濟」即泉水篇「出宿于泲」的「泲」；「軌」，說文解作「車轍」，亦即是車輪轉動時所遺留的痕迹。泲水盈滿而不至於溢過堤防，自亦不濡及堤旁道上的車轍，這是情理可推知的事，何須將「濡軌」說成「浸濕兩輪之間的車軸頭」呢？

王靜芝詩經通釋亦訓「軌」爲「車軸頭」。在「濟盈不濡軌」下說：「言渡處之水滿，車由水中渡過，能不沾濕車之軸頭耶？」這是將「濟」作「渡口」講。以爲車從河中渡過，必將沾濕其車軸頭。然而按文求義，明明是「不濡軌」，不宜改爲反問的句式「能不」，而逕轉爲「濡軌」之義來說。而且駕車渡水，亦非當有的事。以車渡河，豈只濡及車軸而已。再說，凡稱河之渡口，必有舟楫擺渡；車馬共載而過，怎會有涉水行車的事？

可見詩中「軌」字之訓，前人解爲「車軾前」或「車轊頭」，均有未妥。段氏訓爲「兩輪之間」的空處，更難落實。說文解爲「車轍」，即車輪所碾之迹，從字源與事理上說，都是較爲適當的。

㈡**小雅都人士篇「匪伊垂之，帶則有餘。匪伊卷之，髮則有旟」**　王氏曰：

言彼帶之垂則有餘，彼髮之卷則有旟。猶上文言「彼都人士，垂帶而厲。彼君子女，卷髮如蠆」也。說者皆訓「匪」爲「非」，而其義遂不可通也。

王氏在此段前文引小雅小旻篇「如匪行邁謀，是用不得于道」，鄭箋、杜預注皆曰：「匪，彼也。」又詩「匪交匪敖」，三家詩作「彼交彼敖」。王念孫曰：「案廣雅曰：『匪，彼也。』其訓蓋本於三家。小旻三章曰：『如匪行邁謀，是用不得于道。』四章曰：『如彼築室于道謀，是用不潰于成。』語意正相同，則匪即彼也。」於是王氏云：

詩中匪字，多有作彼字用者。鄘風定之方中篇「匪直也人，秉心塞淵」，言彼正直之人，秉心塞淵也。檜風匪風篇「匪風發兮，匪車偈兮」，言彼風之動發發然，彼車之驅偈偈然也。

王氏以爲詩經中這些「匪」字，都得訓爲「彼」，這是值得商榷的。因爲「匪」訓爲「非」，在詩文中是常語；訓爲「彼」，則是特例。亦即訓「非」者多，訓「彼」者少。該不該訓「彼」，還得看「匪」字在句子中的詞位與涵義而定。比如「匪伊垂之，帶則有餘；匪伊卷之，髮則有旟」，其中兩個「伊」字，承上章「彼都人士，垂帶而厲。彼君子女，卷髮如蠆」的文意，明顯地都是代名詞，上一「伊」字代「都人士」，下一「伊」字代「君子女」。「匪伊垂之，帶則有餘」，語譯之，即是：「不是那位都人士故意垂其帶子，以其帶長而才有餘的呀！」「匪伊卷之，髮則有旟」，語譯之，即是：「不是那位君子女故意卷曲她的秀髮，以其秀髮自然揚起的呀！」「伊」字在其句中既是代名詞，代「都人士」與「君子女」，如果又將「匪」訓作「彼」，也是代名詞，代的也是「都人士」與「君子女」，等於兩個同性質的代名詞疊在一起，怎麼說得通呢？

由此可見，詩中「匪」字之訓，原有二義，不可以如此一律。

㈢**小雅魚麗篇「物其多矣，維其嘉矣。物其旨矣，維其偕矣。」**　王念孫曰：「廣雅曰：『皆，嘉也。』皆與偕古字通。」王氏曰：

小雅魚麗曰：「維其嘉矣。」又曰：「維其偕矣。」賓之初筵曰：「飲酒孔嘉。又曰：「飲酒孔偕。」偕亦嘉也。

「嘉」與「偕」原不同義。朱熹引蘇氏之訓云：「多則患其不嘉，旨則患其不齊。」可見蘇氏訓「偕」爲「齊」。「嘉」爲美善，「偕」爲齊備。以宴請之食物而言，一指口味之美，一指品類之多；原是兩義，豈可同之？

㈣小雅正月篇「執我仇仇，亦不我力」　王氏曰：

仇仇，或作扏扏。廣雅曰：「扏扏，緩也。」集韻曰：「扏扏，緩持也。」案緇衣注曰：「持我扏扏然不堅固。」即是「緩持」之意。義與廣雅同，與爾雅、毛傳、詩箋皆異，蓋本於三家也。

此篇「仇仇」毛傳訓「謷謷」。箋曰：「執留我，其禮待我謷謷然，亦不問我在位之功力。言其有貪賢之名，無用賢之實。」「謷謷」之義，不甚明確。朱傳云：「執我堅固如仇讎然，然終亦莫能用也。」以「仇仇」爲「仇讎」，是按本字的說法，後世學者多從此訓。故王氏捨「仇仇」之本義，取「扏扏」之借義，說是「緩持」之意，實無必然之理。如改字未能勝過原字之義，何必多此一舉？

乙、文法知識，則嫌欠缺

詞義的認定，常須從詞位、詞性的分辨上得知，這就有賴於文法方面的知識。王氏父子討論詞義，只是說某字可訓某字，舉出古籍中相當的例子爲證。這種以詞釋詞的作法，有一些詞含義明確，是不成問題的。但是也有一些因所釋的字，仍有多種意義，多種用法，這就會留給讀者以不明確的印象。如此方式之訓釋，自會影響其效果。王氏此書，即有這一現象。茲擧例如下：

㈠小雅正月篇「燎之方揚，寧或滅之」　毛傳：「滅之者水也。」鄭箋：「燎之方盛之時，炎熾熛怒，寧有能滅息之者？言無有也。以無有喻有之者爲甚也。」王念孫曰：「寧，乃也，言以燎火之盛而乃有滅之者。寧乃一聲之轉，故詩中多謂乃爲寧。」王氏曰：

戴先生毛鄭詩考正曰：「四月首章『胡寧忍予。』箋云：『寧，猶曾也。』案：寧，猶乃也，語之轉。下『寧莫我同』，雲漢首章『寧莫我聽』，寧亦乃也。」謹案：邶風日月篇「寧不我顧」，小雅小弁篇「寧莫之知」；四月篇「胡寧忍予」，箋云：「寧，猶曾也。」又小雅正月篇「寧莫之懲」，四月篇「寧莫我有」，大雅雲漢篇「寧丁我躬」、「寧俾我遯」，諸寧字箋皆曾字代之。曾，亦乃也。又雲漢篇「胡寧忍予」，「胡寧瘨我以旱」，箋並以何曾二字代之，何曾，何乃也。……昭二十二年左傳：「寡君聞君有不令之臣爲君憂，無寧以爲宗廟羞。」言無乃以爲宗廟羞也。賈子禮篇「不用命者，寧丁我網」，史記殷本紀作「乃入吾網」。此皆古人謂乃爲寧之證。

王氏以爲凡「寧」字皆可訓「乃」，箋訓「曾」，「曾」亦是「乃」。「無寧」即是「無乃」；「胡寧」即是「何曾」；也即是「何乃」。可是「乃」字含義甚廣，楊樹達詞詮列舉其詞性與名稱，即有十二項之多。再從與「寧」「曾」相近之詞義來看，有作「豈也」解的反詰副詞；有作「於是」解的副詞；有作「若也，若夫也」解的轉接連詞；還有同樣作「若也」解的假設連詞。即以正月篇的「燎之方揚，寧或滅之」來看，以「寧」訓「曾」訓「乃」，當轉接連詞的「若」字來講比較好些。「寧或滅之」，即「若或滅之」，上句說燃燒之火方盛，下句轉接爲相反的「滅之」，「寧」字爲轉接連詞至爲明確。然而「寧」可說成「若」，「若」的口語又該怎樣說呢？許世瑛敎授「常用虛字用法淺釋」（四十四頁）「乃」字「丁、作關係詞用，和『若』字的作用相同」之下云：

又如孟子公孫丑篇：「（伯夷、伊尹、孔子）皆古聖人也，吾未能有行焉，乃所願，則學孔子也。」裡的「乃」字也可以換用「若」字的。這是王引之的說法。筆者卻以爲這個「乃」字，固然是個關係詞，但不是表假設關係，而是表轉接關係。「乃」字應該和白話的「可是」、「但是」相當。用白話翻這幾句，是「（伯夷、伊尹、孔子）都是古時候的聖人，我還沒能學他們的行事，可是（或用「但是」）我心裡願意學的，是要學孔子的啦。」

許教授說「乃」、「若」作關係詞用時，有作假設關係用的，如「假如」、「如果」；有作轉接關係用的，如「可是」、「但是」。我們就取這一解釋，「寧或滅之」的「寧」字，前人訓「乃」或「曾」，都不夠明白；我們從詞性上認定是轉接連詞；從口語上說是「可是」、「但是」。「燎之方揚，寧或滅之」，即「燃燒之火方盛，可是有被及時撲滅的」。這在上下文義來看，「寧」字轉接的意思原是淸晰可見的。

至於王氏所擧「寧」訓「乃」其他的例子，在詞性上看，不是全都相同的。如邶風日月篇「胡能有定，寧不我顧」的「寧」字，如訓爲「乃」，相當於作限制詞用的「卻」或「竟」字。「寧不我顧」即「卻（竟然）不來照顧我」。小雅小弁篇「寧莫之知」，大雅雲漢篇「寧莫我聽」均屬同一句式，「寧」字都作「卻」或「竟」字講。「寧莫我聽」，即「卻不肯聽信我所說的話」。「寧莫我知」，即「竟沒有人知道我所憂心的事」。又雲漢篇「胡寧忍予」、「胡寧瘨我以旱」中的「胡寧」，箋並訓爲「何曾」。「何曾」即「未嘗」，譯成口語即「從沒有過」。「胡寧」是「胡」與「寧」的複合詞，「寧」是表過去的限制詞，上面加一個「胡」字來否定它。相當於「沒有過」。所以雲漢篇的「父母先祖，胡寧忍予」，可語譯爲：「我的父母祖先們，從沒有忍心來救助過我呀！」「胡寧瘨我以旱」，即「從沒有鬧旱災讓我如此痛苦過」。朱傳將這些「寧」都解作「何」，王氏則都說成「乃」，如今看來，不免有含混與不夠落實之嫌。

㈡**芄蘭篇「雖則佩觿，能不我知」**、「**雖則佩韘、能不我甲**」　鄭氏訓前一則云：「此幼稚之君雖佩觿與，其才能實不如我衆臣之所知也。」鄭氏訓「能」爲「才能」，當名詞用。王氏曰：

> 傳曰：「甲，狎也。」詩凡言「寧不我顧」、「既不我嘉」、「子不我思」，皆謂不顧我、不嘉我、不思我也。此不我知、不我甲，亦當謂不知我、不狎我，非謂不如我所知、不如我所狎也。能，乃語詞之轉，亦非才能之能也。能，當讀爲而，言童子雖則佩觿，而實不與我相知。雖則佩韘，而實不與我相狎。蓋刺其驕而無禮，疏遠大臣也。「雖則」之文，正與「而」字相應。雖則佩觿，而不我知；雖則佩韘，而不我甲。猶民勞曰：「我雖小子，而式宏大」也。古字多借「能」爲「而」。

「能不我知」、「能不我甲」的「能」，鄭箋解作「才能」，當名詞用，實很牽強。王氏改訓爲「而」，自較順暢。惟尚須討論的：⑴王氏說「能、乃語詞之轉」，意謂「能」當轉爲「乃」，作語詞用。其實，「能」不一定要轉爲「乃」。即使轉爲「乃」，也只是一個連詞，不是語詞。⑵王氏先訓「能」爲「乃」，後又訓爲「而」，一詞兩訓，亦非所宜。⑶詞詮列舉「乃」字的詞性與用法有十二項，「而」字的詞性與用法有十七項。故無論訓「乃」訓「而」，究竟在這多項解釋中應屬於那一項？仍是一個問題。故留給後人的仍只是一個模糊的印象。

筆者以爲，這裡的「能」訓爲「而」，從詞性上看，與上句「雖則」相應，當屬於轉接連詞，有「然而」、「可是」、「但是」等意思。所以「雖則佩觿，能不我知」，可語譯爲：「他雖然是佩觿的成人了，然而仍然不了解我。」「雖則佩韘，能不我甲」，可語譯爲：「他雖然是佩韘的成人了，然而仍不來接近我。」甲，訓狎，親近的意思。要說得如此清楚，詞義才不至於有含混之弊。

㈢唐風羔裘篇「彼其之子，邦之司直」 毛傳：「司，主也。」正義：「一邦之人主以爲直。」

王念孫曰：「直，謂正人之過也。」王氏曰：

襄七年左傳曰：「正曲爲直。」杜注曰：「正人曲。」……主正人之過，則謂之司直。

「邦之司直」，正義解作「一邦之人主以爲直」，與王念孫解作「（一邦之人主以）正人之過」，實無多大差異。「司直」，從正面說是「主以使人正直」，從反面說是「主以正人之過」，說法不同而已。但如要說得更明白些，「彼其之子，邦之司直」，必須從句子的結構上予以說明。原來這兩句詩只是一個句子，上句「彼其之子」，是居於主語地位的一個詞組。「其」音「記」，是語助詞。「彼其之子」可語譯爲：「那一位先生。」這當然不成句子。「邦之司直」，是處於謂語地位的另一個詞組。「司直」，是動詞性名詞，亦即「主管使人正直的人」。所以從文法上看，「邦之司直」是說明上句「彼其之子」的；中間的繫詞「是」字被省略了。「司直」，有如時下「司令」、「司機」、「司廚」，原來都是動詞，現在都轉爲名詞。同樣的，「邦之司直」的「司直」，也已轉爲名詞。王氏只說「主正人之過」，在句子結構上看，其表意是不夠落實的。

㈣谷風篇「不念昔者，伊余來塈」 王氏云：

伊，惟也。來，猶是也；皆語詞也。塈，讀如愾。愾，怒也。此承上有洸有潰言之。言君不念昔日之情，而惟我是怒也。

這段話前面已予引述；只是「伊余來塈」的「來」字，要當語氣詞的「是」字用，在文法上尚須加以說明。原來這是一個特殊的句式，「伊余來塈」即「惟我是怒」；與韓愈祭十二郎文的「惟兄嫂是依」同一句式。「惟兄嫂是依」即是「惟依兄嫂」。「兄嫂」原是「依」的受詞。主語「我」字承上被省略了。作者韓愈為了突顯其兄嫂的重要性，特將原屬受詞的「兄嫂」提到動詞「依」的上頭，中間加上一個語詞「是」字，即成一個詞位顛倒的句子；我們解釋的時候，就該調整詞位，將「兄嫂」拉回到「依」字之下當受詞來說才對。同樣的，「伊余來塈」原來是「伊塈余」，語譯為「惟怒我」；是說他的丈夫常以惱怒的態度對待她。

我們有了這一句式的文法知識，則四牡篇的「將母來諗」，即「將諗（通「念」字）母」；采芑篇「荊蠻來威」即「威（通「畏」字）荊蠻」；桑柔篇「反予來赫」，即「反嚇予」；江漢篇「淮夷來求」，即「求（訓「覓」）淮夷」；「淮夷來鋪」，「鋪（訓「伐」）淮夷」；「王國來極」，即「極（訓「正」）王國」。詞位一經調整，句義自會一目了然了！

丙、同義之訓，失之粗疏

(一)王風中谷有蓷篇：

中谷有蓷，暵其乾矣。有女仳離，嘅其嘆矣。嘅其嘆矣，遇人之艱難矣。

中谷有蓷，暵其脩矣。有女仳離，條其歗矣。條其歗矣，遇人之不淑矣。

中谷有蓷，暵其濕矣。有女仳離，啜其泣矣。啜其泣矣，何嗟及矣。

毛傳：「蓷，鵻也。暵，菸貌；陸草生於谷中，傷於水。脩，且乾也。鵻遇水則濕。」鄭箋：「鵻之傷於水，始則濕，中則脩，久而乾。」王氏曰：

暵，或作熯。說文曰：「暵，乾也。」引說卦傳「燥萬物者莫暵於火」；又曰：「熯，乾皃。」則暵爲狀乾之詞，非狀濕之詞。可云「暵其乾」，不可云「暵其濕」也。而云「暵其濕矣」者，此濕與水濕之濕異義。濕，亦且乾也。廣雅有「𬁟」字云：「𬁟也。」衆經音義引通俗文曰：「欲燥曰𬁟。」玉篇：「𬁟，邱立切。欲乾也。」古字假借，但以「濕」爲之耳。二章之脩，三章之濕，與一章之乾同義，故其狀之皆曰暵。暵，乾之貌也。

王氏此處的論點是：(1)暵的涵義是「乾」，是狀乾之詞。故只可說「暵其乾」，不可以說「暵其濕」。(2)以此推論此「濕」字不是水濕的「濕」，當是「𬁟」字的假借。「𬁟」，廣雅訓「曝」，玉篇訓「欲乾」，此義正與詩文相應。(3)二章的「脩」、三章的「濕」，應與一章的「乾」同義，都只是乾旱狀詞下所敍同性質的事物。如取水濕的「濕」字爲義，與「乾」顯非同性質的事物，故以爲其字有誤，當以「𬁟」字爲宜。

筆者對此解說，認爲不妥者有三：

第一、從全詩布局上看，三章文義雖相近，卻非相同。如首章言「暵其乾」，下言「嘅其嘆矣，遇人之艱難矣」；意謂（山谷中的益母草）其已枯乾者自將更枯乾了，那位被離棄的女子時在嘅嘆，爲了她遇人在困厄的環境中。次章上言「暵其脩矣」，說益母草原來不很乾的（毛傳：脩，且乾也。）也都枯乾了。下言「條其歗矣，遇人之不淑矣」；意謂那女子悲憤地長聲呼嘯，爲她遇到一個不是善良的人。末章上言「暵其濕矣」，意謂益母草原是濕的也都枯乾了；下言「啜其泣矣，何嗟及矣」，意謂這女子獨自飲泣，感慨自己的身世有追悔莫及之意。由此看來，三章文義有逐漸加深之意，上端自「暵其乾」至「暵其脩」至「暵其濕」，以見乾旱之象愈演愈烈；影響於這位女子的，由嘅嘆至於條歗至於啜泣，亦是愈過生活愈痛苦，以至於追悔莫及的地步。這樣有情趣的詩文結構，如說第三章的「濕」是「䁯」字的假借，仍只是「乾」的意思，把二三章的「脩」與「濕」說成都只是首章「乾」字的同義詞，等於抹殺了詩人匠心之所在，豈不可惜?

第二、王氏所談的經義，其實只是詞義。王氏習慣於把一個詞從一篇詩中抽離出來，與其他詩篇相同的詞作比較研究，卻忽略了該詞在其原詩中所處的地位與當有的意義；因此往往會產生不很適當的解釋。

第三、王氏常以同義詞說詩。這顯然有自設前提而求證不很謹愼的現象。詩經中數章如採重奏複沓的形式，其間幾個含義相近的詞，仍有其程度上的差異，讀者最須細心比較，務求其中機趣之所在。如視爲同義而予以忽略，直視爲無意義的重複，這是有違詩人作意的。至於原來就不相同的一些詞，如乾、脩、濕，仍要藉假借之法說成是同義的，這就更值得斟酌了。

㈡小雅庭燎篇「夜未央」、「夜未艾」、「夜鄉晨」　王氏云：

夜鄉晨猶言夜未央、夜未艾耳。歌之爲言也，長言之也。長言之，則一倡三歎而不病其複。此三章皆言早朝之事，文雖異而義則同，若必以未央、未艾、鄉晨分前後，則庭燎之光、庭燎晣晣、庭燎有輝，豈亦有先後乎？凡三章同義者，詩中往往有之。緇衣云：「敝，予改爲兮」、「敝，予改造兮」、「敝，予改作兮」；爾雅云：「作、造、爲也。」蒹葭云：「蒹葭蒼蒼」、「蒹葭萋萋」、「蒹葭采采」，傳云：「萋萋，猶蒼蒼也；采采，猶萋萋也。」若斯之類，不可枚舉，知類通達，是所望於後之君子焉！

王氏這一數章同義之說，雖有實例足資證明；按之詩文，實非一律。即以庭燎三章而言，未央、未艾、鄉晨，「央」有「中」義。說文云：「央，中央也；一曰久。」故「未央」，可訓爲「未中」或「未久」。「艾」有「已」與「止」義。「夜未艾」，可訓爲「夜未盡」。「鄉」訓「向」，亦訓「方」。「夜鄉晨」即「夜方晨」，亦即「天快亮了」。由此看來，未央、未艾、鄉晨三者顯然是有時差的，把它說成同義的，是不合詩文旨趣的。

㈢小雅桑扈篇「萬福來求」　王氏云：

「萬福來求」，求與逑同。逑，聚也，言萬福來聚也。凡詩言萬福攸同、福祿既同、百祿是遒、百祿是總，並與此同義。

王氏將前述各句說成是同義的，亦即以爲各句的文法結構是相同的；其實不然「萬福來求」與「百祿是遒」、「百祿是總」是同一句式，這與前面剛討論過的「伊余來塈」、「惟兄嫂是依」的句式相同。「萬福來求」的「來」與「百祿是遒」的「是」都只是語詞。「萬福來求」，如「求」訓「聚」，語譯之，即是「聚集所有的幸福。」「百祿是遒」，如「遒」訓「聚」，與上句的含義完全相同。

至於「福祿既同」的「既」字，是表過去的時間副詞，相當於「已」字；「既同」即「已同」。「萬福攸同」的「攸」字，當訓「所」字。惟從小雅采菽篇「樂只君子，萬福攸同」來看，這「所」字是一個指示兼稱代詞。這原是一個判斷句，「樂只君子」是主語，「萬福攸同」是謂語。可語譯爲：「和樂的這位君子，乃是各種福祿所聚歸的人。」兩句之間的繫詞「是」字已被省略了。

其實，不論「攸」或「所」字，常因句式與詞位的不同而有多種含義。王氏將它們與「來」、「是」、「既」等放在一起，說成是同義，這是很粗疏的講法。

王氏經傳釋詞則訓「萬福攸同」的「攸」爲「用」。「萬福攸同」即是「萬福用同」。他將同一句式的斯干篇「風雨攸除」、「鳥鼠攸去」、「君子攸芋」；緜篇「戎醜攸行」；棫樸篇「髦士攸宜」等「攸」字都訓作「用」。他還以爲前人作「所」字來說，「皆望文生訓而非其本旨」。但是我們要問：這「用」字是何詞性，作何解釋？由於這些「攸」字下面的字都是動詞，可見它一定不是動詞。它的詞性與詞義要從上下文的關係中去求。我們說「萬福攸同」的「攸」字是指示兼稱代詞，是因爲它具有稱代「樂只君子」的作用的。「萬福攸同」，照字面上說，似乎可語譯爲「萬福所聚」就可以了。但是它的上面有「樂只君子」爲其主語，要將它們連繫起來才成。這一連繫的工作就靠這個「所」字。所以要說成「樂只君子是萬福所聚的人」；亦即「攸」（或「所」）字是兼攝「樂只君子」與「的人」兩方面的含義的，所以說它是指示兼稱代詞。如此看來，它的地位是「用」字無法取代的。

㈣小雅賓之初筵篇：「醉而不出，是謂伐德」　箋曰：「醉至若此，是誅伐其德也。」王念孫曰：

德不可言誅伐。伐者，敗也。微子曰：「我用沈酗於酒，用亂敗厥德于下。」是也。說文：「伐，敗也。」……召南甘棠曰：「勿剪勿伐。」「勿剪勿敗。」伐亦敗也。聲相近，故義相通。

鄭氏訓「伐德」爲「誅伐其德」，然而德不可言誅伐，只可以言敗壞。說文既有「伐，敗也」之訓，召南甘棠又有「勿伐」與「勿敗」並舉之文，王氏遂作推論，以爲「伐德」即是「敗德」。朱傳云：「伐，害。醉至若此，是害其德也。」亦即在賓主宴飲時，如在席上醉而不出，醜態畢露，這確是有害於其品德的行爲。「勿剪勿伐」亦不宜與「勿剪勿敗」說成是同義的。朱傳於甘棠篇云：「剪，剪其枝葉也。伐，伐其條幹也。」次章云：「敗，折。勿敗，則非特勿伐而已。愛之愈久而愈深也。」於末章曰：「勿拜，則非特勿敗而已。」這是從布局上說，詩人用詞自有匠心，伐、敗、拜三字在情意上看，有逐漸加深的作用。王氏說伐與敗同義，雖有所據，較之詩文詞章，實欠允洽。

丁、通假之說，流於臆斷

(一)大雅江漢篇「明明天子，令聞不已」

王念孫云：

> 明勉一聲之轉，故古多謂勉爲明，重言之則曰明明。爾雅曰：「亹亹，勉也。」鄭注禮器曰：「亹亹，猶勉勉也。」亹亹、勉勉、明明，亦一聲之轉。大雅江漢篇曰：「明明天子，令聞不已。」猶言「亹亹文王，令聞不已」也。魯頌有駜篇曰：「夙夜在公，在公明明。」言在公勉勉也。

這是藉「一聲之轉」之說，將明明、勉勉、亹亹三者說成是同義的。「一聲之轉」，即是同音通假的一類。但是中國字同音而不同義的很多，既不同義，自不宜任意說成通假。例如「明」與「黽」同音，兩者各有其義，不宜通假。「黽」、「勉」、「亹」，音義相近，既可互訓，不妨說成通假。至於王氏說「明」可與「勉」「亹」通假，這就有待考究了。即以「明明」一詞所屬詩句來觀察，江漢篇「明明天子，令聞不已」；常武篇「赫赫明明，王命卿士」；有駜篇「夙夜在公，在公明明」。這些「明明」都有「光明顯盛」的含義，如以「勉勉」代之，即不相宜。況詩經中從未出現「勉勉」、

「黽黽」的用詞，通假既無所據，則「一聲之轉」之說自亦難以落實。

㈡商頌長發篇「濬哲維商，長發其祥。洪水芒芒，禹下土方。外大國是疆，幅隕既長」毛傳曰：「幅，廣也。隕，均也。」鄭箋：「隕，當作圓，圓，謂周也。」正義曰：「幅如布帛之幅，故爲廣也。」王氏曰：

> 依傳，則廣也，均也，長也，三義並列。經當言幅隕且長，文義方明。何得云幅隕既長乎？毛義未爲得也。依箋則隕與圓同。釋文圓，音還，又音圓。音還，則取還繞之義；國之疆域無不四面還繞者，何待禹廣大之而始然乎？古人言地之廣狹，皆云方幾里，或云廣縱幾里，無以還繞言之者。音圓，則疆域之長短參差，往往而有，安必其形之皆圓乎？箋義亦未安也。說文曰：「幅，布帛廣也。」幅爲布帛之廣，非地廣之稱也。徧考書傳，無謂地廣爲幅者。若謂疆域如布帛之幅，則幅上當加「如布帛之」四字，而其義始著，豈得苟簡其文而直謂之幅乎？……幅，讀爲福；隕，讀爲云，古字假借耳。福云既長者，承上文「長發其祥」言之，福亦祥也。言當禹敷下土，疆理大國之時，商之福祥既已長矣，故曰「幅云既長」。下文「帝立子生商」，則福長之始也。「云」，語助也。……字或作員，……又作隕。此詩幅隕既長是也。說經者不察古人假借之例，故其說迂曲而難通矣！

王氏此說，實非的論。茲辨析如下：⑴「幅隕既長」的「幅隕」，不論從字形或詞位上看，都該是一個名詞。雖然毛傳訓「幅」爲「廣」，訓「隕」爲「均」；鄭箋訓「隕」爲「圓」爲「周」；正義訓

「幅」爲「布帛之幅」，亦即「寬廣」之義，有似形容詞；但在「幅隕既長」的句子裡，「幅隕」已結合成一個名詞。尤其在「外大國是疆」之下，「幅隕」明顯地即是「疆域」的意思。疆域有其面積，亦有其周邊，故或從寬廣說，或從方圓說，或從環繞四周的邊境說，均無不可。王氏僅執其一而斥其餘，實有自限之失。尤其「幅」字，王氏據說文「布帛廣也」，以爲不得轉用於「疆域」之廣，直是膠柱鼓瑟，實不足談詞義的類化與周延。(2)商頌玄鳥篇「景員維河」的「員」字，朱傳云：「員，與下篇『幅隕』義同。」朱傳訓「幅隕既長」爲「幅員廣大」，「幅隕」自然要作「疆域」講了。(3)王氏以古字假借說「幅」應讀爲「福」，「隕」應讀爲「云」；並訓「云」爲語助詞。譯述云：「商之福祥既已久矣，故曰福云既長。」此一訓釋即有三點可議：其一、將「隕」改爲「云」，當語助詞用，在「幅隕既長」的句子裡，「幅隕」明明是一個名詞，實無理由說實爲虛，將一個名詞加以支解，說其一部份爲語助詞。其二、古字假借亦須合於常理。如說某字可以假借爲某字，須有前例可援。王氏云：「說經者不察古人假借之例，故其說迂曲而難通矣。」如此說來，當有古籍借「幅」爲「福」、借「隕」爲「云」，借「幅隕」爲「福云」的實例才行，何以不見其例，反說「說經者不察古人假借之例」？其三、王氏云：「凡詩第二字用『云』字者，如『卜云其吉』、『曷云能來』、『如云不克』之類，皆爲語詞。」這原是指「云」字說的，「云」與「隕」原是截然不同的兩個字，王氏以假借之法說成相通，然後從「云」字上談詩義，這是改經就說的手法。王氏曾云：「漢人用經，改字者多。」觀察王氏一書，改字爲訓者隨處可見，所據者即是同音通假之說。如不謹慎將事，即會流於臆斷。王氏將「幅隕」說成「福云」，眞的是「迂曲難通」的了！

㈢**大雅桑柔篇「維彼不順，征以中垢」**　毛傳曰：「中垢，言闇冥也。」鄭箋曰：「征，行也。不順之人，則行闇冥。」正義曰：「土處中而有垢土，故以中垢言闇冥也。」王氏曰：

中，得也。垢，當讀爲詬。詬，恥辱也。不順之人，行不順之事以得恥辱，故曰「征以中垢」。傳箋及正義皆失之。

「中垢」一詞，毛訓「闇冥」，鄭孔從之，其義實頗含混。王氏訓「中」爲「得」，「垢」爲「詬」的假借。當「恥辱」解。「征以中垢」說做「每有行動就會得到恥辱」。然而詩文原是「垢」字，朱傳訓「垢」爲「汚穢」；胡承珙訓作「塵垢」，說「中垢」爲「垢中」，「言不順之人，其所行如在垢中也」。「中垢」說成「垢中」，詩經中頗多其例。如菁菁者莪篇的「在彼中阿」、「在彼中沚」、「在彼中陵」。「中阿」即是「阿中」；「中沚」即是「沚中」；「中陵」即是「陵中」。又如牆有茨篇「中冓之言」的「中冓」，即是「冓中」。鄘風柏舟篇「在彼中河」的「中河」，即是「河中」；此類例子不勝枚舉。故「征以中垢」的「中垢」，當說成「垢中」。「垢」訓「汚穢」或「塵垢」，於詩義並無不洽。王氏訓「中垢」爲「得詬」，一則未明「中」字加在名詞之上的特殊用法；二則以假借之法說「垢」爲「詬」，强事牽附，實非所宜。

㈣**魏風陟岵篇「予季行役，夙夜無寐」**　王氏云：

寐，讀爲沫。無沫，猶無已也。楚辭離騷曰：「芬至今猶未沬。」招魂曰：「身服義而未沬。」王逸注並云：「沬，已也。」作寐者，假借耳。

王氏以爲「夙夜無寐」的「寐」字當是「沬」的假借，「沬」訓「已」，王逸有注可據。則「夙夜無寐」與「夙夜無已」同義。筆者則深不以爲然，主要原因是「夙夜無寐」的本意原無不可。前章「夙夜無已」，朱傳云：「夙夜勤勞，不得止息。」此章「夙夜無寐」，朱傳云：「無寐，亦言其勞之甚也。」「無寐」，是不得安睡，較「無已」更要具體而眞切。故朱子訓爲「勞之甚」，以見兩章文義自有程度上的不同。如照王氏的說法，「寐」爲「沬」字的假借，「沬」即是「已」，將兩章說成是完全同義的。這恐有預設前提不顧事實之嫌。何況「寐」與「沬」從無相通之義；說「寐」爲「沬」，又無典籍可證；像這一類的假借之說，實無强調之必要。

肆　結論

㈠古人說詩往往默守前訓，重師承，講家法。於是尙古文者，必以毛傳、鄭箋、孔疏爲據；尙今文者，必以三家詩說爲本。其結果則各立門戶，畫地自限。王氏父子則以經文詞義爲重，超越家派樊籬，一字一詞，通過考證，但求允洽；其器識自非一般經學家所能及。

㈡經傳之訓，前人多從詩文章句中求義。如有所見，隨文引發；藉機披露，以示高明。王氏父子，則以其沈潛典籍，淹博詞章之功，致力於經義的探討，詞語的辨析；作成經傳釋詞、經義述聞等書。不僅有益於後學，而且爲釋詞專書的濫觴。曾國藩於聖哲畫像記中尊列於三十二聖哲之末，並有「集小學訓詁之大成，夐乎不可幾已」的讚詞。其於文學上的成就，當予肯定。

㈢詞義考證，博聞强記之外，尤須講求方法之應用。王氏父子在論辯之際，雖未標擧其所用之方法，但細按其討論過程，可以推知其或用類比法，或用反證法；或以名物考證求義，或以相對爲文求義；或取傳寫致誤爲例，或取同音通叚爲例。詞義原本多歧，學者各逞臆說。讀王氏書，對於研究方法的應用，自當有所體認。

㈣從缺點方面來看，王氏訓釋詞義的最大問題，即在於缺乏文法知識。一個詞語的含義，往往要從句子結構與所在詞位上去探求。亦即先要辨其詞位，判其詞性，然後定其詞義。古人訓釋詞義，多採以詞釋詞之法。以詞釋詞之所以不足取，即在於未辨其詞位，不明其詞性，往往印象模糊，流於主觀。王氏父子生於有清乾嘉之世，如以未有文法知識去責備他們，自屬不當；然而以今視昔，指其爲訓詁方面的一大缺失，諒不爲過。

㈤考證首重方法，然而方法的應用，亦有其侷限性，不可過分推演。比如王氏常以同音通假或一聲之轉說詩，由於中國字同音而不同義者多，如以通假之法說成同義，即會造成一詞多義，衆說紛紜的現象。這對於經義的解釋，常會徒增困擾，未必可取。

㈥詩經國風的詩，常採數章重奏複沓的形式；在重複中所用幾個不同的字，有的同義，有的不同義；有的詞義相近，但詩人匠心獨運，自有機趣。王氏不作深究，將似同實異的一概視爲同義，以至造成誤解；這即形成他釋詞的另一個問題。

總之，王氏父子博學多聞，考證功深。注重方法的應用，超越宗派的藩離。雖未能臻於無瑕，亦足以彰顯詩文，開示治學的門徑。後世學者自當踵事其遺緒，繼續鑽研，發微鉤玄，以求詞章之學得以大明，詩經的學術研究才會有堅實的基礎與更佳的績效。

——作於一九九一年七月

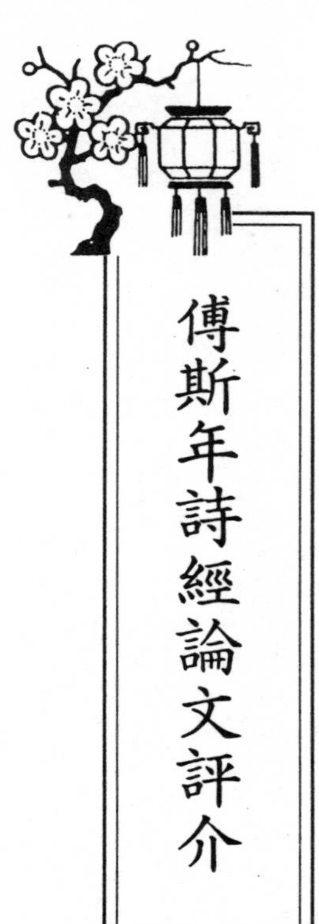

傅斯年詩經論文評介

壹　前言

傅斯年先生，字孟眞，山東省聊城縣人。生於淸光緖二十二年（一八九六），卒於民國三十九年（一九五〇）十二月二十日；享年五十五歲。

傅先生在十四歲以前，即已熟讀許多中國古籍。淸宣統元年（一九〇九）考入天津府立中學（洋學堂），民國二年考入北京大學預科，經過三年嚴格的預科訓練，升入北京大學中國文學系；至此已貫通國學的範疇，並奠定精湛的英文閱讀能力。胡適先生在北大任敎時，常謙虛的說：「我必須加倍用功，因爲發現學生中有學問比自己强的。」傅先生就是其中之一。

民國七年，約集羅家倫等幾位北大同學創立新潮社，編印新潮月刊：這是繼新靑年而起的公開主張文學革命的第二個刊物。主張徹底的以現代人的語言表達現代人的思想；主張文學的任務是人生的表現與批評；主張打破傳統的束縛，用科學方法整理中國的學術思想，同時將這種精神與方法推廣到傳統的社會制度，面對固有的社會習慣加以批評。民國八年參加五四運動，爲學生領袖之一。民國九年至十五年，先後於倫敦大學及柏林大學哲學院，研究實驗心理及生理學、數學、哲學、近代物理、文學、政治與歷史。遊學回國，先後任敎於中山大學、北京大學，並兼任中央研究院歷史語言研究所所長。任內除所務以外，曾襄助蔡示培先生籌劃中央研究院院務，推動安陽殷墟的發掘，使中國的信史推前數百年。

民國三十八年，就任國立台灣大學校長。三十九年十二月二十日下午，答覆參議員詢問台灣大學校務後，腦溢血病逝於台灣省參議會會場。噩耗傳播，舉國爲之震驚與哀悼。

胡適先生在「傅孟眞先生集」的序文中說：

> 孟真是人間一個最希有的天才。他的記憶力最强，理解力也最强。他能做最細密的繡花針工夫，他又有最大膽的大刀闊斧本領。他是最能做學問的學人，同時他又是最能辦事，最有組織才幹的天生領袖人物。他的情感是最有熱心，往往帶有爆炸性的；同時他又是最溫柔、最富於理智、最有條理的一個可愛可親的人。這都是人世最難得合併在一個人身上的才性，而我們的孟真確能一身兼有這些最難兼有的品性與才能。

經胡先生這番介紹，我們對傅先生的才性自有較淸楚的認識，也自會油然而生敬慕之情。今所傳世的傅斯年全集，共分七册，二七一七頁，其內容從大處分類，第一册爲中國古代史講義，詩經講義稿。第二册爲史學方法導論，史記研究、戰國子家敍論、性命古訓辨證。第三册爲論證、序跋。第四册爲文學類、歷史與思想類、發刊詞、書評類、論學信札。第五册爲政治評論。第六册爲教育評論。第七册爲雜著。可見先生之著述，以文史爲重心，兼及政治、教育等問題。該書編輯凡例有云：「孟眞先生之學，博大精深，著述繁富。」讀其全集，自當有此同感。本文僅以詩經部份爲研究重點，藉作評介，並祈方家指正。

貳 詩經論文簡介

傅先生的詩經論文，概分兩部份：一是詩部類說，二是詩經講義稿。玆簡介如下。

一、詩經學泛論

詩經自被孔子取作教材，歷代學者視爲經典以後，所提出的意見至爲分歧，令人無所適從。傅先生面對這些問題，都有適當的看法。玆擇要分述於后：

甲、詩經的時代

那些詩的時代較早？那些詩的時代較晚？傅先生說：

最早的詩不容易分別出，周頌中無韻者大約甚早，但周頌斷不是全部分早，裡邊有「自彼成康，奄有四方」的話。傳說則時邁、武、桓、賚諸篇，都是武王克商後周文公作（國語、左傳），但這樣傳說，和奚斯的魯頌，正考父作商頌，都靠不住；不過雅頌中總有不少西周的東西，其中也許有幾首很早的罷了。

至於較晚的作品，傅先生說：

春秋時人對於詩的觀念：「詩三百」中最後的詩所論事有到宋襄公者，在商頌；有到陳靈公者，在陳風；若「胡為乎株林，從夏南」為後人之歌，則這篇尤後，幾乎到了春秋中期、到後期啦！

商頌殷武篇首二句：「撻彼殷武，奮伐荊楚。」由於春秋於魯莊公二十八年載「秋，荊伐鄭」，僖公三年載「楚人伐鄭」。可見春秋稱荊與楚，有先後時間的差異。以此推算商頌殷武篇所載當是宋襄公伐楚的事。宋楚之爭，尚有僖公十五年，即宋襄公六年，春秋載「楚人伐徐」，「三月，公會齊侯、宋公、陳侯、衞侯、鄭伯、許男、曹伯盟于牡丘」。這是為楚伐徐，齊桓公號召諸侯發兵救徐，宋國只是同盟聯軍之一員。即使救徐成功，亦無了不起的功績可說。又僖公二十二年載：「宋公及楚人戰于泓，宋師敗績。」事在襄公十三年，楚人伐宋以救鄭。宋國原可乘敵軍未濟河，或濟而未成之際擊之，可以取勝。然而襄公主張不鼓不成列，不擒二毛，以致宋師大敗，襄公傷股成疾，延至次年而卒。如從春秋這些資料看來，宋襄公實無特殊的政績與武功可言；被列於五霸之一，實很勉强。惟宗廟祭祀，旨在頌揚，故不嫌溢美。如能證明殷武是頌宋襄公的，襄公旣與齊桓、晉文同時，則這首詩的時代當然可以推知了。

至於陳風株林篇，詩序云：「株林，刺靈公也。淫乎夏姬，驅馳而往，朝夕不休息焉。」事見春秋宣公九年及十年左傳所載。這是詩經中有史可稽最爲晚出的一首詩。

考證詩的時代，學者大都取國語、左傳、史記等史籍爲證。傅先生對此則持較爲審愼的態度，他說：

> 可惜記春秋時書只有國語一部寶貝，而這個寶貝不幸又到（西）漢末爲人割裂成兩部書，添了許多有意作僞的東西，以致我們現在不得隨便使用。但我們現在若求知詩在春秋時的作用，還不能不靠這部書，只是在用他的材料時要留心罷了。我想，有這樣一個標準可以供我們引左傳、國語中論詩材料之用：凡左傳、國語與毛義合者，置之；怕得他們中間有狼狽作用，是西漢末治古文學者所加所改的；凡左傳國語與毛義不合者，便是很有價值的材料，因爲這顯然不是治古文學者所加，而是幸免於被人改削的舊材料。我們讀古書之難，難在眞假混著，眞書中有假材料，例如史記；假書中有眞材料，例如周禮；眞書中有假面目，例如左傳、國語；假書中有眞面目，例如東晉僞古文尚書。

這是以史學家的觀點來看古代的史籍，知道歷來被視爲信史的如左傳、國語、史記等書，其中常有被後人所加所改的材料參雜在裡面，以致眞假莫辨。相反的，一些明知是假書，卻有眞材料在裡頭，例如周禮、僞古文尚書。爲此，傅先生教我們辨僞的一個方法，以詩經爲例，即如左傳、國語與毛義相合者，就該存疑，怕古文家有意編造而成的。如果三者說法不同，顯非古文家所改削過的，該是很有價值的材料。傅先生之所以有此觀點，是受當時學者疑古風氣的影響。

再以詩篇的時代來說，絕大多數的詩篇原是無史可稽的，想要審究其時代，極爲困難。傅先生說：

> 研究詩三百的時代，似乎應當依下列幾條路：
>
> (一)先把那些可以確定時代者，考定清楚，以爲標準。
>
> (二)那些時代不能確定者，應折衷于時代能確定者，以名的同異，語法之演進，章法之差別，定他對於能確定時代之若干篇之時代的關係。
>
> (三)凡是泛泛關涉禮樂的文詞，在最初創始及歷次變化中，每可經甚長的時候，故只能斷定其大致，不能確指爲何時。
>
> (四)在一切民間的歌謠中，每有糾纏不清的關係。乙歌由甲歌出，而乙歌又可遞變爲丙；一歌由最初成詞，至後來譜于樂章，著于竹簡，可經很多的變化。……故由此看去，不特我們現在已經不能爲詩三百篇篇篇認定時代，且正亦不可如此作，如此作則不免于鑿。康成詩譜爲每一篇中找好了一個時代，既誣且愚也。

這是以爲詩的年代的考究，從已知推及未知。名詞、語法之異同，與相互之間如有遞變迹象，或可知其大略，如篇篇指實來說，這是絕無可能的；如有人這樣做，可稱之爲既誣且愚。

乙、孔子與詩經的關係

孔子以詩經爲教材，其施教的意義是多方面的。茲就孔子有無刪詩？其詩教的用意何在？傅先生的見解如下：

㈠孔子有無刪詩　刪詩之說，始於史記，其孔子世家有云：

> 古者詩三千餘篇，及至孔子，去其重，取可施於禮義，上采契、后稷，中述殷、周之盛，至幽、厲之缺，始於衽席，故曰「關雎之亂以爲風始，鹿鳴爲小雅始，文王爲大雅始，清廟爲頌始。三百五篇孔子皆弦歌之，以求合韶、武、雅、頌之音。禮樂自此可得而述，以備王道，成六藝。

這是主張孔子刪詩最明確的一段話。以爲孔子所以刪詩，是要刪去許多重複的與不能施於禮義教化的。關於這個問題，前人有贊成亦有反對，爭論不休。傅先生說：

> 這話與論語本身顯然不合。「詩三百」一辭，論語中數見，則此詞在當時已經是現成名詞了。如果刪詩

三千以爲三百是孔子的事，孔子不便把這個名詞用得這麼現成。且看論語所引詩和今所見只有小異，不會當時有三千之多，遑有刪詩之說，論語孟子荀子書中俱不見。若孔子刪詩的話，鄭衞桑間如何還能在其中？所以太史公此言，當是漢儒造作之論。

傅先生反對刪詩之說，理由是：

1. 論語裡一再說「詩三百」、「詩三百」，似已成爲當時的常用語，如果詩是孔子從三千刪成三百的，孔子不便把自己刪成的數目掛在嘴上說。

2. 從詩的流傳情形來看，被刪的詩有十分之九，何以論語、孟子、荀子等書中俱不見這些所刪的詩？

3. 孔子如有刪詩的事，旨在精選詩篇作爲教材，何以鄭衞桑間一類的詩不予刪除，仍然讓它存在？

經此分析。所以傅先生不信刪詩之說，並以爲史記這段話是漢儒編造而成的。

㈡孔子教詩的用意何在　在左傳裡，記朝會、宴享之際，常有賦詩見志的事。論語、子路篇載：

子曰：「誦詩三百，授之以政，不達；使於四方，不能專對；雖多，亦奚以爲！」

這是以爲不論主政者或辦外交的使臣，讀詩均有實用價値。凡是政治人物，都須熟讀詩篇，作爲交際詞令以及從政時的參考。

論語學而篇載：

子貢曰：「貧而無諂，富而無驕，如何？」子曰：「可也，未若貧而樂，富而好禮者也。」子貢曰：「詩云：『如切如磋，如琢如磨。』其斯之謂與？」子曰：「賜也，始可與言詩已矣。告諸往而知來者。」

論語爲政篇載：

子曰：「詩三百，一言以蔽之，曰，思無邪。」

子曰：「關雎，樂而不淫，哀而不傷。」

論語陽貨篇載：

子曰：「小子何莫學夫詩？詩可以興、可以觀、可以羣、可以怨，邇之事父，遠之事君，多識於鳥獸草木之名。」

論語泰伯篇載：

子曰：「吾自衞反魯，然後樂正，雅頌各得其所。」

子曰：「興於詩，立於禮，成於樂。」

論語衞靈公篇載：

顏淵問爲邦。子曰：「行夏之時，乘殷之輅，服周之冕，樂則韶武。放鄭聲，遠佞人；鄭聲淫，佞人殆。」

以上各章所錄，足以說明詩文有多方面的功能。傅先生即從論語中孔子論詩的話，歸納出如下的幾點意思：

㈠以詩學爲修養之用；

㈡以詩學爲言辭之用；

㈢以詩學爲從政之用，以詩學爲識人論世之用；

㈣由詩引興，別成會悟；

㈤對詩有道德化的要求，故既曰「思無邪」，又曰「放鄭聲」；

㈥孔子於樂頗有相當的制作，于詩雖曰放鄭聲，鄭聲卻在三百篇中。

傅先生這幾點意見，對孔子的言論，已作了適切的詮釋。

丙、對漢代詩學的看法

漢初詩分三家，魯詩自申公，齊詩自轅固，韓詩自燕太傅韓嬰。傅先生說：

太史公曰：「周道缺，詩人本之衽席，關雎作；仁義凌遲，鹿鳴刺焉。」其後竟以三百篇當諫書。這雖於解詩上甚荒謬，然可使詩經因此不佚。齊詩韓詩在釋經上恐沒有大異於魯詩處，三家之異當在引經文以釋政治倫理。……大約齊多侈言，韓能收斂，魯介二者之間，然皆是與伏生書公羊春秋相印證以造成漢博士之政治哲學者。

毛詩起於西漢晚年，通達於王莽，盛行於東漢，成就于鄭箋。從此三家衰微，毛遂爲詩學之專宗。毛之所以戰勝三家者，原因甚多，不盡由于宮庭之偏好和政治力量去培植他。第一，申公轅固生雖行品爲當代宗師，然總是政治的哲學太重，解詩義未必盡愜人心，而三家博士隨時抑揚，一切非常異議可怪之論必甚多，雖可動聽一時，久遠未免爲人所厭。而齊詩雜五行，作侈論，恐怕有識解者更不信他。則漢末出了一個比較上算是去泰去甚的詩學，解經義多，作空談少，也許是一個「應運而生」者。第二，一套古文經出來，周禮、左傳動蕩一時，造來和他們互相發明的毛詩，更可借古文學一般的勢力去伸張。凡爲左傳文詞所動周官系統所吸者，不由不在詩學上信毛舍三家。第三，東漢大儒舍家學而就通學，三家之孤陋寡聞，更誠然敵不過劉子駿天才的制作。……鄭康成禮學壓倒一時，于詩取毛，以他的禮學潤色之。毛詩便借了鄭氏之系統經學而造成根據，經魏、晉、六朝直到唐代，成了惟一的詩經學了。

這是將漢代詩學的內容與演變作簡要的敍述。屬今文的三家詩盛行於西漢，解詩偏於政治與倫理，竟以三百篇當諫書，故爲識者所厭。屬古文的毛詩較爲晚出，爲劉歆等人所制作的一套古文經如周禮、左傳互相呼應，造成氣勢；到了東漢末年，鄭玄替毛詩作譜作箋，由於他是禮學名家，一代大儒；他的本子一出，三家隨之式微，經魏晉六朝直至唐代，形成獨尊的局面。

至於毛詩，也不是令人滿意的。傅先生說：

毛詩起源很不明顯，子夏、荀卿之傳授，全是假話。大約是武帝後一個治三家而未能顯達者所造作的，想鬧著立學官。其初没有人采他，劉子駿以多聞多見、多才多藝，想推翻十四博士的經學，遂把他拿來利用了。加上些和從國語中搜出來造作成的左傳相印證的話，加上些和詩文意思相近的話，以折三家，才成動人聽聞的一家之學。……毛詩有些地方去三家之泰甚，又有些地方頗能就詩文本義，不若三家全憑臆造。所以毛詩在歷史的意義上是作僞，在詩學的意義上是進步；毛詩雖出身不高，來路不明，然頗有自奮出來的點東西。

這是說明毛詩源流始自子夏的話是漢儒所編造的，絕不可信。劉歆利用它想替古文家立學官，拿它與國語、左傳相印證，加上其內容與詩本文的意思比較接近，所以能受到一般學者的喜愛。所以傅先生下斷語說：「毛詩在歷史的意義上是作僞，在詩學的意義上是進步。」

丁、對宋代詩學的看法

經學到了宋代，普遍發生反漢思想。以詩經而言，反漢最出名的是歐陽修、鄭樵、朱熹三人。傅先生說：

> 自古學在北宋復興後，人們很能放膽想去，一切傳説中的不通，每不能逃過宋人的眼。歐陽永叔實是一個大發端的人，他在史學文學與經學上面發達些很舊的觀點，一面引進了很多新觀點，搖動後人。他開始不信詩序。北宋末幾朝已經很多人在那裡論詩序的價值和詩義的折中了。但迂儒如程子反把毛詩序抬得更高，而王荊公謂詩人自己作敍。直到鄭夾漈所敍之論得一圓滿之否定，顛覆了自鄭玄以來的傳統。朱紫陽做了一部詩集傳，更能發揮這個新義，拿著詩經的本文去解釋新義，于是一切不通之美刺説掃地以盡，而國風之爲風，因以大明，……紫陽被人罵最大者是由於這一部書，理學漢學一齊攻之。然這部書卻是文公在經學上最大一個貢獻，拿著本文解詩義，一些陋説不能傅會，而文學的作用赤裸裸的重露出來。只可惜文公仍是道學，看出這些詩的作用來，卻把這些情詩呼作淫奔。……走得最是的路，偏又不敢盡量的走去，這也是時代爲之，不足大怪。

這段話以爲北宋學者中，有新思想而率先不信詩序的是歐陽修；直到鄭樵，反漢的理論始臻完備，推翻了鄭玄以來傳統的說法；朱子作詩集傳，以詩本文解釋新義，視國風的詩多屬民間歌謠，將美刺之說置之不顧，讀之令人耳目一新。所差的他仍是一位道學家，將國風中許多情詩呼作淫奔，以致原已走對的路，卻不敢大膽地一直走下去。究其原因，傅先生以爲這是時代所使然，怪不得他的。

戊、我們怎樣研究詩經

傅先生說：

> 我們研究詩經應當有三個態度：㈠欣賞他的文詞；㈡拿他當一堆極有價值的歷史材料去整理；㈢拿他當一部極有價值的古代言語學材料書。但欣賞文詞之先，總要先去搜尋他究竟是怎樣一部書，所以言語學考證學的工夫乃是基本工夫。我們承受近代大師給我們訓詁學上的解決，充分的用朱文公等就本文以求本義之態度，于毛序毛傳鄭箋中尋求今本詩經之原始，于三家詩之遺說遺文中得知早年詩經學之面目，探出些有價值的早年傳說來，而一切以本文爲斷，只拿他當做古代留遺的文詞，既不涉倫理，也不談政治，這樣似乎才可以濟事。約之爲綱如下：
>
> ㈠先在詩本文中求詩義。
>
> ㈡一切傳說自左傳論語起，不管三家毛詩，或宋儒近儒說，均須以本文折之。其與本文合者，從之；不合者，舍之；暫若不相干者，存之。

㈢聲音、訓詁、語詞、名物之學，繼近儒之工作而努力，以求奠詩經學之真根基。

㈣禮樂制度，因儀禮禮記周禮等書，現在全未以科學方法整理過，諸子傳說，亦未分析清楚，此等題目目下少談爲妙，留待後來。

這兩段話前後相貫，告訴我們研讀詩經除欣賞其文詞外，還須下語言學考證學的工夫；並應對漢宋名著多加涉獵，藉知詩經早年的面目；但不論他們怎樣說，一切以詩本文爲斷。至於爲了奠立研究的根基，聲韻、訓詁等學均須修習。

傅先生接著還替受業者擬訂「詩經研究題目十事」，由於文繁，不便抄錄。述其大旨，以詩經研究爲範圍，概分爲史學、語言學、訓詁學、校勘學、比較文學等幾方面。如能切實下工夫，均可視作專題研究，有助於該書學術價值的提昇。

己、對風雅頌的看法

傅先生以爲「風」這個名詞在詩經中「起來甚後」。他所提的證據：⑴左傳襄公二十九年，吳季札觀周樂於魯，他歷舉各國的詩樂，其中全無出現「風」字。⑵左傳國語兩本大書中亦無國風的「風」字出現。⑶論語說到「關雎之亂」而並不曾說到「風之始」，風之一名詞在論語中絕不曾出現過。⑷詩三百之本文，小雅鼓鐘篇「以雅以南」，明是雅、南爲同列之名，非風、雅爲同列之名。⑸大雅崧高篇所謂「吉甫作頌，……其風肆好」者，風非所謂國風之義。⑹孟子、荀子儒家之正宗，其引詩亦絕不提及風字。由此看來，「國風」或「風」該是後起的名詞。

然則「風」的本義怎樣？演變怎樣？傅先生說：

> 風者，本泛稱歌詞而言，入戰國成一種詭辭之稱，至漢初乃演化爲枚馬之體。

接著舉例說明如下：

(一)「風」「諷」乃一字。此類隸書上加偏旁的字每是漢儒所作的，本是一件通例，而「風」「諷」二字原爲一字尤可證：毛詩序，「所以風」。經典釋文，「如字。徐，福鳳反，今不用」。按，福鳳反即諷（去聲）之音。又「風，風也」。釋文，「並如字。徐，上如字，下福鳳反。崔靈恩集注本，下即作諷字。劉氏云：動物曰風，託音曰「諷」，崔云：「用風感物則謂之諷。」……按由此風爲名詞，諷（福鳳反）爲動詞，其義則一。

(二)風乃詩歌之泛稱。詩大雅「吉甫作誦，其詩孔碩，其風肆好」。又，小雅「或出入風議，或靡事不爲」。鄭箋以爲「風猶放也」，未安，當謂出入歌詠，然後上與湛樂飲酒相配，下與靡事不爲相反。

(三)戰國時一種之詭詞承風之名。史記滑稽列傳：威王大悅，置酒後宮，召髡，賜之酒。問曰：「先生能飲幾何而醉」？對曰：「臣飲一斗亦醉，一石亦醉」。威王曰：「先生飲一斗而醉，惡能飲一石哉？其說可得聞乎？」髡曰：「賜酒大王之前，執法在傍，御史在後，髡恐懼俯伏而飲，不過一斗徑醉矣。……堂上燭滅，主人留髡而送客。羅襦襟解，微聞薌澤，當此之時，髡心最歡，能飲一石。」故曰：酒極則亂，樂極則悲，萬事盡然，言不可極，極之而衰，以諷諫焉。

此可爲戰國時一種詭詞承風之名之確證。

(四)孔子已有「思無邪」與「授之以政」之詩論，孟子更把詩與春秋合爲一個政治哲學系統，而同時上文所舉之詭辭一體，本是篇篇有寓意以當諫諍之用。……於是而「周道缺，詩人本之衽席，關雎作，仁義凌遲，鹿鳴刺焉」，於是而「三百篇當諫書。」

(五)由這看來，諷字之與風字，縱分寫爲二，亦不過一動一名，原始本無後人所謂「含譏帶諷」之義，此議是因緣引申之義，而附加者。

(六)枚馬賦體之由來。漢初年賦絕非一類，漢志分爲四家，恐猶未足盡其辨別。……此等賦之體製可分爲下列數事：(1)鋪張侈辭。(2)並非詩體，只是散文，其中每有叶韻之句而已。(3)總有一個寓意，無論陳設得如何侈靡，總要最後歸於正道，與淳于髡飲酒，鄒忌不如徐公美之辭，全然一樣。

以上所論，旨在說明「風」的來歷與演變。以爲三百篇古無以「風」爲名者。即使春秋隱公三年左傳載「風有采蘩采蘋」之句，亦以爲「此當是後人增益的空話」。至於風的本義，原是詩歌的泛稱；入戰國即成爲一種詭辭之稱，所以風可讀成諷，爲動詞。如史記滑稽列傳記載淳于髡向齊威王說的一番話，自稱是用來「諷諫」威王的。漢儒承襲這一觀點，加以發揚，遂將國風的詩說成了「政論諫書」。

雅，漢魏儒者釋「雅」爲「正」，傅先生不取其義，證之史籍有云：

> 荀子榮辱篇云：「譬之越人安越，楚人安楚，君子安雅。」讀書雜志云：「引之曰：雅讀爲夏，夏謂中國也，故與楚越對文。」儒效篇：「居楚而楚，居越而越，居夏而夏。」是其證。古者夏雅二字互通。……王制篇云：「使夷狄邪音不敢亂雅。」此皆足以說明雅者中國之音之謂。所謂正者，縱有其義，亦是引申。執此以比論語所謂「子所雅言，詩書執禮皆雅言也」。尤覺阮元之說，以雅言爲官話，正不可易。……
>
> 雅既爲夏，夏既爲中國，然則詩經之大雅小雅皆是周王朝及其子民之詩，與夏何涉？此情形乍看似可怪，詳思之乃當然者。一、成周（雒邑）宗周（鎬京）本皆有夏地，夏代區域以所謂河東者爲本土，南涉河及於洛水，西涉河及於渭水；故東西對稱則曰夷夏，南北對稱則曰夏楚。然則夏本西土之宗，兩周之京邑正在其中。二、周人自以爲承夏之統者，在詩則曰：「我求懿德，肆於時夏。」「無此疆爾界，陳常於時夏。」在書則曰：「惟乃丕顯考文王，克明德慎罰，不敢侮鰥寡。庸庸祇祇，威威顯民，用肇造我區夏。」然則周室王朝之詩，自地理的及文化的統系言之，固宜曰夏聲。音樂本以地理爲別，自古及今皆然者，詩之有大雅小雅，正猶其有周南召南。所謂「以雅以南」，可如是觀，此外無他勝誼也。

這是說「雅」字證之古籍，概有「夏」義。夏乃華夏的夏，宗周（鎬京）成周（洛邑）均屬之；以河東爲其本土，南及洛水，西至渭水，周人自以爲承夏之統，故周室王朝之詩，得稱爲夏聲。音樂本以地理爲別，詩所謂「以雅以南」，自可以兩個地區的音樂視之。所以風雅頌的雅，即是指兩周京城一帶的詩樂而言。論語「子所雅言」的「雅言」，阮元說是「官話」，即是流行於京都一帶周人所說的話。世重王公貴族，他們世居京邑，號令由此而出。人們尊其地位，附帶亦重視其言語，故以其言爲官話。漢儒訓「雅」爲「正」；故「雅言」又可解釋爲「正音」，「正音」亦即是「官話」，是有別於各地區的方言而說的。

至於大小雅的區分，詩大序云：

雅者政也，言王政之所由廢興也。政有大小，故有小雅焉，有大雅焉。

傅先生在「雅者政也」的標題下說道：

這句話大意不差，然擔當不住一一比按。六月采芑諸篇所論何嘗比韓奕崧高爲小？瞻卬召旻又何嘗比正月十月爲大？不過就全體論，大雅所論者大，小雅所論者較小罷了。雅與風之絕不同處，即在風之爲純粹的抒情詩（這也是就大體論），雅乃是有作用的詩。所以就文詞的發揚論，風不如雅；就感覺的委曲親切論，雅亦有時不如風。

這是以爲詩大序將雅訓爲政，以政事的大小作爲的區分，大致不差；再以雅與風作比較，風多抒情，雅多敍事。再以文體來考察，傅先生說：

雅之體裁，對於國風甚有不同處有三：第一，篇幅較長；第二，章句整齊；第三，鋪張甚豐。這正是由於風是自由發展的歌謠，雅是有意製作的詩體。故雅中詩境或不如風多，風中文辭或不如雅之修飾。

這是從詩的體裁上看，風雅顯有不同。究其原因，風是自由發展而成的，雅則是文士有心製作的詩體。

最後說到頌。頌分周、魯、商三部份。傅先生依次予以討論。他在「周頌」之下說：

周頌大別分兩類：一、無韵的，二、有韵的。無韵的如清廟維天之命，維清（此篇之禎字本祺字，故亦非韵。）昊天有成命時邁武賚般皆是。半無韵的如我將桓是；此外都是有韵的。這些無韵半無韵的，文辭體裁和有韵的絕然不同，有韵的中間很多近於大雅小雅的，若這無韵的乃是「詩三百」中孤伶仃的一類，大約這是詩經中最早的成分了。

這是從詩歌的形式與用韵的歷史觀點上考察，以爲無韵的在前，有韵的在後。

現在看周頌各篇文義，都像不完全的，閔予小子訪落敬之小毖或及烈文合起來像一事，合起來像和顧命

> 所說的情節相合，此種嗣王踐阼之儀，不應零碎如現在所見周頌本各章獨立的樣子。
>
> 至於在「詩三百」中周頌何以獨零亂得失了章節，當因頌只是保存於朝廷的，不是能「下于大夫」的，一朝國家亡亂，或政治衰敗，都可散失的。
>
> 周頌不分章，由於舊章已亂，傳他的人沒法分出來。……周頌零亂了，可以有三件事發生：一、錯亂，即句中之錯亂，及不同在一章之句之錯亂；二、次序之顛倒；三、章節之亡失。

這是以爲周頌不分章，不是原來如此，是因頌詩保存於朝廷，一旦遭受戰亂，即有可能散失。即以目前各篇的文義來看，予人有零亂之感；如將一些短篇合在一起，即較有完整的意思。再如探究其情況，有章句之中文詞的錯亂，次序的顛倒與章節的亡失。

次說魯頌，傅先生在「魯頌商頌述」下說：

> 解釋詩三百之爭端，以關於魯頌者爲最少。以爲魯頌是僖公時詩，三家及毛詩一樣，這正因爲詩本文中已有「周公之孫、莊公之子」，「令妻壽母」（從朱子讀）的話，即使想作異說也不可能。但三家詩以魯頌爲僖公時公子奚斯作，恐無證據。閟宮卒章說「寢廟奕奕，奚斯所作」，是魯頌頌奚斯，不是奚斯作魯頌。三家雖得其時代，而強指名作者，亦爲失之。

這是以爲魯頌中有「莊公之子」句，即可確定是僖公時詩。三家及毛詩均無異議。但三家據閟宮末章

「寢廟奕奕，奚斯所作」句，即斷魯頌爲奚斯作，當屬誤解。奚斯所作的是寢廟，不是閟宮這首詩，這是從上下文句可以讀得的。

至於商頌的作者與年代，古有異議。傅先生說：

> 商頌之時代，三家說同：史記宋世家：「宋襄公之時，修行仁義，欲爲盟主。其大夫正考父美之，故追道契湯高宗殷所以興，作商頌。」韓詩薛君章句亦然。（後漢書曹褒傳注引）獨毛傳立異說，以爲「微子至于戴公，其間禮樂廢壞。有正考父者，得商頌十二篇于周之太師，以那爲首」。這一說與魯語合。魯語：「閔馬父……曰：……昔正考父校商之名頌十二篇於周太師，以那爲首。」這話非常離奇的：第一，漢以前不聞有校書之事；第二，國語中無端出這一段商頌源流說，我們感到不類。

這是說如從今文家之說，以爲商頌爲正考父所作，旨在頌揚宋襄公的。如從古文家之說，商頌是商朝遺物，正考父從周室樂師處找到的。國語魯語還以爲這些詩是經過正考父校正過的。傅先生以爲這些話都不可信，推想國語之文有「僞加」的可能。隨著他認爲「商頌是宋頌」，理由是：殷武前二章有「撻彼殷武，奮伐荊楚」「維女荊楚，居國南鄉」等句。傅先生說：

> 荊蠻稱楚，絕不見于詩三百，西周詩中稱伐荊蠻者數次，皆不稱楚，則荊楚之稱乃春秋時事，此是一證。

這是從歷史名詞上考證，以爲西周時稱「荊蠻」，春秋時才稱「荊楚」，以此可證殷武篇當作於春秋之世。

西周之世，王室猶强，禮樂征伐自王朝出，大雅小雅所敍各種戰伐事可以爲例，斷不容先朝之遺，自整武威；故宋在西周，無伐楚使之來享于宋，來王于商之可能；此是二證。……

厲宣時之伐荊，既非宋之得而參與，而楚在武王文王前，亦無與宋接觸之可能。則宋之伐荊楚者，必爲襄公。歷檢春秋左氏史記，斷斷乎無第二人也。此是三證。

這裡再舉兩證：一是西周王室尚稱强盛，征伐必由王命而行，如宋要伐楚，說是「使之來享于宋，來王于商」，這是絕無可能的事。一是宋伐荊楚的事，除了襄公之世，自厲宣以下均無接觸。

由此三證，即可認定商頌爲襄公時作。至於商頌的作者，傅先生在「商頌非考父作」之下說：

正考父相傳爲孔父嘉之父，孔父嘉與殤公同爲華父督所殺（桓王十年西曆前七一〇年），下逮襄公之立，（襄王二年西曆前六五〇年）已六十年，時代不相接。故史記韓詩以商頌爲襄公時者則是，以爲正考父作者則非。戰國末漢初人好爲詩尋作者，故以周頌一部分爲周文公作，（已見國語）魯頌爲奚斯作，商頌爲正考父作，無非于其國中時代差近之聞人，擇一以當之。此是說詩者之附會，不暇評考年代者。

這是考證正考父與宋襄公的年代不相及，藉知商頌絕非正考父作；進而以爲古之說詩者好以名人相附會，不顧年代的是否符合，史事之是否有據，才造成這一類的錯誤。

庚、對六義與起興的看法

毛詩序云：

詩有六義焉：一曰風，二曰賦，三曰比，四曰興，五曰雅，六曰頌。

傅先生於「起興」一文下說：

自秦始皇數用六以後，漢儒凡事都以六爲紀，不可以五，亦不可以七，六藝六書皆不恰恰是六。六在漢代猶之七在佛經上，成了一種「聖數」啦！所以六詩一說，本不必拘泥求之。大約說六詩者有兩類：一、以六詩皆是詩體之稱，如鄭志；二、以風雅頌爲體，賦比興爲用，如朱傳。近人章炳麟先生謂賦比興爲詩體，爲孔子所刪。賦比興之本爲詩體，其說不可易。至讀詩三百中無賦比興者，乃孔子所刪，則不解刪詩之說，本後起之論，宋儒辨之已詳也。章君又謂賦即屈荀之所作體，其言差信，謂比即辯亦通；獨謂興爲輓歌，乃甚不妥。（章說見檢論二）强引周官以論興，說得使人心上不能釋然。尋繹毛傳獨標興體，必有緣故。前見顧頡剛先生一文論此，謂興體即後人所謂起興，漢樂府以至于現行歌謠猶多如此。據原有歌中首句或首兩句，下文乃是自己的，故毛公所據興體，每每上兩句與後來若相干若不相干。此論至不可易。起興之用，有時若是標調，所起同者，若有多少關繫。

這段話旨在說明「六義」以「六」爲數，是秦始皇重視「六」數的緣故。古人解說「六義」，鄭志以爲皆是詩體之稱；朱傳以爲風雅頌爲詩之體，賦比興爲詩之用。章太炎從前一說，並以爲原有賦比興爲體的詩，被孔子刪去了。他主張賦即屈、荀所作的文體，比即辯，興爲輓歌。傅先生贊成賦比興亦是文體，獨不同意章先生「興爲輓歌」之說。關於「興」體，認爲毛傳獨標興體必有緣故。顧頡剛先生在古史辨中有「起興」一文，傅先生認爲觀點正確，所論「至不可易」。惟鄭玄、章太炎以賦比興爲文體的主張，與毛傳「獨標興體」以及顧頡剛「起興」的觀點，原是有所衝突的，傅先生均以「至不可易」說之。關於此一問題，留待下文再作討論。

二、詩旨舉述

傅先生對於各篇詩旨，不取前人之說，直接從詩文中取義。他將十五國風的詩，逐篇自訂其義，予人以平易親切之感。茲舉述如下：

關雎　敘述由單相思至結婚，所以是結婚時用的樂章。

葛覃　這是女子之辭，首章敍景物，次章敍女工，卒章言歸寧。

桃夭　送女子出嫁之辭。

兔罝　稱美武士之辭。

芣苢　女子成羣，采芣苢于田野，隨采隨歌之調。

汝墳　婦思其夫行役在外，未見時，「惄如調飢」；「既歸」則曰「不我遐棄」。卒章歎息時艱，曰「王室如燬」，則已是幽王喪亂後詩。

麟趾　稱頌之辭，以麟爲喻，頌公姓盛美。

行露　此詩難解，聚訟已多。疑是一女子矢志不嫁一男子之辭。

摽有梅　此是女子求男子之辭，乃是一篇關雎別面。初章曰及吉而嫁，次章曰及今而嫁，卒章曰語之即嫁。

小星　仕宦者夙夜在公，感其勞苦而歌。

江有汜　女子爲人所棄而歌。首章言雖棄我而後必悔，次章言雖棄我亦即安之，卒章言雖棄我我自樂；鄭風所謂「子不我思，豈無他人」也。

野有死麕　男女相悅，卒章雖鄭風不是過。

何彼襛矣　歌王姬下嫁之盛，既曰平王之孫，則明是東遷後多年之詩。

騶虞　此是獵歌。

燕燕　相傳爲莊姜送戴嬀歸之詞。然陳女嬀姓，並非任姓，「仲氏任只」，猶大雅「摯仲氏任」雖非一人而同名。若大任之名，後來爲人借用以呼一切賢善女子，則此詩可爲涉莊姜戴嬀者，否則名姓不同，必另是一事。此爲送別之悲歌則無疑。

凱風　孝子之辭，自怨自艾，謂母氏聖善，而已無令德。毛詩序以爲母有七子而不安其室，恐怕說得太多了。

靜女　男女相愛之辭。

桑中　男女相愛之詩。

碩人　自魯詩以來，相傳以爲爲莊姜作。以詩本文論，此說是也。此詩魯以爲刺，毛以爲憫，其實不合刺憫，但形容莊姜容貌意態之美耳。蓋莊姜初由齊至衞，衞人驚其美而有儀，乃作此歌。……左傳「美而無子衞人所爲賦碩人也」，此乃發明毛傳所謂憫者，詩文全不涉及「無子」。左傳中論詩義者多劉歆諸人羼入，成其古文學之系統，前人論之詳矣。

木瓜　男女相好之辭。

黍離　行邁之人悲憤作歌。毛序謂「周大夫行役至于宗周，過故宗廟宮室，盡爲禾黍，閔周室之顛覆，彷徨不忍去，而作是詩」。然詩中云：「知我者謂我心憂，不知我者謂我何求，悠悠蒼天，此何人哉！」與此情景頗不切合。

緇衣　義不詳，毛序以爲美武公，不知何據？

將仲子　一女愛一男，而畏父母宗族，辭以絕之。

清人　此詩之本事，毛公左傳相表裡爲一辭。毛序：「清人，刺文公也。高克好利而不顧其君，文公惡而欲遠之，不能，使高克將兵而禦狄于竟。陳其師旅，翺翔河上，久而不召，衆散而歸，高克奔陳。公子素惡高克進之不以禮，文公退之不以道，危國亡師之本，故作是詩也。」春秋閔元「鄭棄其師」。左傳：「鄭人惡高克，使率師次于河上，久而弗召，師潰而歸，高克奔陳。鄭人爲之賦清人。」此爲左傳之最不似國語處，亦即最顯然敷衍經文處。此古文學之系統的印證，最不足信者。此詩本事竟不可考。

狡童　一女子爲其所愛者所棄，至于不能餐息。

褰裳　女子戲語其所愛者之辭。

風雨　相愛者晤于風雨雞鳴中。

子衿　愛而不晤，責其所愛者何以不來也。

溱洧　相愛者偕遊之辭。

論語有「鄭聲淫」「放鄭聲」之說，直到李斯時，「鄭衞桑間」，尚成樂中一勢力。今就三百篇中鄭詩看，二十一篇中，十五篇言涉男女情愛事。蘀兮一篇，或亦爲此用，是鄭詩多言男女，詩中固爲顯證，不必以「鄭聲淫」但指聲言不指詩言也。此亦足證孔子固未刪詩，詩若由孔子刪者，必無此樣鄭風。

雞鳴　妃戒其君以應早朝。

南山　毛義以爲言齊襄公魯文姜事，與詩本文甚合。

載驅　敍述齊女嫁于魯事，並無刺語。魯娶于齊事不一，未必指文姜也。

按齊有泱泱大國風之譽，詩三百中殊不足以見此，疑詩三百之集合受齊影響少，齊詩多不入內，入內者固不足代表齊也。

蒹葭　此亦相愛者之詞。辛稼軒元夕詞云：「衆裡尋他千百度，驀然回首，那人卻在燈火闌珊處。」與此詩情景同。

無衣　秦武士出征時，相語之壯辭。

渭陽　列女傳（傳魯詩）毛序皆以爲秦康公送其舅氏晉公子重耳入國之辭。

七月　封建制下農民之歲歌。

鴟鴞　作鳥語者。此類人作鳥獸語之詩，古代中國只有此一首遺後來。

伐柯　此疑是婚詩。

狼跋　美公孫，然不知此公孫是何人，其非周公則甚明。

豳風雖涉周公事，然決非周公時詩之原面目，恐口頭流傳二三百年後而爲此語言。其源雖始於周公時，其文乃遞變而成於後也。不然，周頌一部分如彼之簡直，豳風如此之曉暢，若同一世，於理不允。

以上所錄傅著國風中部份的詩旨，足以說明傅先生已完全擺脫漢儒序說的束縛，直接向詩文本身求義。有些詩篇牽涉到歷史人物，則須考證其有關資料以定是非，所以予人以清新之感。至於他所定的詩旨容有商榷之處，留待下文討論。

參 理論背景的探討

我們看了傅先生的詩經論文，不難發現他的治學態度：一方面重視史料的發掘與價值的審定；另一方面則重視詩文本身的涵義。這兩者亦自有其因果關係。再從另一個角度來看，凡是一個學者新思想的形成，往往受到有卓見的前人的影響，以及當代學術風尚的啓迪。基於這一觀點，傅先生的詩經理論背景可從下面兩端來探討：

一、受前代學者疑古精神的影響

疑古之風始於宋朝，歐陽修作詩本義，掀起反漢之風；鄭樵作詩辨妄，朱熹作詩集傳，對古文家所苦心經營而成的詩經故事與教義，常予否定。及至清朝，疑古之風益熾，考證功夫也漸趨精密。如姚際恆的詩經通論，崔述的讀風偶識，方玉潤的詩經原始，都能否定舊說，獨抒己見。然如作進一步探討，這些名家的見解，往往有所見，亦有所蔽，不是所有的見解都是可取的。比如朱熹詩集傳開卷即云：「風者，民俗歌謠之詩也。」但是一到說詩的時候，往往忘了自己所下的定義。看他說二南的詩旨，謹守詩序「后妃之德」「文王之化」等規範性的話，分寸不離。即如召南野有死麕這首詩，分明是一對青年男女在山林中親暱相愛的描狀，由於該詩編在正風裡，古文家說正風的詩是有正而無邪的，故毛詩序云：

野有死麕，惡無禮也。天下大亂，強暴相陵，遂成淫風。被文王之化，雖當亂世，猶惡無禮也。

朱子接著說：

南國被文王之化，女子有貞潔自守，不爲強暴所污者，故詩人因所見以興其事而美之。

如果這首詩編在別的國風裡，朱子一定會說：「此淫奔之詩也。」在二南裡就不敢這樣說，這是受制於古文家訂二南爲正風之說的緣故。但從大體上說，朱傳有不少的創見影響後人至深，所以還是值得推崇的。例如他說國風的詩爲「民俗歌謠」，這是至不可易的一句話。古史辨裡的一批學者以及傅先生等都將它作爲基本觀點來說詩的。

二、受當代學術風氣的啓迪

傅先生在詩經講義稿「敍語」裡說：

下列關涉詩經之講義十二篇，大體寫於民國十七年十二月，其周頌一篇，十一月所寫，論文辭之一節，次年一月所補也。

這即告訴我們傅先生寫詩經講義稿的時間是在民國十七年底與十八年初之間。在這以前，古史辨第三冊下編所集成的五十篇論文（該書篇次編號自一三四至一八四）全是討論詩經的。其總目之下註明寫作時間：起於民國前一年，迄於民國二十年九月。內以顧頡剛先生的文章爲最多，胡適先生於民國十四年九月在武昌大學演講「談談詩經」外，只寫了「論野有死麕書」（十四、五、廿五）、「詩三百篇『言』字解」兩篇短文。但他似居於幕後的指導地位。其他如俞平伯、劉大白、鄭振鐸、錢玄同、朱自清、周作人等均參與討論，以作於民國十四年的爲最多。其討論範圍，從詩的篇旨章義談到毛詩序、孔子刪詩、詩經與歌謠、詩經在春秋戰國間的地位等問題，範圍擴及詩經各個層面，無所不談。其論文的主導方向，即是推陳出新，如邶風靜女一首短詩，自顧頡剛的「瞎子斷扁的一例——靜女」作於民國十五年二月間開始，直到劉大白寫於十八年四月的「四談靜女」，杜子勁寫於民國二十年六月的「再談愛而不見」，即有十三篇文章參與討論，各抒所見，熱鬧極了。這種不尚舊說、尋根究柢的精神，一時蔚為學術風氣，令人欣羡。傅先生是胡先生的高足，顧先生的同學；雖然這段日子（民國九年至十五年）他遊學英、德，不在國內，無緣參與詩經問題的討論，但是他與顧先生同是目光敏銳、思想激進、國學造詣深厚的人；自然對於這類有新見解的文章不僅看到了，而且會深表贊同的。所以當他回國講學寫詩經講義的時候，一些基本問題的看法，大都與古史辨主流派的觀點自相一致的。

肆 傅著內容有待商榷的地方

一、甘棠的召伯該是召虎嗎？

傅先生在泛論詩經學一文中說：

有一謬說可借以掃除者，即周召分伯一左一右陝西陝東之論，周公稱王滅殷，在武王、成王間，其時之召公奭只是一個大臣，雖君奭篇中亦不見他和南國有何相干。開闢南國是後起事，那時召伯虎爲南國之伯，去召公奭不知有幾世了。周室既亂，南國既亡，召伯之遺愛猶在，南國之衰歷歷在周南召南大小雅中見之。

傅先生這段話說明甘棠篇的召伯是周宣王時的召穆公虎，不是武、成之世的召康公奭。

屈萬里先生詩經釋義甘棠篇說：

召伯，召穆公虎也。早期經籍於召伯虎或稱召公，而絕無稱召公奭爲伯者。召伯之稱，又見小雅黍苗及大雅崧高，皆謂召虎；而大雅江漢之篇，於虎則曰召虎，於奭則曰召公，區別甚明。舊以此詩爲美召公奭者，非也。

屈先生贊同傅先生的意見，並補充其要點：(1)從早期經籍來看，有稱召虎爲伯的，絕無稱召公奭爲召伯的。(2)詩經中小雅黍苗、大雅崧高凡稱召伯的，都是指召虎而言的。(3)大雅江漢篇於虎則稱召虎，於奭則稱召公；足證詩經中亦無稱召公奭爲召伯的。

甘棠的召伯究竟是奭抑是虎？當從史乘中求證。史記燕召公世家云：

其在成王時，召公爲三公，自陝以西召公主之；自陝以東，周公主之。

又云：

召公之治西方，盡得兆民和。召公巡行鄉邑，有棠樹，決獄政事其下。自侯伯至庶人各得其所，無失職者。召公卒，而民人思召公之政，懷棠樹不敢伐，哥詠之，作甘棠之詩。

史記司馬貞索隱：

召者畿內采地。奭始食於召，故曰召公。或說者以爲文王受命，取岐周故墟周、召地分爵二公。故詩有周、召二南，皆在岐山之陽，故言南也。後武王封之北燕，在今幽州薊縣故城是也。亦以元子受封而次子留周室代爲召公。至宣王時，召穆公虎其後也。

甘棠篇鄭箋：

召伯，姬姓，名奭，食采於召，作上公，爲二伯，後封於燕。

三家詩：

燕召公奭與周同姓，武王滅紂，封召公於燕。成王時入據三公，出爲二伯，自陝以西召公主之。

以上所引資料，可歸納成四點：

㈠成王時，召公爲三公之一，食采於召，地處岐山之南，故稱召南。

㈡周公、召公曾分陝而治，自陝以西由召公主之，自陝以東由周公主之。故周、召是因周公旦、召公奭而得名的。

㈢甘棠篇是人民紀念召公奭所作的詩。

㈣召公的爵位是公，由於他爲諸侯之長，出爲二伯，故又可稱爲召伯。至於周宣王時的召虎，史書上亦都稱公，沒有稱召伯或召伯虎的。

史記周本紀：

召公周公二相行政，號曰共和。

國語邵公諫厲王止謗：

厲王虐，國人謗王，邵公告曰：民不堪命矣！

文中的邵公，韋昭注曰：

召康公之後，穆公虎也，爲王卿士。

竹書紀年周厲王十三年載：

王亡彘，國人圍王宮，執召穆公之子殺之。

竹書紀年二十六年載：

大旱，王陟于彘。周定公召穆公立太子靖爲王。

以上所舉史記、國語、竹書紀年，凡記召虎均稱召公或召穆公虎，從未稱爲召伯或召伯虎的。傅先生獨以召伯虎稱之，遂以證甘棠的召伯即是召虎，這是與史料不相符合的。

傅先生又說：「開闢南國是後起事，那時召伯虎爲南國之伯。」這也是缺乏佐證的話。竹書紀年於宣王五年載：

秋八月，方叔帥師伐荊蠻。

竹書紀年於宣王六年載：

召穆公帥師伐淮夷。

這段歷史與大雅江漢篇相符合，自較可信。但前有方叔帥師伐荊蠻，荊蠻所據之地，正是黃河之南、長江之北，召南所封之地。淮夷所處當在淮河流域下游，遠在二南之東。說召伯虎曾「開闢南國」「為南國之伯」，如無其他史料可證，仍是不足採信的。

至於詩經中稱召伯的詩，共有四首，茲錄其篇名與例句如下：

召南甘棠首章：

蔽芾甘棠，勿翦勿伐，召伯所茇。

小雅黍苗第四章：

肅肅謝功，召伯營之；烈烈征師，召伯成之。

大雅崧高第二章：

亹亹申伯，王纘之事。于邑于謝，南國是式。王命召伯，定申伯之宅。登是南邦，世執其功。

大雅江漢第四章：

王命召虎，來旬來宣。文武受命，召公維翰。無曰「余小子」，召公是似。肇敏戎公，用錫爾祉。

這四首詩裡，江漢篇召虎與召公對稱，是由於王命之下，對臣子可直呼其名，對召虎的祖先召公奭則宜稱召公。此章旨在以王命勗勉召虎緬懷其祖召公奭的德業，並繼續其事功，以自求多福。至於小雅黍苗、大雅崧高都是敍召伯營謝事。王舅申伯受封於南國的謝，王命召伯去負責營建其城邑，安置其住宅，釐定其疆土，徹取其田賦。召伯所做的事，等於替申伯辦理工程、財稅等雜務；相當於一個家臣要做的事。按之史籍所載，召虎在厲王時即居三公之位，共和行政時發號施令，相當於元首的地位。他又是宣王（太子靖）的再生父母。功業蓋世，位極人臣。即使王舅封疆南國，宣王竟會派這樣的一位元老大臣去做類似家臣的差使嗎？我們不妨退一步想，召伯虎眞的奉命營謝，營謝是爲申伯，完工後一切歸申伯所有。這時申伯才是南國之伯，召虎絕無可能成爲南國之伯。所以筆者以爲，宣王在位四十六年，召虎在宣王六年帥師伐淮夷，年事已高，史籍上以後即無他的紀載。周、召二公的爵位原是世襲的，宣王在位的中、後期，當有召虎的子孫襲爵爲召伯。所以詩經中所見的召伯，不一定是同一個人。尤其甘棠的召伯，史記明言是成王時的召公奭，說他巡視鄉邑，決獄政事於棠樹之下。後人懷念他，才保存其樹，並作甘棠之詩來歌頌他。這樣的史事記載，我們能予以抹殺嗎？

二、賦比興應作詩體看嗎？

周禮太師職云：

> 教六詩：曰風、曰賦、曰比、曰興、曰雅、曰頌。

毛詩大序云：

> 詩有六義焉：一曰風、二曰賦、三曰比、四曰興、五曰雅、六曰頌。

十三經注疏：

鄭以賦之言鋪也；鋪陳善惡則詩文直陳其事不譬喻者，皆賦辭也。鄭司農云：「比者比方於物，諸言如者，皆比辭也。」司農又云：「興者，託事於物。」則興者起也。取譬引類，起發己心，詩文諸舉草木鳥獸以見意者，皆興辭也。賦比興如此次者，言事之道，直陳爲正，故詩經多賦在比興之先。比之與興，雖同是附託外物，比顯而興隱，當前顯而後隱，故比居興先也。

朱熹詩集傳：

賦者，敷陳其事而直言之者也。

比者，以彼物比此物也。

興者，先言他物以引起所詠之詞也。

這是自周禮、詩大序所定六義之名，進而引鄭玄、鄭衆、朱熹對賦比興三者的解釋，以爲賦比興是詩文的作法。

傅先生在「起興」一文中說：

近人章炳麟先生謂賦比興爲詩體，爲孔子所删。賦比興之本爲詩體，其說不可易，至讀詩三百中無賦比興者，乃孔子所刪，則不解刪詩之說本後起之論，宋儒辨之已詳也。章君又謂賦即屈荀之所作體，其言差信，謂比即辯，亦通，獨謂興爲輓歌，乃甚不妥。

章太炎先生把賦比興當詩體來說，就像風雅頌那樣，各有獨立的詩篇，孔子教詩時把他們刪掉了，所以我們已看不到這三類詩了。傅先生贊同其前一說，而且賦體的詩，即章先生所說如屈原、荀子所作辭賦類的文體。

傅先生在這段話裡，有著自致矛盾的地方：孔子不曾刪詩，這是前人早已論定而傅先生表示無可置疑的。如依據這一觀點，三百篇在孔子之前即成定數，怎會另有賦比興三類的詩並立於其中呢？如果眞有這三類詩，孔子總會擇優編列，何至於斬盡殺絕？就算是全部被孔子刪了，自會有一部份流傳於民間，成爲佚詩或佚歌，何以未見一詩的流傳？因此筆者認爲：主張孔子未曾刪詩，與主張賦比興是三百篇以外另有等立的三類詩，這是自相矛盾，不能並存的。

其次，將賦體的詩說成即是屈原荀子所作辭賦一類的文體，這也是有待考究的。現在詩經中既無此例，即左傳所載朝會宴享時卿大夫所賦的詩，亦不見有這一類詩的出現。研究文學史的人，談到辭賦類的淵源，都以屈、荀爲創始者，從沒有將詩經六義的「賦」拉在一起說的。究其原因，六義的「賦」和比興放在一起說，顯然是指作法而言的。章先生釋「比」爲「辯」，傅先生亦表同意，許之爲「亦通」，以爲「比」體的詩是以辯論方式寫成的。這是將作法與文體混在一起說了。這樣說，如從文章方面尚可說通，但從詩歌方面來考察，實在罕有其例。鄭衆云：「比者，比方於物，諸言如者，皆比詞也。」朱熹云：「比者，以彼物比此物也。」他們都只是從詩文遣詞造句的寫作技巧來說的。簡要地說，比即比喻，是以甲喻乙的方法。章先生說「比」爲「辯」，說是辯論或議論的文體，雖然有意擴大「比」體的範圍，但是與詩經的性質顯有不合。例如魏風碩鼠篇「碩鼠碩鼠，無食我黍」這兩句詩，是以碩鼠喻橫徵暴歛的當政者，文旨鮮明，毋須多說。章先生捨詩文章句之間的「比」，而欲說成整篇文體的「比」，這只有「向壁虛造」了。傅先生說他「亦通」，恐已離開詩經的範圍向諸子的文章取例來說了。章先生說「興」爲「輓歌」，傅先生評爲「乃甚不妥」。可見章先生自恃博雅，敢於標新立異。如問「興」怎會是「輓歌」？詩經中有那幾首是「輓歌」？「輓歌」之外的詩歌有沒有「興」體之作？不知章先生將何以自解？

筆者以爲，前人已針對詩文的作法，作了較爲簡要的詮釋，如無更好的意見，何必徒增紛擾？比如賦比興本已涵在風雅頌中，章先生要說三百篇中無賦比興，賦比興另有其詩，自成體類，可惜被孔子刪掉了。如此說詩，愈說愈疏，眞有治絲益棼之感了！

傅先生對於「興」義的討論，特地贊同顧頡剛先生在古史辨中所載「起興」一文的見解。傅先生說：

> 前見顧頡剛先生一文論此，謂興體即後人所謂起興，漢樂府以至于現行歌謠猶多如此。據原有歌中首句或首二句，下文乃自己的。故毛公所據興體，每每上兩句與後來若相干，若不相干。此論至不可易。起興之用，有時若是標調，所起同者，若有多少關係。

這是對「興」義的解說，以爲顧先生的說法比較確當。然而細按顧先生的觀點，與毛傳標興於篇首，十三經注疏所云「興者，起也」，朱子所云「興者，先言他物以引起所詠之詞也」的意見是相近的。傅先生贊同此說，並以爲「此論至不可易」。可是前面說到章先生斷賦比興爲詩體時，即說「此說不可易」；兩者對立而同表「不可易」，這即形成觀念的模糊與是非的混淆。如問賦比興三者究竟是指詩體抑是作法說的？章、顧二先生對興體相異的解釋究竟誰的說法不可易？其間的矛盾恐怕難以自解了！

三、左傳季札觀樂的內容可信嗎？

漢世經學素有今、古文之派別。以詩經的傳承來說，齊、魯、韓三家屬今文，盛行於西漢，世代立爲博士。毛氏傳本屬古文，較今文晚出，不得列於學官。至新莽之世，劉歆用事，特爲古文爭地位，竭力提倡古文經傳，爲求自成系統，以周禮、左傳、毛詩等相互呼應，不惜以僞造方式編纂而成。故傅著「國風分敍」碩人篇云：

左傳「美而無子，衛人所爲賦碩人也」，此乃發明毛傳所謂憫者。詩文全不涉及「無子」。左傳中論詩義者，多劉歆等人羼入，成其古文學之系統，前人論之詳矣。

碩人篇毛詩序云：

碩人，閔莊姜也。莊公惑於嬖妾，使驕上僭，莊姜賢而不答，終以無子，國人閔而憂之。

這是以爲毛詩序說碩人這首詩，是國人憫莊姜「美而無子」所作的，左傳這段話即是爲發明毛義才這樣說的。傅先生的意思，不僅認爲毛詩序傳與左傳相表裡，而且認爲毛義影響左傳。在程序上看，毛詩先左傳而問世。爲何有這樣的論斷呢？因爲他認爲「左傳中論詩義者多劉歆等人所羼入，成爲古文學之系統」的。劉歆既後於毛公，兩書的先後即可明白；故認爲左傳之文是受詩序的影響而作成的。

傅先生在「周頌」一文之下云：

我們用左傳證詩有個大危險，即左傳之由國語出來本是西漢晚年的事，作這一番工作者，即是作古禮古文尚書毛詩周官之說者，其有意把他們互相溝通，自是當然。但國語原書中當然有些論詩書的，未必于一成左傳之後，一律改完。所以凡左傳和毛詩周官等相發明者，應該不取，因爲這也許是後來有意造作加入的材料；凡左傳和毛詩周官等相異或竟相反者，應該必取，因爲這是原有的成分，經改亂而未失落的。

這是以爲左傳不是孔子講春秋時左丘明所記述的，乃是西漢晚年由國語分出來加以擴編而成的。作此工作的人，亦即是作古文尚書毛詩周官的人，他是有意將這幾本書互相溝通，自成體系的；但未必能做到全部改完，一一吻合。我們想要辨別其眞僞，只要查明左傳和毛詩、周禮的說法是否相同而定。傅先生如此說，對古文學派自然是採不信任的態度的。他在「我們怎樣研究詩經」一文裡說：

> 漢儒寫經，多以當時書改之，而古文學又屬「向壁虛造」，若能據金石刻文校出若干原字，乃是最佳之工作。

可見傅先生對屬於古文學的古文尚書、左傳、毛詩、周禮等內容，一概視爲「向壁虛造」而成的。既是「向壁虛造」的，則其史證價值自然是很低的了。

可是我們察閱傅先生討論詩篇有關的歷史人物時，仍然多引左傳爲證。例如在其詩部類說中談到「風」時，有如下的一段話：

> 所謂「風」一個名詞起來甚後。這是宋人的舊說，現在用證據充實之。左傳襄二十九年，吳季札觀周樂於魯，所歌詩之次序與今本三百篇大同。其文曰：「爲之歌周南召南，……爲之歌邶鄘衞……爲之歌王……爲之歌鄭……爲之歌齊……爲之歌豳……爲之歌秦……爲之歌頌。」此一次序與今見毛本不合者，周南召南不分爲二，邶鄘衞不分爲三，此等處皆可見後代詩經本子之腐化。……最可注意者，即此

一段記載中並無風字。左傳一書引詩喻詩者數百處，風之一詞僅見於隱三年周鄭交質一節中，其詞曰：「風有采蘩采蘋，雅有行葦泂酌。」此一段君子曰之文詞，全是空文敷衍，準以劉中受分解之例，此當是後人增益之空話。……

這是傅先生爲了證明風雅頌的「風」字是後起的，特舉左傳季札觀樂的一段文字作爲佐證。既然拿他來作佐證，自然當他是信史，不是漢儒「向壁虛造」的了。至於左傳中「風有采蘩采蘋」，出現了一個「風」字，以爲非左傳所原有，準是劉申受等人加進去的。這樣說來，傅先生似乎已將左傳分成兩部份，一部份是先秦古物，値得信從的；另一部份則是古文家「向壁虛造」而成，不値得採信。至於何者可信何者不可信，其間的分際也是不易決定的。例如季札訪魯觀樂所說的話，傅先生以爲可信，筆者則以爲不可信；曾作「左傳季札觀樂有關問題的討論」一文，於民國七十四年三月發表於中華文化復興月刊。我的主要觀點有二：一、季札聘問諸侯各國，至魯見魯大夫叔穆子，至齊見晏子，至鄭見子產，至衞見蘧伯玉、史鰌、公子荊、公子朝，至晉見叔向等人，他都告訴對方，其所處之國有潛在的危機，應如何作才能避凶化吉。一位遠處南方的年輕公子，對北方各國所潛伏的政治危機能夠瞭如指掌，其政治智慧竟能高過當代大賢如晏嬰、子產、蘧伯玉、史鰌等人，他們都聽從他的話去做，果然一一應驗。這實在是難以令人相信的一件事。二、他在魯國觀樂，聽了一國的詩樂，即發表其評贊，人們許以極高的價値。但如細按其所評的言詞與詩文的內容加以比對，即會發現這些評贊大都浮而不實，並無可取。例如左傳載：

爲之歌齊，曰：「美哉，泱泱乎大風也哉！表東海者，其太公乎？國未可量也。」

杜預注云：「太公封齊，爲東海之表式。」以爲齊國的詩樂，具有姜太公的風範，遂以「泱泱大風」讚美他，並推斷齊國的前途無可限量。然如審究其詩篇，不免令人失望，所謂太公風範，杳不可得。其第一首爲「雞鳴」；毛詩序云：

思賢妃也。哀公荒淫怠慢，故陳賢妃貞女，夙夜警戒，相成之道焉。

其首章云：

雞既鳴矣，朝既盈矣。匪雞則鳴，蒼蠅之聲。

這是敍賢妃聽到雞的叫聲，怕大臣都已上朝，催促爲君的丈夫快些起牀，以免遲到。可是爲君的丈夫喜歡賴牀，回答說不是公雞在鳴，而是蒼蠅之聲。像這樣的詩，說詩中的妃賢則可；說詩中的君賢則不可。這與姜太公勤政愛民，開創新運的風範正好背道而馳；季札自無可能聽了這首詩的奏唱，即發出如此大的讚歎。至於齊風其他的詩，如南山、載驅，敍齊襄公與其妹魯桓公夫人文姜私通的事，詩序斥之爲鳥獸之行，與太公風範也正好是相反的。再如還、著、東方之日、東方未明等篇，敍的是些平民生活，男女之情，無關乎人倫綱常，君國大事。可見齊風十一首詩，無一符合季札所說的泱泱大風，太公風範。傅先生有見於此，在其詩旨新解齊風之下說：

按齊有泱泱大國風之譽，詩三百中殊不足以見此，疑詩三百之集合受齊影響少，齊詩多不入內，入內者固不足以代表齊也。

這是以爲左傳季札觀樂讚美齊國的話是不錯的，即使所見的詩樂乏善可陳，但是仍然要以「泱泱大風」、太公風範稱許它。理由是齊詩被採集者少，所採集的又都不足以代表齊國。傅先生如此說，一則太信左傳，與其原有主張相左；二則對季札觀樂之文缺乏整體的了解；三則評讚詩樂當以所見所聞爲依據；傅先生主張詩三百早在孔子之前已成定本，怎會還有足以表現泱泱大風的詩未被採錄？即或有這樣的詩，季札未之所聞，所聞者即是雞鳴、還、著等詩，可否撇開當前之所聞而作其他詩樂的評讚？

又如唐風，左傳載：

爲之歌唐，曰：「思深矣，其有陶唐氏之遺民乎？不然，何憂之遠也。非令德之後，誰能若是？

杜預注：「晉本唐國，故有堯之遺風。憂思深遠，情發於聲。」茲觀唐詩十二首，其第一首蟋蟀篇有「今我不樂，日月其除。無已太康，職思其居」等句。意謂我如果不及時行樂，時光即將消逝。然而不可過於享受，要顧到自身的職責。這是在歲暮宴樂之際，勸人要及時行樂，又須自我節制，不可荒廢本職。所謂「憂思深遠」，大概是指這幾句詩說的。但如作進一步考察，勤儉致成，淫逸亡身，爲世人之所共識，何待唐堯之遺風？史記五帝本紀載帝堯之德業云：

富而不驕，貴而不舒，黃收純衣，彤車乘白馬，能明馴德，以親九族。九族既睦，便章百姓。百姓昭明，合和萬國。

可見唐堯以不驕不慢，車服純樸，明順其德，親和九族，使百姓知禮守法，使所轄諸侯和平合作爲其職志之所在，豈僅以好樂無荒之言相誡爲已足哉？況且唐風其他的詩都與這一主題無關。如第二首山有樞，是勸人及時行樂的，與季札所說的正好相反。其他各篇或刺朝政之不修，或敍離亂之疾苦，或爲征役而呼號，或因悼亡而悲歌。所謂唐堯之遺風，實無一言之可求。而且按之史乘，周成王封其弟叔虞於唐，是爲唐侯，後即改稱爲晉。今以詩文內容觀之，盡是晉詩，與唐堯遺風全不相干。季札對唐風所說的話，於史於詩，兩不相契。這樣的詩樂評贊，值得後人推崇嗎？

左傳中季札觀樂的其他部份，都像其評贊齊風、唐風一樣，儘說些與詩文內容不相干的話。比如左傳載：

為之歌小雅，曰：「美哉，思而不貳，怨而不言，其周德之衰乎？猶有先王之遺民焉。」

杜預於「思而不貳」下注云：「思文武之德無貳叛之心。」於「怨而不言」注曰：「有哀音。」但按之詩文，自鹿鳴至菁菁者莪十六首，古文家定之爲正小雅，多屬君臣、兄弟、朋友宴享之樂；與「思而不貳」的詩旨不合。至於其他屬於變小雅的詩，多的是離亂人生的悲歌，暴政虐民的傾訴。如正月云：「憂心慘慘，念國之爲虐。」巷伯云：「彼譖人者，誰適爲謀！取彼譖人，投畀豺虎。豺虎不食，投畀有北，有北不受，投畀有昊。」何草不黃云：「何草不玄？何人不矜？哀我征夫，獨爲匪民。」小雅中像這一類發牢騷的話很多，季札卻說「怨而不言」；如果不言，怎知其怨？這眞是不顧事實的說法。

由此看來，筆者敢於斷言，季札觀樂這篇文章不是眞實的，一定是後人編造出來的。傅先生原有主張左傳中的史事是古文家「向壁虛造」而成的，但卻引左傳季札觀樂之文爲其論文作佐證；其所言與所行恐有自致矛盾之嫌了！

四、所訂詩旨得無可議嗎？

傅先生爲國風各首所訂的詩旨，擺脫舊說，直接由詩本文求取詩義，確是進步的作法。前文「詩旨舉述」所錄者，可以見其梗概。惟詩旨的決定，常有顧此失彼的現象，是否允當，有待考量。如前述甘棠召伯應該是誰，值得深究。其他詩篇亦然。茲再舉數例於後。

甲、周南卷耳

采采卷耳，不盈頃筐。嗟我懷人，寘彼周行。
陟彼崔嵬，我馬虺隤。我姑酌彼金罍，維以不永懷。
陟彼高岡，我馬玄黃。我姑酌彼兕觥，維以不永傷。
陟彼砠矣，我馬瘏矣。我僕痡矣，云何吁矣！

這首詩前人解說很分歧。毛序說「后妃之德也」，傳箋從之，以爲采卷耳的是后妃。后妃「求賢審官，知臣下之勤勞，內有進賢之志，而無險詖私謁之心」。故訓「周行」爲「周之列位」。歐陽修詩本義先說：「婦人無外事，求賢審官，非后妃之職也。」可是後來又說：

本義曰：后妃以采卷耳之不盈，而知求賢之難得，……宜愛惜之。……重貽后妃之憂傷，如此則文王之志荒矣！

他不僅恪遵詩序，而且說「后妃」即文王的后妃大姒。其後朱熹、嚴粲、姚際恆等人都以文王與其后妃爲說。然以詩文觀之，首章執筐采耳當是婦人事；後三章策馬高岡、酌彼兕觥當是男人事。故主張該詩全是男人口吻或全是女子口吻，都有不順適處；更何況文王終其身不曾自封爲王，大姒亦未曾爲后，詩序的話根本不可信。

傅先生在國風分敍「卷耳」之下說：

> 女子思其丈夫行役在外之辭。但首章是女子口氣，下三章乃若行役在外者之辭，恐有錯亂。

傅先生亦以爲此詩不論從女子或男子一方來說，都不好說，所以直以爲此詩詞章或因錯亂所致。

古史辨第三冊俞平伯葺芷繚衡室讀詩札記在「一、周南卷耳」下云：

> 這篇，前人異說極多，什麼后妃、文王、賢人，攪成一團糟，現在因無一駁的必要，置之不論。
>
> 此詩前後大類兩橛，故「我」字遂多歧義，而大義終晦。一言蔽之，采耳執筐明非征夫所爲，登高飲酒又豈思婦之事。此盈彼絀，終難兩全，愜心貴當，了不可得。我索性把它說爲兩橛罷。
>
> 此詩作爲民間戀歌讀，首章寫思婦，二至四章寫征夫，均係直寫，並非代詞。當攜筐采綠者徘徊巷陌，迴腸盪氣之時，正征人策馬盤旋、度越關山之頃。兩兩相映，景殊而情卻同；事異而怨則一。由彼念此固可，由此念彼亦可；不入憶念，客觀地相映發亦可。所謂「向天涯一樣纏綿，各自飄零」者，或有當詩人之恉乎？

這是以為民間詩人代敍一對勞人思婦所作的詩，是小說家慣用「話分兩頭說」的手法；先敍女的如何相思，再敍男的如何苦戀；人事是眞實的，景象是眞實的，感情是眞實的。就像莎翁寫羅蜜歐與茱麗葉那樣；也像孔雀東南飛的作者敍蘭芝與府吏那樣；這不是比前面諸說更能表達詩文的旨趣嗎？

乙、唐風葛生

葛生蒙楚，蘞蔓于野。予美亡此，誰與獨處。
葛生蒙棘，蘞蔓于域。予美亡此，誰與獨息。
角枕粲兮，錦衾爛兮。予美亡此，誰與獨旦。
夏之日，冬之夜，百歲之後，歸于其居。
冬之日，夏之夜，百歲之後，歸于其室。

此詩鄭箋訓「蘞蔓于域」的「域」為「塋域」，訓「歸于其居」的「居」為「玟墓」，「歸于其室」的「室」為「冢壙」，以見全詩有悼亡之意。朱熹詩集傳所訓「域」「居」「室」與鄭箋同，惟其詩旨則以「婦人以其夫久從征役而不歸，故言葛生而蒙於楚，蘞生而蒙於野，各有所依託，而予之所美者獨不在是，則誰與而獨處於此乎」為說。「葛生蒙楚，蘞蔓于野」，此為山野墓地荒涼之景，朱子說為託喻之詞，則無悼亡之義。既非悼亡，又非置身山野墓地，則「予美亡此」「歸于其居」

「歸于其室」等句即不宜向塋域、冢壙方面去說。再進一步說，如其夫遠征未歸，一旦爲國捐軀，葬身異域，何來「其居」「其室」？傅先生說：

此是怨曠之詞。婦人感其夫在外，無與息與居者，更不知其何日來，而作沈痛語曰：「百歲之後，歸于其居」，言其不能待而先死也。

既說「不能待而先死」，則其夫尚在外服役，而云歸于「其居」「其室」，誠非當有之語。嚴粲詩緝云：

舊說以爲思存者；味「百歲之後，歸于其居」之辭，及上章言塋墓，知爲悼亡矣。

這是從詩文中體會而得的旨趣，屈萬里先生從之。屈注「予美亡此」的「亡」字下去：「亡，去也。不忍顯言其死，故曰去此耳。」可見此詩從「悼亡」說之，較爲允洽。

丙、王風兔爰

有兔爰爰，雉離于羅。我生之初，尚無為；我生之後，逢此百罹，尚寐無吪！

有兔爰爰，雉離于罦。我生之初，尚無造；我生之後，逢此百憂，尚寐無覺！

有兔爰爰，雉離于罿。我生之初，尚無庸；我生之後，逢此百凶，尚寐無聰！

此詩毛序云：「閔周也。桓王失信，諸侯背叛，構怨連禍，王師傷敗，君子不樂其生焉。」然以詩文觀之，實無史事可求。朱傳云：「周室衰微，諸侯背叛，君子不樂其生，而作此詩。」已見不採史事，較爲含混；然仍擺脫不了詩序的影響。傅先生說道：

遭時艱難，感覺到生不如死。此詩三百中最悲憤之歌。

傅先生已不提史事，從詩文中直接求義，自是較進步的作法。惟視該詩爲「三百中最悲憤之歌」，則尚有商榷之餘地。細味全詩旨趣，以爲生不逢時，憂患頻仍，但願長睡不復醒，如此而已！屈萬里先生云：「此傷時之詩也。」王靜芝先生云：「此傷世亂生命多危之詩也。」均以「傷時」爲說。三百篇中類此感傷之作多矣，如中谷有蓷：「有女仳離，啜其泣矣；啜其泣矣，何嗟及矣！」如氓：「三歲爲婦，靡室勞矣。夙興夜寐，靡有朝矣。言既遂矣，至于暴矣。兄弟不知，咥其笑矣。靜言思之，躬自悼矣。」如鴇羽：「肅肅鴇羽，集于苞棘。王事靡盬，不能蓺黍稷。父母何食？悠悠蒼天，曷其有極！」再如魏風之詠碩鼠；小雅之歌蓼莪，均是生活痛苦的哀號，較之兔爰，實不多讓。

丁、秦風車鄰

有車鄰鄰，有馬白顛。未見君子，寺人之令。
阪有漆，隰有栗。既見君子，並坐鼓瑟。今者不樂，逝者其耋。
阪有桑，隰有楊。既見君子，並坐鼓簧。今者不樂，逝者其亡。

毛詩序云：「車鄰，美秦仲也。秦仲始大，有車馬禮樂侍御之好焉。」此說無史可證，不足採信。惟從詩文觀之，「寺人」即「君子」的內小臣，亦即「宦者」。詩人欲見「君子」，須經宦者通報；可見這位君子該是秦國之君。詩人見到了君子以後，得以並坐鼓琴，相互行樂，以見其平易近人。傅先生說道：

此亦及時行樂之意。

這是從二、三章末二句「今者不樂，逝者其耋。」「今者不樂，逝者其亡。」上說的。然而從全篇看來，詩人乘坐馬車求見其君，顯非欲與其君取樂而來。屈先生云。

此蓋詩人喜得見於其君，即事之作。

王靜芝先生云：

細察全詩，作者意在美其君之能易接近，而能並坐鼓瑟，和樂可親。是以知秦之能富而强者，以君之賢也。詩而美之。

故知說詩者多以贊美秦君平易近人爲主旨。詩人往訪，即與之並坐鼓琴，相互爲樂，則是其和樂可親之證。傅先生以「及時行樂」說此詩。按之詩文，非無此義，只是偏離重心，不足以表達車鄰作者的主意而已！

伍 結論

㈠從詩經學術演進的歷史線上看 詩經的學術演進，自西漢起，大別之即分漢、宋、淸、民國以來四個階段。每一後起的階段之所以興起，都是對前一階段或以前所有階段感到不滿而思有所興革的緣故。民國十年前後的學術界，思想開放，視野遼闊。他們不再以傳統的見解爲滿足，高喊「以科學方法整理國故」，形成一股莫之能逆的思想潮流。

㈡從個人才性的特質上看　凡是一個新時代的形成，除了客觀環境的蘊育外，還須一些豪傑之士的振臂高呼、率先領導。如宋朝的歐陽修、朱熹；清朝的姚際恆、崔述；民國之初的梁啓超、胡適等。他們的講學與論著，對學術界都有一定的影響力。傅先生幸逢其盛，以其卓越的才性，淵博的學問，以及類似於孔子所稱「狂者」的進取精神；無論對於國學的研究或社會的改革，都勇於獨抒所見，作了開創風氣的一位尖兵。

㈢從詩經研究的績效來看　傅先生的詩經論文寫於民國十七年底至十八年初之間，距今已逾六十年。這可說明兩件事：

1.遠在六十年前，傅先生即已揚棄漢儒以及宋儒之說。當時國學大師如康有為，說詩必宗今文；章太炎，說詩必宗古文；家派思想牢不可破。傅先生等有新思想的人則置之不顧，但從詩文中直接求義，自訂詩旨，愼用史料；實非泛泛之輩所能爲。

2.今日我們讀傅先生對於詩經的一些見解，也許視爲平常，這是由於六十年前的一些創見，早已化爲國人的通識。反觀今日的詩經研究，績效何在？有些詩經學者，仍在抱殘守缺，惟序傳鄭箋是問。無視於詩學演進的歷史意義，亦無視於傅先生等學者所開示的門徑；故步自封，向壁虛造，自無績效之可言。

㈣從國風詩旨的釐訂來看　傅先生替國風所有詩篇新訂詩旨，不顧前人之說，以風謠的觀點探求各詩當有之義；言詞簡明扼要，足以一新耳目。

㈤從研究所用的史籍來看　傅先生以史學家的觀點，認爲左傳、國語、周禮、史記等書，其中常有被古文學者如劉歆等人刪改、增添甚至向壁虛造而成的材料。使用時一定要辨明其眞僞，以免上當。其辨僞的方法，即左傳、國語與毛義合者，就該存疑，怕的是古文家有意編造而成的；如果三者說法不同，證明並非古文家所改削過的，該是很可信的資料，不妨採用。

至於傅先生論文中亦有不少值得商榷的，茲就前文所述，列舉數端於后：

㈥從六義的見解上看　章太炎說賦比興亦是詩體，就像風雅頌那樣各有三類的詩，爲孔子所刪。傅先生贊成六義均是詩體，並許之爲「不可易」，但不同意刪詩之說。以爲「詩三百」在孔子之前已成定數。既不贊成刪詩之說，則賦比興三體之詩至今猶存，當與風雅頌等立齊觀，何以今本三百篇中不見其蹤影？可見贊成賦比興爲三體之說，必須附從孔子刪詩的主張。反之，主張孔子不曾刪詩，即不能接受賦比興三體之說。如今傅先生既贊同三體之說，又主張不曾刪詩，這顯然是自相矛盾的。

㈦從興詩的涵義上看　傅先生對章氏「興即輓歌」之說，表示極爲不妥。對顧氏「起興」一文的見解，則深表贊同。然而「起興」之意，是指每章首一、二句用來引發下文的，即須視「興」爲一種作法。傅先生稱許顧氏之說爲「至不可易」，但此說與章氏興體之說立意迥異。由此看來，傅先生之於賦比興，先贊許章氏詩體之說，後又贊許顧氏作法之說；均許爲「不可易」，這顯然又是自相矛盾的。

㈧從甘棠召伯的考證上看　甘棠的召伯前人都說是周初的召康公奭，傅先生說是周宣王時的召穆公虎。按之史乘，召虎曾率師征伐淮夷，未曾到二南地區征伐荊蠻。與召虎同時的申伯，受封於謝；

謝即在召南境內。即此可以推知召虎不曾治理過南國，召南也不會因他而得名。至於召康公奭，史記明言在成王時入居三公，出爲二伯；伯爲諸侯之長的意思。召公曾巡視鄉邑，決獄政事於棠樹之下，後人懷念他，才保存這株棠樹，並作甘棠這首詩來歌頌他。可見說甘棠的召伯爲召虎，於史無據；爲召公奭，史記則有明文記載。考量之下，仍以舊說爲是。

㈨從左傳的史證價值來看　傅先生在「國風分敍」中說：「左傳中論詩義者，多劉歆等人羼入，成其古文學之系統，前人論之詳矣。」既知其僞，就該置之不顧；可是當他討論詩義時，仍然不時引用左傳。如左傳記敍季札至魯觀樂的事，本是極有問題的一篇文章，傅先生反而拿它作爲「風」字較爲後出的證據。既疑之，復信之，這顯然又是一種矛盾。

㈩從「風」或「國風」的來歷上看　傅先生說：「所謂『風』一個名詞起來甚後。」又說：「風一詞非詩三百中之原有部類之名。」如此說來，在秦漢以前，三百篇無「風」這一名稱，也無「風」這一部類。但以筆者觀之，既有「雅」「頌」的部類之名，一定會在同時期將篇數最多的詩歌加上「風」或「國風」的部類之名；這是自然的要求，想缺它也是缺不了的。傅先生舉先秦典籍未曾出現「風」或「國風」爲證，可是左傳隱公三年載：「風有采蘩采蘋，雅有行葦泂酌。」這是風、雅同載於史籍的明證。傅先生則說：「此當是後人增益的空話。」這就令人置疑，所引用的既是同一部書，說某些可信，某些不可信，其客觀標準又在那裡？

總上所述，傅先生的詩經論文，寫於六十年前。就當時來看，不采漢、宋名家之說，擺脫今、古文學派的羈絆；以詩本文爲主，獨抒所見，確有開創風氣的作用。至今觀之，仍然值得信從，爲其價值之所在。至於對一些古籍的看法與作法，出現矛盾現象，亦是研究經籍者常犯的錯誤；如歐陽修、朱熹等大儒均不能免。惟以學術研究的立場，自宜責賢求備；即或大醇之中有小疵，亦要分別擧述，以供參酌。是否有當，惟祈方家不吝賜正。

——作於一九八九年八月

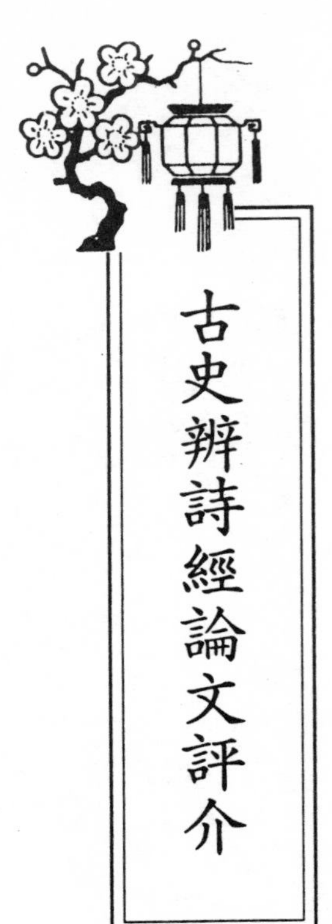

古史辨詩經論文評介

壹　前言

古史辨是一部討論古代典籍的書，其寫作年次始於民國十二年，終於民國三十年，共分七册，第一册爲顧頡剛所編著，以顧頡剛、胡適、錢玄同、王國維、丁文江等論文與函件爲主，並以禹爲討論的中心問題；兼及於歷代辨僞運動。凡二十三萬言，民國十五年出版。第二册爲顧頡剛所編著，分上、中、下三編。上編討論古史的一般問題，中編討論孔子與儒家問題，下編則多屬古史辨第一册的評論，兼及經今古文學的討論。有顧頡剛、傅斯年、周予同、劉復、馮友蘭、張蔭麟等作品。凡二十七萬言，民國十九年出版。第三册亦爲顧頡剛所編著，分上、下編。上編討論周易，下編討論詩經，有顧頡剛、鄭振鐸、錢玄同、胡適、錢穆、俞平伯等著作，凡四十萬言，民國二十年出版。第四册爲羅根澤編著，一名諸子叢考，爲羅根澤、梁啓超、胡適、錢穆、馮友蘭等討論周秦諸子的文字，凡四十二萬言，民國二十二年出版。第五册爲顧頡剛所編著，上編討論漢代今古文問題，下編討論陰陽五行說起源及其與古帝王關係問題。有顧頡剛、錢玄同、胡適、梁啓超、錢穆、謝扶雅等論文，凡四十五萬言，民國二十四年出版。第六册爲羅根澤所編著，爲諸子續考；上編考證諸子，下編考證老子。有羅根澤、張西堂、錢穆、胡適、馮友蘭、馬敍倫、郭沫若等文字，凡四十萬言，民國二十七年出版。第七册爲呂思勉、童書業所合編，上編古史傳說統論，中編三皇五帝考，下編唐虞夏史考。有顧頡剛、楊寬、呂思勉、童書業等專著，凡七十餘萬言，民國三十年出版。

由此可見，古史辨是民國十二年至三十年之間，許多國內第一流學者討論上古人物與先秦典籍的論文總集；以時間先後與內容性質分成七册，總計約二百八十餘萬字。其基本精神，以懷疑態度與科學方法重新考證古史、古人與古書。至於開風氣的人，當推顧頡剛與其師友胡適、錢玄同、傅斯年等在北大的學者。該書第一册開頭有顧先生的一篇長序，敍述他自小到大讀書的經過，生活的演變與促成他自文學轉向史學研究的三個因素——時勢、個性與境遇。他說：

從時勢上看，整理國故的呼聲倡始於太炎先生，而上軌道的進行則發軔于適之先生的具體計畫。我生當其頃，親炙他們的言論，又從學校的科學教育中略略認識科學的面目，又因性喜博覽而對於古今學術有些知曉，所以能夠自覺地承受。……長素（康有爲）先生受了西洋史學家考定的上古史的影響，知道中國古史的不可信，就揭出了戰國諸子與新代經師作僞的原因，使人讀了不但不信任古史，而且要看出僞史的背景，就在僞史上研究，實在比較以前的辨僞要深進了一層。適之先生帶了西洋的史學方法回來，把傳說中的古代制度和小說中的故事舉了幾個演變的例，使人讀了不但要去辨僞，要去研究僞史的背景，而且要去尋出它的漸漸演變的線索，就從演變的線索上去研究，這比長素先生的方法又深進了一層了。……

再從個性上看，我是一個桀驁不馴的人，不肯隨便聽信他人的話，受他人的管束。我又是歷史興味極濃重的人，喜歡把一件事情考證得明明白白，看出它的來蹤和去跡。我又是一個好奇心極發達的人，會得隨處生出了問題而要求解答。在不曾得到解答的時候只覺得胸中煩悶的不可耐。因爲有了這幾項基本的性質，所以我敢於懷疑古書古史而把它作深入的研究，敢於推倒數千年的偶像而不稍吝惜。……更從境遇上看，要是我不生在科舉未廢的時候，我的幼年就不會讀經書。要是我的祖父不給我隨處講故事，也許我的歷史興味不會這樣的深厚。要是我不進新式學校，我也未必會承受這一點淺近的科學觀念。……要是不遇見孟真（傅斯年）先生，不逢到新青年的思想革命的鼓吹，我的胸中積著的許多打破傳統學說的見解也不敢大膽宣布。……要是我不親從適之先生受學，瞭解他的研究的方法，我也不會認識自己最近情的學問乃是史學。要是適之玄同兩先生不提起我的編集辨僞材料的興趣，獎勵我的大膽的假設，我對於研究古史的進行也不會這般的快速。……總括一句，若是我不到北京大學來，或是孑民先生等不爲學術界開風氣，我的腦髓中雖已播下了辨古史的種子，但這册書（指古史辨第一册）是決不會有的。

他在這段話裡，已約略地指出他的學問與見解，來自童年時期讀經書、聽故事的底子，少年時期受了科學教育，在北大時受到章太炎、康有爲、胡適之等名師的啓發；加上他的個性是對歷史有高度的興趣，卻又不肯隨便聽信前人之說，所以他敢於疑古，敢於寫出自己的新見解。自然，他還具有特殊的才性，他不好說卻是我們感覺得到的。

這篇序文寫了一百零三頁，可以出一個單行本，曾有學者推許它可以作爲中國當代學術思想史來讀。

古史辨第三册下編收有五十篇論文，全是討論詩經的，顧先生在該册序文（作於民國二十年十一月一日）中說：

詩三百篇，齊魯韓毛四家把它講得完全失去了原樣，本是民間的抒情詩，成了這篇美后妃，那篇刺某王，甚至城隅幽會的淫詩也說成了女史彤管的大法，在詩經的本身上當然毫無價值；可是我們要知道三百篇成爲經典時，被一般經師穿上了哪樣的服裝，他們爲什麼要把那些不合適的服裝給它穿上，那麼，四家詩的胡說，便是極好的漢代倫理史料和學術史料。保存之不暇，如何可以丟棄呢？

這是以爲漢儒詩說全是附會，自無價值可言；然如進一步探究附會的原因，則須從當時的社會倫理與學術風氣上找答案。亦即四家詩之所以曲解詩文，是有意將民間的抒情詩轉化爲宏揚儒家教義的經典。傳至後世，我們如從倫理方面去探討，即成爲漢代的倫理史料；從學術方面去研究，即成爲漢代的學術史料。這是史學家在考證詩義之餘，對四家詩說另作兩方面的肯定。

本文旨在探討古史辨中所載詩經論文的內容，先作介紹，然後加以評析。由於篇籍浩繁，只能作重點的敍述。

貳 論文分類簡介

一、一般問題討論

詩經一般問題的討論，主要的有顧頡剛先生的「詩經在春秋戰國的地位」與胡適先生的「談談詩經」。顧文概分下列四方面：

甲、傳說中的詩人與詩本事

顧先生說：

要問詩經上許多詩篇做的人是誰，這個問題可是沒法回答。不必說這些詩篇沒有記事的引子，便看主於記事的左傳，也只說「城者」、「國人」、「輿人」、「鄉人」，沒有指定姓名。……詩經裡有在詩中自己說作者姓名的，如——

家父作誦，以究王訩。（小雅節南山）

寺人孟子，作爲此詩。（小雅巷伯）

吉甫作誦，其詩孔碩。（大雅崧高）

吉甫作誦，穆如清風。（大雅烝民）

這四首的作者詩中既已載明了的，自然可信。又如豳風鴟鴞這首詩，尙書金縢以爲是周公作來諫成王的。顧先生說：

> 這是一個人借了禽鳥的悲鳴來發洩自己的傷感。說周公在避居時做的，原也很像；但這話應在「管叔流言」時說的，不應在「罪人斯得」後說的。金縢篇所記即使是真，也有時間的錯誤。況且詩上並沒有確實說出是周公，金縢篇也不像西周時的文體，我們決不能輕易承認。再看孟子公孫丑篇稱引這詩「迨天之未陰雨」幾句，便連引孔子的話道：「爲此詩者，其知道乎？」孟子引來的孔子固是靠不住，但至少可說是孟子的意思。孔子孟子都是最喜歡稱道周公的，爲什麼只說這詩的作者大概是一個「知道」的人，而不說是周公，好像他們並沒有讀過金縢篇的樣子呢？在這種種疑點之下，我們對於鴟鴞一詩的作者，依然不能指定。

這是以爲像鴟鴞這首詩，金縢雖明言是周公作的，但從作詩的時間與孔孟的言論上看，還是有問題的。

乙、周代人的用詩

顧先生認爲三百篇的作者，「大別有兩種：一種是平民唱出來的，一種是貴族做出來的。平民唱出來的，只要發洩自己的感情，不管牠的用處；貴族做出來的，是爲了各方的應用。」如再以詩的應用來看，顧先生說：

大概可以分做四種用法：一是典禮，二是諷諫，三是賦詩，四是言語。詩用在典禮與諷諫上，是牠本身固有的應用；用在賦詩與言語上，是引伸出來的應用。

用於「典禮」，如三頌的祭祀詩；二雅朝會宴享等詩都是。用於「諷諫」，如國語周語載邵公諫厲王云：「故天子聽政，使公卿至於列士獻詩，……而後王斟酌焉。」詩經中如魏風葛屨：「維其褊心，是以爲刺。」小雅節南山：「家父作誦，以究王訩。」小雅何人斯：「作此好詩，以極反側。」都是諷諫的顯例。如從漢儒美、刺之說，則三百篇均得說成具有諷諫義。用於「賦詩」，多屬朝會宴享時君臣、賓主之間「賦詩斷章，各取其義」，藉以表達彼此情意的作法。左傳裡這方面的例子很多。這是以詩代言的方法，與前兩項不同的是賦詩者沒有作詩，只在用詩。用於「言語」也是一樣，但更普徧。一般政治人物或名流學者在言談之際，引詩中文句來加强其語意，堅定其主張的隨處可見。但不論「賦詩」或「言語」，都只是取其章句，合於當時的需要就好，有時甚至於與詩文的原義不符也是不在意的；所以顧先生說這是「引伸出來的應用。」

丙、孔子對詩樂的態度

論語裡記載孔子愛好詩樂的話很多，如：

子在齊聞韶，三月不知肉味，曰：「不圖爲樂之至於斯也！」（述而）

子與人歌而善，必使反之而後和之。（述而）

興於詩，立於禮，成於樂。（泰伯）

子曰：「小子，何莫學夫詩！詩可以興、可以觀、可以羣、可以怨；邇之事父，遠之事君，多識於鳥獸草木之名。」（陽貨）

誦詩三百，授之以政，不達；使於四方，不能專對，雖多，亦奚以爲！」（子路）

由這些話裡，可知孔子對詩樂的重視。顧先生說：

孔子是和詩經有大關係的人。……他所處的時勢，真是詩樂的存亡之交。他以前樂詩何等的盛行，他以後就一步步的衰下去了。（左傳自定公四年秦哀公爲申包胥賦無衣後，就不曾載過賦詩的事。）再看他的生性，對於詩樂是何等的深嗜篤好。

他說的「不學詩，無以言」即是用詩到言語中。他說的興觀羣怨，以至事父事君，即是要用詩去實施典禮、諷諫、賦詩等方面的社會倫理。……漢書藝文志說：「登高而賦，可以爲大夫。」恐古代也有這個應用。這些都是春秋時詩學的傳統觀念。

這是說孔子生性喜好詩樂，雖處身於詩樂由盛轉衰時期，仍竭力鼓吹詩樂的功用。「他看詩的作用，對於自己是修養品性，對於社會是會得周旋上下，推論事物。」

可是那時的音樂界發生很大的變化。顧先生說：「在論語上，可以看出孔子時音樂界有三個趨向，孔子對牠們各有反動。第一個趨向是僭越；第二個趨向是新聲的流行；第三個趨向是雅樂的敗壞。」僭越的例子如：

孔子謂：「季氏八佾舞於庭，是可忍也，孰不可忍也！」（八佾）

這是以爲季氏只是一位諸侯的臣子，卻採用天子專用的八佾之舞，顯然有意的僭越，孔子是最重禮儀的人，以致氣忿到難以容忍的地步。

新聲流行的例子，國語載：晋平公說（同悅）新聲，師曠曰：「公室其將卑乎！君之明兆於衰矣！」顧先生說：

師曠説舊樂「脩詩以詠之，脩禮以節之」，可見新聲是不合於詩、不合於禮，可以專當音樂聽，不做別的應用的。又説舊樂「有時節」，當謂舊樂依於禮，有節制，不能伸縮。可見新樂因爲不依於禮，沒有節制，聲調可以伸縮隨意，不立一定的規矩的。

論語載：

顏淵問爲邦，子曰：「行夏之時，乘殷之輅，服周之冕，樂則韶舞。放鄭聲，遠佞人：鄭聲淫，佞人殆。」（衞靈公）

子曰：「惡紫之奪朱也，惡鄭聲之亂雅樂也，惡利口之覆邦家者！」（陽貨）

顧先生說：

孔子與晉平公同時。晉語裡的「新聲」是否即論語裡的「鄭聲」，或是另外一種樂調，這種問題現在雖未能解決，總之，新聲與鄭聲都不是爲了歌奏三百篇而作的音樂，是可以斷言的。

新聲的興起是音樂界的進步；因爲雅樂不是能獨立的，只做得歌舞的幫助，而新聲就可脫離了歌舞而獨立了。

這是將舊樂與新樂對稱，雅樂與鄭聲對稱；亦即舊樂與雅樂指的就是三百篇的詩樂，有其傳統性與實用性，新聲與鄭聲則是在三百篇詩樂以外新起的一種樂調，它比較自由，富於變化，娛樂性高，頗受人們的喜愛；但如從正宗的詩樂爲本位來看，以爲格調卑俗，有礙風化，多被視之爲靡靡之音。

丁、戰國時的詩樂

禮記樂記篇說：

> 鄭衛之音，亂世之音也。……桑間濮上之音，亡國之音也。……

又說：

> 亂世之音怨以怒；……亡國之音哀以思。

顧先生說：

> 孔子對於鄭聲，已有「淫」的批評了；到戰國時，又有比鄭聲更淫的樂調起來。……因爲這種音樂太靡

靡了，弄得聽的人流連忘返，喪了志氣，所以罵牠是「亡國之音」。

在戰國時期，樂器也變了。顧先生說：

除了琴瑟鐘鼓之外，春秋時的主要樂器，鼗、磬、柷、敔、木石的樂器是很多的；戰國時的主要樂器，是竽、箏、筑、缶，偏於絲竹方面了。春秋時樂的主要功用，是做歌詩的輔佐，戰國時音樂就脫離了歌詩而獨立了。

這是有史可稽的。如史記廉藺列傳所敍秦王請趙王秦瑟，相如則請秦王叩缶；史記刺客列傳所敍高漸離爲荊軻擊筑；戰國策齊策蘇秦說齊宣王曰：「臨淄甚富而實，其民無不吹竽、鼓瑟、擊筑、彈琴。」韓非子內儲說曰：「齊宣王使人吹竽，必三百人。」顧先生於是說：

從這幾則看來，戰國的音樂重在「樂器」，而不重在歌樂很是明白。若依春秋時的習慣，趙王與秦王在澠池宴會，彼此一定是賦詩了；但他們只有奏樂。我們讀完一部戰國策，看不到有一次的賦詩，可見此種老方法已經完全廢止。

這是說詩樂到了戰國時期，與春秋時期有著顯著的差別，不僅所用的樂器變了，而且朝會、宴享時不再賦詩了；樂器演奏成爲純音樂欣賞，不居於詩歌的輔助地位了。如從詩經的用途上看，政治人物賦詩述志的方式既已廢止，詩經的重要性自然也不如從前了。

戊、孟子說詩

孟子最喜歡講詩，他說詩的宗旨，就是把詩句牽引到王道上去。如孟子梁惠王篇說：

孟子見梁惠王，王立於沼上，顧鴻雁麋鹿，曰：「賢者亦樂此乎？」孟子對曰：「賢者而後樂此，不賢者雖有此不樂也。詩云：『經始靈臺，經之營之，庶民攻之，不日成之。……王在靈沼，於牣魚躍。』文王以民力爲臺、爲沼，而民歡樂之，……古之人與民偕樂，故能樂也。」

又同篇載：

（齊宣）王曰：「……寡人有疾，寡人好勇。」對曰：「王請無好小勇。……詩云：『王赫斯怒，爰整其旅，以遏阻莒，以篤周祜，以對于天下。』此文王之勇也。文王一怒而安天下之民。今王一怒而安天下之民，民惟恐王之不好勇也。……」

王曰：「寡人有疾，寡人好貨。」對曰：「昔者公劉好貨，詩云：『乃積乃倉，乃裹餱糧，于橐于囊，思戢用光，弓矢斯張，干戈戚揚，爰方啓行。』王如好貨，與百姓同之，於王何有？」

王曰：「寡人有疾，寡人好色。」對曰：「昔者大王好色，愛厥妃。詩云：『古公亶父，來朝走馬，率西水滸，至於岐下。爰及姜女，聿來胥宇。』當是時也，內無怨女，外無曠夫。王如好色，與百姓同之，於王何有？」

顧先生說：

照這樣看來，別人無論說到那一方面，他總可拿詩經上的話做激勸。這自然是他的好手段。他要詩經來推行他的王道，固是他的苦心，但對於詩經本身的流弊是多極了。……

接著他將孟子說詩不當之處予以舉述。如離婁篇說：「王者之迹熄而詩亡；詩亡然後春秋作。」其實詩經與春秋有一部份是在同時代的。又如魯頌閟宮篇云：「戎狄是膺，荊舒是懲，則莫我敢承。」這原是頌「周公之孫，莊公之子」即魯僖公的，孟子卻說：「周公方且膺之，子是之學，亦為不善變矣！」還以為閟宮這首詩是周公作的。由這些地方可知孟子缺乏時代觀念。

孟子萬章篇云：「故說詩者不以文害辭，不以辭害志；以意逆志，是為得之。」顧先生說：

他雖說用自己的意去「逆」詩人的志，但看得這件事太便當了，做的時候太鹵莽了，到底只會用自己的意去「亂斷」詩人的志，以至閟宮的時代還沒有弄清楚，周公膺戎狄的志倒輕易的斷出來了。試問這種事實和心理是如何的「逆」出來的？他能明白的答覆嗎？

這的確是詩學上一個嚴重的問題，歷代說詩的人，各憑巧思，提出新解，以爲已得孟子的心傳；結果詩人之「志」杳不可得，說者之「意」卻如天馬行空，率性奔馳而無所羈勒矣！詩說多歧，導因於此。

胡適先生於民國十四年九月在武漢大學演講「談談詩經」，他的主張如下：

甲、周南召南是楚風

他說：

詩經有十三國的風，只沒有楚風。在表面上看來，湖北這個地方，在詩經裡，似乎不能佔一個位置。但近來一般學者的主張，詩經裡面有楚風的，不過沒有把牠叫做楚風，叫做周南、召南罷了。我們說周南、召南就是楚風，這有什麼證據呢？這是有證據的。我們試看看周南召南，就可以找著許多提及江水漢水汝水的地方。像「漢之廣矣」，「江之永矣」「遵彼汝墳」這類的句子，想大家都是記得的。漢水江水汝水流域不是後來所謂「楚」的疆域嗎？所以我們可以說周南召南大半是詩經裡面的楚風了。

乙、詩經不是一部經典

胡先生說：

從前的人把這部詩經都看得非常神聖，說牠是一部經典；我們現在要打破這個觀念；假如這個觀念不能打破，詩經簡直可以不研究了。因爲詩經並不是一部聖經，確實是一部詩歌總集。

丙、孔子並沒有刪詩

胡先生說：

「詩三百篇」本是一個成語。說孔子把詩經刪去十分之九，只留下十分之一，這話是不對的，唐朝孔穎達也說孔子的刪詩是一件不可靠的事體。假如原有三千首詩，真的刪去了二千七百首，那在左傳及其牠的古書裡面所引的詩應該有許多是三百篇以外的，但是古書裡面所引的詩不是三百篇以內的雖說有幾首，卻少得非常，因此我們可以相信前人說孔子刪了十分之九的詩經是不可相信的了。

丁、詩經不是一個時代輯成的

胡先生說：

詩經裡面的詩是慢慢的收集起來，成現在這麼樣的一本集子。最古的是周頌，次古的是大雅，再遲一點的是小雅，最遲的是商頌魯頌國風了。大雅小雅大半是後來的文人做的。國風是各地散傳的歌謠，由古人收集起來的。這些歌謠產生的時候大概很古，但收集的時候卻很晚了。我們研究詩經裡面的文法和內容，可以說詩經裡面包含的時期約在六七百年的上下。所以我們應該知道，詩經不是那一個人輯的，也不是那一個人做的。

戊、詩經的解釋

胡先生說：

詩經到了漢朝，真變成了一部經典。詩經裡面描寫的那些男女戀愛的事體，在那般道學先生看起來，似乎不大雅觀，於是對於那些自然的有生命的文學不得不另加種種附會的解釋。所以漢朝的齊魯韓三家對於詩經都加上許多的附會。明是一首男女的戀歌，他們故意說是歌頌誰，諷刺誰的。……後起的毛詩對於詩經的解釋又把從前的都推翻了，另找了一些歷史上的——左傳裡面的事情——證據，來做一種新的解釋。他研究詩經的見解比齊魯韓三家確實是要高明一點，所以他的結果比他們也要充滿一點。……到了東漢，鄭康成讀詩的見解比毛公又要高明。所以到了唐朝，大凡研究詩經的人都是拿毛傳鄭箋做底子。到了宋朝，出了鄭樵和朱子，他們研究詩經，又打破毛公的附會，由他們自己作解釋。……清朝講學的人都是崇拜漢學，反對宋學的，他們對於考據訓詁是有特別的研究，但是沒有特別的見解。……但在那個時候研究詩經的人，確實出了幾個比漢宋都要高明的，如著詩經通論的姚際恆，著讀風偶識的崔述，著詩經原始的方玉潤，他們都大膽地推翻漢宋的腐舊的見解，研究詩經裡面的字句和內容。照這樣看起來，二千年來詩經的研究確實是一代比一代進步了。

胡先生這些對詩經的觀點，在今日看來似乎都很平常，但在民國十年前後，許多知名學者如康有爲（今文學者）、章太炎（古文學者）仍囿於門戶之見，常在作文或講學之際，爲自己所屬的學派竭力宣揚，並向對方口誅筆伐。這時胡先生對兩派之爭則不屑一顧，對詩經學術研究提示一些基本觀點。如果學者能認同這些基本觀點，自然對前人詩說知所抉擇了。

至於研究詩經的實際工夫，胡先生說不外兩條路：

（第一）訓詁：用小心的精密的科學的方法，來做一種新的訓詁工夫，對於詩經的文字和文法上都從新下註解。

（第二）解題：大膽地推翻二千年來的附會的見解；完全用社會學的、歷史的、文學的眼光重新給每一首詩下個解釋。

這兩點看來似乎簡單，實已包含了詩經研究的主體作業。訓詁是從字詞語句上下工夫，務使詩文自點至面均有精確的解釋。解題則是詩旨的掌握；毛詩每首前頭的序文即爲解題。

此外，胡先生要學者重視研究方法，如「終風且暴」的「終」字，「駕言出遊」的「言」字，「之子于歸」的「于」字，「于以采蘋」的「以」字，「維鵲有巢」的「維」字等，應找出詩經中其他同類的句子，以類比的方法定其適當的含義。他的結論是：

總而言之，你要懂得詩經的文字與文法，必須要用歸納比較的方法。你要懂得三百篇中每一首的題旨，必須撇開一切毛傳鄭箋朱註等等，自己去細細涵咏原文。但你必須多備一些參考比較的材料：你必須多研究民俗學、社會學、文學、史學。你的比較材料越多，你就會覺得詩經越有趣味了！

胡先生這番話，一般詩經學者都是在遵信著的。在古史辨時代來說，胡先生實爲一位開風氣的人。

二、詩序問題

關於詩序的討論，有顧頡剛先生的「毛詩序的背景與旨趣」、「論毛詩序附會史事的方法書」；鄭振鐸先生的「讀毛詩序」等文。顧先生在其前一文中說：

詩序之方法如何？曰：彼以「政治盛衰」、「道德優劣」、「時代早晚」、「篇第先後」四事納之於一軌。凡詩篇之在先者，其時代必早，其道德必優，其政治必盛。反之，則一切皆反。在善人之朝，不許有一夫之愁苦；在惡人之世，亦不許有一人之歡樂。善與惡之界畫若是乎明且清也。夫惟彼之善惡不繫於詩之本文而繫於詩篇之位置，故二南，彼以爲文王周召時詩。文王周召則聖人也，是以雖有行露之獄訟，而亦說爲「貞信之教興」，雖有野有死麕之男女相誘，而亦說爲「被文王之化而惡無禮」。……

詩序者，東漢初衞宏所作，明著於後漢書。當東漢之時，左傳已行矣，故碩人、載馳、清人、新臺諸篇之義悉取于左傳。史記亦已行矣，故秦、陳、曹諸國風詩得以史記所載之世系立說。若檜、魏等風，無復可以依傍者，遂惟有懸空立說而不指實其詩中之人。

可見顧先生不信詩序，是因作序者以篇第的先後來決定時代的早晚、道德的優劣與政治的盛衰。這種規則如按之詩文的內容，常不相符，作序者則惟有曲解詩義而已。但如追究作序的人，後漢書明言是衞宏，這時左傳、史記已流傳於世，故得以採之作爲序說的依據。如魏、檜的政事不載於左傳、史記，無所依附，所以兩國的詩即「懸空立說」，不再有史事的編敍。

顧先生「論詩序附會史事的方法書」，原是致胡適先生的一封信。他說。

上月作詩序辨，要證明詩序的靠不住，曾經造做唐詩三百首的序。倘使唐代只傳下這三百首詩，但沒有題目，又不曉得作者，我們只知道是唐朝人所做的，若要硬代他作序，自然可就唐朝的事實去想，也就可說：

海上（海上生明月），楊妃思祿山也。祿山辭歸范陽，楊妃念之而作是詩也。

煙籠（煙籠寒水月籠沙），傷陳也。陳之宮女離散，猶有暮年鬻歌於江上者，其遺民聞之而興故國之思也。

若這三百首詩不能曉得牠傳下的時代，又不懂得詩體的變遷，我們更可以說：

寒山（寒山轉蒼翠），美接輿也。安貧樂道，不易其志焉。

吾愛（吾愛孟夫子），時人美孟軻也。梁襄王不似人君，孟子不肯仕于其朝，棄軒冕如敝屣也。

這樣做法，在我已是極端的附會，但實在尚不能算錯，因爲確是有所根據，若照他們不近情理的亂說，更可以道：

寥落（寥落古行宮），好道也。國君好神仙之術，宮闈化之，遐齡相對，惟說玄宗（玄妙之義理）也。

今夜（今夜鄜州月），思治也。小人（小兒女）亂政（未解憶長安），大夫燕處憂讒，願得明君而事之也。

倘使果有這種的書流傳下來，請問我們嫉惡的感情應當興奮到怎樣程度？然而詩序至今有人信爲孔子所作，乃至詩人所自作的呢！若說我這假唐詩序是詩人自作或朱熹所作，這班人能信嗎？若不信，不是五十步笑百步嗎？

這是爲了說明詩序的附會，就以同樣手法編造幾首唐詩序給大家看，如果唐詩原無作者、時代的提示，誰能說這些序不適當呢？這種以附會對附會的方法，確實高明；詩序的不可信，於此益見分曉了。

鄭振鐸先生的「讀毛詩序」文分六節：第一節討論詩經在文學上的地位以及歷代詩經學者的著述與主張。第二節說明毛詩序以美刺說詩，其人事編敍多屬附會，不僅影響詩經本身，也影響一般的文學作品。第三節以二南的詩旨爲例，取關雎、小星、野有死麕等序文來探討，可以看出穿鑿附會、違背詩文旨趣的地方。因此認爲「詩序之說如不掃除，詩經之眞面目便永不可得見」。第四節舉一些文詞與內容相類似的詩，如小雅楚茨與大雅鳬鷖；周南關雎與陳風月出、澤陂；召南草蟲與王風采葛、鄭風風雨等篇，從美刺上說，每組前一首詩屬「美」，後一首或其他各篇屬「刺」。以見這種分類自致矛盾，毫無意義。第五節對於尊信詩序者所提理由，如「詩意本來是深邃不易知的；詩序由來已久，其所說必有所據」等語，鄭氏分別予以反駁。以爲「古人作詩，詞旨俱極明白，決無故爲艱深之理。……詩經裡的詩，文詞俱極樸質，更不會包括什麼啞謎在裡面。現在之三百篇所以成爲艱深，乃詩經之曲說附會有以致之」的。至於說「詩序由來已久」，鄭氏以爲「比較有根據的，共有三說：(1)子夏作，(2)衞宏作，(3)子夏毛公衞宏合作。第三說只是隋志折衷衆說而來，本不大可靠。第一說則韓愈與成伯璵都已懷疑牠。……最可靠者還是第二說。因爲後漢書儒林傳裡，明明白白的說：『衞宏從謝曼卿受學，作毛詩序，善得風雅之旨，至今傳於世。』范蔚宗離衞敬仲未遠，所說想不至於無據。」第六節是結論，他說：

毛詩序是没有根據的，是後漢的人雜採經傳，以附會詩文的；與明豐坊之僞作子貢詩傳，以己意釋詩是一樣的。

詩序的釋詩是没有一首可通的。他的美刺又是自相矛盾的。但是他的影響卻很大。所以我們爲了要把詩經從層層疊疊的注疏的瓦礫堆裏取出來，作一番新的研究，第一必要的，便是去推倒毛詩序。

他在第五節裡，還有五點補證，說明詩序決非作於毛傳以前。詩序既是後出的，其可信性自然值得懷疑了。

由以上三文的討論，詩序的問題幾乎全已呈現，遵序說詩的態度實該檢討。

三、詩經論著評介

討論詩經論著的有顧頡剛先生爲王柏「詩疑」作的「重刻詩疑序」，與何定生先生爲姚際恆「詩經通論」作的「關於詩經通論」二文。茲分別簡述於后。

甲、重刻詩疑序

顧先生說：

我對於這本書的見解，以爲他赤裸裸地看詩經，使得久已土蝕塵封的古籍顯現些真相，這是他的功。但因顯現了些真相，他便以爲有若干篇是應當早被聖人放絕的，就要代行孔子的職權，把詩經刪掉許多，這是他的罪。幸而宋代的禮學家尚未操著極大的權威，幸而王柏還不是理學家中的正統人物，他僅有這一個擬議而已，否則這幾十篇古詩已不再見於詩經了！

這是由於三百篇中國風的詩，有不少男女抒情之作，以道學的觀點來看，近於淫蕩。然而史記有孔子刪詩之說，論語有「子曰：詩三百，一言以蔽之，曰：思無邪」之訓。故漢儒不敢斥其非，附會史事，說爲刺淫的詩；至宋，朱熹作詩集傳，始按詩本文來說，並直陳爲「淫奔」。王柏爲其再傳弟子，承受其說，並主張將這類淫詩予以刪除。王氏曾說：

> 自朱子黜小序，始求之於詩，而直指曰「此爲淫奔之詩」。予嘗反覆玩味，信其爲斷斷不可易之論。律以聖人之法，當放無疑。曰，然則朱子何不遂放之乎？曰，朱子始訂其詞而正其非；其所以不廢者，正南豐所謂「不去其籍乃所以爲善放絕」者也。今後學既聞朱子之言，真知小序之爲謬，真知是詩之爲淫，而猶欲讀之，豈理也哉！在朱子前，詩說未明，自不當放。生朱子後，詩說既有，不可不放。與其遵漢儒之謬說，豈若遵聖人之大訓乎！

顧先生說：

他這番話自然是理直氣壯的。他相信詩是聖人之經，又相信淫詩非聖人之訓，爲要使得「一本」，所以毅然地主張把這些詩放絕，完成朱熹未完成之功。他的主張建築於他的信仰上，他的信仰是儒者共同的信仰，這有什麼錯處！

詩經既說是經孔子刪訂過的，怎會還有這許多淫詩呢？王柏說：

愚嘗疑今之三百五篇者，豈果爲聖人之三百五篇乎？秦法嚴密，詩無獨全之理。竊意夫子已刪去之詩容有存於閭巷浮薄者之口，蓋雅奧難識，淫俚易傳。漢儒病其亡逸，妄取而攙雜，以足三百篇之數，愚不能保其無也。

這是以爲今之三百篇已非其舊，經秦火之後，已有殘缺，漢儒將孔子所刪而仍流傳於民間的詩拿來充數，才造成這一現象的。關於這一觀點，王氏還拿書經來作旁證，他說：

夫書授於伏生之口，止二十有八篇，參之以孔壁之藏，又二十有五篇，然其亡失終不可復見者猶有四十餘篇，其存者且不勝其錯亂訛舛，爲萬世之深恨。今不知詩之爲經，藏於何所乃如是之祕，傳於何人乃如是之的，遭焚禁之大禍而三百篇之目宛然如二聖人之舊，無一篇之亡，一章之失。詩書同禍而存亡之異遼絕乃如此，吾斯之未能信。

書經既有如此嚴重的亡失，其存者又不勝其錯亂訛舛；詩經與它同遭焚禁之禍，未聞收藏於何所，竟能完好如初，這是難以令人置信的。這種反證的方法足以引人省思，所以顧先生說：

這個假設雖不足以證明詩有淫詩的理由，但今本詩經不是孔子時詩三百篇之舊，他提出這個問題是很對的。因爲他太勇而別人太怯了，所以雖同樣地衞道，他的主張終于沒有人敢接受。到了清代，連朱熹的二本的主張也嫌其太激烈了，於是回復到漢人的路上去，說這些詩不是淫詩，是求賢的。

顧先生同意王氏今本詩經非孔子時之舊的主張，並許以思想「太勇」，而一般學者「太怯」，以致沒有人敢接受，使得清代的學者又回到漢人的路上去。顧先生接著說：

到了今日，我們承認這些詩都是男女言情的詩，和朱熹王柏一樣。但我們不承認孔子刪詩，不承認詩經中存著聖人的大道理，卻與朱子王柏兩樣。

這是顧先生將自己的主張與朱熹王柏之間說出分際來：國風中許多男女相思相愛的詩，朱熹、王柏以爲是「淫奔」的，顧先生只說是「言情」的；朱熹、王柏一如漢儒視三百篇爲傳揚聖道的，顧先生不承認孔子曾刪詩，也不以爲這些詩篇中存在著聖人的大道理。這一觀點很重要，表示對王柏的主張只是稱許其中某一部分，不是照單全收。接著顧先生遂認爲今後的詩經研究，一定要從「聖經」的觀念中解放出來。他說：

> 這一部古代的文學書，既與聖人分了家，這些情詩（或淫詩）就有了它的存在的理由了。我深信將來的學術社會如果肯不屈抑自己的理性，我們的主張一天比一天發展，不但主張非淫詩及聖人刪詩的漢人之說要倒壞，即主張是淫詩而漢人誤入的宋人之說也要倒壞。王柏的話，以前看作恣肆和狂妄的，將來一定給人看作太拘謹。

這是從詩學演進的大方向來看，無論漢儒、宋儒的主張都將被揚棄，王柏的觀點，昔人視爲狂妄的，將來的人一定會說他太保守了。

顧先生這一預言證之於相距六十餘年（該文作於民國十九年十月）後的今日，仍然是適當的。所謂「太拘謹」，該是指他仍受儒家道統思想的束縛而言的。他既不敢認定這些詩都是民俗歌謠，兒女言情之作，所以只好倡言刪詩了。

顧先生反對他的刪詩之說，卻稱許他的疑古精神與研究方法。顧先生說：

> 王柏這部著作，不信毛鄭的傳箋，不信衛宏的詩序，也不信左傳中的記事（如吳季札觀樂說），甚至他

的太老師朱熹的話也不服從（如揚之水、伐檀等篇說），而單就詩經的白文致力，這是在過去的學術界很不易見到的。因爲這樣，所以他會得使用以下的幾種方法：

第一、他能把詩經中各篇相互比較，尋出其變遷和脫落的痕迹。例如他說：「泉水曰：『毖彼泉水，亦流于淇。』竹竿曰：『泉原在左，淇水在右。』泉水曰：『女子有行，遠父母兄弟。』竹竿曰：『女子有行，遠兄弟父母。』泉水曰：『駕言出遊，以寫我憂。』竹竿曰：『駕言出遊，以寫我憂。』疑出於一婦人之手。今分爲二國之風，不知何說以釋愚之疑也哉！」

這都是比較上見出相類的詩的分化，或相類的文句的誤入，確是客觀研究的一個主要方法。

第二，雖在本經中得不到比較材料，但其他古書中有引用詩經的文字的，亦可利用這些間接材料以推今本的竄亂的痕迹。例如行露首二章意全不貫，句法體格亦異，每竊疑之，從見劉向列女傳，謂「召南申人之女許嫁與酆，夫家禮不備而欲娶之，女子不可，訟之於理，遂作二章」，而無前一章也。乃知前章亂入無疑。……

第三、雖在本經和其他古書中得不到比較材料，但在本篇的文義上可以推知其次序的歷亂的，亦可試爲整比的工作。例如：竊意「土田附庸」之下，辭氣未終，血脈不貫；當以「公車」以下九句接此爲一章，繼以「泰山巖巖」、「保有鳧繹」兩章於此，倫序方整。……

這是注重文義的貫串，疑原文有錯簡，因以意重定其次序的。雖未必確是如此，但古書經多次的傳寫，脫誤錯亂是常有的事。……

第四，從本經的題目的類例上可以推知其有許多錯誤的題目，又可推知其有逸句。例如：諸詩多以篇首字爲題，獨巧言於後章提二字爲題，尋他類例，則知又有桑中當曰采唐，權輿當曰夏屋，雨無極當添兩句，大東當曰小東。……

顧先生說：

這種方法，我相信以後研究詩經或其他古籍的人要充分地使用的。雖然不該把相傳的本子用己意改變，但是把自己研究的結果列爲假設，供學術界研究，這是極需要的。否則我們對於學問只是作古人的奴隸而已，那裡說得上研究！

顧先生說了王氏詩疑的優點後，接著也指出他的缺點：

第一，他對於詩經的歷史仍信孟子的話。孟子說詩最不顧客觀的真實的，他看了公劉的「乃裹餱糧」就會知道公劉好貨，……看了詩經中西周的事情多一點，就知道「王者之迹熄而詩亡，詩亡然後春秋作」，用了詩與春秋兩部書劃分兩個時代。……本書魯頌辨和詩亡辨中設法爲孟子圓謊，實在還不能跳出崇拜偶像的範圍。

第二，他雖有志打破詩序，但實在還免不了受詩序的影響。例如黍離，本沒有周大夫感傷宗國的事，……本書仍亦因其說。又如三百篇分爲正變兩部分，亦由詩序來。……但王柏一方面雖不信序，一方面還是提倡正變之說，……甚至詩序中還沒有分正變的頌，他也分起正變來了。

第三，他研究詩經毫不理會聲歌方面而單注意義理方面。如云：

> 近世儒者乃謂：義理之說勝而聲歌之學日微。古人之詩用以歌，非以說義也。不能歌之，但能誦其文而說其義可乎？究其爲說，主聲而不主義如此，則雖鄭衞之聲可薦之宗廟矣，天作、清廟可奏於宴豆之間矣。可謂捨本而逐末！凡歌聲悠揚於喉吻而感動於心思，正以其義焉爾。苟不主義，則歌者以何爲主，聽者有何味？豈足以薰烝變化人之氣質，鼓舞動盪人之志氣哉？

> 這是駁鄭樵的話的，其實他看錯了。樂詩的根本在音樂。……詩本來是樂歌，與後世的樂府詩詞同其性質，則樂府詩詞正是它的最好的比較材料。……因爲他對於詩經主義不主聲，所以要打破南、風、雅、頌的舊次，而退何彼襛矣、甘棠于王風，以豳風七詩分入變雅，以二雅之中不合于正雅之體用者皆歸之王風，全不知南風雅頌的分別只是一個音樂的分別。

顧先生所說詩疑的缺點，一是信孟子之說以致誤；二是雖說反序，其實擺脫不了詩序的影響；三是主義而不主聲，以致打破風雅頌的舊次，將詩篇以自己的觀點加以調整。其實南風雅頌的分別在於音樂，而非義理。

乙、關於詩經通論

作詩經通論的姚際恆，生於清順治康熙年間，在學術思想上爲有清一代開風氣的人。古史辨第一冊載胡適、顧頡剛二先生往返的信，自第一至第八封，都是爲姚氏的書而寫的。他們希望找到姚氏的九經通論全集，並爲其僞書考加新式標點予以刊行。足證在他們的心目中，姚氏的經學研究是值得重視的。

何定生先生在該文開頭說：

> 重新估價的話，在詩學史上，在詩經研究上，姚際恒的詩經通論是一部難得的重要著作。姚氏的冀圖，不但要推翻詩序，還要推翻反詩序的集傳。本來自南宋以後，元代以至明代，差不多是集傳勢力的清一色，而且是詩的革命派。但姚氏卻仍不滿意。……他仍是認朱爲調和，所以要倒他。倒朱的運動，在清代本是時髦的。這是根據學風來，是漢學對於宋學的反動。所以對於詩，就據毛鄭以倒朱。然他們倒朱以後，仍要依三家以倒毛的。所以清代的倒朱運動，並不是詩學的獨特貢獻，而是漢學家的學問主義的表現。姚氏的倒朱不是這樣。他罵朱以理學說詩，他並不要毛鄭。他罵鄭以禮說詩，他並不要三家。換句話說，姚氏是各派混戰中的超然的一派。所以姚氏的精神，的確是難能而可貴。後來的崔述同方玉潤，會有那樣有價值的著作，我們可以說，是繼姚氏的風氣。

這是從姚氏立言的精神上看，他不信毛鄭，不信朱熹，也不信三家，是完全獨立的一派。這從古代重傳承講家派的學術環境來看，實在是難能可貴的。

但是如作進一步研究，姚氏也自有他的問題。何先生說：

> 雖然，姚氏也實在只有這樣一種可貴的精神，在事實上，他並不比朱晦菴更高明。……他罵集傳「侫序」。這的確，集傳儘有許多地方從序說的。集傳明從序，姚氏是明駁它；暗合序，姚氏是暗襲它。這是集傳的不澈底。但，姚氏自己就仍也不澈底，也有時用序。就舉一兩個例：曹風蜉蝣篇，序明是：「刺奢也。昭公國小而迫，……好奢而任小人。」姚氏既引為：「大序謂刺昭公。」論之曰：「第以下篇刺共公，此在共公前也。或謂刺共公，曰謂刺曹羈，皆臆測。」而其自斷乃為：「大抵是刺曹君奢慢；愛國之詞也。」……

這是說姚氏專意反對朱熹的詩集傳，其實他並不比朱熹高明。說集傳用毛詩序，其實他自己也不能免。這正是他與朱熹犯上了同樣的毛病。

再以淫詩問題來看，朱熹主張三百篇中有淫詩，並反對詩序美刺之說，他說：

> 古人作詩與今人作詩一般，其中也有感物道情，吟咏情性；幾時盡是譏刺他人！只是序者立例篇篇要作美刺說，將詩人意思盡穿鑿壞了。（語類卷八〇，頁一一）

可見朱子攻擊詩序以美刺說詩，有違詩人作意；所據的理由是相當明確的。姚際恆取孔子「思無邪」的話，反對朱子「淫奔」之訓，他說：

「詩三百，一言以蔽之，曰，『思無邪。』」如謂淫詩，則思之邪甚矣，曷爲以此一言蔽之耶？蓋其時間有淫風，詩人舉其事與其言以爲刺；此正思無邪之確證。何也？淫者，邪也；惡而刺之，思無邪矣。今尚以爲淫詩，得無大背聖人之訓乎！

姚氏以爲孔子旣有「思無邪」之訓，即表示三百篇中無淫詩。這些看起來像淫詩被朱子斥爲「淫奔」的，乃是詩人作來「刺淫」的；旣是「刺淫」的，當然不得視爲淫詩了。何先生說：「這簡直是又進詩序的瘴氣裡去！」亦即說到頭來，姚氏爲了反對朱熹「淫奔」之說，逼得自己與詩序同步，無形之中成爲古文詩說的傳人了！

四、詩篇討論

古史辨中討論詩篇的文章最多，也最有趣味。如細分之，有討論詩篇作者的，如劉澤民的「鴟鴞的作者問題」；有討論篇章內容的，如顧頡剛的「碩人是閔莊姜無子的嗎？」又如野有死麕篇參與討論的有顧頡剛、胡適、兪平伯、周作人、錢玄同等。靜女篇參與討論的有顧頡剛、劉大白、魏建功、劉復、董作賓、杜子勁等九人，計有十三篇文章。兪平伯「葺芷繚衡室讀詩札記」所討論的詩篇有周南卷耳、召南行露、小星、野有死麕、邶風柏舟、谷風共六首詩。還有顧頡剛的褰裳，王伯祥的雞鳴。

詩篇討論原是詩經研究的中心工作，所以古史辨中所收的文章最多，內容也最豐富。本文限於篇幅，不能一一介紹，僅擇要說明於后。

甲、鴟鴞的作者問題

顧頡剛先生曾對鴟鴞篇提出三個觀點：

㈠金縢說：「周公居東二年，則罪人斯得。于後，公乃爲詩以貽王，名之曰鴟鴞。王亦未敢誚公。」顧先生說：「這話（制陽按：即指鴟鴞這首詩）應在管叔流言時說的，不應在罪人斯得後說的。」劉澤民先生說：「我以爲當時周公居東二年，才訪察出造謠的人——這就是『罪人斯得，』——就作了這篇詩送與成王，希望能感動他。於時間似無不合。」

㈡顧先生疑金縢的文體與大誥康誥等篇不同，不承認他是西周文字。劉先生說：「我看明鄭瑗井觀屑言有一段，很可以解釋這一點。大意是尙書辭語聱牙，蓋當發宗廟朝廷著述之體，用此一種奥古文字。其餘記錄答問之辭，其文體又自尋常。……如今人作文字，自是一樣；語錄之文，自是一樣；官府行文，又自是一樣；不容紊雜。」可見當時確有兩種文體：一是佶屈聱牙的，二是明白曉暢的。

㈢顧先生以爲孟子引這詩，沒有說明是周公所作。劉先生說：「孟子對於詩的作者本不十分知道的清楚，顧先生在孟子說詩一章裡早已說明。即使他眞引古書，恐怕也未必可靠罷。」

可見本篇所論，顧先生以爲鴟鴞不類西周文字，自然非周公所作；劉澤民先生則針對顧先生所提出的三點主張加以反駁，仍然維持金縢舊說。

乙、碩人是閔莊姜美而無子的嗎？

左傳說：「莊姜美而無子，衞人所爲賦碩人也。」顧先生說他初以爲左傳的話可信，後來看到姚際恆的詩經通論，才知道這個詩本事依然靠不住。姚氏說：

小序謂閔莊姜，詩中無閔意，此徒以莊姜後事論耳；安知莊姜初嫁時何嘗不盛，何嘗不美，又安知莊公何嘗不相得，而謂之閔乎？……

顧先生說：

可見碩人詩中如果寫的的確是莊姜，也只能說她的美盛，並不是說她的無子。左傳說他「美而無子，衞人所爲賦碩人也」，把作詩的緣故側重在無子上，現在知道這句話是完全錯了。……

他以後讀到崔述的讀風偶識，見他對碩人有很好的解釋，即抄錄其原文如下：

碩人，序以爲閔莊姜之詩，謂「莊公惑於嬖妾，使驕上僭，莊姜賢而不答，終以無子，國人閔而憂之。」朱子集傳從之，更無異說。余謂此篇凡四章，首章言其貴，次章言其美，三章言其婚成，四章言其媵衆，毫不見有刺莊公之意。不知序與傳何從而知之？且玩詩詞，乃其初至時作。當其初至，何由預知異日之不見答以至無子而閔之？其三章云：「大夫夙退，無使君勞，」方且代體莊公「燕爾新婚」之情而惟恐其過勞，烏有所謂憂其不答者哉？……

崔氏從詩文本身上分析，以爲該詩當作於莊姜初嫁時，詩中全是讚頌之語，且使大夫早退，以免莊公因國事而過勞，不能與莊姜共享「燕爾新婚」之樂。如此詩文內容，從何處見其「賢而不答」？時値新婚，怎知她「終以無子」？「無子」是以後事，國人如有「閔而憂之」，也是以後事。故知左傳、詩序的話，不符寫作時間與詩文旨趣。

丙、野有死麕章句討論

野有死麕的章句是：

野有死麕，白茅包之。有女懷春，吉士誘之。
林有樸樕，野有死鹿。白茅純束，有女如玉。
舒而脫脫兮，無感我帨兮，無使尨也吠！

顧頡剛先生解釋末章說：

帨，是佩在身上的巾。古人身上佩的東西很多，所以詩經中有「佩玉鏘鏘」，「雜佩以贈之」的話。「脫脫」是緩慢。「感」，是搖動。「尨」，是狗。這三句話的意思，是：「你慢慢兒的來，不要揮動我的身上挂的東西（以致發出聲音），不要使得狗叫（因爲牠聽見了聲音）。」這明明是一個女子爲要得到性的滿足，對異性說出的懇摯的叮囑。

顧先生在章句解釋之後，接著說：

可憐這班經學家的心給聖人之道迷蒙住了！衞宏詩序云：「被文王之化，雖當亂世，猶惡無禮也。」鄭玄詩箋云：「貞女欲吉士以禮來，……又疾時無禮，彊暴之男相劫脅。」朱熹詩集傳云：「此章乃述女子拒之之辭，言姑徐徐而來，毋動我之帨，毋驚我之犬，以甚言其不能相及也。其凜然不可犯之意蓋可見矣！」經他們這樣一說，於是懷春之女變成了貞女，吉士也就變成强暴之男，情投意合就變成無理劫脅，急迫的要求就變成了凜然不可犯之拒！最可怪的，既然作凜然不可犯之拒，何以又言姑徐徐而來！

顧先生將詩序、鄭箋、朱傳爲了維護儒家教義，相互曲解詩文章句的地方予以說明。以爲這原是敍男女情欲之私，不必將懷春之女說成是貞女，吉士說成是强暴之男。詩序以「被文王之化」爲說，即有學者反詰說：「何以文王之化只及於女，不及於男？」

關於此詩，胡適先生致函顧先生說：

你解野有死麕卒章，大意是不錯，但你有兩個小不留意，容易引起人的誤解：（1）你解第二句為「不要搖動我身上挂的東西，以致發生聲音」；（2）你下文又用「女子為要得到性的滿足」字樣；這兩句合攏來，讀者就容易誤解你的意思是像肉蒲團裡的「幹啞事」了。「性的滿足」一個名詞，在此地儘可不用，只說那女子接受了那男子的愛情，約他來相會，就夠了。「帨」似不是身上所佩；內則：「女子設帨于門右。」似未必是佩巾之義。佩巾的搖動有多大的聲音？也許帨只是一種門帘，而古詞書不載此義。說文帨字作帥，「事人之佩巾」如何引申有帥長之義？野有死麕一詩最有社會學上的意味。初民社會中，男子求婚于女子，往往獵取野獸，獻與女子。女子若收其所獻，即是允許的表示。此俗至今猶存于亞洲、美洲的一部分民族中。此詩第一章第二章說那用白茅包著的死鹿，正是吉士誘佳人的贄禮也。

研究民歌者當兼讀關於民俗學的書，可得不少的暗示。

胡先生這番話，一方面指正顧先生解釋詞語不當處，另一方面以為野麕所敍先民生活，頗有社會學上的意義，讀者如能兼讀民俗學一類的書，會對民歌的賞析有所幫助。

顧、胡先生的野麕討論，引起俞平伯先生的注意。他不同意胡先生訓「帨」為「門帘」。俞先生說：

帨之訓爲門帘，只是一種想像，你們都已明言之。就禮記本文上看：「男子懸弧于門左，女子設帨于門右。」帨之非門帘實明甚。只因爲弓矢是男子常佩之物，帨是女子常佩之物，故懸之於門側，且別左右，以作男女誕生之象徵。若帨爲門帘，側懸在門中乃事理之常，何必特設之于門右乎？更有何象徵之意義乎？……故若就禮記而論，帨決非門帘，就詩經而言，亦不見其爲門帘。……

我以爲卒章三句乃是三層意思，絕非一意複説。「無使尨也吠」，意在没有聲音，便作幽媾。若「無感我帨兮」，本意不在有聲音上面，你們所論絕未中的，反覺疑惑叢生了。我很奇怪，以你倆篤信詩經爲歌謠的人何以還如此拘執？……必須明白「舒而脫脫兮」是一層意思，「無感我帨兮」是一層意思，「無使尨也吠」又是一層意思，一層逼進一層，然後方有情致；否則一味拒絕，或一口答應，豈不大殺風景呢？「將軍欲以巧示人，盤馬彎弓故不發」，急轉直下式的偷情與溫柔敦厚之詩風得無大相逕庭乎？

俞先生提出三點意見：(1)帨是佩巾，絕非門帘；(2)「無感我帨兮」，女子不是爲動她的帨會出聲才說這句話的；(3)末章三句涵有三層意思，層層逼進，才有情致。可見俞先生說詩，能兼及名物考證與詩文旨趣，自是較好的說法。

丁、靜女文義討論

在古史辨裡，詩篇討論最熱鬧的，當推靜女這首詩。靜女云：

靜女其姝，俟我於城隅。愛而不見，搔首踟躕。

靜女其孌，貽我彤管。彤管有煒，說懌女美。

自牧歸荑，洵美且異。匪女之為美，美人之貽。

顧先生以「瞎子斷扁的一例——靜女」一文發其端，他引崔述考信錄提要中的兩個故事來作比喻，一是說鄉間有兩個瞎子，各誇其目力勝過對方。適聞村中某富人家明日將懸匾於大門上，乃約於次日同至其門，讀匾上字以別高下。二人自恐弗見，各派人探得其字。後於約定時間同至門下，甲先以手指門上說：「大字某某。」乙亦以手指門上說：「小字某某。」甲不信乙能見小字，問該屋主人乙所說的小字有無錯誤？主人說：「你們說的都沒有錯，只是匾還沒有挂，門上空無所有，不知兩位指什麼說的？」崔氏說這個故事的用意，指許多詩經學者所編的詩經故事以及所釋的詞章含義，言之鑿鑿者，也只不過是瞎說胡扯而已！以勸學者宜善自警惕，勿遭瞎子斷扁之譏。

另一個故事是說史記樂毅傳載：

毅留狗齊五歲，下齊七十餘城，惟獨莒、即墨未服。

這是說樂毅攻齊以來，經歷五年時間，一共攻下七十餘城，只剩莒與即墨尚未攻下而已。可是夏侯太初（制陽按：名玄，魏晉間人）說樂毅攻下七十餘城以後，輟兵五年不攻，欲以仁義服人，以此稱樂毅是一個賢者。蘇子瞻則謂毅不當以仁義服齊，輟兵五年不攻，以致前功盡棄，亦以此責毅之罪。至明代方正學（孝儒）又以爲這兩人所論都不對，說樂毅初未嘗欲以仁義服齊，至攻下七十餘城以後，恃勝而驕，所以屯兵兩城以下，五年而不攻不退。

崔氏說了這個故事以後，說道：

凡其所論，皆似有理，然而毅初無此事也。是何異門上並無一物，而指之曰「大字某某小字某某」者哉！大抵文人學士多好議論古人得失，而不考其事之虛實。

可見崔氏藉夏侯太初、蘇子瞻、方孝儒三人評論樂毅的態度，說明學者在誤解前提之下逕下斷語，不論其斷語如何有理，其結果都是錯誤。顧先生在討論靜女之前錄下崔述這番話，是要說明詩文的解說向來很分歧，有可能犯上崔氏所提示的前提性的誤解。

顧先生還把這兩個故事人物的錯誤程度加以比較，他說：

兩個近視眼固然空指著沒有上扁的門楣，但他們畢竟是請人先去刺探過的，所指的地位也沒有錯，只要扁掛上去時，他們所說的話原是很正確的。至於夏侯太初們批評樂毅的話，簡直是逞臆的瞎說。他們並未請人刺探過，也未指準上扁的門，只以爲我的想像如此，事實便非如此不可。這比了近視眼的笑話還要胡鬧；要把這種情形加上一個題目，可以叫做「瞎子斷扁」。（制陽按：斷，讀如包公斷案之斷。）

這是說比較這兩個故事中人所犯的錯誤程度，後者逞臆瞎說更爲嚴重。如果我們回頭看看漢儒所編敍的詩經故事與詩義詮釋，不難發現他們也都只是在「瞎子斷扁」而已！

至於靜女篇的討論，仍由顧先生揭開序幕。他把這首詩譯成白話如下：

幽靜的女子美好呵，她在城角裡等候著我。
我愛她，但見不到（或尋不見）她，使得我搔著頭，好沒主意。

幽靜的女子柔婉呵。她送給我硃漆的管子。
這個硃漆的管子好光亮，我真是喜歡你（指管）的美麗。

從野裡帶回來的荑草，實在的好看而且特別。
但這原不是你（指荑）的好呵，好只好在是美人送給我的。

顧先生說：「『這幾句詩並不算得古奧，所難懂的，只得『彤管』和『荑』兩件東西。』左傳上有『丹弓一彤矢百』的話，顧先生據之以為『彤』是『丹漆』，『彤管』即是『丹漆的管子』。說：『這個靜女把丹漆的管子送給所愛，又把柔軟的荑送與他，原是很尋常的事。』」可是毛詩故訓傳注道：

「靜」，貞靜也。女德貞靜而有法度，乃可說也。「姝」，美色也。「城隅」，以言高而不可踰。「愛而不見，搔首踟躕」，言志往而行止。「靜女其孌，貽我彤管」，言既有靜德，又有美色，又能遺我以古人之法，可以配人君也。古者后夫人必有女史彤管之法。史不記過，其罪殺之。后妃羣妾以禮御于君所，女史書其日月，授之以環，以進退之。生子月辰，則以金環退之。當御者，以銀環進之，著于左手；既御，著于右手。事無大小，記以成法。「煒」，赤貌。「彤管」，以赤心正人也。「牧」，田官也。「荑」，茅之始生也。本之於荑，取其有始有終。「匪女之為美，美人之貽」，言非為徒說女色而已，美其人能貽我法則。

鄭玄為毛作箋，再予闡發其義。他補充說：

女德「貞靜」，然後可畜；「美色」，然後可安；又能服從，待禮而動，自防如「城隅」，故可愛也。「志往」，謂踟躕。「行止」，謂愛之而不往見。「彤管」，赤筆管也。「說懌」，當作說釋。赤管煒煒然，女史以之說釋妃妾之德，美之。自牧田歸荑，其信美而異者可以共祭祀，猶貞女在窈窕之處，媒氏達之，可以配人君。「遺我」者，遺我以賢妃也。

顧先生根據毛傳、鄭箋的說法，寫成一首白話詩，然後說：

> 我寫到末一句纔知道，原來這首詩是人君自己做的（或者詩人代人君立言的），他本來希望別人送給他一個賢妃，所以開出的條件：⑴要自防如城隅的貞女，⑵要等著媒妁聘好之禮而後行的賢女。這首詩乃是人君的鳳求凰曲呢！

可是毛、鄭女史彤管之說，雖朱熹已不採信，然而古文遺裔如民初的章太炎先生，仍然堅信不移。所以顧先生感慨地說：

> 這種事看來似小，其實關係卻大。因爲這是把信古的成見壓服自己的固有的理性；有了這種成見，古代學術界的毒燄便永遠留存，純粹的科學研究是提倡不起來的了。

的確如此，這一信古的成見，至今猶存；無論毛、鄭如何牽强附會，仍然有人信守其說，這是令人深感無奈的事。至於詞章問題，是另一範圍，非學派所能拘限；即使同具新思想的人，會有各種不同的詮釋。顧先生這篇文章，即引起學者熱烈的迴響。首先有張履珍「誰俟於城隅」爲題，將郭沫若與顧先生所語譯的靜女首章放在一起來考察：

她是又幽閑又美麗的一位牧羊女子，
她叫我今晚上在這城邊等她。
天色已經昏朦了，她還沒有來，
叫我心上心下地真是搔摸不著！——郭譯——

幽靜的女子美好呵，
她在城角裡等候著我。
我愛她，但見不到（或尋不到）她，
使得我搔著頭，好沒主意。——顧譯——

張先生說：

「俟我於城隅」一句，郭譯爲「她叫我今晚上在這城邊等她」，則是在城邊等候的是一個男人，被他等候的是一個女人了。顧譯爲「她在城角裡等候著我」，則在城角裡等候的人是個女人而被等候的是男人了。一樣的一句詩，生出二樣絕對不同的翻譯。但是，究竟誰俟於城隅呢？

這確是令人困惑的問題。張先生接著說：

據我看來，全詩的口氣似乎是男子的口氣，大約這詩可說是男人作的了。既然作詩的人是男人，則爲他歌詠的自然是女子，且詩上既說出是「靜女」了，這樣看來，在城角裡等候情人的也自然是男子無疑了。但這詩下二句「愛而不見，搔首踟躕」的人是那一個，是男子，抑是女子呢？我想這恐怕是女子吧！

張氏這樣解釋，以爲作詩的是男子，但從「俟我於城隅」上說，他贊同郭氏的解釋，在城角等候的是男子。從「愛而不見，搔首踟躕」上說，是誰在「搔首踟躕」呢？郭、顧二人都以爲是男子，張氏則以爲是女子。

接著謝祖瓊先生發表「靜女的討論」一文，他首先對顧、郭、張三人當民間戀歌來說，不再遵信從前經師們「此淫奔期會之詩」的說法，表示欽佩。接著說：

「俟我於城隅」這一句，是男子敘述他的情人——女子——當日約他說，她將在城角裡等他的話。那句中的「我」字，是男子自稱的代詞；郭先生卻解作女子的代詞。所以有「她叫我今晚上在這城邊等她」的錯解。又那「今晚上」和「天色已經昏朦了」的話，也不知何所據；我要請教！

張履珍先生對於「愛而不見，搔首踟躕」兩句，解作「當他的情人在城角等候的時候，看不見她的情人來，自然搔著頭不知怎麼樣了，……」則未免錯誤太甚了！這兩句詩，明明是男子等不著他的情人，自述當時他自己搔著首，好沒主意的表現。

謝先生對郭、張二人不當的解釋有適切的指正，同時他改譯靜女首章如下：

> 幽閒而美麗的女子，
> 她約我，她在城角等候我。
> 我愛他，但她還沒有來，
> 真令我搔著首，好沒主意。

他這章譯文，的確比前面的要好些了，只是「踟躕」一詞從顧先生譯作「好沒主意」，不夠帖切。如改作「焦急地走來走去」，似乎會更好些。

劉大白「關於瞎子斷扁的一例——靜女的異議」一文，是給顧先生的一封信，內容偏於詞語名物的解釋。劉先生說：

> 我以爲與其把彤管與荑解成兩物，不如把它們解成一物。你把彤字說成丹漆，還難免拘泥於古訓。我以爲彤就是紅色，彤管就是一個紅色的管子。這個紅色的管子，就是第三章「自牧歸荑」的荑。毛傳說：「荑，茅之初生者。」咱們不妨把這荑認爲茅草底嫩苗兒。左傳：「爾貢包茅不入，王祭不共，無以縮

酒。」茅既可縮酒，可見茅是有管的。宋梅堯臣詩：「丹茅苦竹深函函，」晉郭璞游仙詩：「臨淵挹清波，陵岡掇丹荑；」可見茅有丹茅，荑有丹荑。所以這個彤管，我以爲只是那位靜女從牧場上採回來的一桿紅色的茅苗兒。因爲初生的嫩茅鮮紅而有光，所以那位靜女採回來贈送給她底愛人。因此第二章底彤管，就是第三章底荑；第二章「貽我彤管」的貽，就是第三章「美人之貽」的貽；第二章底「說懌女美」的女，就是第三章「匪女之爲美」的女；第二章「說懌女美」的美，就是第三章「洵美且異」的美，也就是「匪女之爲美」的美；而「洵美且異」，就是指「彤管有煒」的「有煒」而言。這樣，二三兩章相承，脈絡貫通，便更覺得「文從字順」了。

劉先生這番話，顧先生覆信表示很高興。尤其劉先生引郭璞、梅堯臣的詩句以證靜女中的「荑」就是「彤管」，認爲「確當之至」。但對劉先生其他的詞語新解，則未表示意見。劉先生接著又以「再談靜女」致函顧先生，其要點有三：一是從文法虛字上談，「靜女其姝」，「靜女其孌」的「其」字，一如竹竿篇的「巧笑之瑳」和「佩玉之儺」的「之」字，都是前置介詞。譯成現代國語，應該說是「莊姝的靜女」或「美好的靜女」；「婉孌的靜女」或「柔婉的靜女」。二是詞意上看，「踟躕」是「彳亍」二字的轉變，有不進或徘徊的意思。所以「搔首踟躕」就是「搔著頭皮在那裡徘徊」，不必譯作「好沒主意」。三是從聲律上看，他將各章同韻與同紐的字一一指出，說這首詩的聲律是很細密的。

接著是郭全和先生致顧、劉二先生的信，題爲「讀邶風靜女的討論」，他主張「彤管」的「管」

字應是「菅」字之誤。他據爾雅釋草：「白華，野菅」。郭璞注：「菅，茅屬。」陸機說：「菅，似茅而滑澤。」郭氏說：

> 因爲菅的外面有一種很美麗很光亮的滑澤，所以說「彤菅有煒」。……所以拿它來贈送她的情人，這是無疑的了。

至於「荑」字，毛傳說「茅之初生者」，郭氏說：

> 這是狹義的解釋。若廣義的解釋，「凡草木之始生者，皆曰荑。」所以管子度地篇有「草木荑生可食。」孟子有「苟爲不熟，不如荑稗」。荑本是一種草，中有米而細小。這或者是美人去田野採那沒有用處的荑草，回來又贈送他一根子，所以他才說：「匪女之爲美，美人之貽」的話來。
> 由此看來，頭一回贈送的是一根菅草，後來又贈送一根荑草，顯然是兩樣東西了。

郭先生以爲「彤管」是紅色的菅草。靜女送給男子的東西，先有菅，後有荑，是兩樣東西。

接著，魏建功先生致函顧先生作「邶風靜女的討論」一文，他開頭說：

> 這靜女三章是想念情人的三首詩，所以第一首是寫赴約想見往而不遇的心情，第二首便是因物思人的描寫：

幽靜人兒呵柔婉，
她送我一枝紅管，
紅管紅的紅堂堂；
——我愛心肝多好看！

「管」字，我覺得不必去兜圈子改成草頭「菅」，但注意音樂又是愛情生活的重要點綴，這個「管」是笙簫管笛的「管」！……「管」，古時是指樂器中吹竹的東西，樂器上塗加紅彩也不希奇。

魏先生以爲第二章也是「因物思人」的想念之詞。他說：

見到靜女所貽彤管，便對管道：「說懌女美——我喜歡你真好看！」……也許語意雙關，嘴上對管說，心下卻對她說；不過我則以爲前三句敘女貽管之事，因提到此事此物，即想到愛他的人，所以主張「說懌女美」的「女」字採朱熹的說法指靜女。再往下，第三首是因人而愛物；那「荑」字說是「草木芽」也好，說是「茅芽」也好，……他明明說荑「洵美且異」，與二章「說懌女美」是兩截，自行起首。不然，他何必要另用「自牧歸荑」呢？何不乾脆作「說懌女美——洵美且異；匪女之爲美，美人之貽」呢！若是依你們說二章女美之女是爾汝之汝，指管，再如劉君之意管是「菅」即爲「荑」，那這連接的兩章應該不要「自牧歸荑，洵美且異」放在中間！

魏先生將靜女三章當想念情人的三首詩來看，即是將三章的關係切斷，說成各不相干的獨立體。因爲第三章既以「自牧歸荑」起首，與第二章所敍顯然不是同一時間的事。既非同一時間的事，女子送給男子的東西前後即有二次，彤管與荑應是二物。但從靜女全篇的情景來看，說二、三章的情人幽會活動是不在同一時間的，又似乎有所不妥，所以魏先生將它說成「想念情人」或「因物思人」之作，亦即詩中所敍的幽會活動，當作過去式的片段回憶來說，這樣在二、三章之間就不會有銜接上的問題了。

劉復（半農）先生也參加了這次討論，他以「瞎嚼蛆的說詩」爲題，提出他的觀點：

我以爲這是首「追憶的詩」。那位詩人先生，他開場先想到了他那位密司曾經在城牆角裡等過他，可是「此刻現在」啊，「愛而不見」，就不免搔頭挖耳朵起來了。其次是他又想到了他的「她」，從前送給他的彤管；彤管是多麼的美啊，「可是心肝寶貝肉，我因此又想到了你的美了」。其次是他又想到了那天從草原回來，她採了些野草送給他，「野草有什麼希罕呢？可是心肝寶貝肉，這是你送給我的啊！」

劉半農先生這一靜女口語演述，與前面魏建功先生的意見相近，以爲三章都是詩人「追憶」之作。此外，劉先生將詩中幾個詞語解釋如下：

(一)「靜女」可作一個名詞，解作「小姐」或「姑娘」或「處女」，不必說幽靜的女子。（靜之不必强解作靜，猶之乎南方言小姐，北方言大姑，並不含有小大之意。）

(二)「其姝」的「其」，可解作「如此其」，譯作白話，便是「多麼」。據以上兩項，則「靜女其姝」一句可譯作「姑娘啊，你多麼漂亮啊！」

(三)「彤管」的「彤」，應從魏說作「紅漆」講。

(四)改「管」爲「菅」，自然不失爲一說，但如「菅」「荑」並非一物，則兩次所送均是些野草，這位密司未免太寒酸而文章也做得犯了重了。如謂「菅」「荑」即是一物，則二三兩章一直下去，在文字上又似乎太單調。……我以爲「管」字亦應從魏說作樂器講。

劉先生這些解釋，都有一得之見；尤其第(四)點，如果改「管」爲「菅」，當茅類植物講，不論是一物或二物，在兩章文義上都會犯上重複或單調的毛病。所以他還是取魏建功先生解「彤管」爲簫類的說法。

董作賓先生發表「邶風靜女篇『荑』的討論」一文。他回憶兒童時代每到春天，鄉間有小孩沿街叫賣「茅芽」的事。他們拿錢去買，一兩個銅錢買到一大把。茅芽是「紅紅的筒兒，約有三寸長短，一頭尖處有一兩個綠的葉尖向外綻著；一頭平平的是近根的地方，有點白色；全身是葉托（？）包裹成的一枝管兒，紫紅而且帶綠的顏色，外面附著不少的茸毛。剝開裡面時，卻是嫩白光滑如毛如棉的絮兒，這是矛脆而甜的東西，小孩子們是最喜歡吃的」。董先生敍了其童年往事後說：

荑，就是茅芽，也就是柔芽中的穰兒。毛傳：「荑，茅之始生也。」御覽引風俗通義：「詩曰，『手如柔荑』，荑者茅始孰中穰也，既白且滑。這很可以證明茅芽的中穰就是「荑」。荑外面裹的嫩紅色的葉托，自然就是「彤管」了。

董先生以他在兒時買茅芽來吃的經驗，配以毛傳、風俗通義的解說，認爲「荑」與「彤管」一物而二名。他反駁魏建功先生的見解說：

建功說彤管是紅堂堂的樂器的管子，說荑是不美不香的野草，我卻也有點兒「不信」。……以彤管、荑爲兩物，那末一次見面竟送了兩回東西，總有點說不過去呵。我們試看本文，那女子本來約她的情人在城角下相候，情人來了，她反没來，弄得他那樣著急。後來她終於來了，便送他一些紅管兒，這當然就是從野地帶回的荑了。不然，她何以不憚煩瑣，一再嘮叨，既送彤管，又送荑草呢？若說是一次送了兩樣，那末，作者又何不逕直說「貽我管荑」，而要分做兩次寫呢？我以爲當她送東西，他接來乍看時是些紅管兒，以後剝出雪白的茅芽兒來，才知道是荑了。所以在下一章又解說這紅管是荑呵，這是她從野外采回來的荑呵。我們讀後二章時，可以想見一個小女子匆促的從鄉間走回來，採了一把茅芽；見著她的情人時，便分贈一些給他吃。這是多麼有情趣的事呵。

這是從文意上考究，以爲將「彤管」與「荑」說成二物不如說成一物，並依詩本文加以演述，以爲這小女子從野外採了茅芽回來，送給她的情人，乍看是些紅管兒，以後剝去葉托，才知道是荑，所以彤管與荑原是一物；只是一從外形上看，一從內容上看。雖是同一東西，卻仍然有其差別。董先生就在這一差別上著力，主張靜女所送的只是一物，他們的幽會也只有一次。

接著，劉大白先生有「三談靜女」一文，專以魏建功先生的文章爲討論對象。茲摘述要點如下：

㈠魏先生將「貽我彤管」下面的停點「；」硬移在「彤管有煒」下面，實不適當。因爲第二章是二二式轉韻的詩。凡是轉韻的詩，都是意隨韻轉，或意隨韻停。此詩「靜女其孌，貽我彤管」，是說靜女送我以彤管；「彤管有煒，說懌女美」，是說靜女所送彤管的美麗；明明前兩句的意思已停，後兩句轉換一個意思，怎能把停點放在第三句下面。

㈡這兩章中兩個「貽」字，兩個「女」字，三個「美」字（「女美」、「洵美」、「爲美」），明明是相同的。因此，我把二三兩章連貫來講，而且只有連貫來講才覺得先說「說懌女美」「洵美且異」，後說「匪女之爲美，美人之貽」，可以顯出詩人用意的曲折來。……試問這樣解法，比魏先生把二三兩章打成兩橛的解法如何？

㈢魏先生不曾記得詩是有律聲的。這篇詩每章四句，是應用章底整齊律；第三章以「歸荑」和「爲美」底「荑」「美」二字爲韻，「且異」和「之貽」底「異」「貽」二字爲韻，是應用韻底反覆律；所以靜女底詩人不能如魏先生的意思，把「自牧歸荑」一句乾脆地省掉，使第三章只剩三句，使第三句底

「美」字沒有「荑」字合它同韻相協。

㈣毛詩中前數章型式相同，意思不同（或意思相銜而轉變），而卒章即承接前一章底意思的，頗有其例。如周南葛覃、汝墳、小雅都人士等都是。靜女第三章的兩個「美」字，一個「女」字，一個「貽」字，就是第二章底「貽」字，「女」字，「美」字，似乎也是事同一例的。魏先生一定要把它打成兩橛，我實在不敢苟同。

這是劉先生從詩經的韻律、布局與文詞前後相貫等道理，反駁魏先生所持的觀點。至於魏先生說彤管爲樂器，主要的觀點是「彤字從彡」，「有斑彩之意」。既是「以丹作彩」，可見「彤管」的紅色是人爲的，足以證明「彤管」與「荑」是兩件東西。劉先生則引爾雅釋畜云：「彤白雜毛騢。」說文解「騢」爲「馬赤白雜毛，……謂色如鰕魚也」。可見騢馬、鰕魚的「彤」色是自然生成的，不是「以丹作彩」繪畫上去的。以此反證「彤管」的「彤」不一定作「丹彩」或「紅漆」講。

接著，劉大白先生發表「四談靜女」一文，其討論的重點在「愛而不見」的「愛」字上。范處義釋「愛而不見」爲「我心愛之而不得見」；顧先生譯作「我愛她，但尋不著她」。但說文云：「僾，仿佛也；從人，愛聲。詩曰：『僾而不見。』」可見許愼所見的詩經本子是作「僾」字。「僾而」即「僾然」，「僾而不見」即「仿佛不見」。劉先生還將靜女譯成白話詩，其首章云：

一個靜悄悄的姑娘，

流麗而又端莊，
約定等我在城角旁；
——爲甚仿佛看不見，
累我搔著頭皮，
遠望著在路上徬徨！

最後，杜子勁作「詩經靜女討論的起漚與剝洗」一文。他說曾彙編這些論靜女的文章而成「靜女論集」。在「靜女論集」的「小引」裡，他提出兩點意見：

㈠全篇結構散漫，並無論理的組織。……樂工的改編徒歌，也只求便於演奏，簡短的展爲冗長，或使之迴環複沓，也不過牽音就節，納聲順譜，隨隨便便改換一下而已，決不像現在「詩人」般的絞腦汁做推敲的笨功夫。……靜女也是如此，前後三章也是很散漫的，我們不必强求牠的條理。你說牠是「追憶詩」也好，你說牠是「紀實詩」也好，我們只不要忘記牠是經過隨便改編的歌謠。前後連貫的「詩歌作法」，歌謠創作者不懂這個，樂工也不曾把牠放在眼裡！

㈡「愛」字當從馬瑞辰說作「隱」或「薆」講。清代諸家解此詩多主是說。胡承珙多列一例，說：「蒸民『愛莫助之』，傳云：『愛，隱也。』與爾雅釋言『薆，隱也』同訓。」……詩經中用愛字的詩很少，當作「親愛」的意思更少。……本篇「愛而不見」解作「親愛而不得見」，也不如解作「隱然不得見」較爲順適。……

就版本上說，今本詩經皆作「愛而不見」，古本則非。東漢許愼的本子作「僾而不見」，晉郭璞所見的本子是「薆而不見」，初唐孔穎達所見的本子亦作「僾而不見」，均見馬瑞辰引據。……就音韻上說，凡「愛」音字多爲隱蔽意。僾、薆、箯同義不必說，此外曖、靉義亦同。……皆昏昧之義。

就文法上說，如解作親愛之義，是將「愛」字作外動用，古書中外動後邊多用「之」，絕少用「而」的。「愛之能無勞乎，忠焉能無誨乎」，外動內動文法之嚴然有別。內動後多用「而」或「焉」，如「樂而不淫，哀而不傷」、「來而不往」等是。此處「愛而」固不解作外動，亦不能解作內動，顯是副詞，和「啓呱呱而泣」（書臯陶謨），「率爾而對」（論語先進），「鋌而走險」（左傳文十七）是同類的句法，那麼自以解作「隱然不得見」爲最適當了。

這是杜先生從詩篇結構上說，以爲是樂工只爲聲歌的需要隨便湊合而成的，所以結構散漫，沒有論理的組織，叫我們不必强求它的理路。至於「愛而不見」的「愛」，從詞性上看，應從三家詩的本子，作「僾」字講，義爲「隱蔽」。「愛而」即「隱然」。故「愛」是副詞，「而」是副詞尾。

由上觀之，一首極爲淺白且僅五十個字的小詩，在自由討論之下，竟然發現那麼多的問題，寫出那麼多各具觀點的文章。以此推論其他三百篇，如都採用這一方式讓學者作專題討論，則這部詩經將有發掘不完的問題與刊載不盡的文章了！

戊、俞平伯六詩新解

俞平伯先生「葺芷繚衡室讀詩札記」討論卷耳、行露、小星、野有死麕、柏舟、谷風六詩，見解明達，值得研讀。茲紹述於下：

卷耳：前人說卷耳，或說思婦作，或說征夫作，均有不順適處。俞先生說：

作爲民間戀歌讀，首章寫思婦，二至四章寫征夫，均係直寫，並非代詞。當攜筐采綠者徘徊卷陌，迴腸盪氣之時，正征人策馬盤旋，度越關山之頃。兩兩相映，境殊而情卻同，事異而怨則一。由彼念此固可；由此念彼亦可；不入憶念，客觀地相映發亦可。所謂「向天涯一樣纏綿，各自飄零」者，或有當詩人之恉乎？

他是將小說上「話分兩頭說」的筆法，移作卷耳的寫作手法；以爲這首詩不是思婦作，也不是征夫作，是居於第三者的詩人作，是詩人用第一人稱的筆法客觀地反映一對夫婦離別後的思戀生活，就像孔雀東南飛作者的寫蘭芝與府吏，莎士比亞的寫羅蜜歐與朱麗葉。均係直寫，而非代詞。這樣說詩，一切古今分歧之說都可一筆勾銷了。

行露：本篇首章的作法毛傳訓「興」，朱傳訓「賦」，姚際恆詩經通論訓「比」。俞先生說：

衆說紛紜，莫衷一是，究竟此章爲賦，爲比，爲興，先不可知，更無論其他。

此詩王柏主張原只有二、三兩章，首章「亂入無疑」。王質主張首章「必有所闕，不爾，亦必闕一句。蓋文勢未能入雀鼠之詞」。兪先生說：

我以首章本闕，首章與下兩章之間非錯簡即有闕文。故說此章可興，可比，可賦，而均無一當。

至於下二章敍女子拒婚而致訟，前人說是男方聘禮不備爲主因。兪先生說：

一物之不具，一禮之不備，乃信誓旦旦將與之并命；果何物何禮之未具而當如此耶？如此說經，可謂「固哉」矣！

他認爲像這類有問題的詩，「大可不必妄解」；「既不可通，曲說之又何益，只以自形其甚不可通耳」！

小星：鄭玄以「小星」喻「衆妾」，以「三五」（鄭訓三心五噣）喻「夫人」，韓說喻「小人」在朝，都以「小星」爲「比」；惟朱熹以爲「興」，並說：「故因所見以起興，其與義無所取。」兪先生說：

惟朱子獨以爲興，其所見至卓。而「興義無所取」一語，尤有合詩人感興之微。不特此詩爲然，大凡興義皆當如是也。……天下事有求深反惑者，此類是也。詩三百篇非必全是文藝，但能以文藝的眼光讀詩，方有是處。且國風本係諸國民謠，不但不得當作經典讀，且亦不得當爲高等的詩歌讀，直當作好的歌謠讀可耳。

又說：

小星一詩既文義昭然，何來小序之謬說，又何故鄭玄從之而後人亦從之耶？……簡言之，則緣諸說其根本即已謬矣。故枝葉亦因之而謬，且不得不謬。所謂根本之謬者何？即他們以詩爲孔子六經之一，以爲是有功能，有作用的東西。詩之功用何在？美刺正變是也。有美斯有刺，有正斯有變；故風雅俱分正變。風之正，二南是也；其變，十五（制陽按：十五應改爲二南以下十三）國風是也。正風有美而無刺，故盡是后妃夫人之德化。……此所以「小星」不得不喻羣妾，而「三五」不得不喻夫人。此所以明明是怨詛而硬派作感謝。此所以把宵征見星，抱衾與裯曲解作燕昵之事。……故我們讀詩，當以虛明無滓之心臨之，斯爲第一要義；考據與論辨反是第二義也。

他這兩段話前一段是說辨識興義的要訣；後一段是以小星爲例，說明前人說詩致誤的根本原因，即在於詩爲孔子六經之一，負有傳揚聖道的功能。其具體作法即是正變美刺之說與史事的附會。讀者必須先有這一前提性的認識，才可以做考據與論辨的工作。

野有死麕：詩序以「雖當亂世，猶惡無禮也」爲篇旨，毛傳有「凶荒則殺禮，猶有以將之」，「非禮相陵，則狗吠」等語；故鄭玄說此詩作於「紂之世」，說「懷春之女」爲「貞女」，「吉士」爲「强暴之男」，「舒而脫脫」爲「以禮來」。俞先生說：

按此詩通篇不見有守禮之氣息，而毛鄭衞三家刺刺不休；毛公略露端倪，二人則變本加厲。鄭氏此詩之箋三章共用八「禮」字，何其好禮如此耶？

他贊成姚際恆的意見。姚氏云：

此篇是山野之民相與及時爲婚姻之詩。……所謂「吉士」者，其「赳赳武夫」者流耶？總而論之，女懷，士誘，言及時也；吉士，玉女，言相當也。定情之夕，女屬其舒徐而無使帨感犬吠，亦情慾之感所不諱也歟？

俞先生於是說：

> 依我來看，此詩並不難懂。當知詩人心中初無迂儒之禮教觀念存在，故誘女之男未始不可稱「吉士」，而懷春之女未始不可稱「如玉」也。至於三章，全係賦體，亦無艱深晦澀之處。……前兩章寫林中景象及士女之豐姿，三章則述爲婚時女之密語，神情宛爾，絕妙好詞。不知腐儒何恨於此詩，而必欲毀損之以爲快耶？吾每讀此明白曉暢之好詩，其痛恨迂儒之心尤甚於讀他詩。有意曲解，其蔽甚於不知妄說。

這是以爲古人以禮教說詩，大違詩人本意；一首極富情趣的好詩加以曲解，將其原有情趣破壞無遺，讀之眞是令人痛心。至於本篇的討論，本論文前面「三、野有死麕章句討論」中，曾引述兪先生的一些精闢見解，可相互參酌著看才好。

柏舟：邶風柏舟是文藝性很高的詩。兪先生說：

> 這詩在三百篇中確是一首情文悱惻纏綿，怨而不怒的好詩。五章一氣呵成，娓娓而下，將胸中之愁思，身世之畸零，宛轉申訴出來。通篇措詞委宛幽抑，取喻起興巧密工細，在素樸的詩經中是不易多得之作。我們讀到「耿耿不寐，如有隱憂」，「心之憂矣，如匪澣衣」，作者殆有不能言之痛乎？「覯閔既多，受侮不少」，「靜言思之，不能奮飛」，殆是弱者之哀嘶乎？內則「兄弟不可以據」，外則「慍于羣小」，殆家庭社會交煎迫乎？……綜讀全詩，怨思之深溢于詞表，初不必考證論辨後方始了了也。但怨可知，致怨之故不可知；身世之牢愁畸零可知，何等身世不可知；作者是守死善道之君子可知，而爲男爲女不可知。何則？詩無序故。其人其事不載本文，又無序以實之，何從而審知之耶？現存之序，僞

託無論；即真，亦無益於事。序所言「仁而不遇」，直與無說等耳。

這是以爲邶風柏舟是措詞委宛、情思纏綿的好詩；但如要問作者是何身世？爲何作詩？是男是女？則是無從知悉的；因爲詩文不曾明示，詩序「仁而不遇」的話，又等於沒說。以爲作於「衞頃公時」，亦屬無據。劉向治魯詩而所說互異：其一見於列女傳貞順篇，以爲衞宣夫人作；其二見於上封事，以此詩爲小人害君子。一詩二說，自相矛盾。說此詩是宣姜作，尤昧於歷史事實。至於較能影響後人解說的，俞先生說明如下：

> 大約解此詩者，衞鄭爲一派，朱爲一派。衞鄭並以爲羣小之陷君子，朱則以爲婦人不得於夫。……朱子既信列女傳而疑非宣夫人之作，故改說爲莊姜；其間去取，毫無準則。鄭則將此詩密重重安上君臣字樣：於「兄弟」下則曰同姓臣也，於「羣小」下則曰衆小人在君側也，於「日月」下則以爲取喻君臣也，於「不能奮飛」下則以爲臣不忍去君也。詩無明指君臣之文，而鄭言之鑿鑿，若不可移易者然，何耶？從鄭者姚際恒，從劉向朱熹者王先謙。

這是將較有影響力的兩家詩說予以舉述，雖有所繼，仍多附會，未必可信。至於俞先生自己的看法是：

惟觀其措詞，觀其抒情，有幽怨之音，無激亢之語，殆非男子之呻吟也。……姚氏謂「無一語像婦人語」，我卻覺得無一不像婦人語也。

他接著將此詩的詞章涵意，全篇結構作了細密的分析，通過考證，進入欣賞，示人以讀詩必要的途徑，這是有益於後學的。

谷風：這是爭議性較少的一首詩，俞先生說：

此篇大義最爲昭顯。尋閱本文，即可審爲棄婦怨其故夫之詞。不特其事明，且其事之因由亦大略可明。……其事平淡，而言之者一往情深，遂能感人深切。……三百篇中可與匹敵者只有氓之一篇，而又各有各的好處，全不煩複。可見真性情之流露，不計其淺鄙而自不落於淺鄙，不患其重複而自不落於重複。吾每謂作詩非難。涵泳性情以作詩，夫何難之有！而世人每忽略於性情之情，專求工於詩，此所謂不揣其本而齊其末矣。

這是說邶風谷風的好處，在於詩人敍其遭遇，出於眞性情的流露，雖故事平淡，或有用語淺鄙、重複之處，然能一往情深，「不特悱惻，而且沈痛」，遂成三百篇中僅「氓」篇可與相比的一首抒情詩。並藉此說明作詩要訣，即在於「涵泳性情」；如忽略了這一點，專在詞章上下功夫，這就是捨本逐末了。

這首詩原是最無問題的，詩序卻仍要附會。俞先生說：

> 小序謬妄成癖，以谷風之昭明，尚不免添些夢話，更何論其牠。牠說：「刺夫婦失道也。衞人化其上，淫於新婚而棄其舊室。」夫婦失道誠哉是不錯；但說是「刺」已覺不妥，而又說「化其上」，不知何以知之？朱子說得好：「亦未有見『化其上』之意。」

一首棄婦怨夫的詩，原是自訴其身世，直抒其胸臆的話，怎會有詩序那套政論諫書的觀念呢？

此詩的章句，俞先生曾以各家解釋比較方式來求義，題爲「邶風谷風故訓淺釋」，附在谷風正文之後。廣徵博引，極爲詳備。限於篇幅，此處從略。惟取本篇末句「伊余來塈」作一說明，以概其餘。俞先生說：

> 傳箋俱訓「塈」爲「息」，朱集傳同；其釋皆不順。王夫之駁舊說曰：「黽勉御窮豈在安息之時哉！塈，塗也，……此言支撐塗飾以成家。……」王氏雖斥毛鄭，而其義視毛鄭尤劣。諸家舊說以外，王引之馬瑞辰說此句互異。

俞先生敍馬氏以「塈」爲借字，其本字爲「炁」（塈之古文），惠也，故釋爲「維予是愛」（說詳毛詩傳箋通釋）俞先生再敍王氏之說，王氏讀「塈」爲「愾」，怒也；「伊」，惟也；「來」，猶是也；皆語詞也。（說詳經義述聞及經傳釋詞）於是俞先生說：

依詩經通則，「來」猶「是」也，王說不誤。鄭、朱均讀「來去」之「來」，則「伊余來」與「塈」字義不相屬（亦王引之説）。王質更因此疑谷風非棄婦見絕之詩，曾說：「末云『伊余來塈』，望來而求安也。絕則豈復來乎？」（詩總聞卷二）不知此「來」字非來去之來，則何礙於見絕乎？

由上所述，「塈」有息、塗、惠、怒四訓；「來」有是與來去之來二訓。俞先生雖未作成結論，但顯然傾向王引之之訓。據王訓則「伊予來塈」，即「惟予是怒」。這與全篇棄婦怨夫之情較能契合。惟「來」訓「是」作「語詞」解，尚須說明。即在文法上講，有如韓愈「祭十二郎文」的「惟兄嫂是依」的句式。「惟兄嫂是依」，是將作爲賓語的「兄嫂」一詞提到謂語「依」之前，成爲詞位顛倒的句式，其間加一語詞「是」字，其作用在於使謂語「依」字突顯其地位，加重其分量。在語譯時，就該將原句加以調整，「惟兄嫂是依」即「惟依兄嫂」；「伊予來塈」即「伊塈予」，兩句原有「是」字「來」字均消失於無形，這即是「語詞」之證。如將「是」說成「是非」的「是」；「來」說成「來去」的「來」，這就誤解了。只此一字的誤解，如王質說成「望來求安」而「非棄婦見絕之詩」，影響不可謂不大。所以俞先生在此文結尾說：

故治詩當從訓詁入手。先袪成見，繼通文義，則大義不說而亦自通矣。

這裡的「訓詁」一義，除了文字學所涵蓋的範圍外，還該包含文法方面的知識。

五、詩經與歌謠的關係

詩經中有那些是歌謠？那些是非歌謠？那些是徒歌？那些是樂歌？這也是值得討論的問題。古史辨中首先提出這一問題的是顧頡剛先生，他作「從詩經中整理出歌謠的意見」一文，認爲詩經中僅有一部分是歌謠。他說：

詩經三百零五篇中，到底有幾篇歌謠，這是很難說定的。在這個問題上，大家都說風、雅、頌的分類即是歌謠與非歌謠的分類，所以風是歌謠，雅頌不是歌謠。這就大體上看固然不錯，但我們應該牢牢記住的，這句話只是一個粗粗的分析而不是確當的解釋。我們看國風中固然有不少的歌謠，但非歌謠的部分也不少。……反看小雅中，非歌謠的部分固然多，但歌謠也是不少。……如采薇、出車，不是與豳風的東山相同嗎？——牠們都是征夫懷歸的詩。……如我行其野，不是與邶風的谷風相同嗎？——牠們都是棄婦的詩。說到邶風的谷風，更想到小雅的谷風：牠們的意義是一致的，怨恨是一致的，即起興也是一致的。小雅谷風之爲歌謠，是很顯明的了。所以這一類的詩，雖是在小雅裡，我們不得不認爲是歌謠，因爲這都是平民心底裡的話。

從這段話裡，顧先生說明三點：

㈠國風是歌謠，雅頌不是歌謠，這只是粗略的分法。細究之下，國風中有非歌謠的詩，小雅中也有不少是歌謠的詩。

㈡拿一些國風的詩與小雅中同類型的詩放在一起作比較，就會發現牠們之間的共通性。如果認定前者是歌謠，後者也一定是歌謠。

㈢歌謠的特性，即是出於平民的心聲。

再有一個意思，我以爲詩經裡的歌謠都是已經成爲樂章的歌謠，不是歌謠的本相。凡是歌謠，只要唱完就算，無取乎往復重沓。惟樂章則因奏樂的關係，太短了覺得無味，一定要往復重沓的好幾遍。詩經中的詩，往往一篇中有好幾章都是意義一樣的，章數的不同只是換去了幾個字。我們可以假定其中的一章是原來的歌謠，其他數章是樂師申述的樂章。……

這是以爲詩經中歌謠部分的詩都不是原來的樣子，因爲歌謠一首都只是一章，唱完就算了，不會重復好幾遍的。這些重復的形式是樂師爲了奏樂的需要改變而成的。如果眞是這樣，詩經中屬於純歌謠的詩的確爲數不多了。

顧先生這一觀點，引起魏建功先生的反駁。他作「歌謠表現法之最要緊者——重奏復沓」一文，舉近代流行於民間的歌謠爲例，如歌謠周刊所載：「歌謠七，紅雲嫁黑雲一首中間有幾段復沓」、「歌謠八，天吓天三首復沓」、「歌謠十三，姑娘弔孝一與二、有幾段的復沓」、「歌謠十五，一塊板」、「歌謠二十，柳州情歌」、「歌謠二十三、江豆角」、「歌謠二十四，江陰船歌」等都是採復沓句調的，並將其歌詞與復沓次數及其不同用詞詳予列舉，然後說：

上面舉的些例都足以證明歌謠也有重奏復沓至於數次；並且尤足以推定一條假設：歌謠是很注重重奏復沓的；重奏復沓是人工所不能强爲的。唱歌謠的人不是詩人一樣的絞腦汁，他們大都用一樣的語調，隨口改換字句唱出來，兒童尤其是的；所以重奏復沓是歌謠的表現最要緊的方法之一。

這是歌謠並非只有一章的舉證，藉以說明詩經國風、小雅中重奏復沓的詩篇，是合於歌謠原有格式的。

接著，顧先生又發表「論詩經所錄全爲樂歌」一文，其重點在於說明樂歌與徒歌的不同，以證詩經全爲樂歌。該文開頭即云：

詩經所錄是否全爲樂歌，這在宋代以前是不成問題的。墨子書中言「弦詩三百，歌詩三百，舞詩三百」（公孟）。司馬遷在史記孔子世家中也曾說過：「三百五篇，孔子皆弦歌之，以求合韶武雅頌之音。」

他的話是否確實（三百五篇是否皆孔子所弦歌？三百五篇是否皆可合韶武雅頌之音？）是另一個問題；但他以爲詩經所錄的詩全是樂歌這個意思是很明顯的。自宋以來，始有人懷疑內有一部分詩是徒歌。前年我在歌謠周刊（第三十九號）中曾說詩經所收的民間徒歌已經全由樂工改爲樂章，魏建功先生反對這個意思，著論駁了（見歌謠周刊四十一期）。現在我把這個問題根本討論一下，試作一個解答。

顧先生據墨子與司馬遷的話，以爲宋以前的人認爲三百五篇都是樂歌。所謂樂歌，是由樂工依據各詩的曲調可以演奏歌詠的。自宋以後，才有人懷疑其中有一部分是徒歌。所謂徒歌，是謂歌唱時不以樂器相配合的。爾雅釋樂云：「徒吹謂之和，徒歌謂之謠。」所以徒歌就是民間歌謠。朱熹云：「風者、民俗歌謠之詩也。」他明確地主張國風的詩全是民間歌謠。又說：「是以諸侯采之以貢於天子，天子受之而列於樂官。」（詩集傳國風一）這些歌謠以後輾轉送到天子的樂官手裡，就成了歌謠。至於這其間有無經過樂工的改編，這就不得而知了。

顧先生主張詩經中原有許多徒歌，後來被樂工改爲樂章，都成了樂歌。他說：

我前數年搜集蘇州歌謠，從歌謠中得到一個原則，即是徒歌中章段迴環複沓的極少，和樂歌是不同的。徒歌中的迴環複沓，只限於練習說話的「兒歌」，依問作答的「對山歌」。此外，惟有兩類也是迴環複沓的，一是把樂歌清唱的徒歌，一是模仿樂歌而作的徒歌。但這兩類實在算不得徒歌。除了這四類，所有的成人的抒情之歌大都是直抒胸臆，話說完時歌就唱完，不用迴環複沓的形式來編製的，我們可以借此看出樂歌與徒歌的形式的不同。

這是以爲徒歌與樂歌的不同處，即在於迴環複沓。樂歌需要迴環複沓，徒歌則無。徒歌之所以有迴環複沓的形式，是基於四種情況：一是練習說話的兒歌；二是對山歌；三是把樂歌拿來清唱的徒歌；四是模仿樂歌而作的徒歌。於是顧先生下結論說：

詩經中一大部分是爲奏樂而創作的樂歌，一小部分是由徒歌變成的樂歌。當改變時，樂工爲它編製若干複沓之章。……

顧先生爲了證明這一點，特作下列幾點考證：

第一、我們看春秋時的徒歌可以證明詩經是樂歌。

顧先生舉左傳、國語、論語、孟子等書所錄的徒歌如晉輿人誦（左傳襄公二十八年）、鄭輿人誦（左傳襄公三十年）、國人誦共世子（國語晋語二）、楚狂接輿歌（論語微子篇）、孔子聽孺子歌（孟子離婁篇）等詩文，說明這些全是徒歌，在形式上雖有「對偶、反覆、尾聲」等現象，卻未曾「把一個意思複沓成若干章」的。

第二、我們從詩經的本身上看，可以證明詩經是樂歌。

徒歌因爲不分章段，所以只要作一方面的敍述。樂歌則不然，牠因爲遷就章段，往往把一方面鋪張到多方面。

顧先生說：

他接著擧鄘風桑中、王風揚之水、秦風權輿等爲證，以爲「詩經有一部分詩是從徒歌變爲樂歌的」，並下一個假設，以爲：

這些詩原來在徒歌中只有一章，樂工爲了奏唱的需要，改編成複沓的數章，這是硬湊上去的。

這即是顧先生相信詩經中絕大部分已非原來民謠的理由所在。

第三，我們從漢代以來的樂府看，可以證明詩經是樂歌。

他從漢書藝文志詩賦略、漢書禮樂志、隋書經籍志等記載中取證，以爲這些詩歌都是樂歌而非徒歌。並據晉書樂志「始皆徒歌，旣而被之管弦」與鄭樵通志樂略「始則田野之作，後乃大樂氏用焉」等語，說子夜歌「本爲一曲的，到這時便變成了四曲。即此可知徒歌的變爲樂歌，是由簡變繁，由少變多的。」

第四，我們從古代流傳下來的無名氏詩篇看，可以證明詩經是樂歌。

顧先生以爲春秋以及其他時代的徒歌之所以能流傳下來，其主要原因，是與政治人物發生關係，後人重視政治人物的故事，並不重在歌謠的本身。其餘與政治人物沒有關係的徒歌，早已完全失傳，再也不能尋見了。由此以觀，能流傳後世的無名氏古詩皆爲樂府之辭。詩經是二千年前的東西，二千年前的人是決不會想到搜集和保存徒歌的工作的。所以顧先生斷定詩三百五篇全爲樂歌。

顧先生這篇文章，又引起張天廬先生的反駁。他在「古代的歌謠與舞蹈」一文中說：

顧先生的意見認爲詩經裡的詩歌均係樂章，即或有徒歌在內，也不是徒歌的原有形式。……以爲樂歌因要配合調譜的緣故，篇章才迴環複沓，至於徒歌則不然。於是推斷詩經中之有迴環複沓的方式，不是徒歌本來面目，乃是樂工因牽合樂譜所申述鋪張的樂章。

顧先生所依據的理論只求注重到歌與樂的方面，卻忽略了古代先民歌與舞的關係。假設能從歌與舞相關的方面考究一下，那麼歌因舞的來轉動作的節奏，也許有迴環復沓的可能；徒歌原來是否迴環復沓的問題，從這方面或能得一較可靠的判斷。

張先生先說明顧先生的論文重點在於徒歌與樂歌的區分，以爲徒歌不需要復沓，樂歌才有需要；由此推斷詩經中復沓的詩篇是經樂工改編的。但是顧先生忽略了歌與舞的關係，如能從這一方面加以考究，則對徒歌是否要復沓，或許會得到較可靠的結論。接著張先生舉證說：

古人歌與舞是離不開的，一邊歌唱之際，同時也就乘興而舞，這種證據在楚辭詩經裡很容易找到。例如：

展詩兮會舞，傳巴兮代舞，姱女倡兮容與。——楚辭九歌

起鄭舞些，……發激楚些。吳歈蔡謳，……——楚辭招魂

猗嗟孌兮，清揚婉兮，舞則選兮。……（鄭箋「選」爲「齊」，當然與歌樂相齊節之謂。）——詩經齊風猗嗟

這種話很多，足見古代歌舞同時是無可否認的事實。自然歌舞之際也夾雜有簡陋的「樂」。……然腳步的踏起及身姿的動轉自然也會有節奏的，於是口中所唱的歌聲也因舞的節奏起落而迴環復沓，迴環的歌章或有前後意思深淺不同，或把前章換上幾個不同音的字以便迴環響應舞的節奏。

這是將詩歌所以復沓的原因歸之於舞蹈的需要。顧先生說是音樂演奏的需要，亦即由樂工將原只一章的徒歌改編成重複數章的樂歌，張先生以爲這是不可能的。他說：

顧先生把樂工看得太高了！那些樂工既會配製調譜，並還會體會原作者的意思，把自然流露出來的詩句有條有理的演述鋪張，恐怕這種當職業的樂工，又能當天才詩人，古代也很少吧？

張先生即舉召南江有汜篇爲例，三章復沓，由第一章的「不我以，其後也悔」，改爲第二章的「不我與，其後也處」，第三章的「不我過，其嘯也歌」；他說：

照方玉潤解這三章的層次曲折深淺是不錯的。首章是失戀後還有希望的意思，所以盼望著「其後也悔」。二章是表希望若有若無之間：此時愛人不以自己爲伴侶，將來或有安處的方法吧？這是一種寬慰的心情。後一章寫敘他的愛人連看她都不，是已經絕望，所以只好付之長嘯哀歌罷了！一個樂工能把一首簡單的歌申述成這樣有生命的文藝嗎？

張先生再從樂器方面來談，以爲詩經產生的時代樂器尚甚簡陋，約處於石器與金器文化的過度時期，那裡會有樂工（專門的）去配製複雜音調的樂譜呢？於是張先生下結論說：

古代的歌與舞有密切關係，歌聲因協合舞的轉動踏起，徒歌很有迴環復沓的可能。從詩經中歌謠內容觀察，其描寫情緒之深淺與動作之程序，非職業的樂工所能申述鋪張而成的。由音樂發展的時代來看，詩經中歌謠時代尚在音樂萌芽幼稚之期，絕無樂工因配調樂譜，申述徒歌之可能。

最後，尚有鍾敬文先生作「關於詩經中章段複叠之詩篇的一點意見」一文。他由於收集「峷歌」（注：峷人，猺族），發現「每首都有兩章以上複叠的，全部幾乎沒有例外」。經他詳細考究之後，才知道「這種歌的迴環復沓不是一個人自己的疊唱，而是兩人以上的和唱」。「對歌合唱是原人或文化半開的民族所必有的風格，如水上的蛋民，山居的客人，現在都還盛行著這種風氣，而造成了許多章段複叠的歌謠。」於是他發表自己的觀點道：

說詩經中全部複叠著的歌謠，每首除了一章爲原作外，其餘都是樂工加上的，這話微有點近於牽强。因爲有許多復沓的章段中是很有意思與藝術的，與其說是樂工隨意所增益，似不如說是多人興高采烈時所唱和而成的，更來得比較確當點。

可見顧先生樂工改徒歌爲樂歌之說，爲魏、張、鍾諸先生所不取。魏從歌謠原多復沓上看；張從歌舞的關係與樂工的藝文能力上看；鍾則從初民唱和與集體創作的觀點上看；都以爲歌謠原有數章復沓的形式，徒歌配樂即成樂歌，毋須樂工的鋪張與改編。

六、六義與起興問題

詩經六義之說，源於周禮。周禮太師職說：「教六詩：曰風、曰賦、曰比、曰興、曰雅、曰頌。」毛詩大序改爲：「故詩有六義焉：一曰風、二曰賦、三曰比、四曰興、五曰雅、六曰頌。」惟六義的解釋，周禮闕如，大序則僅及風雅頌，而未提賦比興。即以「風」義來說，以「風化」、「風刺」、「變風」爲說，國風的詩究竟是何性質？仍然交代不清。尤其對於興體的涵義，鄭玄、孔穎達一說就與比體相混，使人弄不清楚二者的分際。參加此一問題討論的，有劉大白、顧頡剛、鍾敬文、朱自清、何定生等人。劉先生「六義」一文中說：

> 六義的名目，見於毛詩大序；它底次序，是一曰風、二曰賦、三曰比、四曰興、五曰雅、六曰頌。風雅頌三項，是詩之分類；賦比興三項，是詩底作法。但是它的次序爲什麼如此錯綜呢？關於這一點，我想可以作如下的假設的解釋。古代没有輕唇音，「風」「賦」兩音都屬幫紐，合「比」字同一發音；「頌」字本來就是形容的容字，而古代喻紐歸影，容讀影紐，合「雅」字也是同一發音；「興」屬曉紐，和影紐不過深喉淺喉之別；所以作大序的人依發音底同異而把這六字分爲兩類。

這是以爲毛詩序六義所列的次序如此錯亂，是由於發音的關係；風、賦、比三字的發音同屬幫紐，所以放在一起；與雅頌雖不同紐，然發音相近，影紐、曉紐只是深喉淺喉之別，所以隨亦歸於一類。劉先生是在替大序中六義不合理的排列，找出一個勉強可以說通的理由來。

至於賦比興三義，劉先生說：

賦是敷陳，比是譬喻，這是不很發生疑問的。至於興，似乎比較地費解了。其實簡單地講，興就是起一個頭。借著合詩人底眼耳鼻舌身意相接搆的色聲香味觸法起一個頭。……總之，這個借來起頭的事物是詩人底一個實感而曾經打動詩人底心靈的。

接著，劉先生舉周南卷耳、召南甘棠二詩作爲賦體的例子；周南螽斯、召南鵲巢作爲比體的例子；周南關雎、召南草螽、邶風燕燕作爲興體的例子。他特地爲興體的詩解釋說：

關雎底詩人所要抒寫的只是淑女底好逑；草蟲底詩人所要抒寫的只是未見君子時的憂心和既見時的心降；燕燕底詩人所要抒寫的只是送之子時的瞻望與涕泣。但是他們覺得憑空說起有點太突了，所以借了雎鳩在河洲，草蟲喓喓，阜螽趯趯和飛燕差池其羽等的實感來起一個頭。……又如燕燕于飛合之子于歸似乎有點相類似，好像是比；但是它們實在不是全同，所以只是興而不是比。

在劉先生此文之前，已有顧頡剛、鍾敬文二先生談「興」的文章。顧先生「起興」一文，對興義已有較深入地探討。劉先生的「興就是起一個頭」的話，顧先生文中即已提出。顧先生說：

數年來，我輯集了些歌謠，忽然在無意中悟出興詩的意義。

於是他錄下九首歌謠開頭一節爲證。如其中第七、第八兩首是：

(七)陽山頭上竹葉青，新做媳婦像觀音。……

(八)陽山頭上花小籃，新做媳婦多許難。……

顧先生說：

在這九條中，我們很可看出起首的一句和承接的一句是沒有關係的。例如新做媳婦的美，並不在於陽山頂上竹葉的發青；而新做媳婦的難，也不在于陽山頂上有了一隻花小籃。牠們所以會得這樣無意義的聯合，只因「青」與「音」是同韻，「籃」與「難」是同韻。若開首就唱「新做媳婦像觀音」覺得太突兀，站不住，不如先唱一句「陽山頭上竹葉青」，於是得了陪襯，有了起勢了。……這在古樂府裡也有例可舉。如「孔雀東南飛，五里一徘徊」，原與下邊的「十三能織素，十四學裁衣，十五彈箜篌，十六誦詩書」一點沒有關係。只因若在起首就說「十三學織素」，覺得率直無味，所以加上了「孔雀東南飛，五里一徘徊」，一來是可以用「徊」字起「衣」「書」的韻腳，二來是可以借有力的話作一個起勢。

這是說詩經六義中的「興」字，即是「起」的意思。說「興」爲「起」，原是漢儒鄭衆的話。只是鄭氏在「興者，起也」之下，接下的話：「取譬引類，起發己心，詩文諸舉草木鳥獸以見意者，皆興辭也。」又與比體混淆在一起，所以得不到重視。顧先生所說的「起」，即在詩人陳述本事之前，先說一兩句與本事不大相干的話作爲陪襯，藉以引發正題的作法。以爲「興」的文句多屬無義，只是音節的湊合，沒有情理的關連。

鍾敬文先生在「談談興詩」一文中，首先舉朱熹詩集傳在小星首章「嘒彼小星，三五在東」下說：

> 蓋衆妾進御於君，不敢當夕，見星而往，見星而還，故因所見以起興：其於義無所取，特取「在東」「在公」兩字之相應耳。

鍾先生隨著說：

「衆妾進御於君」的話，對與不對，我們姑且把它放在一邊。「因所見以起興，其於義無所取，特取

『在東』『在公』兩字之相應耳」，用這話說明興義，誰還比它來得更其精確？

因此，鍾先生對朱熹所說：「興者，先言他物以引起所詠之詞也。」認爲這一說法是相當可取的；只是他在說詩的時候，常常自致混淆而已。比如邶柏舟與鄘柏舟，原是同一作法的詩，他卻說前者爲「比」，後者爲「興」，這是無法說通的。

鍾先生接著提出自己對「興」詩的看法。他說：

我以爲興詩若要詳細點剖釋，那末，可以約分作兩種：

(一)只借物以起興，和後面的歌意了不相關的，這可以叫它做「純興詩」。

(二)借物以起興，隱約中兼略暗示點後面的歌意的，這可以叫它「興而帶有比意的詩」。

鍾先生爲此舉「燕燕于飛，差池其羽。」爲前一例；「有兔爰爰，雉離于羅」爲後一例。並說：

第二類所舉頗有點像隱比，但細玩之，又不似有意的運用而只是偶然興會的話，所以我們仍不妨把它看作起興。我想，如要恰當一點的說，不如稱它做「興而比也」吧了。

鍾先生爲此錄下兩首現代民歌：

門前河水浪飄飄，
阿哥戒賭唔戒嫖；
講著戒賭妹喜歡，
講著戒嫖妹也惱。

說這首民歌首句「門前河水浪飄飄」與下文的意思無關，是屬於第一類。又如：

桃子打花相似梅，
借問心肝那裡來；
似乎人面我見過，
一時半刻想唔來。

說這首民歌首句「桃子打花相似梅」與下文「似乎人面我見過」之間似有一些含義上的關聯，所以是屬於第二類的興。

鍾先生還提及郭沫若將詩經中四十首情歌翻成國語的詩歌，原是一件好事，「但他把許多搖曳生姿的興詩多改成了質率鮮味的賦詩，這是很可惜的。假如他明白了興詩的意義，那末，他的成功不更佳嗎？」可見興的作法不論有義無義，都有它的獨有情趣，是賦體不能取代的。

朱自清先生在致顧先生「關於起興的意見」的信函中，提出如下的三點意見：

㈠毛詩傳裡說興詩，太確切，太沾滯，簡直與比無異。鄭箋卻未免變本加厲了。其實照大序及毛傳所指明，興確是比的一種，不過涵義較爲深廣罷了。文心雕龍說，「比顯而興隱」，正是這個道理。

㈡兄以「山歌好唱起頭難」來說明「起興的必要，這是不錯的，但這究竟是怎麼一回事呢？弟以爲由近及遠是一個重要的原則。所歌詠的事情往往非當前所見所聞，……於是乎從當前實見實聞的事指指點點地說起，這便是「起興」。……如吳歌「陽山頭上花小籃，新做媳婦多許難」，「陽山」與「籃」皆習見之物，以興主文的「新做媳婦」一名；這裡不但首句與次句不相連貫，即首句上下截亦顯係湊成，毫無理解，可是首句韻字「籃」與次句韻腳「難」音韻近似，便可滿足初民的聽覺，他們便覺得這兩句是相連著的了。這種「起興」的句子多了，漸漸變成套句。……

㈢詩有賦比興之分，其實比興原都是賦，因與下文或涵蘊的本義的關係，才有此種區別。賦是直說，比是直說此事以譬彼事，而彼事或見於文中或否（如詩經中的鴟鴞、黃鳥），興是直說此事以象徵彼事——或用兄說，直說此事，任意引起他事。無論比興，所直說的「此事」，原來必是當前習見習聞的事物。……所以比興與賦並無絕對的分別，只是說詩者的一種方便。

由以上所引，可見朱先生對「興」詩的看法，一方面從古人的解說來考察，以爲興確實與比有關，只是比較明顯，興較涵隱而已。另一方面從自己的體會，以爲起興的文句都是取習見習聞的事物來說的，有時所敍的事物沒有義的相屬，只有聲的關連。並以爲比興也只是賦，其與下文所發生的關係不同，才有屬比屬興的區分。所以他的結論是：比興與賦沒有絕對的分別，是說詩者爲了方便才如此說的。

最後還有何定生先生「關於詩的起興」一文，其主要見解是：古人說詩之所以不得詩旨，是由於重視名教的緣故。名教的要求愈重，賦比興的意義就會相距愈遠。他還以爲興詩不但不能從名教上講，也不能從一般的涵義上講。應該怎樣講呢？應從聲歌上講。他服膺於鄭樵的一些觀點。鄭樵說：

> 夫詩之本在聲，而聲之本在興；鳥獸草木乃發興之本。

又說：

> 嗚呼！詩在於聲，不在於義。猶今都邑有新聲，巷陌競歌之，豈以其辭義之美哉，直爲其聲新耳。

何先生爲此舉了兩首當代民歌，如其一：

> 剔桃官路西。

金盅碟子養花栽，
銀盅碟子養花蕊；
初一十五開一個。
剔桃官路邊。
金盅碟子養花枝，
銀盅碟子養花蕊；
初一十五開一枝。

何先生說：

你看，起首一句，可以說是本詩的範圍以外，一點都沒干係。

於是何先生下結論說：

我們也可看得出，所謂「興」者，正正就是像前舉民謠那半首沒關係的句法；而也是那換聲的方法了。故我們要是下個「興」的定義，就是：

歌謠上與本義没有干係的趁聲。

亂七八糟，什麼東西，撞到眼，逗上心，或是鼓動耳朵，而適碰到詩興，於是就胡亂湊出來——或者甚而有時詩意都没嘗打算，只管湊湊成了。這個就是「興也」所成的詩經的祕密。

鄭樵曾說：

臣之序詩，專在聲歌，欲以明仲尼之正樂。

何先生說：

詩是在好聽一方面著想的，然則只管聽就夠了，何必講！故鄭漁仲講鳥獸草木，我仍不贊成。

照何先生的說法，講詩只管講聲就好，講聲只管用聽覺去欣賞就好。尤其是關於「興」的詩，絕對只是聲的作用，詩義是不能碰的。一旦講到詩義，這就走上岔路，這就犯錯！

參　論文評析

一、詩經學說演進的省思

中國各經籍中，沒有一部像詩經那樣富於歷史演進的意義的。它像一個有機體，隨著歲月的累積而不斷成長；從春秋戰國時代的用詩教詩開始，經過漢、宋、淸、民初以至於今世，學者對詩篇的詮釋有著階段性的發展，正像一個有機體的成長過程；而且它比一般有機體更具優越性，即是它沒有老衰的現象，也沒有終止的一天。

這種詩學演進的歷史觀點，對讀詩的人極爲重要，因爲它會引導讀者如何去對待詩序、毛傳、鄭箋；如何去對待歐陽修、鄭樵、朱熹；如何去對待姚際恆、崔東壁、方玉潤；甚至於如何去對待民國以來的章太炎、胡適、顧頡剛。歷史告訴我們，學術演進的軌迹是迂迴曲折的；也告訴我們，一個著名的學者，他的主張在歷史線上自有適當的地位；他往往是前有所承，後有所繼；他也往往是說了一些有意義的話，同時又說了一些有問題的話。從古今名家的論著裡，我們幾乎找不到一位學者的言論是完美無缺的。

這種透過史識而產生的判斷能力，讀古史辨顧頡剛、胡適、俞平伯諸先生的文章，最容易感受得到。例如顧先生說到四家詩說莫不附會，把民間的抒情詩，說成了美后妃、刺某君之作，這是爲什麼呢?因爲他們要把這些詩當倫理教材的緣故。我們如果對西漢時期的社會倫理與學術風氣有所了解，就會知道這類詩說並不是憑空而來，而是有其歷史背景的。

胡先生是重視歷史研究方法的一個人。顧先生在自序裡曾說：

> 適之先生帶了西洋的史學方法回來，把傳說中的古代制度和小說中的故事舉了幾個演變的例，使人讀了不但要去辨僞，要去研究僞史的背景，而且要去尋出它的漸漸演變的線索，就從演變的線索上去研究。……

由顧先生這段話，可以看出胡先生的歷史研究方法對他的影響來。顧先生以後創「層累地造成的中國古史」之說，雖然胡先生稱許這是「辨古史的基本方法」、「已替中國史學界開了一個新紀元」；其實這也是受胡先生的影響才有的。師弟二人，同是我國民初開創風氣的巨匠，他們狂熱地辨僞疑古；古史辨中所呈現的學術思想的進步，從研究方法到具體內容，都有劃時代的建樹，這是值得我們後學者重視與欽敬的。

但是，有了新見解、好方法，不一定他們所提出的意見都是對的。例如胡先生在「談談詩經」一文裡，將「小星」說成是「妓女生活最古的記載」，葛覃說成是「描寫女工放假，急忙要歸的情景」。當時即引起一些學者的反對，理由是：詩有「夙夜在公」之句，妓女上店陪宿，豈是「公事」？上古時代有無工廠？會有放假制度嗎？顧先生說「騶虞」篇「于嗟乎」一句，「明明是『一發五豝』的悲歎詞。詩人看見射者之一射而殺五豝，以爲殘忍，所以作詩以傷之。」（以上所引見古史辨第三冊陳槃著「周召二南與文王之化」一文）其實「一發五豝」，是指出獵的整個隊伍，他們一次齊聲發射，就射下了五隻山豬。由於統馭全局的是騶虞，所以詩人對他歌頌。「于嗟乎，騶虞！」該是狩獵成功因而對騶虞的贊美。顧先生以「殘忍」說之，試問打獵的如果只有一個人，他即使善射，發射一次如何能射中五隻山豬？狩獵旨在獲得獵物，所獲愈多，愈覺慶幸，怎會興「殘忍」之歎？

由此看來，說詩是否妥當，是要從多方面去衡量，不是有了新見解、好方法就能濟事的。

二、國風與樂歌的關係評析

漢儒以美刺說國風，所以將國風的詩都說成與政治人物有關。政教的意味愈重，民歌的本質愈被忽視。詩大序說：「風，風也，教也；風以動之，教以化之。」「關雎，后妃之德也，風之始也；所以風天下而正夫婦也。」這已明確地將國風的詩界定在一個特殊的範圍裡：即敍的是政治人物的事，涵的是教化功能。如此說詩，自然顧不到詩人的本意了！

到了宋朝，朱熹說：「風者，民俗歌謠之詩也。」他把國風說成是民間歌謠，確是一大進步。可是他講到各篇詩旨時，往往不照歌謠來講；尤其二南的詩，他一遵序說，多以文王、后妃爲說，完全忘了歌謠這回事。所以朱熹雖有歌謠之見，卻未曾落實到詩篇之中。至於顧先生採歌謠的觀點，又以爲這歌謠都是經過樂工加以改編的，使原來只有一章的徒歌，變成以後增爲數章的樂歌。他基於這一觀點，遂認爲今本詩經中凡是重奏複沓的，已非詩經原有的形式。

反對顧先生此一論旨的，有魏建功、張天廬、鍾敬文先生，他們或從近世歌謠、或從歌與舞的關係、或從南方的客人和蛋民等的民謠爲例證，說明重奏複沓是民謠的固有形式，詩經中這一類型的詩不可能經樂工改編過的。

關於此一問題，筆者想要補充的，即顧先生曾說：「從漢代以來的樂府看，可以證明詩經是樂歌。」其實顧先生在這一項目下所做的工作，只是抄錄漢書藝文志以及隋書經籍志裡各類歌詩的名稱與篇數，沒有舉出一首足以證明自己的主張。相反的，現存的樂府詩卻都是一章即完，沒有重奏複沓的。如江南可採蓮、東門行、孤兒行、豔歌行、曹操短歌行，下至南北朝樂府詩如折楊柳歌、瑯玡王歌、地驅樂歌以及唐詩中的古從軍行、洛陽女兒行、兵車行、麗人行、哀江南等，古人都稱它們爲樂府詩。既是樂府詩，必然是經過樂工配上樂曲供人演唱的；亦即是顧先生所說的樂歌，而非徒歌。然而查閱這些樂歌，竟然沒有一首有重奏複沓現象的。就憑這一事實，顧先生將詩經中數章重複的詩說成原只是一章的徒歌，樂工爲了變成樂歌才加以改編的，隨著認爲現在詩經裡國風的詩都不是原來的民歌。這一說法恐怕有違事實，值得存疑。

三、興體詩說評析

詩經六義中最成問題的是「興」體的解釋。前人固無論矣，即以民國以來的學者而言，亦都有以偏概全的現象。例如顧先生在「起興」一文中，信從鄭樵「凡興者，所見在此，所得在彼，不可以事類推，不可以義理求也」這幾句話，再將現代歌謠如「陽山頭上竹葉青，新做媳婦像觀音」、「陽山頭上花小籃，新做媳婦多許難」等作爲例證，遂說：「在這幾條中，我們很可看出起首的一句和承接的一句是沒有關係的。」至於爲什麼要這樣「起興」的句子呢？他的解釋是：「牠們所以會得這樣無意義的聯合，只因『青』與『音』是同韻，『籃』與『難』是同韻。若開首就唱『新做媳婦像觀音』，覺得太突兀，站不住，不如先唱一句『陽山頭上竹葉青』，於是得了陪襯，有了起勢了。」接著顧先生遂舉孔雀東南飛爲例，以證它起首二句與下文全不相干，用來證明興的詩句只有音節的湊合，沒有義理的關連。

關於此點，筆者要指出的有二：一是興體詩大別之可有兩類，一類是音節起興，即如「陽山頭上花小籃」，它本身即是無意義的湊合，與下文亦無任何關係，純屬音節的需要爲下文起一個頭而已。許多兒歌大都是這一類。另一是情景起興，如「陽山頭上竹葉青，新做媳婦像觀音。陽山頭上竹葉黃，新做媳婦像夜叉」。這裡的「竹葉青」配合下文的「像觀音」；「竹葉黃」配合下文的「像夜叉」，除了音節以外，在情景上也是互相照應的，所以不能說彼此毫不相干。

其次，顧先生說到孔雀東南飛前兩句，與下文「十三能織素，十四學裁衣」等句「一點沒有關係」，拿來佐證自己的主張；這也是有問題的。因爲「孔雀東南飛，五里一徘徊」這兩句詩放在一對夫婦情深似海，終於以死相許的故事的前頭，在情景上有著非常微妙的引發作用。這一微妙作用，只可意會，不可言傳，是詩人神來之筆。如將它說成只是音節的湊合，那是絕對不夠的。胡適在白話文學史裡說：「是當時歌辭的『開篇』。……編孔雀東南飛的平民詩人，以此『母題』恰合焦仲卿夫婦故事，故取用此歌以作引子。」這話正說明開篇的二句詩與故事情景原是深相契合的，所以拿它來作引子。顧先生同時也說：「『孔雀東南飛，五里一徘徊』，一來是可以用『徊』字起『衣』『書』的韻腳，二來是可以借有力的話作一個起勢。」這兩句話，前一句是說音節起興，後一句是說情景起興。如果只是音節的作用，怎會有「可以借有力的話作一個起勢呢」？

所以筆者以爲近世許多學者過分看重鄭樵的話，都把「興」義說偏了。例如屈萬里先生的詩經注釋敍論裡談到「興」時，即舉了兩首如下的魯西歌謠：

擀麵杖，兩頭尖。
俺娘送俺泰安山。
泰安山上鶯歌叫，
俺想娘，誰知道？
說著說著哥來叫，

問爹好，問娘安；
問問小侄歡不歡？

又一首云：

小草帽，戴紅纓。
娘說話，不中聽；
媳婦說話笑盈盈。
娘病了，要吃梨；
又没有街道，又没有集；
又没有閒錢買東西。
媳婦病了要吃梨，
又有街道又有集，
又有閒錢買東西。
打著傘，踏著泥。
買來了燒餅買來了梨；
打掉根蒂去了皮，

偷偷地放在媳婦手心裡。
「別叫老娘看見了，
老娘看見不歡喜；
別叫老天看見了，
老天看見打雷劈。」

屈先生引了這兩首民謠以後，接著說：

第一首是一個出嫁的女子思念母家之作；第二首是諷刺不孝之子之作，而「擀麪杖」與「小草帽」，和歌謠的本意都毫無關係，只是「先言他物，以引起所詠之詞」。現在流傳的此類歌謠，固然比比皆是；而詩經一百六十篇國風中，也大部份是類此的詩。明乎此，則知「關關雎鳩，在河之洲」，本來與「窈窕淑女，君子好逑」無關；說詩的人，一定要說雎鳩「鷙而有別」，「生有定偶」，用來比附君子淑女，既非事實，也不合詩人的本意。而許多活生生的詩歌，卻被這些郢書燕說弄得奄奄待斃，真是可惜。

屈先生在說「興」的這番話裡，除了說明毛傳、鄭箋的穿鑿附會，不可信從以外，特別把朱熹的「興者，先言他物，以引起所詠之詞也」與鄭樵的「不可以事類推，不可以義理求也」作為準則。這樣一來，「興」義變成了無義。所以舉現代民謠，就舉魯西兩首歌謠，前兩句與下文毫不相干的例子。但是，我們要問，起興的詩都是這個樣子的嗎？鄭樵的「所見在此，所得在彼」，這「此」與「彼」之間都該說成毫不相干的嗎？「不可以事類推，不可以義理求」，原是破毛、鄭說「興」爲「比」之陋，如果有某種程度的情景的配合，就算犯了禁忌嗎？劉勰文心雕龍比興篇說：「日用乎比，月忘乎興，習小而棄大，所以文謝於周人也。」劉氏認爲「比」小「興」大，「興」比「比」重要。兩漢以下的詩文，只知有「比」，不知有「興」，劉氏即有「文謝於周人」之譏。這裡所謂的「周人」，指的是周代人士的作品，也即是詩經。可見劉氏對詩經中「興」的作法有極高的評價。如今要將起興的句子說成只是音節的湊合，則有何大處可言？

現在拿詩經中幾首起興的詩來看：

> 桃之夭夭，灼灼其華。之子于歸，宜其室家。——周南桃夭首章
>
> 維鵲有巢，維鳩居之。之子于歸，百兩御之。——召南鵲巢首章
>
> 何彼襛矣，唐棣之華。曷不肅雝，王姬之車。——召南何彼襛矣首章
>
> 殷其雷，在南山之陽。何斯違斯，莫敢或遑。振振君子，歸哉歸哉！——召南殷其雷首章

以上四首詩首章，毛傳註前三首爲「興也」，朱子則均注爲「興也」。以爲開頭的兩句都屬「起興」的筆法。試看這些起興的句子與下文除了音節的關係外，有無情景上的相應呢？如將它們都說成毫不

相干的湊合，等於將其中一股濃濃的趣味抽離出來，就像一株甘蔗抽去了糖汁那樣，還有什麼「興」的價值可說呢？

至於鍾敬文先生主張「興」分兩類：一類是「純興詩」；一類是「興而帶有比意的詩」。前一類是起興的句子與下文「了不相關的」，後一類是「隱約中兼略暗示點後面的歌意的」。這一說法比較能掌握「興」詩的情況。只是他將「燕燕于飛，參差其羽」說成是前一類，這就不太妥當。因爲燕燕的凌空飄飛，與詩人所敍送別的情景是相應的，不能視爲「了不相關的」。至於他將後一例「有兔爰爰，雉罹于羅」，與下文「我生之初，尚無爲。我生之後，逢此百罹，尚寐無吪」，說成屬於第二類「隱約中略暗示點後面的歌意的」，也頗適當；進而稱爲「興而帶有比意的詩」，這又恐將另起爭端。因爲這一方面與比發生混淆，另一方面許多情景起興的詩，不一定含有比意的。例如「孔雀東南飛，五里一徘徊」，以及現代民謠「月兒彎彎照九州，幾家歡樂幾家愁」等，這些起興的句子，不是無義的湊合，也無對比的作用，卻能强烈地引發詩情。可見鍾先生以「帶有比意」爲說，實不足以周延。

朱自清先生一方面主張興與比有關，以爲「比」較明顯，「興」較涵隱。一方面主張比興也都是賦，賦是直說，比是直說此事以譬彼事，興是直說此事以象徵彼事。關於這兩點主張，都值得再作推敲。即如「比顯興隱」，前人早有此說，以此說興，總有未從本質上說之嫌；何況有些起興的詩句原無隱喻的用意。至於比興也都是賦的說法，可以說是較特殊的見解，然如細按詩序六義之說，賦比興既屬三種作法，自當有其分際，不宜混爲一談。再如「興」的涵義，朱先生說：「興是直說此事以象徵彼事。」這也未必盡然；許多音節起興的詩，如「陽山頭上花小籃」、「擀麵杖，兩頭尖」等，其中起興的句子都只是音節的湊合，何來象徵的意義？

最後談何定生先生的看法。他主鄭樵「詩之本在聲，聲之本在興」之說，遂自下「興」的定義爲：「歌謠上與本義沒有干係的趁聲。」也即「胡亂湊出來」的無意義的組合。如他舉當代民歌「剔桃官路西」、「山崎崎，地崎崎」爲證，說「興」義都該作如此說。

何先生說興所造成的問題是顯然可見的：第一，他把「興」義說得越來越無「興味」了。如果起興的詩句全都是這樣的，這些亂七八糟隨便湊合而成的句子，即使放在一首詩歌的前頭，無論讀也好，唱也好，會引發人們的興味嗎？第二，何先生所舉歌謠的例子，文詞多屬不通。如前面所舉的「剔桃官路西」、「山崎崎、地崎崎」以及在「詩經之在今日」一文中所舉如下的一首童謠：

月兒光光，下河洗衣裳。洗得白淨淨，給哥哥穿起上學堂。學堂滿，插竹管。竹管尖，插上天。天又高，一把刀。刀又快，好截菜。菜又甜，好買田，買塊田園没底底，漏了二十四粒黃瓜米。

從這些歌詞看來，它們本身即不成文理，不能算是合格的歌謠。拿它們和詩經國風的詩放在一起來討論，令人有「匪我族類」之感。換句話說，討論詩經裡的問題，取材亦須適當；舉例的時候，還須顧及其涵蓋性，只是抱著鄭樵的幾句話來演述，這是絕對不夠的。

四、靜女諸說評析

看了靜女的討論，即知每一首詩都會呈現四個問題：一、詩旨問題；二、名物考證問題；三、詞章訓釋與語譯問題；四、全篇布局問題。

從詩旨來看：毛詩序說：「靜女，刺時也。衞君無道，夫人無德。」以爲這是「陳古刺今」的詩。朱熹說：「此淫奔期會之詩也。」「期會」，已得詩旨；「淫奔」，是從禮教上說。傅斯年先生說：「此男女相愛之辭。」（見傅著詩經講義稿）由「刺時」至「淫奔期會」至「男女相愛」，即成爲三個階段的詩旨演進。

從名物考證來看：彤管，漢儒以爲是女史執法用的紅筆管；朱熹以爲是「相贈以結慇懃之意」的一件禮物，但不敢指實，只說「未詳何物」。顧先生說是「丹漆的管子」，至於此管何用？也不敢指實。劉大白訓「彤管」爲「紅色的管子」；以爲這個「紅色的管子」就是第三章的「荑」，故詩中所敍是一物，不是二物。郭全和以爲「管」字是「菅」字之誤。「菅」似茅而非「荑」，故以爲詩中所敍是二物，不是一物。魏建功訓「管」爲「笙簫管笛的管子」，是「古時樂器中吹竹的東西」，與「荑」自然是全不相干的兩件東西。

荑：毛傳訓爲「茅之初生者」，劉大白據之而說是「茅草的嫩苗兒」；董作賓以爲即是「茅芽」。惟郭全和以爲「凡草木的始生者，皆曰荑。」故荑不一定指茅芽說的。

靜女：毛傳云：「靜，貞靜也，女德貞靜而有法度，乃可說也。」朱傳：「靜，閒雅之意。」馬瑞辰毛詩傳箋通釋：「靜爲靖之假借，靖爲善；靜女謂善女，猶云淑女碩女也。」顧頡剛：「幽靜的女子。」謝祖瓊：「幽閒的女子。」劉復：「靜女，可作一個名詞，解作『小姐』或『姑娘』或『處女』，不必說幽靜的女子。」（靜之不必强解作靜，猶之乎南方言小姐，北方言大姑，並不含有小大之意。）方玉潤：「靜女即宣姜也。」董作賓：「靜默默那個美女。」房儒林：「幽雅的美女。」劉大白：「一個靜悄悄的姑娘。」

由以上這些訓釋，可分三類：⑴從婦德上說，如貞靜、閒雅、幽雅、善、淑等。⑵從性情上說，如幽靜、幽閒、靜默默、靜悄悄等。⑶從通稱與專名上說，如小姐、姑娘、處女或宣姜的代稱等。至於郭沫若說這位靜女是「牧羊女」，這無異是爲蛇添足了。

從詞章的訓釋與語譯來看：城隅：毛傳：「以言高而不可踰。」朱傳：「幽僻之處。」顧頡剛：「她在城角裡等候著我。」郭沫若：「她叫我今晚上在這城邊等她。」魏建功：「等著我在城牆角。」

俟我於城隅：鄭箋：「待禮而動，自防如城隅，故可愛也。」

以上毛、鄭訓「於城隅」爲「如城隅」，以見其以禮說詩之謬。郭氏不僅添足，而且反客爲主，顚倒其說。魏氏雖直譯無誤，然不類語體句式。當以顧先生所譯爲妥。

愛而不見：鄭箋：「愛之而不往見。」孔氏正義：「我愛之欲爲人君之配，心旣愛之，而不得見。」顧頡剛：「我愛她，但見不到她。」魏建功：「我愛心肝見不著。」郭沫若：「天色已經朦朧了，她還沒有來。」杜子勁：「爲什麼彷彿看不見。」

以上郭、杜二人是據許愼說文解字引「僾而不見」，訓「僾」爲「彷彿」而說的。杜氏另據馬瑞辰「愛者，薆之渻借。爾雅釋言：『薆，隱也』，……引詩『薆而不見』」的三家詩之訓，於是又譯爲「隱然不得見」。鄭、孔之訓釋雖有不妥處，但「愛」字作「喜愛」解，如顧先生的語譯，較之他說，總要好些。

說懌女美：鄭箋：「女史以之說釋妃妾之德之美。」朱傳：「悅懌此女之美也。」顧頡剛：「我眞喜歡你（指管）的美麗。」劉大白：「我愛你能代表咱們倆愛情的美滿。」董作賓：「越使我喜歡她的美。」

其中「女」字，有作「女子」講；有作「汝」講，則爲「彤管」、「妃妾之德」、「愛情」等義的代詞。「美」字亦有三義：美德、美麗、美滿。比較上述各訓，似以朱傳與董氏的譯述較妥。

踟躕：毛傳：「言志往而行止。」朱傳：「踟躕，猶躑躅也。」馬瑞辰：「踟躕，韓詩作躊躇，猶豫也。」搔首踟躕：顧頡剛：「使得我搔著頭，好沒主意。」張履珍：「叫我心上心下地眞是搔摸不著。」魏建功：「抓耳撓腮沒主張。」董作賓：「急得我踱來踱去，抓耳撓腮。」房儒林：「使我抓耳撓腮，無主意來回踱著。」湯傳斌：「不由得搔著頭走來走去。」

這些訓釋，有從心理上說，有從行動上說。如毛傳、朱傳、韓說、顧頡剛、魏建功的「踟躕」解釋，即屬前者。張履珍語譯「搔首踟躕」爲「叫我心上心下地眞是搔摸不著」，是從心理上說最典型的例子。至於其他各例，如說「搔首」爲「搔著頭」，或「抓耳撓腮」；「踟躕」爲「踱來踱去」、「來回踱著」，或「走來走去」，這是有具體可見的行動的。兩者相比，似以後者爲宜。因爲「搔首踟躕」原是一個人的兩個動作；說這兩個動作出於「猶豫」或「好沒主意」的心理是可以的；如將這種心理當兩個動作來說，這就有捨實求虛輕重倒置之嫌了。

最後，從全篇布局來看：我們如先肯定這首詩是民間歌謠，是兒女情歌，即須剔除詩序「衞君無道，夫人無德」與方玉潤「靜女，即宣姜」等附會之說，然後從民歌的觀點，來看這首詩當有的解說。

一般來說，這首詩最成問題的，即二、三章之間該如何銜接？其間又牽涉到「彤管」與「荑」是一物還是兩物？女子送東西的時間是一次還是兩次？如果說成是前後不同的時間，送的是兩樣東西，就須認爲詩中人物的幽會活動是有時差的；三章可以說成有三個場所與三個時間。如將一、二章說成是同一時間的活動，也得將第三章的時間分開來說。這在一般學者討論詩中詞章問題時大都被忽略的；即使主張彤管與荑是二物如顧頡剛、魏建功、劉復諸先生，也都沒有談到時間方面的話。但在這一解說之下，必然將兩章分成兩個時段，在全篇布局上看，總覺得有些不順適處。所以主張靜女所送的只是一物的劉大白先生，即不贊成魏建功先生等「把二三兩章打成兩橛的講法」。

主張彤管與荑只是一物的，除了劉大白先生以外，還有董作賓、房儒林、湯傳斌等人。既然只送一物，自然相聚的時間也只有一次。既然相聚的時間只有一次，爲什麼將含有時段性的「自牧歸荑」放在第三章來說呢？第二章說了「貽我彤管」，第三章又說「自牧歸荑」，從布局上看，兩章所送的如果是同一樣東西，何以用上兩個不同的名稱？內容豈不顯得重複？但是劉先生說：「我把二三兩章連貫來講，而且只有連貫來講才覺得先說『說懌女美』，『洵美且異』，後說『匪女之爲美，美人之貽』，可以顯出詩人用意的曲折來。三章上半，是承二章下半而複述的。『自牧歸荑』是注明彤管之爲何物。」劉先生這一解說顯然是從二三兩章的四個「美」字上著力，以爲其間含有文藝技巧，有其連貫性與曲折性。但說「三章上半；是承二章下半而複述的」，亦即「自牧歸荑，是注明彤管之爲何物」的，這就值得推敲了。因爲一首講究文藝技巧的短詩，怎會在前一章所說的東西，還須下一章加以複述的？作靜女的詩人如果眞的如此運筆，在布局上無疑是一大缺失，還談什麼文藝技巧呢？

可是劉先生此一見解是深獲董作賓先生贊許的。他在「邶風靜女篇『荑』的討論」一文的末頁說：「所以這篇討論是專專維持大白先生……所發表的主張的。」他說：

以彤管爲兩物，那末，一次見面竟送了兩回東西，總有點說不過去呵。我們試看本文，那女子本來約她的情人在城角下相候，情人來了，她反没來，弄得他那樣著急。以後她終於來了，便送他一些紅管兒，這當然就是從野地帶回的荑了。不然她何以不憚煩瑣，一再嘮叨，既送彤管，又送荑草呢？若說是一次送了兩樣，那末，作者何不逕直說「貽我管荑」，而要分做兩次寫呢？我以爲當她送東西，他接來乍看時是些紅管兒，以後剝出雪白的芽兒來，才知道是荑了。所以在下一章又解說這紅管是荑呵，這是她從野外采回來的荑呵。

董先生這段話，目的在說明這女子只送一樣東西——彤管也即是荑。但所說的理由似嫌不足；因爲送的如果是兩樣，董先生說不應該分做兩次寫，應該逕說「貽我管荑」，要合成一次寫。那麼如果只送一樣，原無合不合的問題，理應只作一次寫，爲什麼反而要分兩次呢？兩物分敍，都嫌作者嘮叨，應該合併爲「管荑」；如今主張原只一物，卻許其分化爲二名，許其分做兩次寫，許其下一章的「荑」是用來解釋上一章的「彤管」的，這樣的分敍與解釋，難道不算是煩瑣與嘮叨嗎？董先生說：「我以爲當她送東西，他接來乍看是些紅管兒，以後剝出雪白的芽兒來，才知道是荑了。」茅芽原是民間習見之物，一個女孩子都能採得的，男孩子豈無這點常識，要待「剝出雪白的芽兒來才知道是荑」嗎？如此說詩，益見其不近情理。故從布局上看，如果彤管原即是荑，將它一分爲二，乃是絕對沒有必要的。

由此看來，這首詩的布局，無論怎樣說，都有不順適處，所以又有魏建功「這靜女的三章是想念情人的三首詩」的說法，以爲都是「追憶」的。三章改稱三首，表示各自獨立，不必求其連貫；這樣也就沒有布局上的問題了。但就靜女的章句來讀，給人的印象是紀實的，不是在想念的。將三章說成三首，這也是罕有其例的。不過至少魏先生已看出該詩布局上有難以解決的問題。

最後，還有杜子勁的一說。他認爲「全篇結構散漫，並無論理的組織」。以爲這是樂工改編的樂歌，但求便於演奏，遷音就節，隨便湊合而已。所以教我們「不必強求牠的條理」。這一說法，除了否定靜女的文藝價值似有低估詩經之嫌外，倒是較無矛盾的一種設想。如果我們認定國風的詩多屬民間歌謠，歌謠的作者多屬平民，則這類布局結構不甚嚴謹的現象，或許正是其原來的模樣。我們如以此觀點來看前面各家的解說，他們絞盡腦汁想把靜女說通來，反而又犯上「瞎子斷扁」之譏了！

至於杜先生說這是樂工改編的，乃是信從顧先生的主張才有的話。我倒覺得這不是樂工改編的最佳例證；因爲它不是三章重複一件事的，而且這首詩也不大可能原來只有第一章。再進一步說，如果第一章是民歌原有的，二三兩章是樂工杜撰的，這已不是改編，而是創作了。說國風中這一類型的詩由一章的徒歌，變成三章的樂歌，都是經過樂工創作而成的，這恐怕連顧先生都不敢相信的了！

五、顧著「王柏詩疑序」評析

顧頡剛先生評王柏詩疑的話裡，筆者認爲尚須討論的，有下列幾點：

甲、義理聲歌之辨，兩者失之偏執

鄭樵六義要論云：「詩在於聲，不在於義。猶今都邑有新聲，巷陌競歌之，豈以其辭意之美哉，直爲其聲新耳。」這是近世主聲者之所據。王柏反對此說，認爲這是「捨本逐末」！他說：

> 凡歌聲悠揚於喉吻而感動於心思，正以其義焉爾。苟不主義，則歌者以何爲主？聽者有何味？豈足以薰烝變化人之氣質，鼓舞動盪人之志氣哉！

他的話如以常理推之，實不爲過。既稱詩歌，有詩然後有歌，歌是因詩而生。詩經三百篇，篇篇有義，亦篇篇是歌。歌雖失傳，義則因詩而長存。至於國風的詩義歸趨，或從政教說，或從民謠說，觀點有所不同而已。

顧先生則從鄭樵之說，以爲王柏這些話是錯的。並說：「樂詩的根本在音樂。……與後世的樂府詩詞同其性質……因爲他主義不主聲，所以要打破南、風、雅、頌的舊次。南風雅頌的分別只是一個音樂的分別。」在這段話裡，顧先生否定了王氏「主義不主聲」的主張，同時也肯定了鄭樵「主聲不主義」之說。到底我們讀詩經應該主其義呢？還是應該主其聲呢？筆者以爲這兩者不是對立的，而是並存的。如果進一步說，義理與聲歌確有本末先後關係的。比方說，唐詩、宋詞是可以吟詠歌唱的，漢、唐樂府詩與元曲更是原來就有樂調供人演唱的。但傳至今日，被人喜愛的只是文詞之義，不是演唱之聲。誰能說唐詩、宋詞、元曲在聲而不在義的？即使漢高祖的大風歌，項羽的垓下歌，曹操的短歌行等名作，豈只求其聲而不談其義的？又豈是爲其無聲而抹殺其義的？再以現代民謠來看，聲是聲，義是義，我們在書刊上讀其歌詞，自然偏重其義；不能說這些歌詞失去了原有的聲歌，它的意義也已不存在了。其實，聲歌隨詩義而生，這是常態；不重詩義的聲歌，這是特例。方玉潤舉芣苢一詩響應鄭樵之說，許爲精闢之見；然而在三百篇中類似芣苢者其能有幾？內容愈淺略，章句複沓的現象愈多者，聲歌的意味愈重；反之，內容愈繁複而重奏複沓的現象愈少者，聲歌的意味愈微。這只要讀讀二雅中的長詩與國風中芣苢、采葛、桑中一類的詩比較一下就可知道了。所以鄭樵「詩在聲，不在義」的意見，在國風中都站不住脚，其他的詩文更不必說了。顧先生批評王氏由於「主義而不主聲，所以要打破南、風、雅、頌的舊次」。這是從各類詩歌的風格上看，說王氏因不重聲歌而致誤，這話是對的；但是南、風、雅、頌的分類，僅以聲歌爲準嗎？其詩文風貌與內容涵義沒有基本上的差異嗎？試將鄭風狡童、溱洧、將仲子與周頌的淸廟，大雅的文王，小雅的鹿鳴對調，即使樂調也隨之而變，配其所當有，詩文之義能無扞格的現象嗎？可見如從大類上看，南風雅頌不僅有樂聲的不同，詩文的格式與內容也是各有特性不能忽視的。所以顧先生說「南風雅頌的分別只是一個音樂的分別」，這話是有偏失的。

又如他說：「詩本來是樂歌，與後世的樂府詩詞同其性質。」我們即以此言爲準，將三百篇與樂府詩詞放在一起來讀，深受感動的究竟是樂歌還是詩義？

三百篇的樂聲早已失傳，特別强調其樂歌的重要性，殊無意義。我們對於王柏主義而不主聲，僅說其有偏，不能說其全非。尤其以主聲之說抹殺詩文義理的重要性，更是不顧事實的說法。如果說藉聲歌之說，糾正漢儒不重風謠的說詩態度，這是有道理的；反之，以義理之說糾正主聲者不重詩義的說詩態度，這也是有道理的。兩者本來各居一方，自有功能，何須互相排斥？眞正的問題，恐怕還是主義者沒有說對各詩的義理；主聲者從未聽過各詩的聲歌；大家所談的都只是隔靴搔癢而已！

乙、刪詩是否合理，應從詩篇上看

王氏删詩的理由有三：

㈠是毛詩序一些實爲「淫奔」之詩不敢以「淫奔」視之，多曰「刺奔也」、「刺時也」、「刺亂也」、「刺好色也」、「惡無禮也」等，穿鑿附會，違反詩文本義。

㈡是朱子不信詩序，直接從詩文求義，對有些男女幽會言情的詩，就「直指之曰此爲淫奔之詩」。王氏反覆玩味，以爲「斷斷不可易之論」。

㈢是他主張這些淫詩非孔子教本所原有，是秦火以後遭到散失，漢儒將流傳於民間的佚詩隨便攙入湊數而成的；所以他主張將這些淫詩一概刪除。

王氏這些話從大處看，不是全無道理的。尤其詩序之陋，言之眞切，無庸置疑。朱熹反序而從民歌上說，原是詩學上的一大進步；問題在於仍受傳統思想的束縛，將自己所認定「男女相與詠歌，各言其情」的「民俗歌謠」的詩，尚有二十八首斥之爲「淫詩」（計淫男的詩四首，淫女的詩十二首，淫男兼淫女的詩十二首）。王氏贊同其說，並許爲「斷斷不可易之論。」於是增至三十二首，主張刪除。並以爲這些詩是秦火以後詩已不全，漢儒將流傳於民間的佚詩胡亂充數而成的。王氏這些觀點，顧先生多予肯定。他說：

這些假設雖不足以證明有淫詩的理由，但今本詩經不是孔子時三百篇之舊，他提出這個問題是很對的。因爲他太勇而別人太怯了，所以雖同樣地衞道，他的主張終於沒有人敢接受。

顧先生這番話，筆者以爲對王氏的贊譽恐有過當之嫌。比如詩篇之應否刪除，決定於詩文涵義的是否淫邪。觀察王氏主張應刪的詩，如邶風靜女是敍男女幽會以物相贈互表愛意的詩，秦風月出是敍月下相思的詩，唐風葛生是敍悼亡的詩，衞風氓篇是敍棄婦自傷的詩，鄭風將仲子是敍一位女子爲顧及家人、鄰里的態度因而拒人求愛的詩，衞風木瓜是敍相贈答的詩。像這一類的詩，都只是朱熹所謂男女言情之作，怎會嚴重到「淫奔」的程度呢？

至於說這些詩是秦火以後，漢儒所加，非孔子時三百篇所原有的；這也是不顧史乘的說法。左傳所載公卿朝會賦詩的事，其所賦的詩多爲朱子、王柏認爲「淫奔」的詩。如鄭六卿餞韓宣子，子齹賦野有蔓草，子太叔賦褰裳，子游賦風雨，子旗賦有女同車，子柳賦蘀兮。又如襄公二十六年載鄭伯如晉，子展賦將仲子等。這可以說明兩點：⑴這些詩在孔子以前，已成爲賦詩言志的外交詞令；可見上流社會不會輕視這些詩。⑵賦詩言志原是孔子教詩的用意之一；這些詩既被公卿大夫所習用，重視文獻的孔子，絕無理由加以删除。

由此可見，王氏以爲這些詩不是孔子教本所原有，是秦火後漢人攙入的，這是有違史實的說法。

丙、調整詩篇之議，常見顧此失彼

王氏詩疑中另一問題是以一己之見要改編詩經的目次。他說：

> 小雅中凡雜以怨誹之語，可謂不雅；予今歸之王風，且使小雅粲然整潔。

如按此說，小雅除自鹿鳴至菁菁者莪外，其他的詩大部份恐要改入王風。王氏還以爲何彼襛矣篇既敍王姬出嫁事，也不該置於召南，亦應編入王風。然觀其王風辨云：

曰王風者，周王天下以後之風也。

如此說來，不僅小雅大部份的詩要編入王風，即十五國風的詩都得編入王風。因爲王氏反詩序，只反其美刺之義，卻信其正變之說。且以正風正雅爲周公時詩，變風變雅爲周公以後之詩。所謂周公之世，當指武、成之際，亦即周王天下以後的時期。果眞如此，則十五國風都該轉籍爲王風，一王風可以概括風雅，何須分國編列？

其實王風之義，本指東都洛邑京畿地區所採的歌謠而言的；一如鄭風的採自鄭國；衞風的採自衞國，以地區而言。這與周王天下之義何干？與風雅正變之說何干？

綜觀王氏詩疑一書，頗多創新之見，但由於思慮不夠深入，考證不夠周密，以至常有左支右絀的現象。比如他明言反序，以爲這是漢人所編造的；卻暗中又在信序。如說鄘風柏舟爲共姜作，當爲變風第一；綠衣、燕燕、日月、終風爲莊姜作。這些毛序的人事編敍，無論從史料或詩文上看，都是很有問題的，王氏卻一概信之。顧先生還稱許他「太勇」，我看王氏恐怕會承受不起的。

六、胡適「二南爲楚風」評析

胡適先生在「談談詩經」一文裡，說詩經裡面有楚風，但是「沒有把牠叫做楚風，叫做周南、召南」。理由是二南的詩中曾提及江水漢水汝水的地方。「江水漢水汝水流域不是後來所謂『楚國』的疆域嗎」？所以他認定二南的詩「大半是楚風」。

關於這個問題，牽涉到楚國的歷史與地理以及二南的內容。胡先生所論恐有時間與空間上的誤差；故特爲評析如下：

甲、從二南的詩文上看

關雎篇有「在河之洲」句，「河」即是黃河。甘棠篇有「召伯所憩」句，「召伯」是誰？舊說以爲是周朝開國元勳召康公奭；傅斯年先生則以爲是周宣王時的召穆公虎（見傅著詩經講義稿）；筆者曾作「詩經甘棠篇召伯考」一文（見拙著詩經名著評介附錄），詳予考證，以爲舊說較有依據。何彼襛矣篇有「王姬之車」、「平王之孫，齊侯之子」句，是敍周平王的孫女下嫁給齊侯的兒子。春秋載王姬歸齊者有二：一在魯莊公元年，即齊襄公五年。一在魯莊公十年，即齊桓公三年。汝墳篇有「王室如燬」句，舊說「王室」指商紂的王室，近世學者多以此爲西周末年厲、幽時的詩。

以上這些詩，從地理上看，屬於黃河流域；從歷史上看，是敍西周初期至於東周之間朝中人物的活動，均與遠處江漢之間的楚人不相及。即以汝墳篇的汝水來說，位於淮河上游，東周之初處於陳、鄭、申、甫之間，自非楚地。再以召南的行露篇而言，劉向列女傳云：

> 申人之女許嫁與酆，夫家禮不備而欲娶之，女子不可，訟之於理，遂作二章。

既敍申女嫁鄫事，即非楚詩之徵。

乙、從楚國的歷史上看

史記楚世家云：

> （楚武王）三十五年（周桓王十四年，魯桓公六年）伐隨。隨曰：「我無罪。」楚曰：「我蠻夷也。今諸侯皆爲叛相侵，或相殺。我有敝甲，欲以觀中國之政，請王室尊吾號。」

可見在春秋之初，楚人尚以蠻夷自稱，不被列於中國之內，也得不到周天子的封號。隨人受楚威脅，去向周天子請求封楚，周天子不答應，於是楚君熊通說：「王不加位，我自尊耳。」他就眞的自封爲武王，並「與隨人盟而去。於是始開濮地而有之。」這段歷史告訴我們楚在周桓王之世，其文化還相當落後，其勢力僅及於隨國以南地區。隨在今湖北省隨縣南面，在武漢之北。

春秋魯莊公二十三年，即楚成王元年載：「荊人來聘。」下注：「楚交中國始此。」這一年是周惠王六年，齊桓公十五年，春秋第一次記載楚國的事，這時還只稱「荊」不稱「楚」。

商頌殷武篇「撻彼殷武，奮伐荊楚」，「維女荊楚，居國南鄉」。此篇是頌宋襄公的詩。春秋僖公二十二年，宋襄公曾會諸侯盟於牡丘，謀伐楚救徐，與楚人戰於泓，宋師敗績。故知在春秋魯僖公時始稱「荊楚」。任遵時詩經地理考云：

楚入春秋，歷隱、桓、莊、閔，止稱荊，至僖二年始稱楚。

故或稱荊蠻，或稱荊楚，這是當時華夏民族視之如夷狄的一種稱謂。

丙、從楚國的地理上看

陳奐引漢書地理志論楚之由來及地望云：

周成王時，封文武先師鬻熊之曾孫熊繹於荊蠻爲楚子，居丹陽，今湖北宜昌府歸州東南有丹陽城，即漢丹陽郡丹陽縣地，宣王時之楚國，尚居於此。

任遵時詩經地理考引述上文後，接著說：

丹陽，今則湖北省秭歸縣也。總之，荊蠻之所在，蓋介於江漢之間，而不出河南省之南部及湖北省一帶。

據此可知楚國的地理位置，前期以湖北丹陽爲中心，丹陽即今之秭歸縣，在長江北岸，位於奉節與宜昌之間。

王風揚之水篇有「戍申」、「戍甫」、「戍許」之語。朱傳云：「平王以申國近楚，數被侵伐，故遣畿內之民戍之。」傅斯年先生云：「此桓、莊時詩。桓、莊以前，申、甫未被迫；桓、莊以後；申、甫已滅於楚。」

由此可知，原居江漢之間的楚國，直至春秋周桓王、莊王之世，才向北擴張，併吞申、甫之地，即今之南陽。南陽居今河南西南部，鄰近湖北北端。

筆者列舉上述資料旨在說明下列三點：⑴在時間上看，楚國的興起較晚，與二南一些詩所敍的年代不相及。⑵從空間上看，楚國的都城先在丹陽，後遷於郢，均靠長江北岸，其勢力範圍大都侷限於長江流域，在詩經時代從未及於河南中、北部的黃河流域。二南中有關黃河流域的詩、王姬嫁齊的詩以及敍「王室如燬」作於汝墳的詩，都不可能出於楚人之手。⑶從文化觀點上看，在周桓王之世，楚君熊通還以蠻夷自稱，表示其人民的文化程度不能與中原各國相比。既是文化程度較爲落後的地區，其人民怎會創作出如此高水準的詩歌來？

孔子於國風獨尊二南，以爲不讀二南猶如「正牆面而立」，表示會自致見識狹隘。我們讀二南的詩，確有較其他國風不同之感；因爲它敍的生活面比較廣，爲國風中最具文化意義的作品。因此，胡先生「二南爲楚風」之說，確是難以令人信從的。

七、王伯祥「雞鳴新解」評析

王伯祥先生在「雞鳴」一文中，提出他的相當特殊的新解。說「牠寫男女燕暱的狀態，眞是活靈活現」；「我們因無佐證，固然不能强派他們是私情，但也至多不過是新婦恐怕被堂上譴責，或受旁人訕笑而有這種對她丈夫的說話。決不是什麼『賢妃御於君所』，『心存警畏』，『欲令君早起視朝』一類的話頭。」他把這首詩寫成如下的格式：

雞既鳴矣，朝既盈矣。——匪雞則鳴，蒼蠅之聲。

東方明矣，朝既昌矣。——匪東方則明，月出之光。

蟲飛薨薨，甘與子同夢。——會且歸矣，無庶予子憎。

他說：

自從毛傳把「朝既盈矣」「朝既昌矣」的「朝」字讀作「直遙反」，於是朝晨變爲朝廷，把很容易解的說話翻成晦澀，從此說詩的人一定要把牠曲曲牽引到朝廷上去了。其實這兩句的上面既說「雞既鳴矣」和「東方明矣」，當然連貫說下，道是「朝晨到了」，——「盈」訓「充」，訓「溢」，有「漸臻」的意思；「昌」字在廣雅釋詁上訓作「始」，——方才不背眼前風光。何況下面又接著說「匪雞則鳴，蒼蠅之聲」，「匪東方則明，月出之光」呢！

照王先生的意思，雞鳴這首詩的詩旨不是賢妃警君，而是在寫男女燕暱私情，或是新婦怕被公婆指責，旁人訕笑對丈夫說的話。因此，他訓「朝」爲「朝晨」；「盈」爲「充」、「溢」；「昌」爲「始」。以爲一對偷情的男女或新婚的夫婦，在爲早晨起牀的事對話。舊說以「朝」爲「朝廷」，故「會」當訓「朝會」，「會且歸矣」即「朝會的人都將要回家了」。王先生則訓「會」爲「剛巧」；如此解釋，筆者以爲不妥者有三：

甲、從全文旨趣上看

這首詩如從君臣朝會上說，情景較爲契合。因爲古代上朝有一定的時刻，大概都在五更至天亮這段時間；而且這是公事，怠慢不得。由於有時限的緊迫性，才有女的一再催促其夫起牀的需要。至於這位男子是君還是臣呢？從「朝既盈矣」，「朝既昌矣」的語意來看，說滿朝文武都到了，這對主政的國君來說，自有較大的警惕作用。如對臣子來說，朝中到了多少同僚，對他的關係不大。所以該不該去上朝，不在於上朝的人有多少。尤其最後一句「無庶予子憎」，爲君的遲到，其後果即有可能遭到羣臣的不滿與憎惡；但也僅止於此，爲臣的遲到，不只是招憎，還有可能招致君主的譴責。所以如視臣妻警夫，以「憎」爲詞，似嫌不足。斟酌語意，當以警君爲宜。但如說成是民間的新婚夫婦，他們本無雞鳴即起的時間限制，女的要男的天未亮即起牀，並不表示有多少意義；因爲民間的傳統是「日出而作，日落而息」，雞鳴之初與旭日東昇之間尚有一段距離。所以說成民婦警夫，這首詩的旨趣即顯得平淡。王先生說是新婦怕堂上譴責或旁人訕笑，才催其夫雞鳴即起。此即忽略了民間起牀的一般時刻；這時公婆與旁人都尚在就寢，何來譴責與訕笑？再如以情侶來說，幽會偷情，摸黑而來，摸黑而去，何待雞鳴？男子深怕姦情被人發現，後果極爲嚴重，何須女子的一再警告？

乙、從章句上看

舊訓「朝既盈」、「朝既昌」爲「朝廷已經快站滿人了」、「朝廷上的人已經很多了」。「盈」是「滿」；「昌」是「盛」。雖詞義相近，但第二章的「昌」比第一章的「盈」有加深的作用，以見詩人自有章法。王先生訓「盈」爲「充」、爲「溢」；訓「昌」爲「始」。前章說「早晨已經充溢」了，以「充」、「溢」形容時光的到來，已不成話；第二章又說「早晨已經開始了」，前後時序怎會顛倒著說的呢？至於末章的詞義，舊說並不難解，可是王先生說：

> 但這詩末了的「會且歸矣，無庶予子憎」一語，終不可通。若據傳箋所說，實在自相矛盾。因這詩上邊的說話明明點清是蠅聲而非雞鳴，是月光而非天明，那麼其時尚早，怎麼會有許多人齊赴朝堂！即使待漏趨朝是那時做臣子的謹慎，但爲什麼君尚未至，他們便敢隨便散歸！分明這兩句最傳神，最合無可奈何口氣的好詩——「姑且去罷！別招人家的談論啦！」——被他們解釋錯了。我不解當時說詩的大家，

他們平時都知道「會」字虛用有「剛巧」的意義，「歸」字訓「往」，「予」字訓「與」……那一套的玩藝的，爲什麼在這裡便很老實的解釋，説什麼「他們赴『朝會』的將要歸去了，你不要因了『我』受人家的嫌惡」啊！

王先生說這兩句話「終不可通」，次說傳箋的解釋「自相矛盾」，最後提出一個自以爲比較可通的解釋。但要審究的，「會且歸矣」可說成「姑且去罷」的嗎？訓「會」爲「剛巧」自有其例，沒有錯；但在「會且歸矣」中要這麼說，就無法搭配。王先生知道不可通，又轉爲「姑」字來說，「會且」即是「姑且」，但是這樣的轉訓，在詞書裡是絕無先例可援的。「會」字在舊說作「朝會」解，與前二章的「朝」字相呼應，不僅可通，而且在章法上是個絕配。王先生卻要說實爲虛，强事附會，結果眞的致於「終不可通」的地步了！

丙、從布局結構上看

這首詩前二章分成上下二節，明顯地是上兩句與下兩句採對話方式的。亦即上兩句是女子說的，下兩句是男子說的。女的告訴男的是什麼時間了，該起來了；男的卻仍想懶牀，答以時間還早。但如要問，在這對話裡，女的說「雞在叫了」，男的說「不是雞叫，是蒼蠅之聲」；是誰的話對呢？由於公雞的叫聲與蒼蠅之聲大小、音色判然有別，不容相混，可以推知女的說雞鳴一定是雞鳴，說東方明一定是東方明，不能反以男的答話爲基準。因爲男的是在夢寐之際，只想多睡一會，在頭腦不很清醒之下，說些似是而非的話來敷衍的；也有可能他是在裝迷糊，讓女的去著急，他才覺得有趣。這如在男女親暱的一端來看，一些矛盾的對話也正是產生情趣之所在。若還不信，只要看看末章女子說的話「蟲飛薨薨，甘與子同夢」，即可推知女的是在清醒中說的話，前二章的時間信號亦應以她爲準。王先生反取男的來說，實是誤解。至於末章，王先生也分成兩截，以爲與前面兩章同一格式，這也是不適當的。因爲這不是對話，而是女的已經聽到「蟲飛薨薨」的聲音，天眞的亮了，上朝的時間快要過去了；所以她情急之下說了兩句既富感性——「甘與子同夢」，又富理性——「無庶予子憎」的話。王先生說：「爲什麼君尚未至，他們便敢隨便散歸？」其實他沒有留意「會且歸矣」中的「且」字「且」是「將要」，是預測之詞，不是已成的事實。這三章所敍原是不同的時間，從雞鳴到東方明到蟲飛薨薨，其間的時差正是詩人匠心之所在。敍到第三章「蟲飛薨薨」的時候，天眞的亮了，這時去上朝已經遲到了。如果再不動身，過了朝會的時刻，表示國君不來上朝了，臣子們自然可以退朝回去。況且女的只說「會且歸矣」，自屬催促的語氣，還是希望其夫趕上這次朝會的。可見這三章詩在布局上看，由於時間一次比一次逼近，女子警夫的心理也一次比一次焦急。像這樣主題明確，情景如繪的好詩，如加以曲解，豈不可惜！

由此看來，詩篇新解若要被人接受，必須注意到上述三點：即詩旨、詞章、結構三方面都要做到處處妥帖，以至無懈可擊才行。

肆　結　論

㈠從本篇論文的行文次序上看　本文行文次序，依照詩經學的範疇作論理的編排。首先從詩經一般問題談起，旨在說明詩經在歷史上受重視的情形，與我們對詩經應有的態度。然後進入詩經各類問題的討論：先談詩序問題，這是要挖漢儒詩說的根。次談詩經名著，僅舉王柏詩疑與姚際恆詩經通論爲例，作爲對古人專著得失的評議。再敍詩篇討論，這是讀詩的人最基本的功夫，也是耗費時光最多的地方，所以參與討論與所發表的論文最多，可讀性也最高。再談詩經與歌謠的關係。國風是不是歌謠？這是關係詩經的來歷與詩旨問題，有需要予以辨明。再是六義與起興問題，除了說明六者一般的涵義外，尤其對最成問題的「興」義作了廣泛的討論，以究其精義之所在。這些都是詩經學上主要的問題，如能細心研習，對初學者必有裨益。

㈡從古史辨的時代意義上看　古史辨是一部劃時代的巨著，其意義在於以疑古的精神批判的態度與科學的方法來整理國故。他們不再尊信漢、宋之說，也不再服膺一家之言：捨棄各種附會，從詩本文求取詩義。這一治學態度，影響深遠，延至今日，爲一般學者所信從。

㈢從研究風氣上看　胡適、顧頡剛先生是開風氣的人；對我們來說，連同古史辨中其他參與討論的學者都是開風氣的人。他們本著學術良知，自由討論；沒有門戶之見，但求公是公非。所以在專題討論之下，可以各本所見發表截然不同的主張。即使是同事、師友，可以毫無顧忌地質疑駁辯。一首只有五十個字的小詩——靜女，一經顧先生爲文引發，即激起熱烈的迴響，前後有八人寫了十三篇文章，一時成爲學術界的盛事。就在這一些文章裡，發掘出一般人所從未想及的問題，也提供了各種可行的答案。所謂「眞理愈辯愈明」，眞是集體討論的意義所在；古史辨裡已經留給我們幾個範例。

㈣從詩說的歷史演進上看　詩經中有無「淫奔之詩」？這是聚訟千年的老問題。今日我們的看法，以爲這是各時代倫理觀念的差異所造成的。在春秋時代，國風中抒男女之情的詩，人們不以爲淫；因爲當時的社會沒有禮教的束縛，青年男女有談情說愛的自由；公卿大夫朝會宴享時也樂於賦這一類的詩。自漢以後，重視禮教，如不遵照禮俗而私下約會，即屬違禮，即屬「淫奔」。漢儒礙於孔子「思無邪」之訓，不敢說「淫奔」，所以改說爲「刺淫」，同時附會歷史人物，賦予政教方面的意義。從此詩文得以尊重，詩義得以提昇，然已大背詩人的作意。宋人識其流弊，回到詩人的作意上說，又因禮教的觀念更甚，故只好斥之爲「此淫奔之詩」了。既是「淫奔之詩」，怎好留在經書裡充當教材，這即成爲王柏主張刪詩的理由。今日我們既已擺脫禮教觀念，又有左傳所載賦詩的資料作佐證，故王柏刪詩之說，自無信從的必要。由此看來，詩經學說的演進，不是憑空而來的；是有其一定的條件的。

㈤從新解所出現的問題上看　今日詩經學者，除了極少數的人甘於抱殘守闕，惟以舊說是尚外；大都已擺脫古人的羈絆，獨標新義爲其立言的宗旨。但如細察其內容，有卓見而值得信從者固然很多；引證失當，涵義曲解以至結論錯誤者亦所在皆是。例如胡適「二南爲楚風」，王柏祥「雞鳴」等新解，以及近世學者主「興」體無義之說等，都是值得我們再作辯正的。周作人先生讀了胡先生「談談詩經」一文後，即發表「談『談談詩經』」。因爲胡先生文中主張嘒彼小星是描寫「妓女求歡的詩」；葛覃是描寫「女工人放假急忙要歸的詩」等，他視之爲笑話；並說：「守舊的固然是武斷，過於求新者也容易流爲別的武斷。」這話實可作爲新舊兩派的警語；因爲說詩不論新舊，如要別人相信，其要訣之一，即要做到不流於武斷。

總之，讀古史辨，足以廣開研讀古籍的門路。這不是一家之言，是一個新時代許多思想敏銳的人集體的創作。如能游心其間，必將有助於治學方法的領會與研判能力的培養。尤其會使你感到有一股力量在推動你，要你不可在他們的領域裡原地踏步，務必效法他們的精神，繼續前進！

孫著「周先祖以熊為圖騰考」質疑

壹　前　言

孫作雲先生著「詩經與周代社會研究」一書，是以地下發掘的資料，結合原有古籍文獻以及考古學、民俗學等知識，對上古社會以及詩經內容作種種推測，成爲他個人的一些創見。這些創見，與傳統的見解截然不同，值得詩經學者討論，也值得研究上古史的學者留意。

該書是作者的論文集。其第一篇即是「周先祖以熊爲圖騰考」，發表於一九五七年。其他如「從詩經中所見的滅商以前的周社會」、「從詩經中所見的西周封建社會」、「我國歷史上第一次農奴大起義」等十餘篇，全書四二四頁，其作成年代在一九五六至一九六二年之間。內容涉及風、雅、頌三方面，偏於文物的考證與詩文涵義的新詮。孫氏於卷首即云：

研究周人在原始社會時期活動的情況，主要地應該以考古學的地下發掘爲主，然後再結合文獻資料，作種種推測。然而目下關於西周時代及西周以前的考古工作，剛剛開始，因此很難得出足以成爲定論的結論。並且考古工作本身也有它的局限性，並不是所有的東西都能從地下挖掘出來。因此，我們先根據書本上的材料，結合考古學與民俗學，略作推測。是否有當，尚希指正。

這是相當平實的一番話。我們要想對上古社會有較多的認識，對詩經有突破性的見解，必須仰仗地下資料的不斷發掘與考古知識、研究方法的有效使用。但是，由於現有地下資料的零星與殘缺，所作的推測往往主觀的認定多於客觀的分析，以致有如孫氏所說的「很難得出足以成爲定論的結論」。筆者讀孫氏大作，深有感觸，亦多疑竇，遂以孫氏此一觀點反質於孫氏考證而得的一些結論，故特撰此文以就正於同好。該書值得討論的問題甚多，非一二篇短文所能盡，故僅以其第一篇「周先祖以熊爲圖騰考」一文先作討論。

貳　詩文引據與孫氏論證

大雅生民篇首章云：

厥初生民，時維姜嫄。生民如何？克禋克祀，以弗無子。履帝武敏歆，攸介攸止，載震載夙，載生載育，是維后稷。

這是敍姜嫄生后稷的經過情形。該章「履帝武敏歆」句，毛傳云：

履，踐也。帝，高辛氏之帝也。武，迹；敏，疾也。從於帝而見於天，將事齊（按：同「齋」字）敏也。歆，饗。

史記周本紀云：

姜原爲帝嚳元妃，姜原出野，見巨人迹，心忻然說，欲履之；踐之而身動如孕者。

鄭玄箋云：

帝，上帝也。敏，拇也。祀郊禖之時，則有大神之迹，姜嫄履之，足不能滿，履其拇指之處，心體歆歆然如有人道感己者。

朱熹詩集傳云：

姜嫄出祀郊禖，見大人迹而履其拇，遂歆歆然如有人道之感。

以上毛公、司馬遷訓「帝」爲高辛氏帝嚳。「帝武」的解釋，毛公以爲即是「帝嚳的腳迹」；司馬遷以爲是「巨人迹」，鄭玄訓「帝」爲「上帝」，朱子則改訓爲「大人」。白虎通義姓名篇云：「周姓，姬氏祖，以履大人迹生也。」可見朱子係據魯說而得。

孫氏也認爲生民篇的「帝迹」即是「大人迹」，並據生民篇孔穎達疏引河圖「姜嫄履大人迹生后稷」、太平御覽卷九五五引元命苞「姜嫄遊閟宮，……履大人迹而生稷」等資料爲證。至於這個「大人迹」究竟是甚麼迹？孫氏以爲即是「熊迹」他說：

> 在這裡卻又發生了這樣一個問題：就是這「大人之迹」究竟是什麼東西之迹呢？從種種方面證明：這「大人之迹」就是熊迹，姜嫄履大人之迹而生子，就是履熊迹而生子，周人以熊爲圖騰。

有什麼理由說「大人迹」即是熊迹呢？他說：

> 這從以下幾點推知：
>
> 第一、在我國氏族社會末期，「部落」或「部落聯盟」的分有情況，大致如下：在東方沿海一帶，諸部落多以鳥爲圖騰，即所謂「鳥夷」者是；如舜族以鳳鳥爲圖騰，丹朱族以鶴爲圖騰，后羿以烏爲圖騰，殷先祖以燕子（玄鳥）爲圖騰等等。

在中原諸部落，多以兩棲動物或魚類爲圖騰，如蚩尤之族以蛇爲圖騰，鯀族以鼈爲圖騰，「應龍」族以泥鰌爲圖騰等等。

在西北高原諸部落，多以野獸爲圖騰，如黃帝之族以熊爲圖騰，黃帝伐炎帝時所率領的「六獸之師」——熊、羆、貔、貅、貙、虎，即以六種野獸爲圖騰的氏族。又西北的羌族以羊爲圖騰，玁狁、大戎（赤狄、白狄）等以狗爲圖騰。

周人居渭河流域，雜在戎狄之間，按照氏族社會發展的階段及其地域性的聯繫，他們的先人應該以野獸爲圖騰。

第二、周人姓姬，而黃帝亦姓姬，後人說姬姓出於黃帝。國語晉語四說：「黃帝以姬水成，炎帝以姜水成；成而異德，故黃帝爲姬（即言黃帝姓姬），炎帝爲姜。（言炎帝姓姜。按炎帝是否姓姜，可疑；言黃帝姓姬，則有據。）

說文、女部「姬」字下曰：「姬，黃帝居姬水，因水爲姓，從女聲。」可見黃帝爲姬姓之祖。而黃帝號「有熊氏」，史記、五帝本紀：「故黃帝爲有熊。」我以爲黃帝號「有熊氏」，即黃帝之族以熊爲圖騰。……黃帝之族以熊爲圖騰，而周族出於黃帝，因此說：原始的周人也以熊爲圖騰。

以上孫氏的主要論點：

(一)我國上古的氏族社會，各以鳥、獸、魚類、兩棲動物爲圖騰，作爲各氏族人民的共同信仰。

(二)史記五帝本紀載黃帝「教熊、羆、貔、貅、貙、虎，以與炎帝戰於阪泉之野」，可見當時黃帝所率領的是以六種野獸爲圖騰的氏族。這六種野獸，前兩種都是熊（羆是黃熊），即可推知黃帝自己的氏族以熊爲圖騰。

㈢周人姓姬，黃帝亦姓姬，可見黃帝是姬姓之祖。黃帝既以熊爲圖騰，且號爲「有熊氏」，周族既出於黃帝，則原始的周人亦當以熊爲圖騰。

小雅斯干篇四、五兩章云：

> 下莞上簟，乃安斯寢。乃寢乃興，乃占我夢。吉夢維何？維熊維羆，維虺維蛇。
>
> 大人占之，維熊維羆，男子之祥；維虺維蛇，女子之祥。

孫氏隨之云：

> 我以爲夢熊生子的信仰，就是從原始的周人以熊爲圖騰的信仰發展而來；夢蛇生女的信仰，則是因爲周人多娶姒姓女子爲妻，而姒爲夏人之後，原始的夏人以龍蛇爲圖騰，所以才產生了這種夢蛇即生女子的迷信。

這裡孫氏引斯干爲證，除了證明周人有夢熊生子的信仰外，還以爲夢蛇生女乃是姒姓夏人原以龍蛇爲圖騰。周人與夏人時常通婚，可見兩族的關係至爲密切，孫氏云：

中國最大的神物——龍，就是蛇的圖騰化，因此說「感龍生子」，就等於「感蛇生子」。夢蛇而生女子的周人的迷信，就是從這裡發展而來的。

這是說龍蛇原是夏人的圖騰信仰，由於兩族時常通婚的結果，夢蛇生女，也就成爲周人的圖騰信仰了。

即使「熊」爲周人的圖騰，但是生民篇姜嫄所履的「帝武」怎會是「熊迹」呢？孫氏說：

說到這裡，只剩下一個問題還沒有解決，那就是周人爲什麼說「履熊迹」爲「履大人迹」？換言之，周人爲什麼稱「熊」爲大人呢？這個問題困惑了我很多年，到後來好容易才把它弄明白。原來周人稱熊不曰「熊」而曰「大人」，是原於其祖先對於圖騰的避諱。

這是說稱「熊」爲「大人」，是周人出於避諱的心理。孫氏隨著舉證說：

加拿大Ottawas地方印第安人的熊族，不稱自己爲「熊」，而曰「大腳」，與我們所說的「大人之迹」爲熊迹，十分相似。

經過如此複雜的論證過程，孫氏終於肯定生民篇姜嫄所履的「帝武」，就是熊迹。周人既以熊爲圖騰，孫氏遂推知姬姓的由來，實係姜嫄履熊迹而得的。孫氏說：

原始社會氏族之名即圖騰之名，到了階級社會，氏族之名就變成了姓，並且爲貴族所專有。換言之，後代的姓最初多出於原始社會的圖騰。

中國古姓確保存了許多圖騰的痕迹。……如殷人姓「子」，即由其始妣簡逖吞玄鳥「子」（卵）而生契。中國人以龍爲最大的神物，龍即圖騰化、神祕化的蛇。因此，中國的龍姓，無疑地出自蛇圖騰。西北的羌族，在原始社會以羊爲圖騰，其族名之羌，與族姓之姜，皆源於羊圖騰。準斯例以求，則姬姓之得稱，亦應與圖騰信仰有關。

古書記載說夏、商、周三代的得姓，皆由於其先妣感「物」而生子。這傳說保存了原始社會的圖騰信仰，顯示出：最早的姓出於圖騰。白虎通姓名篇曰：「禹姓姒氏，祖以薏生；殷姓子氏，祖以玄鳥生也；周姓姬氏，祖以履大人迹生也。」……姜嫄履大人之迹而生子，即履熊迹而生子，——此「大人」即熊，即周族的圖騰；而此言姬姓之得姓，由於姜嫄履大人之迹，則此姬姓之得姓，出於圖騰信仰，殆無疑問。

不特此也，我更以爲姬字所從得聲的「𦣞」，原像熊迹（大人之迹）之形。……姬字从女从𦣞，即因姜嫄履大人之迹的信仰而來。姬字的得義得形，皆由於圖騰。

孫氏這番話的主要意思，即從姓氏的來歷上考察，以爲原始社會的姓氏多與圖騰信仰有關，進而推斷「姬」字从女从𦣝，女爲姜嫄，𦣝像熊迹，即取義於姜嫄之履熊迹。所以他在該文結語云：

綜合以上所論，可知周先祖以熊爲圖騰；周人姓姬，「姬」姓之得稱，亦由於圖騰信仰。

參　孫氏論證質疑

孫氏此類論證，作風頗爲大膽，然對於論證資料的處理與研究方法的應用，失之草率，因此影響其結論的可靠性，使人不敢輕易予以接受。爲此，筆者謹舉數端質疑如下：

甲、生民篇的「帝武」會是「熊迹」嗎？

前人對於生民篇「履帝武」的「帝」字，概有二訓，即「人帝」與「天帝」。毛傳訓爲「高辛帝」，屬前者；爾雅釋文訓爲「天帝」，屬後者。鄭箋訓爲「上帝」，司馬遷史記訓爲「巨人」，朱傳訓爲「大人」，都已從「天帝」方面取義。因爲「天帝」是原始人類心目中最偉大的神靈，將祂人格化，或稱「巨人」，或稱「大人」，均無不可。如果說周人由於圖騰信仰，將「熊」尊稱爲

「帝」，這就近乎荒唐了；因為在原始人類中，不論中國或歐美各國，圖騰的名物不可勝計，如孫著所舉述的中國上古的舜族以鳳鳥為圖騰，丹朱族以鶴為圖騰，殷先祖以燕子（玄鳥）為圖騰，即使所言合於史實，亦不曾有將這些鳥類尊稱為「帝」的。孫氏又引傅瑞則「圖騰主義」一文，舉加拿大印第安熊族，不稱自己為熊，而曰「大腳」；瑞典的牧羊女稱狠為「靜默者」、「灰腿」、「金牙」；稱熊為「老人」、「偉大的父親」、「金腳」。就以這些代稱來看，大都從動物的特徵上取義，既無圖騰信仰，亦無尊之如「帝」的意味。

孫氏看到印第安人稱熊為「大腳」，遂說：「與我們所說的『大人之迹』為熊迹，十分相似。」這是極其牽强的說法。「大腳」是從熊的兩腿粗大（不是指足印的大；因為熊的足印實在不比人的足印大）上說，毫無圖騰信仰的意味可言。將生民篇的「帝武」說成「大人之迹」，再將此「大人之迹」說成就是「熊迹」。這裡有一個關鍵性的問題，即是在圖騰信仰之下，熊或有可能稱為「大人」，卻絕無可能尊奉為「天帝」的。古人訓「帝」為「大人」或「巨人」，顯然有減弱該字特定涵義的傾向。孫氏捨原詩的「帝」字而取後人訓釋的「大人」，實有避重就輕、便於曲從己說之嫌。如果孫氏行文之際，認定前人所訓「大人」或「巨人」，都只是「帝」字的代稱。稱熊為「帝」，古今罕有其例，則論證的態度或許會謹慎些了！

乙、姜嫄生於無帝王的時代嗎？

解說詩文的基本態度，須遵詩文的章句與其信而有徵的史實。生民篇的原文是「履帝武」，不論怎樣說，總不能說這個「帝」字是不應該有的。孫氏說：

周人知道他們的女老祖宗姜嫄無夫而生子，但到二雅時代，他們已經是文明人了，再不敢正視這種野蠻事實，便把這種極原始的風俗說成了靈異，說姜嫄履「帝」迹而生子。但我們知道：在原始社會裡根本就沒有上帝信仰的，——上帝是階級社會的產物，是人間有了統一的帝王之後，反映到天上，天上才有這樣統一的上帝。因此，肯定地說，說姜嫄履帝迹而生子，顯然是後代的訛傳、或作詩的人的故意粉飾。

生民篇敍姜嫄生子的靈異事蹟，是周人有意將自己的老祖宗神祕化，這是極有可能的，我們不會當眞來讀的。但這位周人的女老祖宗，所生的兒子名「棄」，他長大後在虞舜之世做后稷的官，這是史書上記載得清清楚楚的。書經舜典云：

帝曰：「棄，黎民阻飢，汝后稷，播時百穀。」

史記五帝本紀亦錄有此文，這應該是毋庸置疑的。后稷既是堯舜時期的人，其母姜嫄史記正義說是帝嚳的元妃，按時推算也是不無可能的。所以生民篇的「帝」，毛傳說是「高辛帝」。姜嫄、后稷既生在五帝的中、後期，而且比高辛帝更早的還有炎帝、黃帝、少昊、高陽；怎說在姜嫄、后稷之世，人間還不曾出現過帝王呢？孫氏說上帝的信仰是由於人間有帝王，反映到天上才有的。這話說得不錯。姜嫄既生長在早已有帝王的時代裡，當時的人類有著天帝的信仰，不是正好符合孫氏的邏輯推理的嗎？由此可見，生民篇的「帝」，有人說是「高辛帝」，有人說是「天帝」，不是沒有道理的。孫氏把姜嫄說成生長在無帝王的時代，進而否定生民篇的「帝」字，以爲出於「後代的訛傳、或作詩的人的故意粉飾」，這豈非是抹殺史實的說法？此外，如照孫氏的意見去做，這「帝」字非得加以刪改不可。這就造成改經以就己說的問題。古人對於此一問題，曾有嚴肅的意見：以爲如說詩者可任一己之意改經就說，則天下將無可讀之書矣！孫氏既重考證功夫，總不願見到所考證的資料是被人刪改過的。所以改經的嚴重性，人所共識，孫氏豈曰不然？

丙、黃帝與周人均以熊爲圖騰嗎？

孫氏說黃帝以熊爲圖騰，理由有二：(1)是黃帝自稱爲有熊氏；(2)是「黃帝伐炎帝時所率領的六獸之師——熊、羆、貔、貅、貙、虎，即以六種野獸爲圖騰的氏族」；而且六獸中最前面的二獸是熊與羆（如熊，黃白色），可見黃帝之族即是熊氏族。筆者以爲孫氏僅以這一些資料，即斷定黃帝以熊爲圖騰，不免失之草率。史說索隱云：

> 號有熊者，以其本是有熊國君之子故也。亦號軒轅氏。

可見黃帝之所以「號有熊」，是因有熊國之故。而且有熊之名，成於上世，當時該國曾出現過熊，遂謂之「有熊」，這原是極平常的事，未必含有圖騰的意味。正如帝舜號有虞氏，「虞」的本義，說文云：「白虎黑文，尾長於身，仁獸也。」帝舜以虎爲名，自號「有虞」，誰會認爲這也含有圖騰信仰的？至於黃帝曾率以六獸爲標幟的部隊，遂視爲這是以六獸爲圖騰信仰的氏族，這也是過於草率的論斷。尚書舜典載：

帝曰：「俞咨益，汝作朕虞。」益拜稽首，讓于朱虎、熊羆。帝曰：「俞，往哉！汝諧。」

傳曰：

朱虎、熊羆，二官名。

正義曰：

知所讓四人（按：前文已敘殳斨、伯與二人）皆在元凱之中者。文十八年左傳：「八元之內有伯虎、仲熊。」即此朱虎、熊羆是也。

該篇下文載帝舜又命夔作典樂之官，命龍作納言之官。夔是一種獨腳怪獸。可見上古人類慣於以獸類命名，或作人名，或作國名，或作師旅之名，只是一種表徵符號而已，絕不可望文生義，以爲這些人物與這些野獸之間有著什麼淵源的。知道了這一點，自然不會將這些動物看作是古人的圖騰了！

鯀是夏禹的父親，按「鯀」的本義是「魚」，「禹」的本義是「虫」。父子以虫、魚爲名，正像舜的臣子以虎、熊、夔、龍爲名，都只是作一個人的代號而已，實在沒有別的寓意可說的。如果有人說鯀、禹的立名含有圖騰信仰，這是任何人都不會相信的。相反的，古史辨中有些學者卻望文生義，說鯀與禹都不是人，而是兩種動物，這是沒有注意到古人常以虫、魚、鳥、獸來命名的一個普遍事實，才會作出極不適當的結論來。

至於孫氏主張周人以熊爲圖騰，其理由有三：

㈠黃帝姓姬，周人亦姓姬；周人實係黃帝的後裔。黃帝既以熊爲圖騰，即可推知周人亦以熊爲圖騰。

㈡小雅斯干篇夢熊生子的迷信，即是周人以熊爲圖騰的證據。

㈢「姬」字从女从𦣝，「女」字代表姜嫄；「𦣝」字則像熊迹；故「姬」字的得義得形，原是取姜嫄履熊迹而生子的圖騰信仰而來的。

關於這三點理由，第一點已在前面討論過了，即說黃帝以熊爲圖騰，論據太薄弱，不足爲信。第二點取斯干夢熊生子爲證，這也未必可靠。如眞想從詩經的篇章中找周人的圖騰信仰，筆者以爲可有下列三例：

麟之趾，振振公子，于嗟麟兮！（周南麟趾首章）

鳳凰鳴矣，于彼高岡。梧桐生矣，于彼朝陽。菶菶萋萋，雝雝喈喈。（大雅卷阿第九章）

乃命魯公，俾侯于東。錫之山川，土田附庸。周公之孫，莊公之子。龍旂承祀，六轡耳耳。春秋匪解，享祀不忒。（魯頌閟宮第三章）

以上麟趾篇的麟之趾，用來比喻公之子。由於麟爲神獸，世不常出；公之子孫，亦非尋常之人，所以用作比興而歎美之。卷阿篇以鳳凰翔集，象徵天子亦朝多賢士。竹書紀年載黃帝「五十年秋七月庚申，鳳鳥至。」雷學淇義證云：「鳳鳥至，紀瑞也。」文子精神曰：「黃帝之治天下，鳳凰翔於庭。」又竹書紀年載商王文丁十二年（按：周公季歷死之次年，亦即文王居喪第二年）：「有鳳集於岐山。」國語周語曰：「周之興也，鸑鷟鳴于岐山。」韋注：「三君云：鸑鷟，鸑鳳之別名也。詩云：『鳳凰鳴矣，于彼高岡。』其在岐山之舊乎？」又左傳魯昭公十七年載：「少皞摯之立也，鳳凰適至，故紀於鳥，爲鳥師而鳥名。鳳鳥氏，歷正也。」注云：「鳳鳥知天時，故以名歷正之官」。疏云：「諸書皆言君有聖德，鳳凰乃來，是鳳凰知天時也。歷正，主治歷數，正天時之官。」說文云：「鳳，神鳥也。」可見上古之人視鳳凰爲神靈之鳥，一旦鳳凰出現，以爲將有聖人當道，天下可望平治。

魯頌閟宮篇係詩人敍新廟落成，僖公祀於廟，用以祭享祝頌的詩。其中所稱「周公之孫，莊公之子」，即是魯僖公。「龍旂承祀，六轡耳耳。春秋匪解，享祀不忒。」意謂舉繪有交龍的旗幟來參加祭典，魯公所坐的車四匹馬都很壯健，四時祀奉，從不懈怠；祭享的禮節，亦無差錯。這裡特別要說的是「龍旂」一詞。旗上畫有龍的圖像，旨在象徵魯君的神聖地位。周易乾卦云：「飛龍在天。」疏云：「飛龍在天，猶聖人之在王位。」左傳昭公十七年載：「太皞氏以龍紀，故爲龍師而龍名。」按以龍名其百官師長，故曰龍師。帝王世紀載：

神農氏，姜姓也。母曰任姒，有蟜氏女，登爲少典妃，遊華陽。有神龍首，感生炎帝。

可見早在三皇之世，即有神龍感生之說。故如要推究周人的圖騰信仰，證之於詩文，則有麟趾篇的麟、卷阿篇的鳳、閟宮篇的龍，三者爲獸類、鳥類、爬蟲類的神異之物，古書中常將它們的出現與聖人的誕生、太平盛世的降臨結合在一起。如果要說周人有圖騰信仰，就該拿這三種動物來說才對呀！

我們再拿孫氏認爲上古氏族社會對圖騰的禁忌來作比較。他說：

說到這裡，必須談到氏族人對於他們所崇拜的圖騰的種種禁忌。他們極端崇拜圖騰，不但不許殺害它、喫它、使用它，甚至於還不許觸它、看它、說它。他們認爲若說出圖騰的本名，就要招圖騰之怒，因而可能引起種種災難。這就是人類歷史上最初的「諱」。

由孫氏這番話，可以相信，凡是一種動物作爲一個氏族的圖騰信仰以後，必會受到極端的崇拜，不許殺它、喫它、使用它；甚至於不許觸它、看它、談到它；產生了種種禁忌。我們再拿這個標準來看前面所說的，只有麟、鳳、龍三者可視爲上古氏族社會的圖騰；這是詩經與史籍可以互相參證而得的。至於孫氏舉「熊」爲周人的圖騰，不說別的，只要看一下他自己所訂的禁忌各點，就不相符合了。小雅大東篇第四章云：

東人之子，職勞不來。西人之子，粲粲衣服。舟人之子，熊羆是裘。私人之子，百僚是試。

鄭箋云：「舟，當作周。周人之子，謂周世臣之子。」疏曰：「熊羆是裘，以熊羆之皮爲裘衣。」可見西周的貴族以穿熊皮裘衣爲無上美事，他們的心中會有熊的圖騰信仰嗎？

左傳魯文公元年載：「楚太子商臣以宮甲圍成王，王請食熊蹯而死。」魯宣公二年載：「晋靈公不君，宰夫胹熊蹯不熟，殺之。」孟子告子篇載孟子曰：「魚，我所欲也；熊掌，亦我所欲也；兩者不可得兼，捨魚而取熊掌者也。」趙岐注：「熊掌，熊蹯也。」由這些古籍所記，可知周朝的人以穿熊皮喫熊掌爲高級享受，那有將熊當作圖騰，表示崇敬而有所禁忌的呢？

由此可見，孫氏說生民篇的「帝武」即是「熊的足印」，是周人以熊爲圖騰，爲了避諱才這樣說的。這既不合史實，也與他所說對圖騰的極端崇拜與嚴格禁忌不相符合的。

丁、「姬」姓是因姜嫄「履帝武」才有的嗎？

孫氏主張周人以熊爲圖騰，其另一個理由，即是從「姬」字的考證而得的。他說：「姬姓之得姓，由於姜嫄之履大人（熊）之迹。」「不特此也，我更以爲姬字從得聲的『𦣞』，原像熊迹（大人之迹）之形。……姬字从女从𦣞，即因姜嫄履大人之迹的信仰而來，姬字的得義得形，皆由於圖騰。」照孫氏的說法，「姬」是形聲兼會意的一個字，「女」字代表姜嫄；「𦣞」字像熊迹之形兼爲聲符，兩字合成之義，即是姜嫄履熊迹，因而感生出第一代姬姓的人，即是后稷。孫氏這一說法，恐又犯上望文生義、有意牽附的毛病。孫氏在該書第九、第十頁談到黃帝的姓，有如下的引述：

周人姓姬，黃帝亦姓姬，後人說姬姓出於黃帝。國語晉語說：「黃帝以姬水成，炎帝以姜水成，成而異德，故黃帝爲姬（即言黃帝姓姬），炎帝爲姜（言炎帝是否姓姜，可疑；言黃帝，則有據。）說文、女部「姬」字下曰：「姬，黃帝居姬水，因水爲姓，從女𦣞聲。」可見黃帝爲姬姓之祖。

孫氏相信姬姓始於黃帝，引了國語，還引說文；並以爲黃帝姓姬，「則有據」，無可置疑。遂下結論說：「可見黃帝爲姬姓之祖。」黃帝既已證明爲姬姓之祖，姬水在黃帝時即已存在，爲何又說姬姓是由於姜嫄履熊迹的圖騰信仰下才產生的？孫氏在同一篇文章裡，先爲姬姓始於黃帝作證，然後又藉圖騰之說，將姬姓說成是始於姜嫄的履熊迹，姬姓的第一代是后稷。其前後觀點形成對立而竟然不知，寧非怪事？

筆者揣度孫氏行文所以致此的原因，實由於有心要以圖騰之說樹立一己之見，但有些史料對他極爲不利，他只好在史料中選取對自己有利的部份來說，對自己不利的部份就擱在一邊了。這樣的論證方式，一開始就是主觀的，雖有考證的形式，是經不起仔細加以分析的。

戊、姜姓是由羌族分化而來的嗎？

晋書苻健載記有「苻健字建業，洪第三子也。初，母姜氏夢大熊而孕之」的一段話，孫氏遂云：

> 案苻氏是臨渭氏人，「世爲西戎酋長」，母爲姜氏女。案羌即古代之「姜族」，古時「羌」、「姜」一字。「姜氏夢大熊而孕之」，與姜嫄履熊迹而生棄，其事十分相似，或其迷信乃出於一源；而夢熊生子的信仰，又與小雅斯干所言者若合符節。

這段文章還加如下一段附注：

> 章炳麟「檢論」卷一「序種姓」云：「羌者，姜也；晉世吐谷渾有先零，極乎白蘭。其子吐延爲羌酋姜聰所刺，以是知羌亦姜姓。

又在「從詩經所見的滅商以前的周社會」一文中說：

我以爲姜太公就是當時羌族的領袖，也就是跟從武王伐紂的庸、蜀、羌、髳、微、盧、彭、濮的「羌」。「姜」、「羌」是一個字，無庸多論，主要的證明是，有關姜太公的傳說和羌族的文化發展階段相合。戰國時代人多說姜尚出身微賤，嘗釣於渭濱。……姜太公是渭水上游的羌族酋長，羌族一直到後代還長期地逗留在游牧生活裡。說姜太公釣於渭濱，只不過反映他是渭水上游羌族的部落長而已。周文王與姜太公的遇合，就是象徵周國和羌族的聯合，而其目的是爲了共同反商。太王之妻爲太姜，武王之妻爲邑姜，成王之妻爲王姜，都顯示出這種聯合。因爲羌族受盡商國奴隸主的壓迫，所以在牧野大戰中，羌族的首領姜太公同仇敵愾之心尤切，這就是詩經、大明篇所描寫的：

維師尚父，時維鷹揚，涼（助也）彼武王，肆伐大商！

大概隨從武王東征的這一支羌族，後來變成「華夏族」的一部份，齊、許、申、呂諸國皆是；未隨從武王東征的另一部份本土羌人，還游牧於渭水上游甘肅及青海一帶，這就是後來的羌族。因爲姜姓即羌族，所以在歷史上還有「姜戎氏」這一名稱。「姜戎氏」即羌戎氏。左傳襄公十四年（公元前五五九）有「姜戎氏」，云來自瓜州（今甘肅敦煌），自稱：

我諸戎飲食衣服，不與華同，贄幣不通，言語不達，何惡之能爲！

從這裡可以考見原始姜族的文化面貌。

從以上所引的這些話裡，知道孫氏要證明的是：

㈠姜、羌原是同一個字；姜嫄履熊迹生子與姜氏夢大熊而孕的迷信亦相同，故可推知姜姓氏族原是羌人。

㈡姜姓既是羌人，即可推知姜太公原是羌族的酋長。

㈢羌人世代受商國奴隸主的迫害，所以他們的領袖姜太公願與周文王、武王聯合反商。

㈣羌族以後分化爲二支：一支隨武王東征後，留在中原，受華夏族的同化，即成爲華夏族的一部份。另一支仍留在甘肅、青海一帶，過著游牧的生活，即是以後的羌族。

㈤左傳所載的姜戎氏，即是羌戎氏，他們自稱與華夏之人生活方式不同，言語不達，貨幣不通。

筆者讀了孫氏對姜姓的考證，發現有關資料未能廣泛羅致，有些該辨淸的觀念卻自致混淆。先說姜姓源流，尚書舜典云：

帝曰：「咨四岳，有能典朕三禮？」

僉曰：「伯夷。」傳云：「伯夷，臣名，姜姓。」

史記五帝本紀正義引帝王世紀云：

神農氏，姜姓也。母曰任姒，有蟜氏女，登爲少典妃，遊華陽，有神龍首，感生炎帝。

國語晋語云：

黃帝以姬水成，炎帝以姜水成；成而異德，故黃帝爲姬，炎帝爲姜。

竹書紀年商紂三十一年載：

西伯（昌）治兵于畢，得呂尚以爲師。

雷學淇正義云：

畢，即畢原（在陝西西安府）。呂，氏；尚，名。炎帝之裔也。

史記齊太公世家云：

太公望呂尚者，東海人。其先祖尚爲四嶽，佐禹平水土甚有功。虞夏之際封於呂，或封於申，姓姜氏。夏商之時，申、呂或封支庶子孫，或爲庶人，尚其後苗裔也。本姓姜氏，從其封姓，故曰呂。

大雅崧高篇毛傳云：

堯之時，姜氏爲四伯，掌四嶽之祀，述諸侯之職，於周則有甫、有申、有齊、有許也。

王符潛夫論志氏姓於姜姓之下云：

炎帝苗胄，四嶽伯夷，爲堯典禮，折民惟刑，以封申呂。裔生尚，爲文王師，克殷而封之齊。或封許向，或封於紀，或封於申。……及齊之國氏、高氏、襄氏、隰氏、士强氏、東郭氏、雍門氏、子雅氏、子尾氏、子襄氏、子淵氏、子乾氏、公旗氏、翰公氏、賀氏、盧氏、皆姜姓也。

詩王風揚之水篇有戍申、戍甫、戍許之句，毛傳訓申、甫、許皆姜姓之國。孔氏正義以爲尚書的「甫刑」即「呂刑」，故推知揚之水篇的「甫」即是「呂」。申、呂、許均在南陽一帶。馬瑞辰毛詩傳箋通釋云呂國有二：一爲虞夏時所封之呂，在汝南、上蔡；一爲周時續封之呂，在鄧州南陽縣西，即詩所謂戎甫之處。

由上面這些資料，可知：

㈠帝王世紀、國語晉語、竹書義證、潛夫論均以爲炎帝神農氏姓姜。

㈡虞、夏時典四嶽的伯夷亦姓姜。

㈢輔助周文王、武王的姜太公呂尙，原籍東海，爲炎帝、伯夷後裔，其先祖於虞夏之際曾封於申、呂。

㈣姜太公封齊以後，姜姓子孫繁衍，氏族衆多，自國氏、高氏以下及於賀氏、盧氏，計十六支，皆爲姜姓後人。

㈤周時姜姓之國除齊以外，申、呂、許、向、紀等皆屬之。

我們再將這些史料與孫氏的論證對照著看，孫氏以爲姜即是羌，姜嫄、姜太公都是羌人，不是華夏氏族，這就出現如下的問題：

㈠炎帝、伯夷是否也是羌人？如果不是，可見姜姓自有氏族系統，不能與羌人混爲一談。

㈡左傳載羌戎自謂：「我諸戎飲食衣服，不與華同，贄幣不通，言語不達。」如果炎帝、伯夷、姜嫄的姜姓氏族，都是羌戎，與黃帝的姬姓氏族種性不同，言語不通，華、夷生活迥然有別，則炎帝何以被尊爲華夏民族的始祖之一？姜嫄的兒子棄，何以不是羌人，卻成了周的始祖？

㈢姜太公如果是羌人，身爲羌戎的酋長，爲何拋下自己的國家不管，卻來做周人的輔弼之臣？看他自遇文王以後，即爲周文、武獻籌定策，直至滅了商紂，受封於齊。如果自身還是羌戎的領袖，竟會不顧自己的祖國以至於一去不返嗎？尤其，他如果是西羌人，武王封疆時必會依其原籍封於西疆，怎會反封於東隅的齊國？

㈣從姜太公的籍貫上看，他原是東海人，本姓姜，由於他的祖先在虞夏時封於呂，從其封姓，故亦姓呂。申、呂、許都屬姜，在南陽附近，以後姜姓氏族繁衍為十六支，分布在中原地區。由此看來，姜太公怎有可能跑到西疆成為羌戎的酋長？

㈤羌戎自己說與華夏氏族文化不同，言語不通。姜太公如果是羌戎，他怎會熟諳華夏文化、軍政謀略，成為有周開國第一號功臣？我們從文王於渭濱遇呂尚，一談傾心，說：「吾太公望汝久矣！」即可斷定姜太公與周文王必為同一種族的人。

至於姜姓與羌人之間有無某些關係呢？這是值得考證的另一個問題。後漢書西羌傳云：

西羌之本，出於三苗，姜姓之別也。其國近南嶽。及舜流四凶，徙之三危（注：在敦煌縣東南，山有三峯，故曰三危），河關（注：縣名，屬金城郡）之西南羌地也。

這是說姜姓的族人有一支在虞舜時被流放到敦煌，以後成為西羌。從此，在西域的羌人與在黃河流域的姜姓氏族已全不相干。因為姜姓氏族有著高度的華夏文化與社會地位，與姬姓氏族成為炎、黃子孫中主流的部份。而且自姜太公輔周而有天下以後，兩姓聯姻，史不絕書，是周朝最高貴的婚姻搭配。如果姜姓原是羌戎，姜太公只是羌戎的部落長，既不同文，又不同種，華夏氏族的周人會樂意與之一再通婚嗎？

所以筆者以爲，姜姓的族人或有流入西疆而爲羌人的，但不可以此爲據，反說在中原地區的姜姓氏族都是羌人。這是倒因爲果的說法；不僅抹殺史實，而且犯上以偏概全的錯誤。即如章太炎取「晋世吐谷渾有先零、極乎白蘭。其子吐延爲羌酋姜聰所刺」的記載，說：「以是知羌亦姜姓。」筆者即以爲章氏如此論斷，同樣犯上以偏概全的錯誤。因爲西羌的人如出於姜姓，就如「姜聰」的姓「姜」，何以其他羌人都不見姓姜？即如與姜聰同時的極乎白蘭，吐延；又如後漢書西羌傳載秦厲公時的羌酋無弋援劍、封養牢姐、比銅鉗等，無一以姜爲姓，而且其命名方式與中原姜姓者迥異。至於姜聰其人，從名字上看，與其他羌人顯非同類，其身世不無可疑。如僅取其一人姓姜，將所有不姓姜的人，說成都得姓姜。這等於在羊羣中只見到一匹馬，就說所有的羊都是馬。這樣的論斷，你會同意嗎？

筆者還以爲，孫氏如此論證，竟已產生反效果而不自知。因爲證明了姜即是羌，則姜嫄即成了羌人。姜嫄既是羌人，她又是履熊迹而生棄，與當時的人帝無關，則棄自然也是羌人。如此世代相傳，勢必將周人的血統說成來自羌族。至於姬姓的來歷已不重要，即使黃帝姓姬，黃帝既不是羌人，與姜嫄毫不相干。周人既以姜嫄爲始祖，不管他們姓甚麼，都無法改變與羌人的血緣關係。所以孫氏的考證越成功，越逼周人疏離華夏民族而走向羌族。換句話說，周人該是羌族的後裔了。這恐怕是孫氏論證時從未想到的一種結果吧！

再進一步說，孫氏這一論證，還會牽引出炎帝神農氏的種族問題。神農氏姓姜，見於史記所引帝王世紀、國語晉語、王符潛夫論，前文已經引述。而且晉語云：「炎帝以姜水成。」亦即炎帝之所以姓姜，是取自所居一條河道的名稱，不是由於本身是羌族的緣故。如按孫氏的論證，「姜姓即羌族」；又如無別的資料足以推翻前述古籍有關炎帝姓姜的記載，則炎帝這一氏族系統，亦要說成是羌人而非華夏民族了！

己、少皞、堯、舜、商湯都是夷人嗎？

孫氏曾說：

> 在東方沿海一帶，諸部落多以鳥爲圖騰，即所謂「鳥夷」者是；如舜族以鳳鳥爲圖騰，丹朱族以鶴爲圖騰，殷先祖以燕子（玄鳥）爲圖騰等等。

孫氏這段話如按演繹法的邏輯推理來說，該是：(1)以鳥爲圖騰的都是夷人——大前提；(2)舜、丹朱、商湯本人或其先祖都是以鳥爲圖騰的——小前提；(3)所以舜、丹朱、商湯都是夷人——結論。

這樣的邏輯推理，我們一看就知道有問題，問題出在大前提上。因爲它不是經過精確考證而得的。在古籍中可視爲以鳥爲圖騰的記載，當推郯子所敘少皞以鳥名官的一段話。左傳昭公十七年載：

> 秋，郯子來朝，公與之宴。昭子問焉：曰：「少皞氏鳥名官，何故也？」郯子曰：「吾祖也，我知之。

> 昔者黃帝氏以雲紀，故爲雲師而雲名；炎帝氏以火紀，故爲火師而火名；共工氏以水紀，故爲水師而水名；大皞氏以龍紀，故爲龍師而龍名。我高祖少皞摯之立也，鳳凰適至，故紀於鳥，爲鳥師而鳥名：鳳鳥氏，歷正也；玄鳥氏，司分者也；伯趙氏，司至者也；青鳥氏，司啓者也；丹鳥氏，司閉者也；祝鳩氏，司徒也；雎鳩氏，司馬也；鳲鳩氏，司空也；爽鳩氏，司寇也；鶻鳩氏，司事也。五鳩鳩民者也。五鴙爲五工正，利器用，正度量，夷民者也。九扈，爲九農正，扈民無淫者也。自顓頊以來，不能紀遠，乃紀於近。爲民師而命以民事，則不能故也。

這段話敍郯子的遠祖少皞（一作「昊」）氏，當他登位時，適逢鳳鳥飛至，以爲祥瑞，遂以鳥爲師，以鳥名官，分別將各部官職取一種性質相近的鳥作爲表徵。由此看來，少皞眞的以鳥爲其圖騰信仰了。但是，如據此說他是「鳥夷」，這就大有問題；因爲少皞是黃帝子，名摯；一名青陽，嫘祖所生。他的都城在曲阜，在位八十四年而卒。如果把他說成「鳥夷」，則黃帝、嫘祖豈不都成了夷人？

說丹朱族以鶴爲圖騰，這又有何依據？帝王紀云：「堯娶散宜氏女，曰女皇，生丹朱。」鄭玄云：「帝堯胤嗣之子，名曰丹朱。」史記五帝本紀云：「堯知子丹朱之不肖；不足授天下，於是乃權授舜。」范汪荊州紀云：「丹水縣在丹川，堯子朱之所封也。」括地志云：「丹水故城在鄧州內鄉縣西南百三十里，丹水故爲縣。」由此可知丹朱是堯之子，單名朱，丹爲封地之名。由於他不賢，堯才將帝位傳給舜。孫氏說「丹朱族以鶴爲圖騰」，丹朱既是帝堯胤子，帝堯又是帝嚳所生；帝嚳的曾祖父即是黃帝。在如此帝王世胄之下，何來「丹朱族」之稱？其次，丹朱之名，原取地名的「丹」與單名的「朱」組合而成的，與「丹頂鶴」全不相干，孫氏以鶴爲圖騰之說，如無別的考證，仍恐只是郢書燕說。而且更壞的是，丹朱族如果證明以鶴爲圖騰，依照孫氏已有的邏輯推理，勢必又將黃帝、帝嚳、唐堯都要說成是夷人了！

孫氏說「舜族以鳳鳥爲圖騰」，這也是未見考證的話。竹書紀年載，鳳鳥在黃帝時即曾出現，視爲瑞徵；文王時鳳鳴岐山，亦以爲姬周將興之兆。以史爲證，何不說黃帝、文王以鳳鳥爲圖騰？而且鳳鳥也是鳥，屬於孫氏推理的範圍內。則凡以鳳鳥爲圖騰的，不論黃帝、虞舜、文王，都要證明是「鳥夷」了！

至於說「殷先祖以燕子（玄鳥）爲圖騰」，這是根據商頌玄鳥篇「天命玄鳥，降而生商」的記載而來的。毛傳云：

> 玄鳥，鳦也。春分，玄鳥降；湯之先祖有娀氏女簡狄配高辛氏帝，帝率與之祈于郊禖，而生契。故本其爲天所命，以玄鳥至而生焉。

這是以爲簡狄生契，是在春分之際燕子來時，隨其夫高辛帝祈於郊禖而得的。如照這一說法，實無神異可言。然而漢世引詩述義，多從今文家之說。如史記據魯說云：

> 殷契，母曰簡狄，有娀氏之女，爲帝嚳次妃。三人行浴，見玄鳥墮其卵，簡狄取吞之，因孕生契。契長

而佐禹治水有功。帝舜乃命契曰：「百姓不親，五品不訓，汝爲司徒而敬敷五教，五教在寬。」封商，賜姓子氏。契興於唐、虞、大禹之際，功業著於百姓，百姓以平。

這是以爲契係簡狄吞燕卵而生的。契曾佐禹治水有功，舜曾命他任司徒，教化人民。

鄭玄於詩先習齊，後從毛；玄鳥生商之訓，即據齊說。其詩箋云：

降，下也。天使鳦下而生商者，謂鳦遺卵，娀氏之女簡狄吞之而生契，爲堯司徒，有功而封商。堯知其後將興，又賜其姓焉。

他也以爲契是簡狄吞燕卵而生的；至於契任司徒改爲堯時，與史記有異。

后稷與契的誕生問題，自古即有爭議。毛氏傳詩，不尙神異，故訓生民篇「履帝武」爲踏著其夫高辛帝的足迹去參加祭祀。訓玄鳥篇「天命玄鳥，降而生商」爲春分之際燕子飛來時，簡狄隨其夫高辛帝祈於郊禖而生契。雖人事編敍未必可信，然述義則尙稱平實。至於三家詩，多主感天生子之說；以爲聖人的誕生，不同於常人，自可感天而生，毋須以常理推之。但是既主感天而生，必須二女未婚，二子無父而生，才可說通。如果二女已婚，而且其夫都是高辛帝；爲帝妃而生子，事屬尋常，其神祕性即大爲降低。就以簡狄生契的事來說，她既是帝妃，有夫妻的生活，即使她誤吞了燕卵，生契與吞卵不過是一種巧合，怎見得契是感天而生的？所以有些今文家主張二女無夫，不取姜嫄爲帝嚳元妃、簡狄爲帝嚳次妃之說。但是姜嫄如果尚未結婚，爲何有「以祓無子」之祀？未婚姑娘向神求子，豈不惹人笑話？所以這類矛盾問題，一直糾纏不清。比較之下，毛傳的說法要平實些。雖然古人崇尚迷信，詩人或有尊祖配天姑示神異之意，但是論語載：「子不語怪、力、亂、神。」四家詩說裡，相信毛傳這一說法比較接近於孔子的觀點。如果說詩旨眞有一部份傳自孔子、子夏，則毛氏這些意見或有可能得其眞傳的。

孫氏說「殷先祖以燕子（玄鳥）爲圖騰」，顯然是遵循今文家的解說而來的。既遵今文家之說，而且視簡狄的吞卵生契出於殷人的圖騰信仰，又在孫氏自己所設定的「以鳥爲圖騰的氏族都是鳥夷」的前提之下，其結論自然是「殷商氏族是夷人」了。

將炎帝、黃帝、少皞、帝嚳、唐堯、虞舜、殷商、姬周都說成是羌人或夷人而非華夏氏族，這眞是駭人聽聞的論證；恐怕連孫氏自己都非始料所及的吧！

肆　結　論

㈠**從圖騰之說上看**　聞一多詩經通義作於民國二十四年，他曾舉國風中四首以鳩起興的詩（關雎、鵲巢、氓、鳲鳩）與左傳郯子述少皞以鳥名官的一段話放在一起，遂倡圖騰之說。並云：「三百篇中以鳥起興者，不可勝計，其基本觀點，疑亦導源於圖騰。」筆者曾撰「聞家驊詩經論文評介」一文，（發表於中華文化復興月刊，並編列於拙著「詩經名著評介」一書中）曾指出其證據不足，說理牽强。孫氏之文發表於一九五七年，後聞著二十多年，想必受聞氏的影響而加以推演的。然而孫氏越推演，問題也越多，越嚴重。推究其原因，不是圖騰之說不可從，而是對於圖騰的認定時常含混不清。圖騰是上古氏族社會對於自然物的崇拜，因而產生一些禁忌。孫氏曾說：「他們極端崇拜圖騰，不但不許殺它、喫它、使用它；甚至於還不許觸它、看它、說它。他們認爲若說出圖騰的本名，就要招致圖騰之怒，因而可能引起種種的災難。」可見極端的崇拜與嚴格的禁忌，是成爲圖騰的必要條件。這已是孫氏所認定的。我們再拿孫氏所認定的來衡量所說的各氏族的圖騰，如說周先祖以熊爲圖騰，丹朱族以鶴爲圖騰，東方各部落以鳥爲圖騰，殷先祖以燕子爲圖騰，應龍族以泥鰌爲圖騰，西北的羌族以羊爲圖騰等，都是有待仔細研究的。周人愛喫熊掌愛穿熊裘是事實；羌人牧羊爲生，平日喝的是羊奶，喫的是羊肉，穿的是羊皮。如果不許殺它、喫它、使用它，他們靠甚麼來養活自己？所以只要拿孫氏所下的定義，來檢討孫氏所說的各氏族的圖騰信仰，即可知道其可信性如何了！如要說的更明白些，即孫氏所認定各氏族的圖騰，有沒有這回事？是一個問題。即使有這回事，以周人而言，是不是因爲避諱，才將姜嫄履熊迹說成「履帝武」？又是一個問題。因爲稱圖騰爲「帝」，自古罕有其例。

㈡**從考證資料上看**　我們原以爲孫氏會得之於地利，將有三十年代以後地下新出土的資料，作爲他的新理論的依據，足以開拓詩經研究的新領域。可是讀完該文，雖有一些較新的資料，大都無濟於事。比如「姬」，从女从臣。說文訓「臣」爲「頤」，王筠說文釋例訓「臣」像臉頣與酒窩之形。孫氏取容庚金文編（一九五九年科學出版社出版）中考證「作姬𣪘」與「姬鼎」之「姬」字，從其形狀看，以爲「女旁之『臣』絕非頤」，遂下結論說：「由此可見，姬字之从女从臣，即因姜嫄履大人之迹的信仰而來；姬字的得義得形，皆由於圖騰。」孫氏如此說，即呈現兩個問題：

1.姬字的「臣」該是甚麼？我國古代文字學者許愼、王筠說是臉頰之形（頤、頣、腮同義，即臉頰），又由頤字从臣可以推知其字原有「臉頰」之意。容庚金文編的「臣」字如非「頤」，而另有所指，應該說明。如今不作說明，可知仍從舊訓。

2.「臣」字即使絕非「頤」字之意，又何以見得它像熊迹？黃帝姓姬，且有姬水之名，孫氏對這一歷史記載表示無可置疑。是則「姬」字成於黃帝之世，怎麼又說「姬」字的得義得形，是因姜嫄履大人迹的信仰而來的？以此爲例，可見孫氏雖在引用來自地下的金文資料，仍只是浮光掠影，並未成爲有力的證據。究其所以致此的原因，即資料原極有限，使用者如心存主觀，其結果往往不是觀點跟著資料走，而是資料跟著觀點走；資料作了主觀者的附庸而已！

㈢從研究方法上看　今世學者談研究，必講方法。方法中最常用也是最重要的，是歸納、演繹、統計、類比等數種，總稱之爲科學方法。懂得使用科學方法的人，一方面可避免犯上主觀或武斷的錯誤；一方面可提醒自己思考過程是否合理、所得結論是否可靠。所以好的方法，是研究的利器，亦是檢驗的工具。我們看孫氏的論文，其中有許多創見；這些創見都該是求證之後的結論，要人相信，必須將求證過程交代清楚，做到無懈可擊才成。可是我們由其結論追溯前提，或歸納法的個案分析，往往予人有不明確或不適當之感。亦即主觀的認定多於客觀的舉證。例如孫氏說：「以鳥爲圖騰的都是鳥夷。」這是歸納法的結論。要使這個結論可靠，必須將以鳥爲圖騰的上古氏族逐一舉證，沒有一個例外才能成立。可是在他舉證之下，如說舜以鳳鳥爲圖騰，丹朱族以鶴爲圖騰，殷商先祖以燕子爲圖騰等，由於舜、丹朱、殷人均非鳥夷，是華夏氏族；這就直接否定了「以鳥爲圖騰的都是鳥夷」這一結論。如此舉證，既已呈現錯誤的結論，自然不會使人相信。孫氏如留意及此，也不至於貿然下此結論。再如孫氏說舜以鳳鳥爲圖騰，丹朱以鶴爲圖騰，羌族以羊爲圖騰，這些都是結論性的話，要使人相信，必須從典籍、金文或其他資料中列舉可靠的證據，證明他們的確以這些鳥類爲圖騰，才能使人採信。不然，僅予人以主觀與武斷的印象而已！

以上是從歸納法來查驗的一些例子，再從演繹法來看，它必須具有大前提、小前提、結論三個階段。演繹法的大前提，往往就是歸納法的結論。比如孫氏曾說：「以鳥爲圖騰的都是鳥夷。」這原是歸納法的結論，從演繹法來看，即可成爲演繹法的大前提。推演下去，即可說成：舜以鳳鳥爲圖騰（小前提），所以舜是鳥夷（結論）。如果大、小前提都正確無誤，結論一定可靠。反之，結論不可靠，前提一定有問題。就如剛才所舉的例子，「舜是鳥夷」的結論是錯誤的，追溯上去，不僅大前提「以鳥爲圖騰的都是鳥夷」不能成立，即「舜以鳳鳥爲圖騰」這句話又何曾有據？

由此看來，在一篇論文中，凡所論定的事，如經不起科學方法的徵驗的；或者說，在觀念的形成與新理論的產生時，沒有經過邏輯思考的過濾的，往往會造成錯誤而不自覺；這將直接影響到該論文的品質與理論價值。

㈣**從說理的自我矛盾上看**　說理自我矛盾，這是一篇論文的致命傷。孫氏此文，即多處出現這一現象。例如說姜即是羌，姜姓氏族都是羌人，羌人以羊爲圖騰，這是孫氏所論定的。據此而談姜嫄的圖騰信仰，亦當以羊爲圖騰。如此推求，姜嫄「履帝武」的「帝」，即使不是「人帝」，也不是「天帝」，視爲所信圖騰的代稱，也只能說是「羊」，這才是遵照姜嫄得自其本族該有的圖騰信仰。於是「履帝武」即是「踏著羊的足印前進」了。孫氏捨此不說，卻說是熊的足迹；熊非姜姓的圖騰，豈可張冠李戴？這是第一個矛盾。其次，孫氏說「姬」字是姜嫄履熊迹而產生的，姬姓的始祖是她的兒子后稷；亦即在姜嫄生后稷之前，世上沒有姬姓的人。既無姬姓的人，何來姬姓的圖騰信仰？也等於說，既無樹，那來樹上的果子？這是第二個矛盾。又，國語晉語載：「黃帝以姬水成，……故黃帝爲姬。」孫氏云：「黃帝姓姬則有據。」這即與孫氏主張后稷爲姬姓第一人之說直接發生衝突。這是第三個矛盾。

孫氏爲了將生民篇的「履帝武」說成「履熊迹」，成爲其個人的詩義新解，遂一面拉姬姓的歷史淵源來說，以爲姜嫄是姬周的人，黃帝是她的遠祖。又認定黃帝以熊爲圖騰，她承襲此一圖騰信仰，才編履熊迹生后稷的歷史故事。一面又切斷姜嫄所有的歷史關係，說她是羌人，姬姓是她履熊迹創造出來的。取前一說，黃帝姓姬，姜嫄無須造姬；取後一說，姜嫄以羊爲圖騰，與熊無關，亦即姜嫄無從造姬。兩說都存在著自身的矛盾。可是孫氏不顧這些矛盾，隨心所欲地編敍其故事，發表其新詮。這就徒見其處處有創見，處處是問題了！

㈤**從論文的整體結構來看**　以圖騰之說解釋生民篇「履帝武」的涵義，建立「周人以熊爲圖騰」、周人的「姬」姓始於姜嫄履熊迹而生后稷的新理論，爲其論文的主線。主線的理論需要輔證，於是爲了說明上古人類有圖騰信仰，列舉少皞、舜、丹朱、殷商、羌族以及印第安熊族等爲證。爲了說明周人有可能以熊爲圖騰，舉述五帝紀所載黃帝以「有熊氏」爲號，並以熊羆爲首的六獸爲師，以及黃帝與周人同姓姬，黃帝即是周人的遠祖，所以周人亦承襲黃帝以熊爲圖騰爲證。爲了說明姬姓始於姜嫄，舉「姬」字的組合意義，金文「𦣞」字像熊迹不像臉頰爲證等，都是爲建立主線的新理論而作的佐證。有主線，有佐證；佐證依從主線的理論需要而設。從整體結構上看，不失爲一篇層次分明的好文章。問題在於主線的建立，失之於主觀；佐證的提供，又常顧此失彼。所以只要任何一個環節出了問題，全部架搭起來的七寶樓臺，立即崩塌而至於毀滅。例如前文曾一再提出的，孫氏既說羌人以羊爲圖騰，姜即是羌，姜嫄自亦以羊爲圖騰。姜嫄姓姜不姓姬，而且無夫，即使姬姓以熊爲圖騰，這與姜嫄何干？所以如尊奉圖騰之物稱爲大人，絕無可能稱別人的圖騰之物爲大人。證明了這一點，生民篇「履帝武」的「帝」字孫氏說是「熊」，這是絕無可能的了！說熊既不是熊，一切論述與考證，豈不都成了廢話？

再舉例來說，主線是姬姓始於姜嫄，佐證卻是姬姓始於黃帝。始於黃帝有典籍爲證，孫氏自以爲可信；則始於姜嫄的主線還有立足的餘地嗎？又如主線說周人是黃帝的後裔，佐證說周人是羌人的後裔；主線說炎、黃子孫都是華夏氏族，佐證說姜姓是羌人，以鳥爲圖騰的是夷人，並舉姜太公、少皞、舜、丹朱、殷湯等爲例證，結果將所有炎黃子孫都說成是羌人與夷人。身爲炎黃子孫的我輩，讀文之下，眞不知將何以自處了！

——作於一九八七年七月

孫著「我國歷史上第一次農奴大起義」質疑

壹　前　言

孫作雲先生著「詩經與周代社會研究」一書，頗多創新之見，足以引起學者們的注意。他在該書第一篇「周先祖以熊爲圖騰考」中，主張大雅生民篇「履帝武」的「帝」即是「熊」，「帝武」即是「熊的腳印」，是姜嫄踏著「熊的腳印」才懷孕生下后稷的。筆者讀後，殊不以爲然，曾撰「孫著周先祖以熊爲圖騰考質疑」一文，發表於中華文化復興月刊第二十一卷第七、第八期作爲辨正。

至於孫氏的「我國歷史上第一次農奴大起義」一文，是在其「詩經與周代社會研究」一書中的第八篇，一九五九年完成，一九六二年重訂。他在該書後記中有云：「本書在付印之前，經中華書局編輯部古代史組諸位同志反覆審閱，發謬正誤，至所心感。」可見這部書的各種觀點，已非一己之見，是經一批古代史學者共同認可的意見，這就更值得我們注意了！

孫氏所依據的是大雅桑柔篇：說是厲王「專利」，不但剝削力役地租，又要剝削農奴分地裡的收穫物，農奴們爲生活所逼，羣起反抗，以致造成中國歷史上第一次農奴大起義。他所訂的時代是在公元前八四二至八二八年之間，亦即周厲王被國人放逐於彘，共和行政的時期。至於作者，他還是信從毛詩序「桑柔，芮伯刺厲王也」的話，肯定是周厲王時的大臣芮良夫作的。

這篇文章所牽涉的問題很多，但如追本溯源，該從桑柔的內容以及西周的社會制度與厲王的史料等方面去探討，以見孫氏的主張是否可信。

貳　桑柔篇孫氏新解

孫氏說周厲王時曾發生我國歷史上第一次農奴大起義，其所依據的是桑柔篇。他先闡釋該篇的章句，然後發表自己的新見解。故本文按照其行文次序，先錄其章句解說，再錄其新論要點。桑柔是一首長詩，共分十六章，四百五十個字，今錄六、七兩章，其中詩句之下括弧之內的文字，即是孫氏的注釋。

如彼溯風，亦孔之僾（如逆風而行，人們喘不出氣來。「僾」唈也）；民有肅心，荓云不逮（言老百姓本來是很守規矩的，但因為行暴政，結果使其不安分。「荓云不逮」，即使有不及）。好是稼穡，力民代食（言你特別喜好「稼穡」、——指農產物，叫力民為你剝蝕。「力民」即田畯，「代食」即代蝕）；稼穡維（唯）寶，代食維（唯）好（言你只知道以稼穡為寶，只知道寵信代你剝蝕的人）！——以上第六章。

天降喪亂，滅我立王（金文「位」皆作「立」），「滅我立王」，言滅我在位之王。由此可見：此詩作於厲王奔彘之後）；降此蟊賊，稼穡卒痒（言上天降下吃莊稼的害蟲，使莊稼一掃而光。雲案：此「蟊賊」喻田畯，即上文之「力民」）。哀恫中國，具（俱）贅（敖）卒荒（哀痛京師盡是些放蕩荒樂之輩）；靡有旅（膂）力，以念穹蒼（言我已老耄，毫無辦法，只好呼天而已）！——以上第七章。

孫氏將桑柔篇作重點的詮釋以後，接著說：

這首詩是有關這次大起義的最重要、最全面的一篇史料：故我們不憚煩地把它全引過來。

這首詩前人不知道它句句皆反映這次大起義，所以我們不厭煩地作了簡釋。

問題在於究竟因什麼緣故，才發生了這次農奴大起義，我以爲其故即在於：

好是稼穡，力民代食（蝕，剝削），稼穡維（唯）寶，代食維（唯）好！

換句話說，其故即在於以周厲王爲首的領主「好是稼穡」——搜括糧食，他們把農民的糧食，像寶貝一樣都搜括去了，這就引起了這次大起義的原因。（頁二一四）

在這裡要解釋：這糧食是哪裡的糧食。是領主自營地裡的糧食麼？顯然不是！因爲在當時的土地制度中，領主收取自營地裡的收穫物，是由習慣於傳統固定下來的，是「理所當然」的。那麼，在當時所認爲不應該收取的收穫物，是哪裡的收穫物呢？自然是農奴分地裡的收穫物。由此可見，這裡的「稼穡」，即指「私田」裡的收穫物。正是由於不按照舊習慣，額外地加徵私田裡的收穫物，使農奴無法生

活，所以才引起了這次農奴大起義。這就是公元前八四二年周京附近農奴反厲王起義的根本原因。（頁二一四）

證明這次起義的原因，是由於周厲王剝削農奴分地裡的生產品，還可由「國語、晉語」所載太子晉語得知。太子晉說：「厲始革典。」「革」的是什麼「典」呢？舊注沒有說明，只是說：「厲王無道，變更國法。」（韋昭注）這等於不說，我以爲這「典」，就是指周代統治者所定的剝削方法，也就是力役地租。換句話說，這「典」就是封建社會領主制（或稱爲農奴制）的土地制度。所謂「革典」，就是不按照這種土地制度所規定的。在領主剝削力役地租時，不得再剝削農奴分地裡的收穫物。周厲王破壞這種舊法，剝削農奴分地裡的收穫物，故謂之「厲始革典」。由此可見，所謂「專利」，所謂「貪」，即指剝削農奴分地裡的收穫物。（頁二一五）

「好是稼穡，力民代食。」這「力民」，即「有力之民」。什麼樣的「民」是有力之「民」呢？即管民的、管農奴的。即詩經中屢見不鮮的「田畯」。「田畯」或「力民」，即是領主莊園中監督農奴勞動的（指在「公田」裡做無代價的勞動，即「力役地租」）大把頭、大管事，是領主的鷹犬，是農奴的頂頭上司。

這夥人本來在平日就無惡不作，這次周厲王叫他們到農奴家中搜糧，更給他們以爲非作歹的機會。他們大事搜括，大張其兇焰，像吃莊稼的蟲子一樣，一下子把莊稼全部吃光了。

天降喪亂，滅我立王。降此蟊賊，稼穡卒痒（病）；哀恫中國，具（俱）贅（敖）卒荒（荒樂）；靡有旅（膂）力，以念穹蒼。這「蟊賊」，我以爲指「力民」，即「田畯」，是人（舊說「蟊賊」是蟲子）

把莊稼都刮走了，所以他才有「靡有旅力，以念穹蒼」之歎。若指蟲災，這上下文的話皆無法聯繫。

（頁二二〇）

從孫氏以上詩文詮釋及詩義闡述裡，可見其主要論點是：

㈠桑柔篇是記載中國歷史上第一次農奴大起義的最重要、最完整的史料。

㈡這次農奴大起義，是由於周厲王「專利」，剝奪了農奴分地裡的收穫物，使農奴無以為生才引起的。

㈢桑柔篇最足以為證的四句詩是：「好是稼穡，力民代食。稼穡維寶，代食是好。」以為這是厲王「專利」與「貪」的證據，「力民」即是田畯，是替厲王以及領主們榨取農奴們收穫物的幫兇。

㈣國語、晉語：「厲始革典。」以為所「革」的「典」，即是周厲王廢除周朝傳統井田制度的成法，除收取公田中的農作物以外，還要榨取農奴私田裡的農作物。

㈤詩中的「降此蟊賊，稼穡卒痒」兩句詩，舊說都以「蟊賊」為「害蟲」，孫氏則以為是「力民」，亦即「田畯」。

㈥桑柔的作者則從漢儒的意見，以為是厲王的臣子芮良夫。孫氏定其寫作的時代在公元前八四二年（即厲王放逐於彘之年）大起義最熾烈時期之後，而且正是他的國家（芮國在鎬京之東，屬於畿內諸侯，在今陝西東邊朝邑縣）內，也在起義的時候。

孫氏還以為這是當時人記當時事，是有關這一次大起義的最珍貴的第一手史料。

但以筆者看來，孫氏這些見解，都不足以成爲定論。相反的，其所呈現的問題相當複雜；大別之，如厲王史料考證、桑柔全文旨趣、作者與寫作時代的確定、西周社會制度的認識以及詞章的詮釋適當與否等，都值得作較深入的探討。以下即是筆者對這幾方面所要提出的一些質疑之見。

參　孫氏詩說質疑

甲、從史籍上考證

周厲王的歷史至今可考者有下列幾處：

㈠國語、周語「邵公諫厲王止謗」一文云：

厲王虐，國人謗王。邵公告曰：「民不堪命矣！」王怒，得衞巫，使監謗者。以告，則殺之。國人莫敢言；道路以目。王喜，告邵公曰：吾能弭謗矣，乃不敢言。」邵公曰：「是障之也。防民之口，甚於防川。水壅而潰，傷人必多，民亦如之。……」王不聽，於是國人莫敢出言。三年，乃流王於彘。

這是說厲王暴虐無道，國人深表不滿，紛紛指責。邵穆公爲民請命，告之以民情，希望改善施政。不想厲王更加憤怒，特請衞巫替他監視謗者，凡有告發，即予殺戮。一時國人不敢謗王，只是互相以目示意而已。厲王以爲所用高壓的政策已經收效，向邵公誇耀。邵公說，這只是堵塞住老百姓嘴巴而已，其情況就像築堤壩一樣，一旦堤壩崩潰，氾濫成災，一定會傷害很多人。所以最好的方法是廣徵民意，擇善而行。厲王不從邵公之言，三年之後，終於被放逐於彘。

我們要注意的是國語裡只說厲王「虐」，虐的內容究竟有哪一些？並未明示。又謗王的只說是「國人」，亦即邵公一再所稱的「民」。這些「國人」或「民」究竟包涵哪些身分的人？也無從知悉。

國語、周語裡這段話，史記也有類似的記載，所不同的，史記最後改爲：「三年，乃相與畔，襲厲王，厲王出奔於彘。」以爲所叛者爲一國之人，非一地區、一階層的人；而且他們攻進厲王所居的鎬京，直接要厲王的命，以致厲王逃到彘。

㈡史記周本紀在召公諫厲王之前另載芮良夫之諫云：

> 夷王崩，子厲王胡立。厲王即位三十年，好利，近榮夷公。大夫芮良夫諫厲王曰：「王室其將卑乎？夫榮公好專利而不知大難。夫利，百物之所生也，天地之所載也，而有專之，其害多矣。……夫王人者，將導利而布之上下者也，使神人百物無不得值，猶日怵惕懼怨之來也。……今王學專利，其可乎？匹夫專利，猶謂之盜；王而行之，其歸鮮矣。榮公若用，周必敗也。」厲王不聽，卒以榮公爲卿士，用事。

這是說厲王爲夷王太子，即位後好營私利，寵信好專利的榮夷公。大夫芮良夫基於國運民情，向厲王進諫，勸以爲人主者應爲民導利，不可與民爭利。厲王不聽勸諫，任用榮夷公，任其行「專利」政策。

㈢王國維竹書紀年疏證云：

厲王，名胡。

元年，命卿士榮夷公落。

三年，淮夷侵洛。王命虢公長父征之，不克。（後漢書東夷傳：厲王無道，淮夷入寇，王命虢仲征之，不克。）

八年，初監謗。芮良夫諫百官於朝。

十一年，西戎入于犬邱。（史記秦本紀，周厲王無道，諸侯或叛之；西戎反王室，滅大駱、犬邱之族。）

十二年，王亡奔彘。（周語監謗後三年，乃流王于彘。）國人圍王宮，執召穆公之子殺之。

二十六年，大旱，王陟于彘。

由這份資料，值得注意的是：

1. 芮良夫在厲王八年，在朝所諫的是百官，不是厲王。

2. 厲王無道，用榮夷公不當，以致先有淮夷入寇，後有諸侯相叛，西戎反王室。

3. 在西戎入侵之次年，引起國人全面反抗，以致流王於彘。可見反厲王的是淮夷、西戎與諸侯。

厲王出奔之後，圍王宮的是國人，根本沒有農奴的份。

㈣國語「厲始革典」　韋昭注：「厲王無道，變更周法。」這解釋不能說不妥當，因爲「典」字說文云：「五帝之書也。按五帝之書曰五典。」爾雅釋詁訓爲「常」；「常」即「常道」之意，可轉爲法則、規範以及典章制度等涵義。循此而訓「厲始革典」，應該說周厲王開始改變了周朝歷代相傳下來的一些典章制度。由此看來，這「典」字的涵蓋面是很廣泛的，不宜僅指某一項來說。孫氏說：「我以爲這『典』，就是指周代統治者的剝削方法，也就是『力役地租』。」這顯然是於史無據的片面之見。尤其有關的是：孫氏所謂的「力役地租」，原是指井田制度中「公田」的部份，由八家合力種植，收穫繳給政府，政府賴以支應各項開支，維持統治階級以及一般公務人員的生活。這即等於後世的田賦制度。今日歐美許多先進國家，國民所得稅常要抽取其總收入的百分之二、三十以上，他們有無視此爲統治階級對他們的剝削？

孫氏說明「典」即「力役地租」，「力役地租」即是「周代統治者的剝削方法」之後，接著解釋「厲始革典」的涵義說：

> 這「典」，就是封建社會領主制（或稱爲農奴制）的土地制度。所謂「革典」，就是不按照這種土地制

度所規定的，在領主剝削力役地租時，不得再剝削農奴分地裡的收穫物。周厲王破壞這種舊法，剝削農奴分地裡的收穫物，故謂之「厲始革典」。由此可見，所謂「專利」，所謂「貪」，即指剝削農奴分地裡的收穫物。

這是以爲周朝原有的「力役地租」，即是一種剝削制度，周厲王還要剝奪農奴私田裡的收穫物，才叫做「厲始革典」。孫氏以爲就是這個緣故，農奴無以爲生，才逼得造反，成爲歷史上第一次起義。但是令人置疑的，說厲王剝削農奴分地裡的收穫物，有何依據？說厲王奔彘，是由於農奴大起義的結果，見於何書？如果僅憑國語的「厲始革典」四個字，推想出如此的故事，作成如此的結論，這未免將歷史的考證工作看得太簡單了！

乙、從桑柔的作者與內容上觀察

桑柔篇的作者，見於史籍者爲左傳。春秋魯文公元年於「公叔敖如齊」經文之下，左傳先解釋經文涵義，然後另加一段與經文全不相干的附錄：

殽之戰，晉人既歸秦師，秦大夫及左右皆言於秦伯曰：「是敗也，孟明之罪也，必殺之。」秦伯曰：「是孤之罪也。周芮良夫之詩曰：『大風有隧，貪人敗類。聽言則對，誦言如醉。匪用其良，覆俾我悖。』是貪故也；孤之謂矣！孤實貪以禍夫子，夫子何罪？」復使爲政。

其中「大風有隧，貪人敗類」六句詩，引自桑柔第十三章。可見左傳作者以爲芮良夫所作。由於左氏有此一說，故漢儒以下多從其說。

毛詩序云：

桑柔，芮伯刺厲王也。

魯說云：

昔周厲王好專利，芮良夫諫而不入，退賦桑柔之詩以諷，言是大風也必將有隧，是貪人也，必將敗其類。王又不悟，故遂流於彘。

朱熹詩集傳云：

舊說此爲芮伯刺厲王而作；春秋傳亦曰芮良夫之詩，則其說是也。

竹書紀年義證卷二十三於「芮良夫戒百官於朝」下云：

芮，國名。……今山西解州屬縣也。……芮本伯爵，周之同姓，良夫者其君之名，入爲王官者也。……文公元年，左傳稱大雅桑柔篇爲芮良夫之詩，毛詩序曰：「桑柔，芮伯刺厲王也。」鄭箋云：「芮伯，畿內諸侯，王卿士也，字良夫。」即此芮伯矣！「戒百官於朝」者，逸書序曰：「芮伯稽古作訓，納王于善，暨執政小臣，咸省厥躬。……」

以上各家皆據左傳秦穆公之言，以爲桑柔的作者是芮良夫；至於其用意或說諫厲王，或說是戒百官，各有所執。

屈萬里先生詩經注釋云：

文公元年左傳引此詩「大風有隧」六句，謂爲芮良夫之詩；詩序從之，以爲芮伯刺厲王。按：詩中有「天降喪亂，滅我立王」之語，則此詩作於東周之初，乃傷時之詩；舊說非是。

王靜芝先生詩經通釋云：

此哀君之不順，而責佞臣之惡之詩。按詩序云：「桑柔，芮伯刺厲王也。」此據左傳文公元年引「大風有隧」六句，謂爲芮良夫之詩而言。然此詩有「滅我立王」之語，則類幽王之後，或厲王被逐，共和之際所作，非刺厲王之作也。詩中所言，大致爲指責國亂民困，征役頻仍，賦斂繁重；君不順義理，不能用善；同僚逢君之惡。末云：「雖曰匪予，既作爾歌。」則其詩固有所指。當時痛佞臣之惡，作歌以責之，並抒其傷感者。若果爲芮良夫作，則其時當在厲王之後，或東周初也。

以上屈先生不同意前人之說，理由是詩有「天降喪亂，滅我立王」之句。厲王放彘，彘在山西寧武縣汾水之旁，故時人稱他爲汾王；可見他仍過著有限度的帝王生活，不能說他已「滅」。眞正的滅，當推幽王爲犬戎所殺之事，故他主張此詩作於東周之初，與厲王無關，也不是芮良夫所作。王先生從其說，以爲非刺厲王之詩可以確定，從詩文內容觀之，除責君不順理義，以致國亂民困外，猶有痛陳佞臣爲惡之意。至於作者與時代，不敢確定。只說如果是芮良夫作，當在厲王之後，或在東周之初。

筆者對於這個問題，以爲除了要參考史籍所載與各家之說外，尤須從詩文內容找答案。與詩文內容不相符合的意見，即使是出於典籍所載，名家之言，還是不能貿然採信的。從桑柔的內容來看，的確是一位忠愛國家的人，他對當時的朝政十分擔憂，對當時的國君以及一些同僚深表失望，對當時的民生疾苦尤其關切。但如說成芮良夫諫厲王之詩，即有如下幾點值得考慮：

㈠進諫當在朝廷，亦即厲王仍然在位，芮良夫以詩爲諫，怎會有「滅我立王」之句？或說寫在厲王流彘之後，流彘不得稱之爲「滅」；況且王已流彘，朝廷已經共和行政，物換星移，進諫的對象與時機都已消失，芮良夫是一位賢大夫，怎會作如此不合時宜的詩來呢？

㈡朱熹詩集傳於該詩第三章下去：

自此至第四章，皆征役者之怨辭也。

該詩第三章「靡所止疑，云徂何往。」第四章「自西徂東，無所定處」，與前章文義相同，都是行役者自敍隨時奉命差遣，有身世飄零之感。芮艮夫居廟堂之上，怎會有這樣的生活？所以朱子說這兩章「皆征役者之怨辭」，這是可以相信的。

㈢文中有「朋友已譖，不胥以穀。人亦有言，進退維谷。」這是敍朋友之間相互譖毀，已無道義可言。如旨在諫厲王，何須說這些不相干的話？「大風有隧，貪人敗類。聽言則對，誦言如醉。」如果這也是諫君的話直陳國君爲人貪婪，毀敗善類；聽人奉承，就樂於應對；如有勸諫，就如酒醉之人，不知省悟。這些話可在厲王面前說的嗎？

故筆者以爲桑柔絕非芮艮夫諫厲王詩，漢儒不察，以史有芮伯諫君之說，遂以桑柔牽附之。孫氏不察，信漢儒此說，以致一起步就找錯了對象，按錯了前提；即使下文有精彩的論證，都是無濟於事的了！

丙、「力民代食」涵義的比較研究

桑柔的「好是稼穡，力民代食。稼穡是寶，代食是好」四句，爲孫氏新論關鍵之所在，故特列古今之說與孫氏新詮作比較研究。

㈠從歷代學者的解釋上看　歷代學者的見解殊不一致，主要還是「力民代食」的涵義不明所引起的。毛傳云：

力民代食，代無功者食天祿也。

毛氏只訓「代食」，未及「力民」。孔疏云：

當愛好是知稼穡艱難之人，有功於民者，使之代無功者食天祿，如此則王政善矣！

孔氏之意，當政者應選擇深知稼穡艱難之人，平時有功於民，使之代無功者食其天祿，政治自然會日趨於善。「力民」即「有功於民者」；換言之，即是「因平時努力服務有功於人民的官吏」。又孔疏之下附錄郭璞之文云：

夏官司勳云：「治功曰力。」則力民謂善人有力功加於民者也。故知「力民代食」謂使代無功者食天之祿也。祿是君之所授，而謂之天者，以上天不自治人立官，以治之居官，乃得食祿。是祿亦天之所與，故謂之天祿矣！

郭氏引周禮夏官司勳「治功曰力」句，以釋「力民」爲「善人有力功加於民者」。郭氏此段文字，蓋係孔疏之所據。

朱熹對此章不知所解，僅云：

蘇氏曰：「（君子）雖有欲進之心，皆使之曰世亂矣，非吾所能及也。於是退而稼穡，盡其筋力，與民同事，以代食祿而已。當是時也，仕進之憂，甚於稼穡之勞；故曰：『稼穡維寶，代食維好。』言雖勞而無患也。」

蘇氏以爲仕居亂世，自知無能爲力，故退居鄉里，從事耕作。以稼穡爲務，即無仕宦之憂。如據此訓，則「力民」當訓爲「努力作一位農民」；「代食」，當訓爲「代替食祿」。有仕者退隱之意。

馬瑞辰毛詩傳箋通釋云：

曲禮問大夫之富曰：「有宰食力。」鄭注：「食力，謂民之賦稅。蓋賦稅民力所共。」蓋此詩以斂民之賦稅爲「力民」。

屈萬里先生據馬氏之訓云：

力民，謂斂民之賦稅也：馬瑞辰說。代食，代民食之。代食維好，言以代民食其穀爲好也。

王靜芝先生云：

> 「好是稼穡」，言王惟喜好稼穡之所穫。謂聚斂賦稅也。「力民代食」，力民，力作動詞，言使民出力也。代食，民之食不得自食，在上者代之食矣。此二句言王好聚斂，使其民出力，而民不得食，在上者代之食矣。「稼穡維寶，代食維好」，此二句承上二句而言，謂此聚斂之稼穡，是王之所貴，以爲寶也；此代食之情形，王不以爲非，而以爲甚好也。

以上馬氏據曲禮「食力」鄭注爲「民之賦稅」，轉而訓「力民」爲「斂民賦稅之意」。屈、王二先生即從此訓，以爲「力民代食」是「王好聚斂，使民出力，而民不得食，在上者代之食」的意思。

以上各家所訓，意見頗爲分歧。大別之：毛傳、郭注、孔疏以爲「力民代食」是「努力爲民服務有功於民者，代無功者食其祿」；朱傳引蘇氏之說，以爲仕者退隱，努力務農，代替食祿。屈、王二先生據馬氏「斂民之賦稅爲力民」之訓，以爲「力民」即「使民出力」，「代食」即「代民而食」，與下文「稼穡維寶，代食維好」相貫，即王好聚斂之證。

以上三者，似乎各有其理，難分軒輊。但筆者從全篇詩文觀察，發現各章均以悲憤或失望作結，如首章的「不殄心憂，倉兄填兮。倬彼昊天，寧不我矜！」第二章的「民靡有黎，具禍以燼。於乎有哀，國步斯頻。」第三章的「君子實維，秉心無競。誰生厲階，至今為梗。」其他各章也都以類似文意作結。如說處於中間的第六章，取毛傳孔疏、郭注以有功者代無功者食祿，使國政臻於良好；或從蘇氏之說，君子不願仕於亂世，退隱為民，自食其力，以求勞而無患。這些解說，在全篇章節之間，顯有文義不相配襯之感。故筆者以為後三家之訓較為可取；尤以王先生能推衍馬氏、屈先生之訓，說「此二句言王好聚斂，使其民出力，而民不得食，在上者代之食矣」，不僅使「力民代食」有較明白的詮釋，即從文旨章義來看，也能前後呼應，比較妥帖。

㈡從孫氏新解上看　孫氏說：

好是稼穡，力民代食（言你特別喜好「稼穡」——指農作物，叫力民為你剝蝕。「力民」即田畯，「代食」即代蝕）。

孫氏這段新解，將「力民」說成即是「田畯」，「代食」即是「代蝕」，亦即「代你（厲王）剝蝕」。「力民」怎會是「田畯」呢？他說：

「力民」即「有力之民」。什麼樣的「民」是有力之「民」呢？即管民的，管農奴的。即詩經中屢見不鮮的「田畯」。「田畯」或「力民」，即是領主莊園中監督農奴勞動的（指在「公田」裡做無代價的勞動，即「力役地租」）大把頭，大管事，是領主的鷹犬，是農奴的頂頭上司。

這夥人本來在平日就無惡不作，這次周厲王叫他們到農奴家中搜糧，更給他們以爲非作歹的機會。他們大事搜括，大張其兇焰，像吃莊稼的蟲子一樣，一下子把莊稼全部吃光了。

原來孫氏將「力民」說成「田畯」，不是從史籍中考證而得的，全憑自己的構想：「力民」即「有力之民」。誰是「有力之民」?即「管農奴的人」。誰是「管農奴的人」?即「詩經中屢見不鮮的田畯」。「力民代食」的「食」字，孫氏特注爲「蝕」，作「剝蝕」解。以爲這句詩的本義是「周厲王叫田畯到農奴家中搜括糧食」，他們「本來在平日就無惡不作，這時更給他們爲非作歹的機會」，所以「大事搜括，大張其兇焰，像吃莊稼的蟲子一樣，一下子把莊稼全部吃光了。」孫氏就是在這一新解下，編織出歷史上第一次農奴大起義的故事來。

但是，値得我們懷疑的，詩經中既然有「屢見不鮮的『田畯』」一詞，可見「田畯」一詞已在普遍使用；爲什麼桑柔篇該用「田畯」的地方，不用「田畯」，卻用「力民」?至於「田畯」在詩經中原是呈現怎樣的一種風貌呢?請看下列三例：

「同我婦子，饁彼南畝，田畯至喜。」(豳風七月)

「曾孫來止，以其婦子，饁彼南畝，田畯至喜。」(小雅甫田)

「曾孫來止，以其婦子，饁彼南畝，田畯至喜。」(小雅大田)

從這些詩句來看，「田畯」在農忙之際，或獨自去田間視察，或陪著「曾孫」（毛傳、鄭箋均訓爲「成王」，朱傳訓爲「主祭者」、姚際恆訓爲「王者」；以爲古有王者省耕，至于嘗其饁食，以示愛民重農之意）去田間慰問。他們看到農夫們正在耕作，各家的老人、婦女、小孩送田飯給農夫們吃，流露出農家重視生產與天倫之樂，以致這些曾孫與田畯都表示欣慰。如果要談詩經中的「田畯」，就該從七月、甫田、大田這三首詩中去談。他們是農官，負有督導農人及時耕作的任務。但所說的這些農官，都是態度和藹可親的，與孫氏所描述的完全是兩類人。以此反證，桑柔篇的「力民」，孫氏要說成是「田畯」，是不合詩經通例的。

再從先儒的解說上看，豳風七月「田畯至喜」下，毛傳云：「田畯，田大夫也。」朱傳云：「田畯，田大夫，勸農之官也。」又在「同我婦子，饁彼南畝，田畯至喜」下，朱傳云：

> 少者既皆出而在田，故老者率婦子而餉之。治田早而用力齊，是以田畯至而喜之也。

陳奐詩毛氏傳疏云：

> 鄭司農注云：「田畯，古之先教田者。」爾雅曰：「畯，農夫也。」月令「孟春令田舍東郊」，鄭注云：「田謂田畯，主農之官也。」高注呂覽以「田」爲農大夫。傳云田大夫猶農大夫也。鄭箋詩及郭注爾雅，皆以田畯爲嗇夫。

由上觀之，田畯是農官，其地位有稱之爲「大夫」，有稱之爲「嗇夫」，兩者的身分差距頗大。以詩文觀之，當時的「田畯」確是「勸農之官」，其業務有如時的農業視導人員。在農人的心目中，是相當受尊重的。

孫氏在前面所錄的兩段話裡，還刻意將「力民代食」的「食」改爲「蝕」字，說「代食」即是「代蝕」，即代厲王剝蝕。所以「力民代食」，即是周厲王叫田畯替他到農奴家中搜糧。另外，第七章的「降此蟊賊，稼穡卒痒」中的「蟊賊」，孫氏說：「此『蟊賊』喻田畯，即上文的『力民』」。可是下有「稼穡卒痒」句，「痒」即是「病」，「蟊賊」是吃農作物的害蟲（鄭箋：蟲食苗根曰蟊，食節曰賊）。由「稼穡卒痒」句，可知上句的「蟊賊」一定要作「害蟲」講，絕無可能轉爲「田畯」、「力民」的代稱。還有其下的「哀恫中國，具贅卒荒」的「荒」字，明顯地與上句的「稼穡卒痒」文意相貫，應作「荒蕪」講。毛傳訓「卒荒」爲「盡虛」，即是指農作物在蟲災之下全無收成而言的。孫氏解「卒荒」爲「盡是些放蕩荒樂之輩」，仍然指「田畯」說的。孫氏將這些詞義曲解以後，說田畯們「大張其兇焰，像吃莊稼的蟲子一樣，一下子把莊稼全部吃光了。」像這樣的詩義新詮，早已脫離了詞章訓詁的一般規範。嚴格地說，這不是在詮釋詩文，而是在任意扭曲詩文的涵意，爲其所編的歷史故事服務了。

丁、西周社會制度的體認

孫氏的論文裡，主張西周時的農民都是農奴，同時又主張當地的土地有公田與私田之分。農奴們合種公田，所得收穫歸領主所有，孫氏稱之爲「力役地租」，也即是以耕種公田的勞力，來抵償應該付給領主的地租。農奴們各自分得的一塊土地，稱作私田，其收穫物歸農奴所有。孫氏認爲這是西周開國時即已規定下來的，已成爲歷史傳統，故人們都認爲是「理所當然」的。周厲王時之所以引起農奴大起義，即由於厲王好「專利」，不按舊法，額外地加徵私田裡的收穫物，使農奴無以爲生。這些話告訴我們：西周的土地政策的確是在施行井田制度的。但是，令人置疑的：⑴西周時期的農民都該稱做「農奴」嗎？⑵「井田制度」與「農奴制度」之間不會有矛盾嗎？這確有作進一步探討的必要。茲舉述筆者的淺見如下：

㈠**井田制度下的農民，不是農奴**　因爲井田制度已明確規定，農民除了盡「公田」部份應有的勞務充作地租外，即有「私田」部份的使用權，也有各自獨立的家庭生活。從「同我婦子，饁彼南畝」的詩句看來，他們都重視農業，也享受著天倫之樂。這那裡是農奴的生活景象呢？至於西周時期有無在推行井田制度？這是毋庸致疑的。小雅大田篇即有「雨我公田，遂及我私」兩句詩。滕文公曾問孟子治國之道（孟子滕文公篇），孟子曰：

詩云：「雨我公田，遂及我私。」惟助爲有公田。由此觀之，雖周亦助也。

又曰：

方里而井，井九百畝，其中爲公田，八家皆私百畝，同養公田，事畢，然後敢治私事，所以別野人也。

孟子所引的詩，即出自小雅大田。他將當時的井田面積與作法，作較詳細的說明；而且以爲這種農業徵稅辦法，即是助法。陳奐詩毛氏傳疏云：「戰國時，周家井田之法已壞。」又春秋魯宣公十五年穀梁傳云：

古者三百步爲里，名曰井田。井田者，九百畝；公田居一。私田稼不善，則非吏；公田稼不善，則非民。古者公田爲居，井竈葱韭盡取焉。

以上所引大田之詩、孟子之言以及穀梁傳的記敍，使我們相信西周社會確實在推行井田制度。

至於孫氏所主張的西周農民都是農奴，這不僅與井田制度的理論自相矛盾，也與詩經的內容不相契合。詩經中記載平民生活的詩很多，朱熹詩集傳開卷即云：「風者，民俗歌謠之詩也。」筆者以爲朱子這一觀點相當可信，因爲從這些詩中，大體可以看到西周以及東周初期民間的風俗習尚與各階層的人多采多姿的感情生活；尤其許多屬於青年男女相思相怨的情詩，感情流露得極其自由而率眞，有誰相信這些詩是農奴所作，或是在敍農奴生活的？

詩經與其他古籍裡，常出現「庶民」一詞，孫氏於該書二一七頁引銘文所載「庶民貯」之下云：

首先説，這裡的「庶民」，即農奴。與詩經是一致的，與國語、周語上所講的農奴給周天子耕種公田，「庶人終於千畝」，也是一致的。

其下附注①云：

詩經大雅靈台，「經始靈台，經之營之，庶民攻之，不日成之。經始勿亟（急），庶民子來。王在靈囿，麀鹿攸伏。」又大雅抑曰：「惠（愛）于朋友，庶民小子。子孫繩繩，萬民靡不承。」似皆以庶民爲農奴。

又其下附注②云：

國語、周語上載虢文公説「耤田」曰：「王乃使司徒威戒公卿、百官、庶民。」韋昭注：「庶民，甸師氏所掌，主耕耨王之耤田者。」知「庶民」確爲農奴。

這是將銘文、詩經、國語裡所出現的「庶民」都說成是「農奴」，亦即孫氏認為凡古代典籍裡的「庶民」，都是「農奴」。然而古代的「庶民」一詞，自有涵義。段氏說文解字注云：「庶，衆也。」孝經庶人章曰：「用天之道，分地之利，謹身節用，以養父母，此庶人之孝也。」正義曰：「庶者，衆也，謂天下衆人也。皇侃云：『不言衆民者，兼包府吏之屬，通謂之庶人也。』」由此可見，古人所稱庶民（或庶人），是指士以下的一般平民。即以孫氏在附注①、②所引詩經大雅、國語周語這些詩文來看，沒有一處的「庶民」是應該當「農奴」來講的。審究孫氏致誤的原因，以為凡是「給周天子耕種公田」的，都是農奴；亦即行井田制度的封建社會，在「公卿、百官」之下的「庶民」這一階級的人，都是農奴。「庶民」與「農奴」原本有不同的涵義，孫氏卻自致混淆。中國古籍中有「庶民」而無「農奴」，原本足以證明孫氏論文缺失之所在，不料孫氏反而引「庶人」作為即是「農奴」的佐證。這樣的論證方式，忽略了兩者界說的釐定，也忽略了相關資料的類比與體認；所以凡是對上古史稍有認識的人，恐怕都不會同意孫氏這一主張的。

㈡西周的農業政策，有其積極功能，不宜予以抹殺　楊懋春先生著「周代農業與封建對中國文化發展的影響」一文（載於「西周政教制度研究」一書。該書係中華文化復興月刊社出版，收有陶希聖、沈剛伯、蔣君章等八位學者的文章）中有云：

> 周初的農民是周氏族自己的人，包括部落的領袖在內。這種全民皆農的精神，到周人建立了王朝之後，仍然存在。

周代初期的封建主，多能遵行周室的告誡，以建立發展地方基礎爲重。同時也都能了解如實行「殺雞取卵」的政策，不久他們也會喪失生活憑藉。因此，當時的封建主或貴族未曾以農民爲農奴，也未向農民作過甚的榨取。

服膺社會主義學說，熱衷共產主義革命者，喜言一切地主都是剝削壓榨佃農者。在研究中能以平心與公道處之者，則發現這不是事實，大多數地主多願意並使用各種方法，以與佃農建立互相往還的感情。以爲必須這樣，才能兩得其利。如以往大多數地主在性情與行爲上，確實多屬於這一類，則應歸因於周代的農業與封建。

該文結論中又說：

一般封建制度多有各種弊端，爲近代治社會學科者所痛言。但周代封建在我國文化奠定發展上卻扮演了若干積極功能，有輝皇建樹。例如周代的農業，既不是建立在農奴制度上，而各封建主忠於周室發展的經濟政策，也爲保障自己的生活基礎，故大多能用心用力推行農業發展。農民得到封建制度的保護與各種安排，也能專心從事耕作與豢養。

該文「註九」附有一段說明文字：

一九四九年後，中國大陸史學界爲配合共產革命理論的需要，展開一連串中國歷史的研討，成果較大的有古代部份，討論古史分期。……所謂古史分期，即探討古代社會的性質，及其性質的轉變。大小作家數十，專書論文稱百，蔚爲大觀。但是他們爭來爭去，只爭一個奴隸制度和制建，儘在馬克思的史論兜圈子。

以上楊先生這些話，一方面要說明周代的封建制度與農業政策，有其積極的意義與輝皇的建樹；農民既非農奴，而且受封建制度的保護，得以專心從事耕作與豢養。一方面還指出大陸史學界爲配合共產革命理論的需要，喜歡將地主說成是剝削者，將農民說成是封建制度下的奴隸；以爲封建制度即是奴隸制度，他們都只是在馬克斯的理論下兜圈子。

我們讀孫氏的詩經新詮，即有如楊先生的那種感覺；亦即他心中先有一定的模式，這模式即是馬克思階級鬥爭的理論。在這一模式下，他不惜曲解詩文，撇開有關文獻，編敍新的歷史故事。如果我們站在學術研究的立場來看，不難發現他的許多論斷都失之主觀，不是以謹愼的態度與充分的資料考證出來的。

戊、孫氏誤解文詞舉隅

孫氏這篇論文，含有多方面的誤解，除前文已擧述者外，玆再擧數例於左：

㈠孫氏在該書第二〇九頁說：

我覺得記載這次大起義的材料，應該在詩經裡找，……果然，我們找到了既記載大起義的起因，又記載大起義的經過的「大雅、桑柔」和「小雅、常棣」，它很清楚地指出了大起義的原因，亦即「專利」的具體內容。

孫氏所說在桑柔篇裡可以很清楚地找到農奴大起義的原因與厲王專利的具體內容，筆者在前文已予討論，以爲證據不足，難以置信；此處不再贅述。至於小雅常棣篇，孫氏以爲涵有農奴大起義的原因與具體內容，更是令人費解。常棣是宴兄弟的詩，中有「凡今之人，不如兄弟」、「死喪之亂，兄弟孔懷」、「兄弟鬩牆，外禦是務」等語，都是要兄弟互相友愛，勿作疏離相殘的事。國語、周語，左傳僖公二十四年均記富辰諫周襄王時詠此詩，以爲周公所作；朱熹、姚際恆等人從之。無論如何，不管常棣作於何人，從文詞上看，以兄弟相愛爲主旨。這與孫氏所說的周厲王時農奴大起義有何相干？

(二)孫著二二一頁附注云：

本文（國語、周語）前曰：「厲王虐，國人謗王」，而後面一再說「民」，揆其義皆指農民（農民）而不是城裡人。……在封建社會裡，「一切大規模的起義，都是從農村中爆發的」，因此，這次大起義應該是農奴大起義，而不是城市人起義。

筆者以爲孫氏這段話在推理上又有如下的問題：⑴國語周語只說「國人謗王」，邵公說「民不堪命矣」。這裡的「國人」與「民」是泛稱全國各階層的人，怎可斷定是專指「農奴」說的？又憑什麼說城裡人不在其內？⑵孫氏引述別人的話說：「一切大規模的起義，都是從農村中爆發的。」隨著說這次推翻厲王是「農奴大起義」。可是中國的歷史是否如此呢？史記夏本紀載：

桀不務德而武傷百姓，百姓弗堪。迺召湯而囚之夏台，已而釋之。湯修德，諸侯皆歸湯，湯遂率兵以伐夏桀。桀走鳴條，遂放而死。

可見夏桀暴虐無道，湯率諸侯討之而亡，是一次成功的大起義。至於「百姓」一詞，古有二訓，如書經堯典「平章百姓」，孔傳：「百姓，百官。」蔡傳：「百姓，畿內庶民。」閻若璩釋地又續云：「百姓二義：有指百官言者，書『百姓』與『黎民』對，禮大傳『百姓』與『庶民』對是也；有指小民言者，不必夏代，亦始於唐、虞之時，『百姓不親，五品不遜』是也。」即使從後一義來說，「百姓」是一般平民；總不能說夏桀是因農奴們起義而被放逐的吧？

武王伐紂，也是一次大起義。史記載武王繼文王爲西伯之九年，曾會八百諸侯於孟津。諸侯建議伐紂，武王以爲「未知天命」，不敢伐而還師。再過二年，「聞紂暴虐滋甚，殺王子比干，囚箕子」，於是「偏告諸侯曰：殷有重罪，不可以不畢伐」，乃率師「渡孟津，諸侯咸會。……武王乃作太誓，告於衆庶」，進兵至「商郊牧野」。帝紂發兵七十萬拒武王，終因商師倒戈畔紂，以致紂走鹿台，自焚而死。這時響應武王的諸侯，除華夏氏族外，尚有「庸、蜀、羌、髳、微、纑、彭、濮人」。史記裴駰集解云：「八國皆蠻夷戎狄。」可見武王伐紂的大起義，是華、夷的統治階級聯盟遠征而成的，與農奴扯不上關係。即使武王太誓裡有「告於衆庶」的話，「衆庶」即相當於時下當政者所習稱的「全國同胞」，絕無可能專指「農奴」而說的。

除此之外，中國歷史上「官逼民反」是常有的事，如陳勝、吳廣的揭竿起義；項羽、劉邦的繼起滅秦；甚至於水滸傳一百零八位英雄的逼上梁山，組成反政府集團；明末李自成、張獻忠的流竄爲寇，摧毀大明江山；他們有誰是「農奴」出身的？又有誰的部衆是以「農奴」爲其主力的？

由此看來，孫氏以「農奴大起義」來解說詩經桑柔與常棣，進而推論中國歷史的沿革；這顯然只作外來理論的「橫的移植」，不是從中國歷史中考證出來的。

㈢桑柔第十四章孫氏隨文注釋云：

嗟爾朋友，予豈不知而作！如彼飛蟲，時亦弋獲（「飛蟲」、指蜂虻，喻起義羣衆。「弋獲」，喻鎮壓）。既之陰（蔭）女（汝），反予來（是）赫（螫）！」（案此二句爲申斥起義羣衆。言：是我蔭庇了你們，而你們反來螫我！此爲詩中夾問訊語例。）

本章鄭箋云：

> 嗟爾朋友者，親而切嗟之也。「而」猶「女」也。我豈不知女所行者惡與直知之女所行如是。猶鳥飛行自恣東西南北時，亦爲弋射者所得。言放縱久無所拘制，則將遇伺女之間者得誅女也。我恐女見獲，既往覆陰女，故啓告之以患難也，女反赫我，出言悖怒，不受忠告。

本章如說是芮良夫所作，其作詩對象既稱「爾朋友」，當是他的同僚如榮夷公輩。芮伯感慨地說：「我曾勸告你，暗中庇護你，你反而對我發怒，不聽勸告。」文義大致如此。孫氏以爲本章都是芮伯對起義羣衆（農奴）說的，這就發生三個問題：

1.作詩對象問題：孫氏說作詩對象是起義羣衆，而且都是京城以外各地的農奴。芮伯是朝廷大臣，兩者身分懸殊，無緣結識，怎有可能稱這些農奴爲自己的朋友？

2.喻意問題：「如彼飛蟲，時亦弋獲。」孫氏訓「飛蟲，指蜂虻，喻起義羣衆。弋獲，喻鎮壓。」意謂「農奴們暴動，就像蜂虻一樣亂飛，有時會遭到鎮壓的。」孫氏在文中一再說明這首詩作於「厲王放彘、共和行政時期。」亦即作詩時大起義的目的已經達成，農奴們早已星散、還鄉。飛蟲或遭弋獲之喻說在起義之前，或有警戒作用；說在起義成功之後，警戒意義已不存在，還有說的必要嗎？

3.改字爲訓問題：「反予來赫」的「赫」字，鄭箋：「口距人謂之赫。」正義：「赫者，言其距己之意，故轉爲嚇；與『王赫斯怒』義同，是張口瞋怒之貌。」朱傳：「赫，盛怒之貌。」均從「怒」字上說；與上句「既之陰女」文義相貫。孫氏注爲「螫」，這是毫無依據的。如果說經者可以任意改字以求曲從己說，後世還有可讀的書嗎？

肆　結論

㈠**從史籍上看**　凡是對上古史想有創新之見的，必須從史料上找出令人信服的證據。厲王的流放於彘，至今可考者僅國語周語的邵公諫厲王止謗、史記的芮良夫諫厲王勿與民爭利、竹書紀年的芮良夫諫百官於朝等，均無農奴大起義的記載。孫氏另引國語的「厲始革典」爲證，然「典」字涵義甚廣，不能專指某事爲說。孫氏卻言之鑿鑿，以爲這即是厲王剝削農奴自營地裡的收穫物的有力證據。如此解說與引用史籍，顯係片面之見，不足令人置信。

㈡**從詩文上看**　桑柔中有諫國君戒百官的話，舊說以爲是芮良夫諫厲王之作；然詩有「滅我立王」句，厲王放彘，號稱汾王，仍過著有限度的帝王生活，不得稱之爲「滅」。故詩中之王，當非厲王。至於作者，史記載芮良夫諫厲王勿與民爭利，竹書紀年載芮良夫諫百官於朝，都是在朝廷當面勸諫。按之詩文，既非面諫口氣；尤其有「滅我立王」句，更足以證明絕非面諫用語。故筆者確信桑柔非面諫之詩；詩序「刺厲王」之說，實不足取。左氏附錄之文，亦不足信。由於芮伯諫語已不可知，好事者張冠李戴，牽附之以桑柔之詩。此誠漢儒說詩故技，孫氏信之，以見其識力之不足。至於小雅常棣，旨在敍兄弟之情，與朝政全不相干，孫氏說爲農奴起義、厲王被逐之證，眞不知從何說起？

㈢從井田制度上看　西周推行井田制度，已有確證，當無疑義。井田制度下的農民，除耕作公田充作賦稅外，有相當自由的家室生活，所以井田制度下的農民不是農奴。再以賦稅制度而言，十一之稅，古之通例。政府賴此以鞏固國防，維持公職人員的生活，誰云不宜？孫氏稱農人耕作公田爲「力役地租」　是「統治者的剝削方法」。如依此說，有地租即是剝削，應予全部免除，則政府仰賴何項財源得以維持其運作？尤其值得一問的，共產主義下的農民，他們在「無產階級專政」的口號下，說是有「當家作主」的地位，他們的耕作所得是否免繳租稅？如有繳納，而且其數額如已超過西周井田制度下農民的稅負，這算不算是「統治者所定的剝削方法」？

㈣從詞語解釋上看　桑柔裡的「力民代食」句，孫氏解「力民」爲「田畯」，「代食」爲「代蝕」，說田畯是「領主的鷹犬」，替周厲王向農奴搜刮私有的糧食。農奴們被他們逼得無以維生，才發動推翻厲王的大起義。這一解釋不但於史無據，而且有違詩經通例。詩經中有三首說到田畯的詩，桑柔的「力民」如果即是「田畯」，就該直接用「田畯」一詞，不可能用「力民」來代「田畯」。又「田畯」在詩經三篇中所呈現的態度是和藹，以勸農爲務的，與孫氏所描狀的窮凶極惡的模樣截然不同。孫氏竟以「力民代食」爲其新論之所據，視爲重大的發現；實令人有瞎子摸象，不著邊際之感。其他如「降此蟊賊」，孫氏說是「田畯」；然而下有「稼穡卒痒」句。「痒」即是「病」；可見使農作物致病的「蟊賊」，應該當「害蟲」解。下章的「卒荒」與「卒痒」相呼應，該是蟲災後的田地荒蕪，不宜說成「放蕩荒樂之輩」，以爲又是「田畯」的代稱。像這一類詞語新解，無論詞性的分析或文旨章義的探討，都有格格不入、無法說通之弊。

㈤從「農奴」一詞上看　中國古代有「庶民」而無「農奴」。「農奴」源於中古時期的歐洲。我國古代的「庶民」是指公卿、百官以下的廣大民衆，還包括政府基層人員。孫氏說「庶民即是農奴」，這是抹殺史實的說法。

㈥從研究態度上看　孫氏爲了配合共產革命理論的需要，逕將馬克思得自歐洲的歷史見解作橫的移植，不論中國的歷史記載是否如此，詩經的內容是否如此，一心一意要將西周的農民說成是「農奴」，周厲王的流放於彘，即是農奴大起義的結果。這一研究態度，主觀大於客觀，政治意義大於學術意義；以致歪曲詩文，改編歷史。故其創見之所在，往往亦即問題之所在。筆者有鑑於此，故草就此文以爲質疑，並就正於先進與同好。

——作於一九八八年十月

行政院國科會資料中心彙編學術著作目錄

趙制陽，詩經氓篇新説，東方雜誌，附刊於詩經虛字通辨。

趙制陽，詩經關雎辨義，中華復興月刊，附刊於詩經虛字通辨。

趙制陽，一九六七、一〇，毛詩序傳六義辨，自印。

趙制陽，一九七一、〇二，詩經虛字通辨，協進印書館，台北市。

趙制陽，一九七三、〇九，竹書紀年不該懷疑嗎?中國語文月刊，三二卷六期。

趙制陽，一九七三、〇九，焦氏易林的史證價值，中國語文月刊，三三卷三期。

趙制陽，一九七五、十二，詩經賦比興綜論，楓城出版社，新竹市。

趙制陽，一九七七、〇八，仲氏考，中國語文，四一卷二期。

趙制陽，一九七七、〇九，衞莊公考，中國語文，四一卷三期。

趙制陽，一九七九、一二，詩經七月篇諸説綜論，孔孟月刊，一八卷四期。

趙制陽，一九七九、〇一，詩經卷耳篇諸説綜論，中華文化復興月刊，一四卷七期。

趙制陽，一九七九、〇三，尹吉甫姓氏考，中國語文，四〇卷三期。

趙制陽，一九七九、〇六，孫子仲考，中國語文，四〇卷六期。

趙制陽，一九七九、十一，高本漢詩經論文評介，東海學報第一期，東海大學。台中市。孔孟學報第七四期，台北市南海路四五號。

趙制陽，一九七九、十二，朱熹詩集傳評介，中華文化復興月刊，一二卷一二期。

趙制陽，一九八〇、〇二，詩序評介，中華文化復興月刊，一三卷二期。

趙制陽，一九八〇、〇四，毛傳評介，中華文化復興月刊，一三卷四期。

趙制陽，一九八〇、〇八，鄭玄詩譜詩箋評介，中華文化復興月刊，一三卷八期。

趙制陽，一九八〇、〇九，崔述讀風偶識評介，孔孟學報，四〇期。

趙制陽，一九八〇、〇九，歐陽修詩本義評介，中華文化復興月刊，一三卷九期。

趙制陽，一九八〇、十二，姚際恆詩經通論評介，中華文化復興月刊，一三卷十二期。

趙制陽，一九八一、〇二，方玉潤詩經原始評介，中華文化復興月刊，一四卷二期。

趙制陽，一九八一、〇四，顧頡剛詩經論文評介，東海學報，第二期，頁一五一—一六七，東海大學。（時補奉其抽印本）孔孟學報，第四一期，台北市南海路四五號。

趙制陽，一九八一、〇七，詩經研究方法的討論，中華文化復興月刊，第一六〇期，頁一二—一八，台北市。

趙制陽，一九八一、〇九，聞家驊詩經論文評介，孔孟學報，第四二期，頁二三一—二五四，孔孟學會，台北市。

趙制陽，一九八一、一〇，皮錫瑞詩經通論評介，中華文化復興月刊，一四卷一〇期。

趙制陽，一九八三、〇二，詩經甘棠召伯考，中國語文月刊，五二卷二期。

趙制陽，一九八三、一〇，詩經名著評介，學生書局，台北市和平東路一九八號。（獲國科會七十三學年度教授級研究成果獎）

趙制陽，一九八四、〇五，王柏詩疑評介，中華文化復興月刊，一七卷五期，頁三三—四六，台北市重慶南路二段十五號。

趙制陽，一九八五、〇三，左傳季札觀樂有關問題的討論，中華文化復興月刊，一八卷三期，台北市重慶南路二段十五號。

趙制陽，一九八五，〇四，魏源詩古微評介，孔孟學報，第四九期，台北市南海路四十五號，孔孟學會。（獲國科會七十四學年度教授級研究成果獎）

趙制陽，一九八六、〇四，詩經鄭風昭公史詩考，孔孟學報第五一期，台北市南海路四十五號，孔孟學會。（獲國科會七十五學年度教授級研究成果獎）

趙制陽，一九八六、〇八，詩大序有關問題的討論，中華文化復興月刊第一九卷第八期，台北市重慶南路二段十五號。（獲國科會七十六學年度教授級研究成果獎）

趙制陽，一九八七、〇四，詩經衛莊姜史詩考——詩序附會史事舉證，中華文化復興月刊，二〇卷四期，頁二二一——二三五。

趙制陽，一九八七、〇四，今古文詩說比較研究，孔孟學報第五三期。（獲國科會七十七學年度教授級研趙制陽，一九八八、〇二，詩經二南有關問題的討論，中華文化復興月刊，二一卷二三期。
趙制陽，一九八八、〇七，孫著「周先祖以熊爲圖騰考」質疑，文復月刊，二一卷七、八期。
趙制陽，一九九〇、〇四，傅斯年詩經論文評介，孔孟學報第五九期。
趙制陽，一九九〇、〇六，孫著「中國歷史上第一次農奴大起義」質疑，明新學報第一〇期。
趙制陽，一九九一、〇三，古史辨詩經論文評介（上）孔孟學報第六一期。
趙制陽，一九九一、〇九，古史辨詩經論文評介（下）孔孟學報第六二期。
趙制陽，一九九二、〇四，經義述聞詩經之部評介，孔孟學報第六三期。

詩經名著評介·第二集 / 趙制陽著·--初版·
-- 臺北市：五南，民82
面；　公分
ISBN 957-11-0681-X（精裝）

1·詩經 - 註譯

831.1　　82004757

詩經名著評介

作　　者／趙　制　陽
責任編輯／楊　如　萍
校 對 者／楊　如　萍・黃　麗　錦

出 版 者／五南圖書出版有限公司
地　　址：台北市和平東路二段339號4樓
電　　話：7055066（代表號）
傳　　真：7066100
劃　　撥：0106895－3
局版台業字第0598號
發 行 人／楊　榮　川

排　　版／浩瀚電腦排版股份有限公司
製　　版／中豐實業有限公司
印　　刷／三聖印刷事業有限公司
裝　　訂／太陽製本所

中華民國 82 年 7 月初版一刷

基本定價　13　元

購于高雄光統

10/03/e5

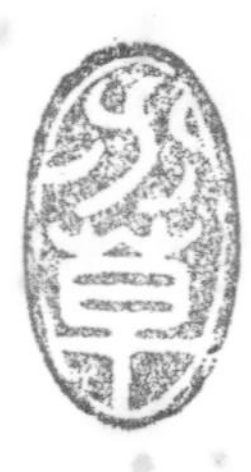